Die Brüder Bach

Die Brüder Bach

Leben und Werk zwischen Barock und Klassik

Herausgeber: András Batta

Autor: Andreas Friesenhagen

KÖNEMANN

Vorsatz:
Magnificat von Carl Philipp Emanuel Bach (Wq 215), Autograf,
Beginn des 1. Satzes, 1. und 2. Partiturseite, Staatsbibliothek zu Berlin –
Preußischer Kulturbesitz

Frontispiz:
Clavichord von Johann Adolph Hass, Hamburg, 1748,
Musikinstrumenten-Museum der Universität Leipzig (Ausschnitt)

Bonner Straße 126, D – 50968 Köln

Verlags- und Art Direktion: Peter Feierabend
Projektmanagement: Kirsten E. Lehmann
Redaktion: Sybille Carmanns
Lektorat: Melanie Determann, Şebnem Yavuz
Glossar: Evelyn Lampe
Layout und Satz: Gerd Türke, Malzkorn Büro für Gestaltung, Köln
Notensatz: Kottamester BT., Budapest
Bildredaktion: Stefanie Huber
Herstellung: Stefan Bramsiepe
Reproduktionen: Typografik, Köln
Druck und Bindung: Star Standard Industries Pte. Ltd

Printed in Singapore

ISBN 3-8290-3960-3

10 9 8 7 6 5 4 3 2 1

Inhaltsverzeichnis

Einleitung

N 1 J. S. Bach: Musicalisches Opfer, das »Königliche« Thema (BWV 1079)

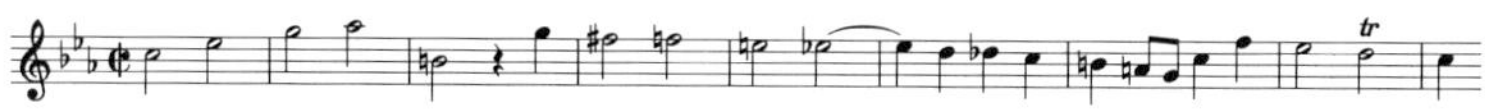

N 2 W. F. Bach: Fantasie in d-Moll, Anfangsmotiv (F 19)

N 3 C. P. E. Bach: Sonate für Flöte und Cembalo in B-Dur, 1. Satz, Allegro (Wq 161/2, H 578)

N 4 J. C. F. Bach: »Die Kindheit Jesu«, Arie der Maria (HW XIV/2)

N 5 J. C. Bach: Arie des Alessandro aus der Oper »Alessandro nell' Indie« (Text: Metastasio)

Generationenwechsel

In der Musikgeschichte ist kaum ein Generationenwechsel so interessant wie der zwischen Johann Sebastian Bach und seinen Musiker- und Komponistensöhnen Wilhelm Friedemann, Carl Philipp Emanuel, Johann Christoph Friedrich und Johann Christian. Musikalisch ausgebildet durch den Vater, lebt in ihnen seine Musik fort; zugleich aber geht jeder auf individuelle Weise über die Kunst des Vaters hinaus und kreiert ein Werk mit unverwechselbarem Profil. Diese Entwicklung wird nicht zuletzt durch neue Auftraggeber, ein neues Publikum und einen Wandel des musikalischen Geschmacks getragen. Im Generationenwechsel innerhalb der Familie Bach vollzieht sich auch der Übergang zwischen zwei Epochen – dem Barock und der Klassik.

Die Lebenswelt der Komponistensöhne Johann Sebastian Bachs und die Atmosphäre der vielleicht musikalischsten Periode der europäischen Musikgeschichte werden in diesem Buch für den Leser lebendig: Eine Fülle zeitgenössischer Darstellungen der bildenden Kunst zeichnet das Porträt einer Zeit, in der neben der Familie Bach Komponisten wie Giovanni Battista Pergolesi, Christoph Willibald Gluck und Joseph Haydn, Staatsmänner wie der preußische König Friedrich II. und die philosophischen Ideen der Aufklärung das politische und kulturelle Geschehen geprägt haben.

Dresden, Berlin, Hamburg, Mailand, London, Paris ... – die Zentren des Musiklebens im 18. Jahrhundert sind Lebensstationen der Bachbrüder. Diesem Weg folgend, werden Leben und Werke vorgestellt: Zu einer Zeit, als die Musik des Vaters, N 1, als veraltet galt, brachten es die Söhne zu hohem musikalischen Ansehen: Wilhelm Friedemann, der Älteste, galt als der Begabteste; Johann Christoph Friedrich entwickelte sein Talent an einem kleinen Hof, der stark von italienischen Einflüssen geprägt war. Zu Lebzeiten bereits hoch geachtet waren Carl Philipp Emanuel und Johann Christian: der eine vor allem als Musiktheoretiker und als Vertreter der Norddeutschen Empfindsamkeit; der andere, der sich mit seiner Hinwendung zur Welt der Oper am weitesten von der Bach'schen Familientradition entfernte, ging mit seinem klaren Stil bereits bis zur Schwelle der Hochklassik.

Der Autor stellt die wichtigsten Werke vor, charakterisiert stilistische Besonderheiten, Neuerungen und Rückgriffe. Zahlreiche Notenbeispiele – durch Einzelverweise im Text jeweils inhaltlich eingebunden – dienen der Erläuterung und zugleich als grafisches Sinnbild der Komponisten. Denn nicht zuletzt wird jeder der Brüder vor allem durch seinen eigenen Stil und in seinen charakteristischen Beiträgen zur Musikgeschichte des 18. Jahrhunderts greifbar: Friedemann in den oft noch barock anmutenden Klavierwerken, N 2, Emanuel in seinen Flötensonaten, N 3, Friedrich in seinen Oratorien, N 4, und Christian besonders in den italienischen Opern, N 5.

Neben der Darstellung sowie einer Ein- und Wertschätzung der Werke wird hier aber auch ein Ausblick gewagt: Spektakuläre Funde wie die Wiederentdeckung originaler Kompositionen Emanuels und Friedemanns in Kiew im Jahr 1999 stellen der musikwissenschaftlichen Erforschung ihrer Werke neue Aufgaben. Parallel dazu entdecken in jüngerer Zeit Ensembles sowie Musikfestspiele zunehmend Kompositionen des 18. Jahrhunderts wieder und können – so steht zu hoffen – der Musik der Komponistensöhne Johann Sebastian Bachs in Zukunft den Weg zu einer breiten Zuhörerschaft ebnen.

András Batta

Zu Gast bei Bachs

Musikalische Tradition einer großen Familie

Johann Sebastian Bach mit seiner Familie bei der Morgenandacht, Gemälde von Toby Edward Rosenthal, 1870, ehemals Leipzig, Museum – Das 19. Jahrhundert sah die Familie Bach romantisch verklärt als eine Idylle, in der der Vater den Ton angab. Viel mehr als die tatsächlichen Verhältnisse zeigt dieses Bild etwas über die Bachrezeption des 19. Jahrhunderts, in der die Vergangenheit nicht selten idealisiert wurde.

Einklang: Musik und Familie

Die Familie spielte bei den großen Komponisten der Musikgeschichte wohl nirgendwo eine so zentrale Rolle wie bei den Bachs. Mit seinen Nachkommen führte Johann Sebastian eine Familientradition fort, in der Musik mehr als nur Beruf oder gar Spiel war: Sie war ein tief verwurzelter Bestandteil des familiären Zusammenlebens und wurde beinahe wie in einer Zunft seit mehr als einem Jahrhundert von Generation zu Generation weitergegeben.

Johann Sebastian war der Mittelpunkt einer Familie, in der es seit seinem 23. Lebensjahr immer ein Kleinkind zu versorgen gab: 1708 wurde Catharina Dorothea geboren. Bach war fast 60, als seine letzte Tochter Regina Susanna zur Welt kam. Sein jüngster Sohn Johann Christian war zu dieser Zeit erst sieben Jahre alt, der älteste, Wilhelm Friedemann, war mit 32 Jahren bereits ein anerkannter Organist.

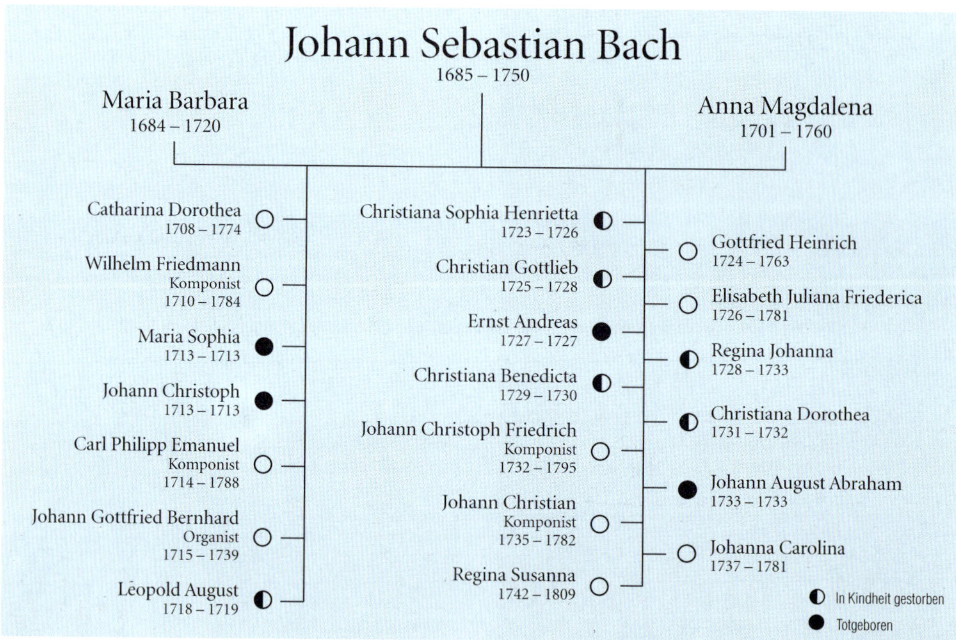

Aus zwei Ehen hatte Johann Sebastian insgesamt 20 Kinder. Nur die Hälfte von ihnen überlebte die Kindheit. Alle erwachsenen Söhne – mit Ausnahme Gottfried Heinrichs – schlugen die Musikerlaufbahn ein.

Johann Sebastian Bach und drei seiner Söhne (?), Gemälde von Balthasar Denner (1685–1749), Öl auf Leinwand, Bachakademie Stuttgart (Ausschnitt) – Ob dem Maler hier tatsächlich Johann Sebastian und drei seiner Söhne Modell saßen, ist nicht belegt.

Bachs Kinder aus zwei Ehen

Johann Sebastian Bach heiratete zweimal. Seine erste Frau Maria Barbara (1684–1720) starb früh und hinterließ ihrem Mann vier Kinder. Die älteste Tochter Catharina Dorothea war zu diesem Zeitpunkt erst zwölf Jahre alt. Aus dieser Ehe stammten insgesamt sieben Kinder. Drei starben sehr früh, von den vier anderen Kindern wurden drei Musiker: Wilhelm Friedemann, Carl Philipp Emanuel und Johann Gottfried Bernhard. Letzterer hatte gerade seine musikalische Laufbahn begonnen, als er 1739 mit nur 24 Jahren starb. Bachs zweite Frau Anna Magdalena (1701–60), die er 1721 heiratete, war um 16 Jahre jünger als er. Aus dieser Ehe gingen 13 Kinder hervor. Die Söhne Johann Christoph Friedrich und Johann Christian wurden bedeutende Musiker. Von ihren elf Geschwistern überlebten sieben die Kindheit nicht und es gab auch einen geistig behinderten Jungen, Gottfried Heinrich. Bach hatte neun Töchter und elf Söhne, von denen nur zehn das Kindesalter überlebten. Vom musikalischen Talent der Töchter Johann Sebastians sind außer eventueller sängerische Begabung oder einer allgemeinen musikalischen Erziehung keine Angaben überliefert. In sämtlichen Bachbiografien werden sie, wenn überhaupt, nur mit ihren Lebensdaten erwähnt.

Hans Bach (ca. 1555–1615), Holzschnitt, 1617, Bibliothèque Nationale, Paris (Ausschnitt) – Hans, der Sohn des Vitus Bach, führte den Musikerberuf in die Familie ein: Neben seinem Beruf als Bäcker betätigte er sich auch als Spielmann. Seine Söhne Hans, Christoph und Heinrich verdienten ihr Geld schon hauptberuflich mit der Musik, als Hof- und Stadtmusiker oder Organisten.

Die Ahnen

Auf die lange Tradition seiner Familie und die bis ins 16. Jahrhundert reichende Reihe seiner Ahnen war Johann Sebastian Bach so stolz, dass er 1735 in der Genealogie »Ursprung der musicalisch-Bachischen Familie« allen seinen Vorgängern ein Denkmal setzte. Er bewahrte auf diese Weise die Erinnerung an seinen früh verstorbenen Vater, Johann Ambrosius, der sich zuerst in Arnstadt als Stadtpfeifer betätigte, dann als Geiger der Ratsmusik in Erfurt und schließlich als Hoftrompeter und Leiter der städtischen Bläser in Eisenach angestellt war. Mit Vitus, dem ersten nachweisbaren Bach, nimmt die Genealogie ihren Anfang. Er war Mitte des 16. Jahrhunderts als Lutheraner aus konfessionellen Gründen aus dem Osten des Habsburgerreiches nach Thüringen geflohen. In Wechmar nahe Gotha ließ er sich nieder. Vitus war Bäcker und Müller von Beruf, aber »er hat sein meistes Vergnügen an einem Cythringen [Cister, eine Art Gitarre] gehabt, welches er auch mit in die Mühle genommen, und unter währendem Mahlen darauf gespielet«, wie Sebastian berichtet. Vitus' Sohn Hans konnte gut Geige spielen und machte sich als musikalischer Hofnarr einen Namen.

Auch ein anderer bedeutender Vorfahr, der Vetter von Sebastians Vater, Johann Christoph, ist im »Ursprung« festgehalten. Als Johann Ambrosius 1671 nach Eisenach zog, war Johann Christoph dort Organist. Sebastian nannte ihn einen »profonden Componisten« und schätzte seine Musik. Einige seiner Vokalwerke führte er später in Leipzig wieder auf, unter ihnen die 22-stimmige Michaelismusik »Es erhub sich ein Streit«. Selbst Sebastians Sohn Emanuel griff nahezu 100 Jahre nach ihrer Komposition in Hamburg auf diese Kantate zurück.

Johann Ambrosius Bach (1645–95), zeitgenössisches Gemälde (unbezeichnet), Staatsbibliothek zu Berlin, Preußischer Kulturbesitz (Ausschnitt) – Als so genannter Stadtpfeifer hatte Johann Ambrosius in Gottesdiensten die Kirchenmusik zu begleiten und auch zu verschiedenen offiziellen Anlässen aufzuspielen.

Johann Christoph Bach (1642–1703), zeitgenössisches Gemälde (unbezeichnet), Archiv für Kunst und Geschichte, Berlin (Ausschnitt) – Johann Christoph genoss hohe Wertschätzung als Organist und Komponist. Seine Stücke, obwohl stilistisch bald schon unmodern, überdauerten im praktischen Gebrauch zwei Generationen innerhalb der Bachfamilie.

Thüringisch-sächsische Heimat

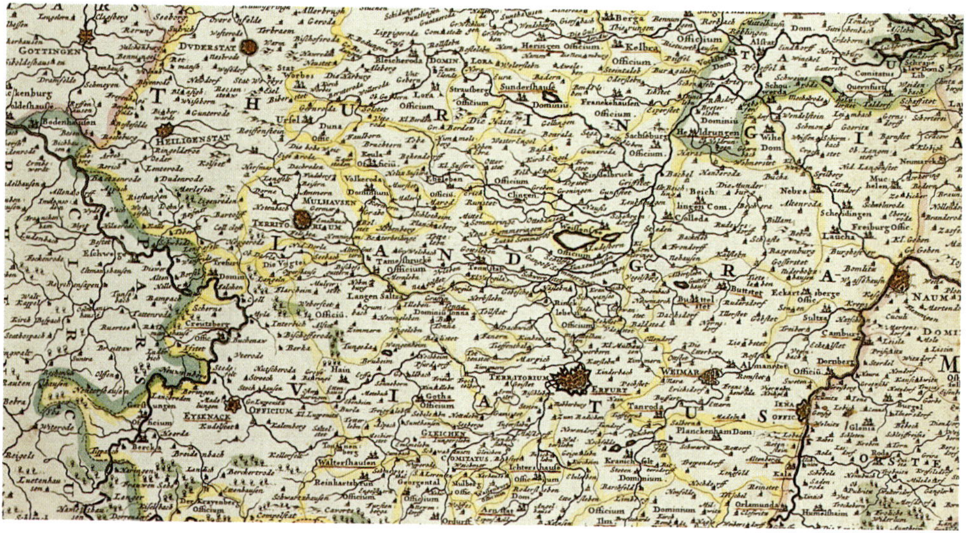

»Circuli Saxoniae Superiori Pars Meridionalis…«, Landkarte von Sachsen und Thüringen mit angrenzenden Gebieten, Schriftkartusche mit Länderwappen, kolorierter Kupferstich, um 1650, Amsterdam (Frederik de Wit), o. J., 49 x 57,5 cm, Postmuseum Berlin (Ausschnitt) – Die Bachs waren in verschiedenen Städten des Herzogtums tätig, so in Eisenach, Arnstadt, in Jena, Erfurt und Meiningen.

Das Kurfürstentum Sachsen gehörte seit dem Mittelalter zu den bedeutendsten Landschaften im Heiligen Römischen Reich Deutscher Nation. Der Herzog von Sachsen war seit dem 13. Jahrhundert einer der sieben Kurfürsten, die allein den deutschen König wählen durften. Zur Zeit der Reformation (1517–55) erlangte Kursachsen besondere Bedeutung, da es sich als eines der ersten Territorien auf die Seite Luthers schlug. Kurfürst Friedrich der Weise schützte Luther sogar vor der Verfolgung durch den Kaiser und versteckte ihn auf der Wartburg bei Eisenach, wo der Reformator die Bibel ins Deutsche übersetzte. Gegen Ende des 17. Jahrhunderts jedoch nahm Friedrichs ferner Nachfahre August der Starke wieder die katholische Religion an: Das war Voraussetzung, um König von Polen werden zu können. Zur Zeit Johann Sebastian Bachs war der sächsische Kurfürst gleichzeitig König von Polen und Herrscher an einem der prächtigsten Barockhöfe Europas.

Ein Blick auf Thüringen und Sachsen zeigt den Wirkungsgrad der Bachfamilie: In Arnstadt wirkte ab

1641 schon Johann Sebastians Großonkel Heinrich, dessen Organistenamt sein ältester Sohn, Johann Christoph, erbte. An diesem Ort begann die musikalische Laufbahn von Johann Sebastians Vater, bevor er sich mit seinem Bruder Johann Christoph in Eisenach niederließ. Dort verbrachte auch Johann Sebastian seine Kindheit.

Auch Jena war eine wichtige Wirkungsstätte der Musikerfamilie. Johann Nicolaus, der Sohn Johann Christophs, ist in die Musikgeschichte als der »Jenaer Bach« eingegangen. Zur Erfurter Linie gehörte Johann Bernhard, Organist und erfolgreicher Komponist zu Beginn des 18. Jahrhunderts; sein Sohn Johann Ernst, dessen Nachfolger im Eisenacher Organistenamt, war bereits Zeitgenosse der Bachsöhne. Zur Meininger Linie gehörte Johann Ludwig, der als Hofmusiker und Kantor tätig war, auch er ein Vetter Johann Sebastians.

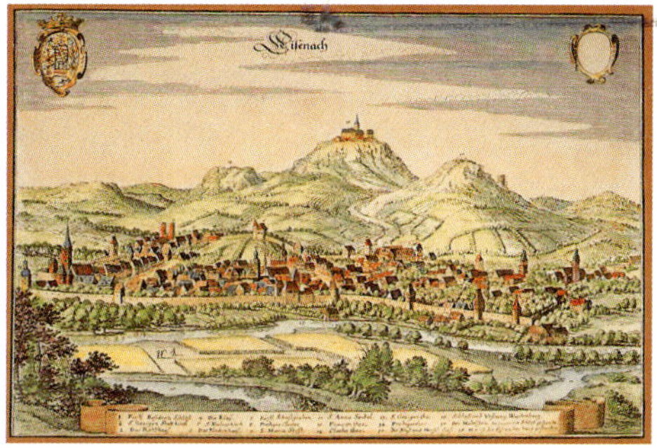

Eisenach, Ansicht der Stadt mit der Wartburg im Hintergrund, Kupferstich von Matthäus Merian d. Ä. (1593–1650), koloriert – Eisenach war die Wirkungsstätte von Johann Ambrosius, dem Vater von Johann Sebastian Bach, und von seinem Onkel Johann Christoph: Hier wurde Johann Sebastian am 21. März 1685 geboren.

Arnstadt, Ansicht von Nordosten mit Neidecksburg und Liebfrauenkirche, Kupferstich von Caspar Merian, 1650, spätere Kolorierung, aus: M. Zeillger, »Topographia Germaniae, Bd. 12, Topographia Superioris Saxoniae«, Frankfurt (Matthäus Merian) (Ausschnitt) – Von 1703 bis 1707 war Johann Sebastian in Arnstadt Organist. Doch schon vor ihm waren Mitglieder der Bachfamilie hier tätig, als erster Heinrich, Organist von 1641 bis 1692.

Die Jugendjahre des Vaters

Bereits als Kind verlor Johann Sebastian seinen Vater und musste seine Lehrjahre vorwiegend aus eigener Kraft, als Autodidakt, unter ärmlichen Verhältnissen bewältigen. Nach dem Tod des Vaters wurde der minderjährige Sebastian in die Obhut seines älteren Bruders Johann Christoph nach Ohrdruf gegeben, der dort Organist war. Doch schon wenige Jahre später, er war gerade 15 Jahre alt, ging Sebastian nach Lüneburg und setzte dort seine Schulbildung fort. Im Jahr 1703 kehrte er nach Thüringen zurück. Nach einem ersten kurzen Zwischenspiel am Weimarer Hof trat er im Sommer 1703 seine erste feste Stelle als Organist der Bonifaciuskirche in Arnstadt

Johann Sebastian Bach (?), Gemälde, Johann Ernst Rentsch d. Ä. zugeschrieben, um 1715, Öl auf Leinwand, Angermuseum, Erfurt – Zwischen 1708 und 1717 war Johann Sebastian am Weimarer Hof angestellt, zunächst als Organist.

Hausmusikszene, Gemälde von Johannes Voorhout, 1674, Öl auf Leinwand, Museum für Hamburgische Geschichte, Hamburg (Ausschnitt) – Vermutlich sind hier zwei Vorbilder Bachs porträtiert: Adam Reinken am Cembalo und Dietrich Buxtehude mit aufgestütztem Kopf.

an. Die drei Jahre in Arnstadt waren durch ständige Spannungen zwischen dem selbstbewussten und bisweilen unbequemen jungen Mann und seinem Arbeitgeber, dem Kirchen-Konsistorium, geprägt. Einmal erbat er sich vier Wochen Urlaub, um einen berühmten Organisten des Nordens, Dietrich Buxtehude, in Lübeck hören zu können. Im Oktober 1705 begab Bach sich zu Fuß dorthin und kehrte erst ein halbes Jahr später zurück! Das Konsistorium hielt ihm daraufhin neben diesem auch andere Vergehen vor. So nutzte Bach die nächstbeste Gelegenheit, Arnstadt für immer den Rücken zu kehren und ging im Juni 1707 nach Mühlhausen, wo er Organist der Blasiuskirche wurde. Aus dieser Zeit stammen seine ersten Kirchenkantaten, nachdem er zuvor in erster Linie für Orgel und Cembalo komponiert hatte. Im Oktober desselben Jahres heiratete er Maria Barbara, die Tochter des Gehrener Organisten Johann Michael Bach. Schon nach einem Jahr verließ er Mühlhausen; sein neues Ziel war Weimar. Graf Wilhelm Ernst war von Bachs Orgelspiel angetan, bot ihm die Stelle des Hoforganisten an und so zog Bach mit seiner Frau im Juli 1708 dorthin. Hier wurden seine ersten Kinder geboren, neben der ältesten Tochter Catharina Dorothea und dem musikalisch kaum bekannt gewordenen und früh verstorbenen Johann Gottfried Bernhard zwei geniale Musiker: Wilhelm Friedemann und Carl Philipp Emanuel.

Himmelsburg, Innenraum der abgebrannten Weimarer Schlosskirche, Gemälde von Christian Richter, um 1630, Öl auf Leinwand, 112,5 x 83,5 cm, Kunstsammlung zu Weimar – Die Orgel in der Weimarer Schlosskirche war Johann Sebastians Arbeitsplatz. Von 1714 an aber war er auch Konzertmeister der Hofkapelle. Hier fanden Bachs Lehr- und Wanderjahre ihren Abschluß und sein Ruhm begann zu wachsen.

Der Liebling: Wilhelm Friedemann

Rechte Seite: *Wilhelm Friedemann Bach,* Gemälde von Georg Friedrich Weitsch, um 1760, Öl auf Leinwand, 79 x 65 cm, als Leihgabe im Händelhaus, Halle (Ausschnitt)

Johann Sebastians ältester Sohn, Wilhelm Friedemann, gilt als der begabteste der vier Bachsöhne. Zumindest war er der erklärte Liebling seines Vaters. Seine Ausbildung – zunächst in Köthen und Leipzig – und sein Werdegang, der ihn von Dresden nach Halle führte, lagen Johann Sebastian besonders am Herzen. Friedemann war aber auch unter seinen Brüdern die schillerndste und am wenigsten angepasste Persönlichkeit. Er hinterließ ein, gemessen an seinen Fähigkeiten, eher schmales Œuvre. Mit zunehmendem Alter führte er ein unstetes Leben und geriet mehrfach mit seinen Zeitgenossen in Konflikt. Man könnte vermuten, er habe viel von der schwierigen Persönlichkeit seines Vaters geerbt. In jedem Fall aber war die Vater-Sohn-Bindung bei ihm ausgeprägter als bei den anderen Kindern.

Der Neustädter Markt in Dresden, Gemälde von Bernardo Bellotto, 1750, Öl auf Leinwand, 134 x 236 cm, Staatliche Kunstsammlungen Dresden, Gemäldegalerie Alte Meister – In Dresden fand Friedemann 1733 seine erste Anstellung als Organist. Als Residenzstadt der sächsischen Kurfürsten war Dresden in dieser Zeit eine glänzende Metropole mit einem der besten Orchester der Barockzeit.

Das Originalgenie: Carl Philipp Emanuel

Wenn im 18. Jahrhundert von einem Komponisten namens Bach die Rede war, so meinte man damit nicht, wie es heute üblich ist, Johann Sebastian, den Leipziger Thomaskantor. Für viele Musikfreunde war der berühmte, gefeierte »Bach« um 1750 Carl Philipp Emanuel. Zwar war sein Vater bekannt, doch vorwiegend eben nur als Vater eines weitaus bekannteren Sohnes, der seinen Zeitgenossen als großes »Originalgenie« galt. Erst im frühen 19. Jahrhundert verblasste sein Ruhm und wurde von dem seines Vaters überholt. Wenn auch die Musikhistoriker Johann Sebastian unangefochten den ersten Platz zuerkennen, so rangiert Carl Philipp Emanuel in ihrer Gunst nicht weit dahinter. Von allen Bachsöhnen ist er der bekannteste. Seine Musik gilt als beispielhaft für den Stil des mittleren 18. Jahrhunderts, für die Epoche des Übergangs vom Barock zur Klassik. Er wirkte in zwei bedeutenden Zentren der damaligen deutschen Musiklandschaft: in Berlin und in Hamburg. Er komponierte außerordentlich viel und erfolgreich und verfasste nicht zuletzt eine der wichtigsten theoretischen Schriften der Musikgeschichte, den »Versuch über die wahre Art das Clavier zu spielen«.

Linke Seite: *Carl Philipp Emanuel Bach,* Pastell von Johann Philipp Bach, 1773, 15,8 x 12 cm, Staatsbibliothek zu Berlin, Preußischer Kulturbesitz (Ausschnitt)

Potsdam, Alter Markt, Blick in die Schloss-Straße, Gemälde von Karl Christian Wilhelm von Baron, 1772, Stiftung Preußische Schlösser und Gärten, Berlin-Brandenburg, Potsdam – Als Cembalist des preußischen Königs verbrachte Emanuel in Potsdam und Berlin 28 Jahre. Mehr als seine höfischen Pflichten faszinierten ihn das musikalische und geistige Leben der bürgerlichen Kreise.

Hamburg, Gesamtansicht, kolorierter Kupferstich, um 1750 – In Hamburg wirkte Emanuel 20 Jahre als Musikdirektor und bestimmte in dieser Position das Musikleben der Stadt.

Der Hofmusiker: Johann Christoph Friedrich

Der »Unbekannte« unter den Musikersöhnen Johann Sebastians: Im Vergleich zu seinen Brüdern führte Johann Christoph Friedrich ein solides, unspektakuläres Leben. Die heute eher selten zu hörenden Kompositionen des »Bückeburger Bach« zeichnen sich weder durch revolutionäre Neuerungen noch durch ausgefallene Besonderheiten aus. Dennoch ist er in seinem musikalischen Schaffen ein typischer Vertreter seiner Epoche: In einer langsamen aber stetigen Karriere am Hof der Grafen von Schaumburg-Lippe prägte er in Bückeburg das lokale Musikleben und wurde von seinen Arbeitgebern sehr geschätzt. Friedrich lebte zurückgezogen und fiel in der musikalischen Landschaft Europas fast nicht auf. Gerade deshalb gibt es aber auch heute noch bei ihm viel zu entdecken.

Bückeburg, Toranlage des Schlosses, Anfang 17. Jahrhundert – In Bückeburg begann und endete Friedrichs Musikerlaufbahn. Mit nur 18 Jahren trat er hier eine Stelle als Hofmusiker an.

Bückeburg, Schloss, Ansicht aus der Luft – In der Residenz der Grafen von Schaumburg-Lippe verbrachte Friedrich fast sein ganzes Leben. Die Abgeschiedenheit des Hofes und das Wohlwollen seiner Dienstherren ermöglichten ihm zwar ein ungestörtes Arbeiten, aber dadurch nahm er am musikalischen Weltgeschehen auch nur indirekt teil.

Rechte Seite: *Johann Christoph Friedrich Bach,* Ölgemälde von Georg Matthieu, 1754, 46 x 37 cm, Staatsbibliothek zu Berlin, Preußischer Kulturbesitz (Ausschnitt)

Der Außenseiter: Johann Christian

London, Stadtansicht mit Themse, Gemälde von Antonio Canal, um 1750, Windsor Castle, Royal Library – London war in der zweiten Hälfte des 18. Jahrhunderts neben Paris die führende Musikhauptstadt Europas.

Am 5. September 1735 wurde Johann Christian Bach, der jüngste Sohn Johann Sebastians, in Leipzig geboren. Damals hatte sein Vater gerade den zweiten Teil seiner »Clavier-Übung« herausgegeben. Er beschäftigte sich darin mit zwei Kerngattungen der barocken Instrumentalmusik: dem Italienischen Konzert und der Französischen Suite. Im Todesjahr Christians, 1782, veröffentlichte Joseph Haydn seine sechs Streichquartette op. 33, die so genannten »Russischen Quartette«, die heute als Manifest des klassischen Stils gelten. Zwischen diesen beiden Eckdaten eines nicht einmal 50 Jahre währenden Lebens wandelte sich die europäische Musik grundlegend. Wie keiner seiner Brüder steht gerade Johann Christian mit seinem Leben und seinem Schaffen für diesen Wandel ein: Mit dem barocken Erbe des Vaters setzte er sich fast überhaupt nicht mehr auseinander, orientierte sich dafür aber schon früh an den aktuellen Strömungen in der Musik. Er kannte aus eigener Anschauung die europäischen Zentren der Musik wie Mailand, London und Paris, in denen der neue Geschmack kreiert wurde, und wusste sich auf die Wünsche eines mondänen Publikums einzustellen. Die relative Enge eines Kantorendaseins, wie es sein Vater und sein Halbbruder Wilhelm Friedemann erlebten, und die Fixierung auf einen absoluten Herrscher, die den Dienst Emanuels und Friedrichs prägte, waren nicht Christians Welt. Er war ein Bach – aber ein weit gereister, ein zum Katholizismus konvertierter, mit der Opernbühne vertrauter und vor allem außerhalb seiner Heimat erfolgreicher Mann.

Johann Christian Bach, Gemälde von Thomas Gainsborough, 1776, Öl auf Leinwand, 97 x 80 cm, Civico Museo Bibliografico Musicale, Bologna, (Ausschnitt)

Fürstliche Residentz Statt Weima
1. Fürstliche Residentz. Schloss zum Hornstei.
2. Das Mittlere Schloss.
3. Das Dritte Fürstliche: Schloss und Garten. Hauss
4. Der Fürstliche welsche Garten.
5. Die Stadt und Pfarr: Kirch zu S. Peter: und Paul.
6. Das Alte Rathhauss.
7. Das Newe Rathhauss.
8. Das Kornhauss.
9. Das Frawen Thor.
10. Erffurdter Thor
11. Kirche zu S. Iacob: und Gottes Acker.
12. Die Grosse Mühle.
13. Reit Hauss.
14. Ballen Ha
15. Pulfer Thu
Fürstlicher
garten.

Hausakademie für Musik

Das Elternhaus in Weimar und Leipzig

Weimar, Stadtansicht, kolorierter Kupferstich von Matthäus Merian d. Ä., um 1650 – Johann Sebastian war rund neun Jahre als Organist und später als Konzertmeister am Weimarer Hof tätig. Hier wurden Wilhelm Friedemann und Carl Philipp Emanuel geboren.

Vater Bach an der Orgel

Johann Sebastian Bach gibt in der Schlosskapelle zu Weimar ein Konzert, 1714, nach einem Gemälde von H. W. Schmidt, 19. Jahrhundert – Im Frühjahr 1714 wurde Johann Sebastian in Weimar zum Konzertmeister befördert. Von nun an gehörte es zu seinen Pflichten, alle vier Wochen eine Kirchenkantate zu komponieren. Eine seiner ersten Kantaten war »Weinen, Klagen, Sorgen, Zagen« BWV 12, die heute noch zu seinen bekanntesten zählt.

Wilhelm Friedemann Bach wurde am 22. November 1710 in Weimar geboren und zwei Tage darauf getauft. Außer dem Eintrag ins Taufbuch der Weimarer Stadtkirche haben sich aus seinen ersten Lebensjahren keine Dokumente erhalten, die nähere Auskunft über die Kindheit geben könnten. Johann Sebastian war in Weimar seit etwa zwei Jahren als Organist und Kammermusiker tätig, wo er in erster Linie Werke für die Orgel schrieb, aber auch die Konzerte des berühmten venezianischen Komponisten Antonio Vivaldi kennen lernte. Diese Kompositionen machten einen so großen Eindruck auf ihn, dass er einige davon für Cembalo oder Orgel bearbeitete. Eine dieser Bearbeitungen, die Übertragung von Vivaldis Violinkonzert op. 3 Nr. 11 auf die Orgel, wurde im 19. Jahrhundert fälschlicherweise als eine der wenigen bekannten Kompositionen Friedemanns angesehen, der gegen Ende seines Lebens vermutlich aus Geldsorgen den eigenen Namen auf die Partitur gesetzt hatte.

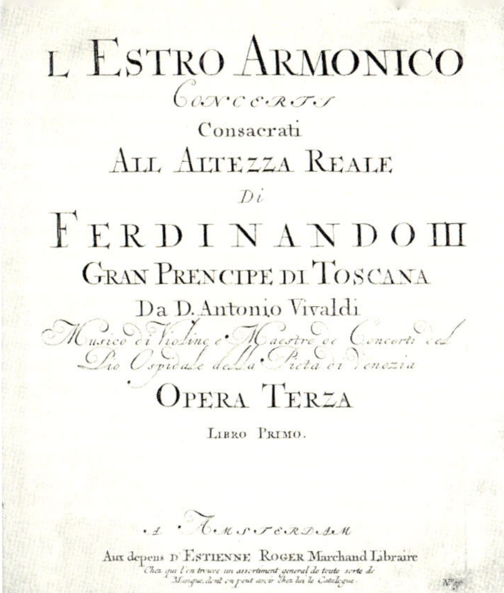
L'ESTRO ARMONICO
CONCERTI
Consacrati
ALL ALTEZZA REALE
DI
FERDINANDO III
GRAN PRENCIPE DI TOSCANA
Da D. Antonio Vivaldi
Musico di Violino e Maestro de Concerti del
Pio Ospidale della Pietà di Venezia
OPERA TERZA
LIBRO PRIMO.

A AMSTERDAM
Aux depens D'ESTIENNE ROGER Marchand Libraire
Chez qui l'on trouve un assortiment general de toute sorte de
Musique, dont on peut avoir Chez lui le Catalogue.

L'estro armonico (op. 3) von Antonio Vivaldi, Titelblatt des Notendrucks Amsterdam (Estienne Roger), 1712, mit Widmung an den Großherzog Ferdinand III. von Toscana – Mit diesen zwölf Konzerten, die er unter dem Titel »L'estro armonico« veröffentlichte, wurde Vivaldi rasch in ganz Europa bekannt.

Vater Bach im Gefängnis

In Weimar wurde Johann Sebastian als Musiker nicht so recht glücklich, obwohl der Herzog ihn 1714 mit einer Gehaltserhöhung zum Konzertmeister beförderte. Also sah er sich nach einer anderen Stelle um. Er bat seinen Dienstherrn um Entlassung, landete aber »wegen seiner Halßstarrigen Bezeügung u. zu erzwingenden dimission«, wie es in einem zeitgenössischen Dokument heißt, sogar für einen Monat im Gefängnis. Der Herzog wollte seinen genialen Konzertmeister nicht einfach ziehen lassen. Im August 1717 endlich erhielt Bach dann doch einen attraktiveren Posten: als Kapellmeister am Köthener Hof.

Weimar, Ansicht der Herderkirche (eigentlich Stadtkirche St. Peter und Paul) auf dem Herderplatz, kolorierter Stahlstich von Kolb nach Pozzi, 1. Hälfte 19. Jahrhundert – Lange nach Bachs Wirken begann in Weimar die Zeit Goethes und Schillers. 1776 gesellte sich Johann Gottfried Herder dazu.

Friedemanns »Clavierbüchlein«

Erstes Zeugnis der musikalischen Ausbildung Friedemanns gibt eine Sammlung kleiner Klavierstücke, die in Köthen entstand und unmittelbar aus Johann Sebastians Unterricht hervorgegangen ist: das »Clavierbüchlein vor Wilhelm Friedemann Bach, angefangen in Cöthen den 22. Januarii, A[nn]o. 1720«. Die meisten der darin enthaltenen Kompositionen stammen von Vater Bach, aus den unterschiedlichen Handschriften lässt sich jedoch ablesen, dass Friedemann an der Niederschrift beteiligt war. Einiges mag sogar von Friedemann selbst komponiert worden sein. Der kaum Zehnjährige stellte damit seine hohe Fertigkeit unter Beweis. Die eigens für die Studien Friedemanns

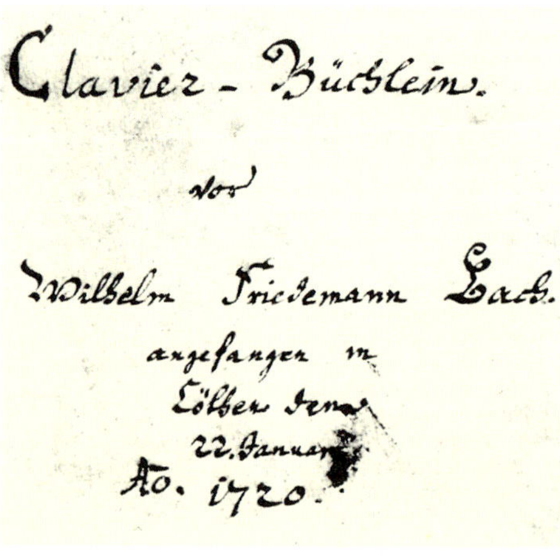

zusammengestellten Stücke des »Clavierbüchleins« zeigen, dass er im väterlichen Unterricht schnell Fortschritte machte. Unter ihnen befinden sich so bekannte Werke wie die Inventionen und Sinfonien (BWV 772–801) – sie gehören bis heute zum Standardrepertoire des Klavierunterrichts; daneben sind einige Präludien des »Wohltemperierten Claviers« in Frühfassungen und weitere kleine Präludien, Tanzsätze und Stücke anderer Komponisten aufgezeichnet. Vermutlich hat Bach diese Stücke im Unterricht mit anderen Schülern, seine jüngeren Söhne eingeschlossen, weiterverwendet. Ursprünglich wollte er damit seinem ältesten Sohn Friedemann die bestmögliche Ausbildung zukommen lassen.

Oben und rechts oben: *Clavierbüchlein vor Wilhelm Friedemann Bach,* Titelblatt und Notenseite, Yale University, New Haven – Hier wird Johann Sebastian Bachs Klavierunterricht greifbar.

Rechte Seite: *Köthen* mit spätgotischer St. Jakobskirche – Auch wenn Vater Bach keine offiziellen Aufgaben als Organist wahrzunehmen hatte, so wird er häufig an den Orgeln der beiden Köthener Kirchen, der Jakobs- und der Agnuskirche, gespielt haben – zum eigenen Vergnügen und zum Unterrichten.

Lehrmaterial als väterliches Geschenk

Am 8. März 1714 wurde Carl Philipp Emanuel Bach in Weimar geboren. Johann Sebastian war gerade zum Konzertmeister der Kapelle des Herzogs Wilhelm Ernst zu Sachsen-Weimar ernannt worden. Drei Jahre später zogen die Eltern Bach mit den Kindern Catharina Dorothea, Wilhelm Friedemann, Johann Gottfried Bernhard und Emanuel nach Köthen, wo der Vater von 1717 an Hofkapellmeister war. Dort besuchte Emanuel zusammen mit seinem älteren Bruder Friedemann die lutherische Lateinschule. Vater Bach begann sich zudem um die musikalische Erziehung seiner ältesten Söhne zu kümmern und schuf mit den Lehrstücken im »Clavierbüchlein« kleine Meisterwerke für die musikalische Ausbildung seiner Söhne. Im Vorwort zu den Inventionen und Sinfonien schreibt Johann Sebastian 1723: »Die Lehrbegierigen« sollen dahin gelangen, »nicht alleine (1) mit 2 Stimmen reine spielen zu lernen, sondern auch bey weiteren progreßen auch (2) mit dreyen obligaten Partien richtig und wohl zu verfahren ..., am allermeisten aber eine cantable Art im Spielen erlangen.« Außerdem soll der Schüler lernen, »gute inventiones [musikalische Eingebungen] nicht alleine zu bekommen, sondern auch selbige wohl durchzuführen« und »darneben einen starcken Vorgeschmack von der Composition zu überkommen«. Demnach sollen die Schüler zunächst einmal lernen, mit zwei und drei Stimmen

Köthen, Stadtansicht, Kupferstich von Matthäus Merian d. Ä., 1650, neukoloriert, aus: »Topographica Superioris Saxoniae Thuringiae, Misniae, Lusatia etc.«, Frankfurt a. M. (Merian) – Während seiner Kapellmeisterzeit in Köthen befasste sich Johann Sebastian mehr mit Instrumentalmusik. Hier schrieb er die Violinsonaten mit und ohne Begleitung und die meisten seiner Konzerte; hier begann die musikalische Ausbildung seiner Söhne Friedemann und Emanuel.

kantabel zu spielen, um dann, mit Unterstützung von Bachs Einfällen, eigene Stücke komponieren zu können. Die einfache und logische Art der Stücke aus dem »Clavierbüchlein« vertiefte Sebastian später in den Präludien und Fugen des »Wohltemperierten Claviers« weiter.

Johann Nikolaus Forkel (1749–1818), der erste Bachbiograf, berichtet von Bachs Unterricht: »Er war so gefällig, kleine zusammenhängende Stücke vorzuschreiben, worin jene Übungssätze in Verbindung gebracht waren. Von dieser Art sind die 6 kleinen Präludien für Anfänger, und mehr noch die 15 zweystimmigen Inventionen. Beyde schrieb er in den Stunden des Unterrichts selbst nieder, und nahm dabey bloß auf das gegenwärtige Bedürfniß des Schülers Rücksicht.« In diesen kleinen Stücken begegnen uns also Momentaufnahmen aus Johann Sebastians Klavierstunden. An den Kompositionsunterricht erinnert sich Emanuel als über 60-Jähriger in einem Brief an Forkel. Der Vater sei mit seinen Schülern »gleich an das Nützliche« gegangen: Sie lernten den vierstimmigen Generalbass zu spielen und mussten schon früh die Fähigkeit zeigen, eigene Kompositionen zu entwickeln. Wer dieses Talent nicht zeigte, dem habe er geraten, »von der Composition wegzubleiben.«

Maria Barbara Bach, Schattenriss, um 1710 – Maria Barbara Bach wurde 1684 in Gehren als jüngste Tochter von Johann Michael Bach, dem städtischen Organisten, geboren. Ihren entfernten Cousin Johann Sebastian heiratete sie 1707 in Dornheim, nahe Arnstadt.

Im Juli 1720 starb Bachs Frau Maria Barbara, nicht einmal 36 Jahre alt, offenbar plötzlich und unerwartet. Johann Sebastian befand sich zu diesem Zeitpunkt mit dem Fürsten Leopold von Anhalt-Köthen auf Reisen. Als er zurückkehrte, war seine Frau bereits begraben. Besonders Friedemann litt sehr unter dem Tod seiner Mutter. Bach heiratete im Dezember 1721 wieder – die damals 20-jährige Anna Magdalena, Tochter des Weißenfelsischen Hoftrompeters Johann Caspar Wilcke. Auch sie kam aus einer Musikerfamilie und war als Kammersängerin am Köthener Hof tätig gewesen. In Leipzig half sie ihrem Mann beim Ausschreiben der Noten und musizierte mit ihrer Familie. Bach widmete ihr, wie auch seinem Sohn Wilhelm Friedemann, Kompositionssammlungen, die so genannten »Clavierbüchlein«. Hierin finden sich so anspruchsvolle Cembalowerke wie die Partiten in a-Moll und e-Moll (BWV 827 und 830) und einige Französische Suiten (BWV 812 – 816), die zugleich etwas von Anna Magdalenas Fähigkeiten verraten. Wahrscheinlich hat sie sich auch an der musikalischen Ausbildung ihrer Söhne beteiligt.

Schuljahre

Durch den Tod des Leipziger Thomaskantors Johann Kuhnaus wurde 1722 dessen Stelle frei. Georg Philipp Telemann, einer der Taufpaten Carl Philipp Emanuels, hatte sich um diesen neu zu besetzenden Posten beworben. Erst nach Telemanns Rückzug

Leipzig, Thomaskirche, Stich im Verlag von Gabriel Bodenehr d. Ä. (1694–1758), Augsburg, Bachhaus Eisenach – Johann Sebastian wirkte hier als Kantor der Thomaskirche die letzten 27 Jahre seines Lebens. Diese Zeit wurde später zum Inbegriff seines Schaffens, der »Thomaskantor« zum Synonym.

und der anschließenden Absage Christoph Graupners wurde Johann Sebastian Bach gewählt, der in den Augen der Ratsherren jedoch nicht den Rang seiner Mitbewerber hatte. Im Mai 1723 zog also die Familie Bach von Köthen nach Leipzig und im Juni wurden Friedemann und Emanuel in die Thomasschule aufgenommen. Der Thomaskantor Bach bezog seine Dienstwohnung im Schulgebäude, das zu Beginn des 20. Jahrhunderts abgerissen wurde. Die Schule war der Thomaskirche angegliedert und schloss sich im rechten Winkel gleich an das Gotteshaus an. Emanuel begann dort seine bis 1731 dauernde schulische Laufbahn als Sextaner. Er lernte wie sein Bruder Griechisch und Latein und las die Klassiker im Original. Doch standen neben der humanistischen Ausbildung auch Fächer wie Geschichte, Geografie und Mathematik auf dem Lehrplan, die für eine umfassende Bildung sorgten. Emanuel wirkte schon von Anfang an im Chor der Thomasschule mit, dessen Ausbildung und Leitung in den Händen seines Vaters lag. Wahrscheinlich war er sogar Mitglied der ersten Kantorei, der Gruppe der zwölf bis 16 besten Sänger der Schule, die unter Leitung Bachs selbst die anspruchsvollsten Werke sangen. Die Mitgliedschaft bei den Thomanern endete mit der Aufnahme des Studiums an der Universität Leipzig, womit Emanuel in die Fußstapfen seines älteren Bruders Friedemann trat.

Friedemann hatte vor dem Umzug der Familie wahrscheinlich die Lateinschule in Köthen besucht, bevor er 1723 gemeinsam mit seinem Bruder in die Thomasschule eintrat. Vier erhaltene Schulhefte, die Friedemann zwischen 1723 und 1727 in Gebrauch hatte, geben einen Einblick in seinen Schulalltag. Sie wurden vor Abbruch des Schulgebäudes im Jahr 1902 in einer Tapetenfütterung aufgefunden. Das erste Heft, dem Friedemann den Titel »Liber Proverbiorum« gab, also »Buch der Sprichwörter«, enthält einige lateinische Sprüche in zum Teil sehr freien Übersetzungen des Thomasschülers. Später fertigte er Übersetzungen nach Diktaten und Briefübungen an. Zwei weitere Hefte aus den Jahren 1725 und 1727, die teilweise als Schmierhefte benutzt wurden, enthalten auch einige interessante zeichnerische Eintragungen, wie zwei Köpfe im Profil,

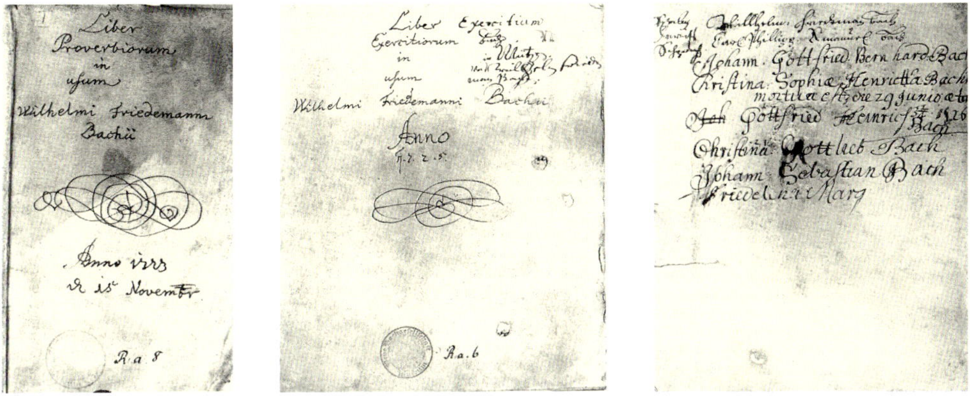

Liber Proverbiorum, Schulheft von Wilhelm Friedemann Bach mit Eintragungen und Zeichnungen, Bachhaus Eisenach – Selten genug haben nachgeborene Generationen die Gelegenheit, eine historische Persönlichkeit anhand ihrer schulischen Aufzeichnungen kennen zu lernen. Friedemann zeigt sich in seinen Schulheften als Charakter, der zur Flüchtigkeit neigte.

die Friedemann wahrscheinlich während des Unterrichts anfertigte. Aus den Heften geht hervor, dass er ein begabter Schüler gewesen sein muss, der aber weder besonders fleißig noch ausgesprochen ausdauernd seine Studien betrieb. Im Lateinischen zeigte er überdurchschnittlich gute Leistungen, sein Griechisch war dagegen nur mittelmäßig.

Die beste Ausbildung, die es gab

Johann Sebastian ermöglichte Emanuel und Friedemann – später auch seinen anderen Söhnen – eine umfangreiche musikalische Ausbildung. Im Klavierspiel und in der Komposition konnten sie bei niemand anderem so viel lernen wie bei ihrem eigenen Vater. Darüber hinaus erhielten sie durch den Besuch der Leipziger Thomasschule und ihre anschließenden Universitätsstudien, die nur der jüngste Sohn Johann Christian nicht aufnahm, eine umfassende Allgemeinbildung.

Im Gegensatz zu seinen Söhnen hatte Johann Sebastian selbst in seiner eigenen Kindheit weder von seinem Vater noch nach dessen Tod von seinem älteren Bruder viel lernen können. Er war früh auf sich gestellt und eignete sich somit vieles selbst an. Um große musikalische Vorbilder studieren zu können, musste er weit reisen. Seine erste Stelle trat er schon mit 18 Jahren an, um seinen Lebensunterhalt zu verdienen. Eine Universität hat er niemals besucht. Vielleicht wollte Bach auch aus diesen Gründen seinen Söhnen all das ermöglichen, was ihm selbst versagt geblieben war.

Knabenchor, vermutlich Knabenchor der Thomaskirche, Zeichnung von Ludwig Richter (1803–84) – Da die Kirche, die katholische wie auch die protestantische, aufgrund einer falsch verstandenen Aussage des Apostels Paulus Frauen als Sängerinnen im Gotteshaus nicht duldete, musste Kirchenmusik jahrhundertelang ohne weibliche Stimmen auskommen. Die hohen Stimmlagen besetzte man mit Knaben, Kastraten oder Falsettisten, je nach Ort und Möglichkeit.

Der Thomanerchor

Der Leipziger Thomanerchor kann auf eine bald 800-jährige Geschichte zurückblicken. Als im Jahr 1212 das Leipziger St. Thomas-Stift eingerichtet wurde, gab es dort wahrscheinlich bereits eine Singschule für Knaben. Die Jungen wurden hier zur Ausübung des Chordienstes und zum Singen bei Begräbnissen, Prozessionen und anderen Anlässen in Kirche und Stadt ausgebildet. Bald wurde der Chor der Thomaskirche zu einer wichtigen Einrichtung im städtischen Leben Leipzigs und machte auch über die Stadtgrenzen hinaus von sich reden. Mit Kantor Johann Kuhnau, Vater Bachs Amtsvorgänger, hatte die Musikpflege an der Thomaskirche ein beachtliches Stadium erreicht. In den Zeiten nach Bach wurde der Thomanerchor immer mehr zu einer bedeutenden Institution der Bachpflege.

Zu Beginn des 20. Jahrhunderts begann der Chor Konzertreisen in andere Länder zu unternehmen, wo er seither als Botschafter von Johann Sebastians Musik begrüßt wird. Heute hat er bis zu 100 Mitglieder, weitaus mehr als zu Bachs Zeiten.

Leipziger Thomaner bei einer Chorprobe in der Thomaskirche im Jahr 1999 – Die Lehrzeit im Thomanerchor wird noch immer als musikalische Grundausbildung geschätzt.

Die Thomaskirche in Leipzig. Vor der Renovation im Jahre 1885, Holzstich von O. Kutschera nach einem Aquarell von Hubert Kratz , um 1885 – In der spätgotischen Hallenkirche sang der Chor während des Gottesdienstes.

Violinunterricht

Vater Bach achtete darauf, dass seine ältesten Söhne neben einer profunden Ausbildung auf dem Klavier und der Orgel auch die Geige beherrschen lernten. In der Zeit von Juni 1726 bis April 1727 erhielt Friedemann daher Violinunterricht bei dem berühmten Geiger Johann Gottlieb Graun in Merseburg, dem späteren Konzertmeister des Berliner Opernorchesters und Mitglied der Hofkapelle Friedrichs des Großen. Emanuel vervollkommnete in seiner Zeit als Schüler der Leipziger Thomasschule alles, was er schon früher auf dem Klavier und in der Komposition gelernt hatte. Mit elf Jahren war er in der Lage, die Stücke seines Vaters vom Blatt zu spielen. Aber auch er beschränkte sich nicht nur auf die Tasteninstrumente. Eigene Abschriften von Violin- und Violastimmen aus Johann Sebastians Werken lassen darauf schließen, dass Emanuel auch Streichinstrumente zu spielen verstand. Bemerkenswert ist daran, dass er als Linkshänder offensichtlich eine seitenverkehrte Spieltechnik anwandte: Er führte den Bogen mit der linken Hand und hielt das Instrument in der rechten. Dafür mussten die Saiten spiegelverkehrt aufgezogen und kleine bauliche Änderungen vorgenommen werden. Durch Johann Friedrich Reichardt, ab 1775 Leiter der königlichen Oper in Berlin, ist überliefert, dass der Bachsohn zumindest in seiner Jugend in dieser »verkehrten Art« spielte.

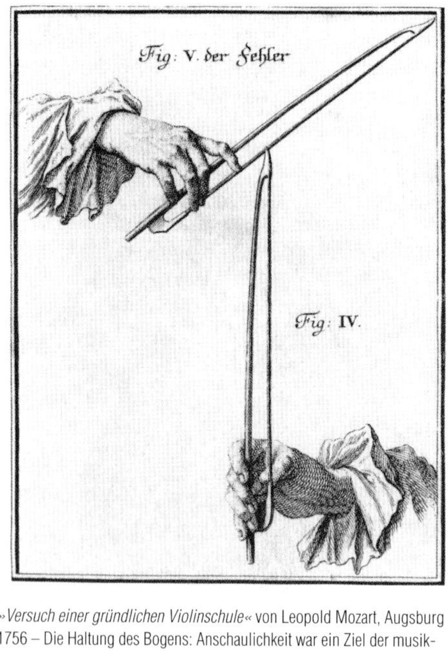

»*Versuch einer gründlichen Violinschule*« von Leopold Mozart, Augsburg 1756 – Die Haltung des Bogens: Anschaulichkeit war ein Ziel der musiktheoretischen Abhandlungen des 18. Jahrhunderts.

Die Geige in der Barockmusik

Im Zeitalter des Barock, also etwa zwischen 1600 und 1750, war die Geige das wichtigste Instrument in der italienischen Musik. Sie hatte um 1600 die Gestalt erreicht, die noch heute üblich ist. Viele berühmte Geigenbauer, wie Stradivari, Amati oder Guarneri, veredelten den Klang ihrer Instrumente und es gab etliche berühmte Virtuosen, wie Antonio Vivaldi, Giuseppe Tartini oder Pietro Locatelli, die effektvolle und virtuose Musik für ihr Instrument schrieben. Wolfgang Amadé Mozarts Vater Leopold veröffentlichte 1756 eine bedeutende Abhandlung über das Geigenspiel, in der er die damals herrschende italienische Technik zusammenfasste.

»Versuch einer gründlichen Violinschule« von Leopold Mozart, Titelbild, Augsburg 1756 – Leopold Mozart, Hofmusiker des Erzbischofs von Salzburg, ist weder als Musiker noch als Komponist eine Ausnahmeerscheinung gewesen. Seine »Violinschule« jedoch machte ihn in Fachkreisen bereits bei ihrem Erscheinen schlagartig berühmt. Dieses epochale theoretische Werk informiert über die Violintechnik ebenso wie über Musiktheorie und Musikgeschichte.

Begegnung mit Händel und wissenschaftliches Studium

Georg Friedrich Händel, Kupferstich von Johann Georg Wolffgang nach einem Gemälde von Georg Andreas Wolffgang, Staatsbibliothek zu Berlin (Ausschnitt)

Im Sommer 1729 schickte Johann Sebastian seinen ältesten Sohn Friedemann ins nahe gelegene Halle, als er erfuhr, dass Georg Friedrich Händel sich dort aufhielt. Friedemann überbrachte Händel eine Einladung Johann Sebastians, ihn in Leipzig zu besuchen, die dieser aber nicht annahm. Unklar ist, warum Vater Bach nicht selbst dorthin reiste, um seinen berühmten Kollegen kennen zu lernen. Entweder wollte er Händel nur voller Stolz seinen Sohn vorstellen oder er war tatsächlich durch Krankheit verhindert, wie es in der Überlieferung heißt.

Als Friedemann nach Halle reiste, war er bereits seit März 1729 Student der Leipziger Universität. Schon sechs Jahre zuvor hatte sein Vater ihn dort für das Studium vormerken lassen, um »Friede«, wie der Vater ihn liebevoll nannte, mit seinen guten Leistungen frühzeitig den Besuch einer Hochschule zu ermöglichen. In den »Historisch kritischen Beyträgen zur Aufnahme der Musik« von 1755 schildert der Musikschriftsteller Friedrich Wilhelm Marpurg, was Friedemann bis 1733 an der Universität lernte: »... schritte er zu den höhern Wissenschaften auf der Universität Leipzig, allwo er unter den Herren Professoribus Jöcher und Ernesti die Philosophie und insbesondere unter dem verstorbenen Hrn. D. Rüdiger die Vernunftlehre studirte. Ueber die Institutiones hörte er die Herren D. Kästner und D. Joachim, und bey diesem leztern besonders die Pandecten; bey dem Hrn. D. Stieglitz das Wechselrecht, und bey den Herren Professoribus Haussen und Richtern die Mathematik.« Hinter diesen Zeilen wird übrigens Friedemann selbst als Autor vermutet, der auf Marpurgs Wunsch seine eigene Biografie für die »Kritischen Beyträge« anfertigte. Friedemann legte großen Wert auf seine Universitätsbildung. Sie bedeutete eine wesentliche Aufwertung gegenüber einem »bloßen« Musiker.

Akademische Grundlage: Jura

Leipziger Universitätshof, Kupferstich von Johann Salomo Richter, Stadtgeschichtliches Museum, Leipzig – Im geistig-kulturellen Leben Leipzigs spielte die 1409 gegründete Universität eine bedeutende Rolle. Der Thomaskantor hatte auch für die Musikaufführungen der Universität zu sorgen.

Anders als Friedemann konzentrierte sich Emanuel an der Universität ganz auf das Jurastudium. Am 1. Oktober 1731 schrieb er sich an der Juristischen Fakultät in Leipzig ein und studierte in den folgenden Jahren römisches Recht, Natur- und Völkerrecht und andere Gebiete der Rechtswissenschaft. Offenbar schenkte Emanuel aber seinem Studium später keine so große Aufmerksamkeit mehr. Für viele Musiker bildete das Jurastudium nicht mehr als eine gute akademische Grundlage für ihren Beruf. Dies galt auch für Emanuel, zumal er sich während seiner Studienzeit immer eingehender mit Musik befasste. Im August 1733 bewarb er sich aus eigener Initiative auf die Stelle des Organisten der Wenzelskirche zu Naumburg. Das dafür erforderliche Probestück komponierte er sicher selbst. Da die Bewerbung des 19-Jährigen aber abgelehnt wurde, blieb Emanuel wohl oder übel zunächst bei seinem Rechtsstudium und wohnte weiterhin im Haus seiner Eltern.

Musikalische Erfahrungen

Emanuels erste Unterrichtsliteratur werden die von seinem Vater komponierten Stücke für Friedemann gewesen sein, zu denen später auch die Präludien und Fugen des »Wohltemperierten Claviers« hinzukamen. In Leipzig fertigte Emanuel eine Abschrift des Cis-Dur-Präludiums aus dieser Sammlung an, nachdem er sich intensiv mit ihm beschäftigt hatte. Möglicherweise zog er darüber hinaus das für seine Stiefmutter Anna Magdalena angelegte Notenbüchlein für seine Studien heran, denn in ihm finden sich einige kleine Tanzstücke, die er selbst komponiert hatte. Emanuel war also frühzeitig vom Vater neben dem Klavierspiel auch in der Komposition unterwiesen worden. Emanuels Stellungnahme zu seiner Ausbildung ist in seiner Autobiografie überliefert. Diese wurde in der deutschen Übersetzung von Charles Burneys Schriften »The Present State of Music in France and Italy« (1771) und »The Present State of Music in Germany« (1773) mit dem Titel »Tagebuch seiner Musikalischen Reisen« abgedruckt. Hier ist ein berechtigter Stolz unüberhörbar: »In der Komposition und im Clavierspielen habe ich nie einen andern Lehrmeister gehabt, als meinen Vater.«

Die Katharinenstraße mit dem Zimmermannschen Kaffeehaus, Kupferstich von Johann Georg Schreiber, um 1720, Stadtgeschichtliches Museum, Leipzig – Für das erwachende bürgerliche Musikleben Leipzigs spielten die von Bach geleiteten öffentlichen Konzerte des Collegium musicum eine nicht zu unterschätzende Rolle. In diesem Rahmen traten auch Johann Sebastian Bachs Söhne Wilhelm Friedemann und Carl Philipp Emanuel als Musiker auf. Ältere Violin- und Oboenkonzerte bearbeitete Vater Bach für Cembalo, um sie hier aufführen zu können. Auch Orchesterwerke wie die Orchestersuiten Nr. 2 und Nr. 3 wurden für diese Veranstaltungen geschrieben.

Emanuel beherrschte mit 16 Jahren bereits so gut das Cembalo, dass er auch in den öffentlichen Konzerten des Collegium musicum mitwirken konnte. 1729 hatte Johann Sebastian die Leitung dieser Vereinigung von professionellen Musikern und Universitätsstudenten übernommen, die Anfang des Jahrhunderts von Georg Philipp Telemann gegründet worden war. Das Collegium musicum gab einmal pro Woche ein Konzert, im Sommer am Mittwochnachmittag zwischen vier und sechs Uhr, im Winter freitags von acht bis zehn Uhr abends. Zu den in Leipzig stattfindenden Messen erhöhte sich die Zahl der Konzerte entsprechend. Das Podium für die Aufführungen bildete im Sommer Gottfried Zimmermanns Kaffeegarten und im Winter das Kaffeehaus selbst. Wenngleich es keinen direkten Beleg für Auftritte Emanuels in diesem Rahmen gibt, so könnte er gut als Cembalist in einem väterlichen, einem eigenen oder zusammen mit Friedemann als Solist in einem Doppelkonzert gespielt haben. Es ist auch anzunehmen, dass Emanuel das Orchester als Violinist oder Bratschist unterstützt hat.

Emanuel war sehr praktisch veranlagt und verdiente sich einmal sechs Taler, weil er das Cembalo der Thomaskirche selbst gestimmt hatte. Er half seinem Vater auch beim Stechen der Noten, als die B-Dur-Partita aus dem ersten Teil der »Clavierübung« 1731 zum Druck vorzubereiten war. Nach seiner Ausbildung wurde Emanuel von seinem Vater durch praktische Beschäftigung in das Musikleben Leipzigs eingeführt. In seiner Autobiografie beschreibt Emanuel, dass er in diesen Jahren das besondere Glück gehabt habe, »in der Nähe das Vortreflichste von aller Art von Musik zu hören und sehr viele Bekanntschaften mit Meistern vom ersten Range zu machen, und zum Theil ihre Freundschaft zu erhalten. In meiner Jugend hatte ich diesen Vortheil schon in Leipzig, denn es reisete nicht leicht ein Meister in der Musik durch diesen Ort, ohne meinen Vater kennen zu lernen und sich vor ihm hören zu lassen.« Ohne Zweifel war Emanuel, als er 1734 Leipzig verließ, ein in jeder Hinsicht gestandener Musiker, der die Rechtswissenschaft nicht brauchte, um sich mit Erfolg seinen Lebensunterhalt verdienen zu können.

Brandenburgisches Konzert Nr. 5 in D-Dur, BWV 1050 (F) von Johann Sebastian Bach, 1721, 1. Seite der Violino Principale-Stimme, Autograf, Staatsbibliothek zu Berlin, Preußischer Kulturbesitz – Die »Brandenburgischen Konzerte«, ursprünglich für die Köthener Hofkapelle geschrieben, widmete Vater Bach dem Markgrafen von Brandenburg. Möglicherweise spielte Emanuel das berühmte Cembalosolo dieses Konzerts bei einer Aufführung.

»Claviere«: Ideale Unterrichtsinstrumente

Das bedeutendste Tasteninstrument des Barock und des Rokoko war das Cembalo, das im letzten Drittel des 18. Jahrhunderts langsam vom Hammerklavier abgelöst wurde. In dieser Zeit erfreute sich auch das Clavichord großer Beliebtheit. Alle diese Instrumente wurden von den Zeitgenossen als »Claviere« bezeichnet (von lateinisch »clavis« = Schlüssel), ein Oberbegriff, der eine Orgel ebenso wie ein Hammerklavier oder ein Cembalo bezeichnen konnte. Damals war die Terminologie bei weitem nicht so exakt, wie die Musikforscher dies heute gerne hätten. In den wenigsten Fällen wurde genau festgelegt, mit welchem Tasteninstrument ein Stück zu spielen war. Selbst das Auftauchen des Begriffs »Cembalo« im Titel einer Sonate musste nicht zwangsläufig auch auf das Instrument dieses Namens hindeuten. Das Vorhandensein einer Pedalstimme, also einer dritten Stimme, die im Pedal gespielt wird, macht die Ausführung des betreffenden Stückes auf der Orgel wahrscheinlich, doch gab es auch Cembali oder Klaviere mit Pedalen, auf denen entsprechende Werke aufgeführt werden konnten.

Cembalo, 18. Jahrhundert, Museo degli Strumenti Musicali, Mailand – Beim Cembalo sind die Saiten wie beim modernen Flügel in Längsrichtung gespannt.

Clavichord, deutsch, 2. Hälfte 17. Jahrhundert, Deckel aus einem Cembalo stammend, mit Gemälde, italienisch um 1700, Musikinstrumenten-Museum der Universität Leipzig – Das als Hausinstrument beliebte Clavichord konnte auch auf einen Tisch gelegt und dort gespielt werden.

Die Wahl des richtigen Instruments durch den Spieler hing vor allem von den Aufführungsbedingungen ab. Das Clavichord ist das leiseste und klangschwächste aller »Claviere«, dessen Ton nur wenige Meter weit reicht. Damit schied es als Konzertinstrument von vornherein aus und war vielmehr geeignet für die private Hausmusik. Gegenüber dem Cembalo ermöglicht es aber die Differenzierung der Lautstärke durch den Anschlag, also ein dynamisches Spiel wie auf dem Hammerklavier. Dies wird durch die einfache Mechanik des Clavichords gewährleistet: Auf dem hinteren Tastenende befindet sich die so genannte Tangente, die direkt auf die Saite stößt. Selbst nach dem Anschlagen besteht noch Kontakt zwischen Saite und Taste. Dadurch ist sogar ein Vibrato, die »Bebung«, möglich, die kein anderes Tasteninstrument bietet. Auf diese Weise erlaubt das Clavichord einen »gesanglichen« Vortragsstil. Eine solche »cantable Art im Spielen« spricht Johann Sebastian im Vorwort seiner Inventionen an. Das Clavichord war sein bevorzugtes Unterrichtsinstrument.

In der Generation nach Bach erlebte dieses Instrument in Deutschland eine Blütezeit, die mit den Anforderungen des Empfindsamen Stils und dem Erwachen der bürgerlichen Hausmusikpflege eng zusammenhängt. Der zarte Klang und das Vibratospiel kamen dem Zeitgeist mit seinem Hang zum gesteigerten Gefühlserleben entgegen. Damit ist das Clavichord in funktionaler Hinsicht der Vorreiter des Hammerklaviers. Carl Philipp Emanuel hatte eine Vorliebe für das Clavichord. Für ihn, der seine Empfindungen in intimer Zwiesprache dem Instrument anvertraute, bot es ideale Voraussetzungen. Ein großer Teil seines Œuvres setzt dem Clavichord ein Denkmal. Das Cembalo mit seinem starreren, dafür stärkeren Ton war auch in seinen Augen eher das Instrument für Repräsentation und Öffentlichkeit.

Clavichord von Johann Albert Haß, Hamburg 1744, Musée Instrumental, Conservatoire, Brüssel, Sammlung Christopher Hogwood – Der Ton des Clavichords ist nur in unmittelbarer Nähe des Instruments zu hören, so dass es nur im privaten Rahmen eingesetzt werden kann. In der Aufführungspraxis des 18. Jahrhunderts spielte das Clavichord sicher eine bedeutendere Rolle, als die heutige Verengung des Blickwinkels auf das Cembalo vermuten lässt.

Messe in h-Moll (BWV 232) von Johann Sebastian Bach, Stimmensatz, Sopran in der Handschrift von Carl Philipp Emanuel Bach, 1. Notenseite, Autograf, 37 x 25,7 cm, Leipzig 1733, Sächsische Landesbibliothek Dresden – Ein gutes Beispiel für das fleißige Kopieren innerhalb der Familie Bach ist die »h-Moll-Messe«, von der Abschriften in Emanuels Hand überliefert sind.

Linke Seite: *Regale mit Büchern der Musikgeschichte,* Gemälde von Giuseppe Maria Crespi, um 1725, Conservatorio Martini, Civico Museo Bibliografico Musicale, Bologna – Dass Musik auch vor den Zeiten der modernen Musikwissenschaft mehr als Unterhaltung war, zeigen die theoretischen Schriften, die seit dem späten Mittelalter erschienen. Dieses Stilleben mit staubbedeckten Büchern, Partituren und Schreibgeräten ist vermutlich für den Bologneser Mönch und Musiktheoretiker Giambattista Martini (1706–84) entstanden.

Studieren durch kopieren

Friedemann und Emanuel waren lange Zeit die eifrigsten Sekretäre ihres Vaters. Die vielfältigen Verpflichtungen Johann Sebastians bildeten auch das Zentrum ihrer musikalischen Aktivitäten. Der Vater betraute seine beiden Söhne mit verschiedenen Aufgaben, durch die sie in den Alltag des Musikers eingeführt wurden. Eine davon, die sie im Auftrag des Vaters zu erledigen hatten, war die Herstellung von Aufführungsmaterialien, also das handschriftliche Kopieren von Noten.

Ab 1729 ist Emanuel als Notenkopist für seinen Vater nachweisbar. Dabei fällt auf, dass er häufig die Stimmen des Basso continuo (Generalbass) anfertigte, so etwa für die väterlichen Violinkonzerte in a-Moll und d-Moll (BWV 1041 und 1043) oder die »Kaffeekantate« BWV 211. In Zusammenarbeit mit Friedemann und seiner Stiefmutter Anna Magdalena schrieb er auch die Stimmen zur »h-Moll-Messe« BWV 232 (Kyrie und Gloria) nieder, während er im Falle der fälschlich Johann Sebastian ganz zugeschriebenen »Lukas-Passion« BWV 246 nicht nur die Partitur abschrieb, sondern auch als Bearbeiter des väterlichen Notentextes in Erscheinung trat. Es ist nicht auszuschließen, dass Emanuel für diese Passion sogar einige Nummern selbst komponierte. Dieses Werk ist stilistisch so uneinheitlich, dass durchaus mehrere Komponisten daran gearbeitet haben könnten. Als Kopist hatte sich Emanuel auch mit dem d-Moll-Konzert BWV 1052 seines Vaters beschäftigt. Ursprünglich war dieses Konzert für Solo-Violine geschrieben worden und Vater Bach bearbeitete es für Cembalo. Emanuel erstellte unabhängig von dieser Version auch selbst eine eigene für dieses Instrument.

Im Schatten des Vaters: Emanuels erste Stücke

Suite in Es-Dur (BWV 815) von Johann Sebastian Bach, Autograf 1. Notenseite des 1. Satzes aus dem »Clavier-Büchlein/vor/Anna Magdalena Bachin/Anno 1722«, Staatsbibliothek zu Berlin, Preußischer Kulturbesitz – Zusammen mit Kompositionen seines Vaters erscheinen im »Clavierbüchlein für Anna Magdalena« auch kleine Stücke Emanuels. Allerdings können sie sich bei weitem noch nicht mit Johann Sebastians Werken messen. Die Cembalosuite Es-Dur, deren Originalversion im »Clavierbüchlein« überliefert ist, ist die vierte der sechs so genannten »Französischen Suiten«, die zu Johann Sebastians populärsten Klavierwerken gehören.

Zum Notenkopieren und Musizieren im Dienste des Vaters trat für den Jurastudenten Carl Philipp Emanuel beinahe zwangsläufig die Komposition hinzu. Um das Jahr 1731 komponierte er erstmals fünf kleine Klavierstücke. Sie wurden in das »Clavierbüchlein« aufgenommen, das Johann Sebastian für Anna Magdalena anlegte. Es sind zwei Märsche, zwei Polonaisen und ein »Solo per il Cembalo«, die heute im Anhang des Verzeichnisses der Werke Johann Sebastian Bachs aufgelistet sind (BWV Anh. 122–125, 129). Ein Menuett in C-Dur wurde 1731 in Leipzig als erstes Opus Emanuels in Kupfer gestochen. Im Verzeichnis seiner Werke von Alfred Wotquenne (Abkürzung Wq) hat es die Nummer 111, in dem von Eugen Helm die Nummer 1.5. N 1

Es folgten seine ersten Cembalo- (Wq 62/1 und Wq 65/1–4) und Triosonaten für Flöte, Violine und Basso continuo (Wq 143–147). An großformatigen Werken schrieb er in Leipzig zwei Cembalokonzerte (a-Moll, Wq 1, und Es-Dur, Wq 2), die zum eigenen Konzertieren im Collegium musicum gedacht waren und neben den Konzerten Johann Sebastians auch als Werke eines begabten Sohnes des Musikdirektors der Stadt Leipzig Eindruck machten. Bei diesen

Menuett (Wq 111, H 1. 5.)

Kompositionen ist das unsichere Tasten des jungen Mannes zu erkennen, der die Prägung durch seinen Vater noch nicht abschütteln kann, zugleich aber um eine gewisse Individualität kämpft. Emanuel gibt sich nicht mit einer bloßen Kopie des väterlichen Stils zufrieden und es ist spürbar, dass er sich gegen seinen übermächtigen Vater behaupten wollte. Verständlicherweise kam es beim Frühwerk Emanuels auch zu Fehlzuschreibungen, wie im Fall der Triosonate d-Moll, die früher dem Vater als BWV 1036 zugeschrieben wurde, dabei ist sie wahrscheinlich zumindest eine Gemeinschaftsarbeit von Johann Sebastian und Emanuel. Ein anderes Beispiel ist die Violinsonate g-Moll (BWV 1020), die ebenfalls Vater Bach zugeschrieben wurde. Diese Sonate ist vermutlich die Arbeit eines Schülers, die unter Bachs Aufsicht entstanden ist. Aber auch Emanuel könnte sie komponiert haben.

»Friedemann Bach«, Szenenfoto aus dem Film mit Eugen Klöpfer als Johann Sebastian Bach und Wolfgang Liebeneiner als Emanuel Bach, Deutschland 1944 – Der erhobene Blick des schreibenden Emanuel zur übermächtigen Figur Johann Sebastians – so machte der Film 1944 den musikalischen Schatten des Vaters anschaulich, in dem Emanuel in seinen Anfangsjahren als junger Komponist gestanden hat.

Jugendwerk: Vernichtet

Kaum eines von Emanuels Jugendwerken existiert in seiner Originalgestalt. Mehr als zehn Jahre nach dem Entstehen der Kompositionen hat er selbst Veränderungen an ihnen vorgenommen und daraufhin die Urfassungen, wie er selbst in einem Brief von 1786 schreibt, vernichtet. Offensichtlich war er mit seiner jugendlichen Komponierweise später nicht mehr zufrieden. Das macht für heutige Musikforscher eine gültige Rekonstruktion seines frühen Stils sehr schwierig, denn nur vereinzelt haben sich Abschriften der Urfassungen erhalten. Die Kompositionen zeigen in ihrer überlieferten Form den Stil der 1740er Jahre. Bedauerlich ist der Verlust der Originalfassung besonders im Fall der beiden Cembalokonzerte Wq 1 und Wq 2, die heute nur in den neuen Lesarten der Jahre 1743 und 1744 bekannt sind.

Emanuel revidierte die frühen Werke zum Beispiel, indem er die Melodielinien auszierte, ohne die Struktur der Sätze anzugreifen. Auch tauschte er ältere gegen neue Sätze aus oder nahm Vertauschungen von Sätzen innerhalb der Werke einer Gruppe vor, so bei den 1734 in Leipzig geschriebenen sechs Sonatinen Wq 64. Einen wirklich entscheidenden Eingriff in die Struktur der Werke bedeutete das Erweitern der Sätze. Manchmal nahm sich Emanuel ein Werk sogar im Abstand von Jahrzehnten mehrfach vor, um es immer weiter zu verbessern – ein interessanter Zug seines Charakters.

Ein frühes Cembalokonzert

Im Vergleich zu seinen Brüdern Emanuel und Christian hinterließ Friedemann nur wenige Werke. Viele von ihnen können zudem nicht genau datiert werden, so dass es heute schwer fällt, eine zutreffende Chronologie der Kompositionen zu erstellen. Wenngleich Friedemann vor seinem Weggang aus Leipzig im Jahr 1733 kaum komponierte, gibt es doch einige Werke, die offenbar in den Jahren 1732/33 geschrieben wurden.

Das bedeutendste von ihnen ist das Konzert für Cembalo, zwei Violinen, Viola und Bass in a-Moll, im Werkverzeichnis von Martin Falck als F 45 geführt. Die originale Niederschrift Friedemanns, das Autograf, lässt vermuten, dass es im Frühjahr 1733 entstanden ist. Damit nimmt dieses Konzert eine besondere Position ein, denn in den 1730er Jahren gab es erst wenige Konzerte für solistisches Tasteninstrument und Begleitung. Auch die Cembalokonzerte Johann Sebastians, die fast alle Bearbeitungen seiner eigenen Violin- oder Oboenkonzerte sind, entstanden erst um diese Zeit, wenn nicht sogar später. Der junge Friedemann leistete wie sein Bruder Emanuel auf dem Gebiet des Klavierkonzerts also Pionierarbeit. Die gegenseitige Anregung zwischen Vater und Sohn spielte gewiss eine wichtige Rolle dabei. Man kann davon ausgehen, dass das Konzert auch in den Bach'schen Collegia musica, die seit 1729 als eine Art öffentlicher Konzerte gegeben wurden, aufgeführt worden ist.

Das a-Moll-Konzert Friedemanns ist meisterlich gearbeitet, ernst und gefasst im Ausdruck und wirkt um einiges persönlicher als die Konzerte Johann Sebastians. Es ist ein Beispiel des modernen, vom subjektiven Gefühl getragenen Stils, der langsam aufkam. Manche Schroffheiten im ersten Satz kündigen die Abkehr vom einheitlichen Affekt der Barockzeit an, während das anschließende melodische Larghetto an die Verklärtheit einiger langsamer Sätze des Vaters denken lässt.

Neue Funde

Im Sommer 1999 fand der Bachforscher Christoph Wolff in einem Archiv in Kiew einen großen Notenbestand mit Werken der Bachfamilie, die bis dahin als verschollen galten. Nach dem Zweiten Weltkrieg gelangten diese Noten zusammen mit weiteren Archivalien aus Berliner Bibliotheken und Sammlungen in die Ukraine. Es handelt sich bei den Noten um das vollständige, während des Krieges ausgelagerte Archiv der Berliner Sing-Akademie. Zu Beginn des 19. Jahrhunderts war die Sing-Akademie in den Besitz des Nachlasses von Carl Philipp Emanuel Bach gekommen. Darunter befanden sich neben Werken Johann Sebastians auch zahlreiche Kompositionen von Friedemann und Emanuel, nur wenige dagegen von den anderen Bachsöhnen. Nach Angaben von Professor Wolff lagert in Kiew manches bislang verloren geglaubte Stück und sogar Einiges, von dessen Existenz bisher nichts bekannt war. Vielleicht müssen daher die Werkverzeichnisse der Bachsöhne bald ganz neu geschrieben werden. Dabei steht zu hoffen, dass einige Werke in Zukunft wieder aufgeführt werden, die heute noch den Stempel »verschollen« tragen.

Tanzstücke

Einige kleine Cembalosätze aus der Feder Friedemanns – Tanz- und Charakterstücke wie die Bourlesca F 26 oder der Marsch F 30 – stammen vermutlich aus der Leipziger Zeit. Diese Tanzsätze müssen einerseits noch als Übungen angesehen werden, zeigen andererseits aber schon einen eigenen Stil, der sich mit dem des a-Moll-Konzerts vergleichen lässt. Ein weiteres Werk, das vermutlich in diese Zeit gehört, ist die »Suite pour le clavessin composée par Guillaume Friedemann Bach« in g-Moll (F 24), eine Cembalosuite im Barockstil mit den fünf Sätzen Allemande, Courante, Sarabande, Presto und Bourrée. Die stilistische Gestaltung legt eine frühe Entstehungszeit nahe. Es ist ein bereits eigenständiges Werk des Sohnes, das zugleich noch das Ringen um Individualität erkennen lässt, so etwa im bizarren und über weite Strecken einstimmigen Presto oder in der melancholischen Sarabande. N 1, N 2

Diese Werke zeigen, dass Friedemann um diese Zeit längst ein fertig ausgebildeter Cembalist und Organist aus der hervorragenden Schule seines Vaters gewesen ist. So überrascht es nicht, dass Johann Sebastian seinem Sohn auch eigene Schüler überließ. Einer, von dem bekannt ist, dass er von Friedemann Unterricht im Cembalospiel und in der Komposition erhielt, ist der Thomasschüler Christoph Nichelmann. Seine Ausbildung durch Bachs ältesten Sohn war so fundiert, dass er immerhin im Jahr 1745 als zweiter Hofcembalist neben Friedemanns Bruder Carl Philipp Emanuel am Berliner Hof Friedrichs des Großen angestellt wurde. Bedeutung besitzt Nichelmann auch durch seine insgesamt 16 Cembalokonzerte, mit denen er wertvolle Beiträge zu dieser noch jungen Gattung lieferte. Darüber hinaus sind zahlreiche Klavierwerke von ihm überliefert, jedoch kaum Musik anderer Gattungen.

1. Suite in g-Moll, 4. Satz, Presto, Anfang (F 24)

2. Suite in g-Moll, 3. Satz, Sarabande, Anfang (F 24)

Vater Bach und seine Schüler

Johann Sebastian war nicht nur der Lehrer seiner musikbegabten Söhne. Insgesamt genossen rund 80 Schüler über mehr oder weniger lange Zeiträume seinen Unterricht im Instrumentalspiel und in der Komposition. Die meisten von ihnen besuchten Bach während seiner Leipziger Amtsjahre als Thomaskantor. Besonders in den letzten zwei Jahrzehnten seines Lebens, als er sich mehr und mehr der Komposition geradezu enzyklopädischer Werkzyklen widmete, verlegte er sich auf den Unterricht. Aus dem beinahe unüberschaubar großen Kreis seiner Schüler seien zumindest einige, die zu den prominentesten zählen, hier kurz vorgestellt:

Gottfried August Homilius, Stich von Christian Ludwig Seehas, 1782, Staatsbibliothek zu Berlin, Preußischer Kulturbesitz (Ausschnitt) – Homilius führte Bachs Tradition in einer Zeit fort, in der die Kantorenmusik immer mehr an Ansehen einbüßte.

Johann Ludwig Krebs (1713–80) war der bedeutendste Schüler Johann Sebastians. Schon sein Vater hatte bei ihm studiert. Krebs stammte aus der Nähe von Weimar und kam 1726 nach Leipzig, um die Thomasschule zu besuchen, wo er ein Mitschüler Friedemanns und Emanuels war. Bis 1737 blieb er in Leipzig, zuletzt noch zwei Jahre als Student an der Universität. Während dieser Zeit genoss er Bachs Unterricht, assistierte ihm aber auch als Kopist von Aufführungsmaterialien, als Mitwirkender in Chor und Orchester, als Organist in der Thomaskirche und Cembalist in den Konzerten des Collegium musicum. Nach Stationen als Organist in Zwickau und Zeitz beendete er sein Leben als herzoglich Gothaischer Organist am Hof in Altenburg. Vor allem als hervorragender Orgelspieler und Komponist von Orgelmusik genoss Krebs zu seinen Lebzeiten außerordentlichen Ruhm. Seine stilistische Position ist der Friedemanns vergleichbar. Auch er fühlte sich dem gelehrten kontrapunktischen Stil verpflichtet.

Gottfried August Homilius (1714–85) immatrikulierte sich im selben Jahr (1735) an der Leipziger Universität wie Krebs. Seine Schulbildung hatte er in Dresden erhalten. Es war ihm aber gegen Ende seines Studiums anzumerken, dass seine Hauptbeschäftigung die Musik und nicht das Jurastudium war. Bis 1742, als Homilius die Organistenstelle an der Dresdner Frauenkirche erhielt, nahm er bei Johann Sebastian Kompositions- und Klavierunterricht.

Johann Philipp Kirnberger, Stich nach einem Gemälde von J. Ch. Schaupp, Staatsbibliothek zu Berlin, Preußischer Kulturbesitz (Ausschnitt) – Kirnberger nahm für seine Schriften in Anspruch, Johann Sebastians Lehrmethoden unverfälscht der Nachwelt überliefert zu haben. Seiner Dienstherrin Prinzessin Anna Amalia half er tatkräftig, eine große Musikbibliothek, die »Amalien-Bibliothek«, zusammenzustellen, in der zahlreiche Bachiana aufbewahrt werden.

Homilius blieb bis zu seinem Lebensende in Dresden, wo er schließlich Musikdirektor der drei Hauptkirchen wurde. Somit wirkte er auch in der Sophienkirche, wo Friedemann rund 20 Jahre zuvor tätig gewesen war. Homilius gehört neben Johann Friedrich Doles, der ebenfalls ein Schüler Bachs war, zu den wichtigsten protestantischen Kirchenkomponisten der zweiten Hälfte des 18. Jahrhunderts. Sein Œuvre umfasst mehr als 200 geistliche Kantaten, sowie Passionen und Motetten.

Johann Friedrich Agricola (1720–74) besuchte in den Jahren 1738 bis 1741 als Student der Leipziger Universität auch den Unterricht des Thomaskantors. Er ist in der Bachforschung besonders dadurch berühmt geworden, dass er in Zusammenarbeit mit Carl Philipp Emanuel 1754 einen Nachruf auf Johann Sebastian Bach verfasste. Einige Informationen über dessen Leben sind nur hier überliefert. Agricola lebte zu dieser Zeit in Berlin, wo er sich durch mehrere Publikationen einen Namen als Musikschriftsteller machte und enge Kontakte zu den Musikern am Hof Friedrichs des Großen unterhielt. In seinem Schaffen, das nur wenig Instrumentalmusik, dafür aber eine Reihe Opern im italienischen Stil enthält, zeigt er sich jedoch nicht als ein Schüler Johann Sebastians.

Zeitgleich mit Agricola, und zwar zwischen 1739 und 1741, nahm auch **Johann Philipp Kirnberger** (1721–83) bei Bach Unterricht. In dessen Haus machte er die Bekanntschaft mit Johann Christoph Friedrich und Johann Christian. Von 1758 bis zu seinem Lebensende stand Kirnberger in Diensten der preußischen Prinzessin Anna Amalia, die auch Friedemann mit großem Wohlwollen aufnahm. Hier hatte Kirnberger Gelegenheit, sich seinem Spezialgebiet, der Musiktheorie, zu widmen. Seine bedeutendste Schrift, »Die Kunst des reinen Satzes in der Musik«, erschien in zwei Bänden zwischen 1771 und 1779. Kirnberger verehrte Johann Sebastian außerordentlich und wollte mit seiner Schrift das Fehlen einer Abhandlung seines Lehrers ausgleichen. Mit seinen Kompositionen allerdings konnte Kirnberger schon seine Zeitgenossen nicht überzeugen.

Johann Christoph Altnickol (1720–59) kann sich zwar in seinen Fähigkeiten als Komponist oder

Johann Gottfried Müthel (1728–88), Gemälde eines unbekannten Malers, um 1750 (Ausschnitt) – Müthels Art, nur dann zu komponieren, wenn er dazu aufgelegt war, nimmt fast schon romantische Stereotypen vorweg. Seine Musik zeichnet sich vielleicht auch deshalb durch ihre ausgeprägten Eigenarten aus.

Theoretiker mit den bisher genannten Bachschülern nicht messen, dafür stand er aber der Familie Bach menschlich besonders nah. Er immatrikulierte sich 1744 an der Leipziger Universität, nachdem er zuvor schon als Organist in Breslau tätig gewesen war und trat bald darauf in Johann Sebastians Dienste. Vor allem sang er als Bass bei den Thomanern mit und half daneben auch als Kopist aus. 1746 empfahl Friedemann ihn in Dresden als seinen Nachfolger an der Sophienkirche. Dabei hob er als besonderen Aspekt des Kandidaten hervor, dass Altnickol Komposition und Klavierspiel bei seinem Vater studiert habe. Altnickol ging zwar nicht nach Dresden, bekam aber zwei Jahre später eine Stelle in Naumburg. In Leipzig freundete er sich auch mit den Geschwistern Friedemanns an, ganz besonders mit Bachs »Tochter Ließgen« (Elisabeth), die er schließlich 1749 heiratete.

Johann Sebastians letzter Schüler war **Johann Gottfried Müthel** (1728–88). Er stand bereits seit drei Jahren in Diensten des Herzogs von Mecklenburg-Schwerin, als ihm ein Jahr Urlaub zur Perfektionierung seines Könnens unter der Anleitung Bachs gewährt wurde. Er kam im Mai 1750 nach Leipzig und wurde von der Familie sogleich wohlwollend aufgenommen. Dem bereits erblindeten Bach ging er als Assistent zur Hand. Vielleicht nahm er ein wenig die Rolle eines Ersatzsohnes anstelle von Johann Christoph Friedrich ein, der zur selben Zeit das Elternhaus verließ, um in Bückeburg eine Stelle anzutreten. Nach Bachs Tod am 28. Juli war Müthel noch kurzzeitig als Chorpräfekt tätig, verließ dann aber Leipzig. Er setzte seine Ausbildungsreise durch verschiedene deutsche Städte fort und kam auf diesem Weg nach Potsdam, wo er Carl Philipp Emanuel und dessen Musik kennen lernte. 1753 ging Müthel nach Riga. Er machte sich als genialischer Sonderling einen Namen: seine Kompositionen sind geprägt von ungewöhnlicher Expressivität. Ausgesprochen zukunftsweisend zeigt sich Müthel aber vor allem in seiner Auffassung von der Arbeitsweise eines Komponisten. Er sträubte sich gegen die zeitübliche auftrags- und pflichtgemäße Ablieferung von neuen Werken und befürwortete das Komponieren nur bei »glücklicher Disposition des Geistes«, wie er selbst in einem Brief formulierte, der in Charles Burneys »Tagebuch seiner Musikalischen Reisen« abgedruckt ist. Aus diesem Grund hat er auch nur ein schmales Œuvre hinterlassen. Denn, so heißt es in dem Brief weiter: »Diese wahre Heiterkeit des Geistes zur Arbeit erscheint bey mir nur sparsam«.

Der gefragte Pädagoge

Alle Schüler Johann Sebastians wussten um die hohe Qualität seines Unterrichts. Im Spiel der Tasteninstrumente wie Cembalo oder Orgel und in der Kompositionstechnik konnten sie zu dieser Zeit kaum einen besseren Pädagogen finden. Nicht umsonst spielte das Prädikat, ein Schüler Bachs gewesen zu sein, in den beruflichen Karrieren dieser Musiker eine zentrale Rolle. Aber ebenso die Person und das Werk des Thomaskantors hinterließen einen bleibenden Eindruck. Bach legte den Akzent auf eine solide kontrapunktische Ausbildung. Er vermittelte seinen Schülern den strengen Stil, das Denken und Spielen in selbstständigen Stimmen und darüber hinaus die Beherrschung des Generalbasses. Wie aus dem »Clavierbüchlein vor Wilhelm Friedemann Bach« hervorgeht, dienten einige dieser Cembalokompositionen vor allem dem Unterricht, so auch die Inventionen und Sinfonien sowie die Präludien und Fugen des »Wohltemperierten Claviers«. Nicht umsonst heißt es auf dem Titelblatt des letzteren Werks: »... zum Nutzen und Gebrauch der Lehrbegierigen Musicalischen Jugend«. Es lässt sich jedoch nicht leugnen, dass Johann Sebastians Stil nach 1730/40 langsam aus der Mode kam. Der Galante Stil und die Empfindsamkeit, die modischen Vorlieben für unkomplizierte Leichtigkeit und subjektiven Gefühlsausdruck verdrängten den Barockstil. Wer also bei Bach noch nach dem alten Geschmack studierte, eignete sich gleichzeitig etwas an, das bald darauf zum Inbegriff musikalischer Gelehrsamkeit wurde. Johann Ludwig Krebs und Johann Philipp Kirnberger, Friedemann Bach und Gottfried August Homilius, sie alle waren in der zweiten Hälfte des 18. Jahrhunderts Vertreter dieses strengen Stils und einer großen Tradition.

Aufführung des Jenaer Collegium musicum, Aquarell, anonym, 1744, Museum für Kunst und Gewerbe, Hamburg – Öffentliche Konzertveranstaltungen, wie hier die Aufführung des Collegium musicum in Jena, prägten das Leben in den Städten und boten oft auch Musikschülern die Möglichkeit, ihre Lehrer und das Publikum von ihren musikalischen Fähigkeiten zu überzeugen.

Einfluss auf die Nachwelt

Die Musik Johann Sebastians und seine Rolle als musikalischer Lehrer beeinflussten nicht nur seine Schüler zu Lebzeiten, sondern wurde besonders für spätere Generationen von Musikern prägend. Im Bewusstsein der Musikfreunde und Musiker des 19. Jahrhunderts gab es aus der Bachfamilie ohnehin nur noch einen »wahren« Bach: Johann Sebastian. Seine Söhne waren bereits in Vergessenheit geraten. Dieser Umschwung bahnte sich bereits in den 1780er Jahren mit einem wachsenden Interesse an der Musik früherer Epochen an. Eine zentrale Gestalt im damaligen Wiener Musikleben war Baron van Swieten, der besonders die Musik Bachs und Händels aufführen ließ. In Wien lernte **Wolfgang Amadé Mozart** (1756 – 91; Mozart unterschrieb seine Briefe in der Regel mit »Amadé«, der Name »Amadeus« ist dagegen eine Erfindung des 19. Jahrhunderts) den Kosmos der Bach'schen Musik bei Baron van Swieten kennen und schätzen. Er bearbeitete Klavierfugen Bachs für Streichquartett. Bedeutsamer aber ist der Einfluss auf seine eigenen Kompositionen, deren Schreibart seit seiner Begegnung mit Bachs Werken immer ausgefeilter wurde. Auch **Ludwig van Beethoven** (1770–1827) war Gast bei Baron van Swieten und begegnete dort der Musik Johann Sebastians. In einigen Klaviersonaten (wie op. 81a »Les Adieux«), Kammermusikwerken (wie den Cellosonaten op. 102) und in der »Missa Solemnis« op. 123 ließ Beethoven sich von Werken Bachs inspirieren. Als einer der Initiatoren der Bachrenaissance im 19. Jahrhundert und Dirigent der berühmten Wiederaufführung der »Matthäus-Passion« 1829 nimmt **Felix Mendelssohn Bartholdy** (1809–47) einen besonderen Platz in der Geschichte der Bachrezeption ein.

Wolfgang Amadé Mozart, Gemälde von Barbara Krafft, geb. Steiner, 1819, Öl auf Leinwand, 54 x 42cm, Gesellschaft der Musikfreunde Wien (Ausschnitt)

Ludwig van Beethoven, Gemälde von Willibrord Joseph Mähler, um 1815, Gesellschaft der Musikfreunde Wien (Ausschnitt)

Felix Mendelssohn Bartholdy, Gemälde, Museum für Geschichte der Stadt Leipzig (Ausschnitt)

Robert Schumann, Jugendbildnis, anonym, um 1830, Miniatur, Robert-Schumann-Museum Zwickau (Ausschnitt)

Franz Liszt, Gemälde von Heinrich Lehmann, 1839, Öl auf Leinwand, 140 x 87cm, Musée Carnavalet, Paris (Ausschnitt)

Frédéric Chopin, Gemälde (Fragment) von Eugène Delacroix, 1838, Öl auf Leinwand, 45,5 x 38 cm, Musée du Louvre, Paris (Ausschnitt)

In seiner Jugend kopierte er Johann Sebastians Werke zu Studienzwecken. Manche Klavierstücke und seine Orgelmusik sind ohne dieses Vorbild nicht denkbar. In **Robert Schumanns** (1810–56) Musik lebt der Geist Bachs in der Beschäftigung mit der Fuge wieder auf, der er sich besonders in seinen späteren Lebensjahren widmete. Viele seiner Themen haben eine »Bachische« Gestalt, über die Tonbuchstaben »B–A–C–H« schrieb er eigene Fugen. Für die Praxis versah Schumann darüber hinaus Bachs Solosonaten und -suiten für Violine bzw. Violoncello mit Klavierbegleitung. Auch auf **Franz Liszt** (1811–86) machten Bachs Fugen einen großen Eindruck und er verewigte ebenfalls den Namen Johann Sebastians in einer großen Klavier- bzw. Orgelkomposition über »B–A–C–H«. Für seine Konzertauftritte bearbeitete Liszt einige Orgelpräludien für Klavier. In der Anordnung seiner eigenen Etüdenwerke ist ein fernes Echo des Bach'schen »Wohltemperierten Claviers« zu erkennen. **Frédéric Chopin** (1810–49), der große polnisch-französische Pianist, hatte wie sein Kollege Liszt die Klaviermusik Bachs in seinem Repertoire. Das »Wohltemperierte Clavier« bildete die Grundlage für seine eigenen Etüdensammlungen op. 10 und op. 25 und für die 24 »Préludes« op. 28. Besonders Musikkenner schätzten Bachs Kompositionen: Als besonders vorbildlich wurde seine Musik den zeitgenössischen Kompositionen entgegengehalten. 1818 bezeichnete der Schweizer Verleger Hans Georg Nägeli Bachs »h-Moll-Messe« sogar als »größtes musikalisches Kunstwerk aller Zeiten und Völker«. Damit hatte Johann Sebastians Musik einen Stellenwert erreicht, dem sich kein Musiker entziehen konnte. Mendelssohns Wiederaufführung der »Matthäus-Passion« ist so gesehen Abschluss einer rund 50-jährigen Entwicklung, an deren Ende Bach zum Ideal aller anspruchsvollen Musiker wurde.

Orgelspieltisch in der Neuen Kirche in Arnstadt – Die Neue Kirche, wie die Bonifaciuskirche nach einer Restaurierung Ende des 17. Jahrhunderts auch genannt wurde, war zwischen 1703 und 1707 Johann Sebastians Arbeitsplatz. Seine im Gottesdienst gespielten Orgelchoräle waren so ausgefeilt und expressiv, dass Bachs Vorgesetzte ihn ermahnten, mehr auf den Gemeindegesang zu achten.

Der Organist

Eine der Haupttätigkeiten im Berufsfeld des Organisten bestand im gottesdienstlichen Orgelspiel. Vorrang hatte in der Kirche aber immer die Verkündigung von Gottes Wort und die Belehrung der Gemeinde. Die Musik durfte davon nicht ablenken, sondern sollte den Gemeindegesang lediglich begleiten. Das Komponieren entsprechender Musik gehörte mit zu den Aufgaben des Organisten. Freie Stücke durften nur zum Beginn oder Schluss des Gottesdienstes erklingen. Das Organistenamt stand deshalb an Würde und Bezahlung dem Kantorenamt um einiges nach. Andererseits gab es für den Organisten mehr Freiheiten im Komponieren instrumentaler Stücke, da diese nicht wie die vokale Kirchenmusik alten Formen und Traditionen unterworfen war.

Aus diesem Grund verbindet sich mit dem Berufsstand des Organisten in der deutschen Barockmusik auch immer ein Selbstbewusstsein, geprägt von Innovation und einer relativ großen künstlerischen Freiheit, die sich in vielen hervorragenden Orgelkompositionen bis heute zeigt.

Der Cantor, Stich von Christoff Weigel, 1698, Collection Ton Koopman – Die Vokalmusik war die Domäne des Kantors. Kleine Besetzungen konnten – wie auf diesem Bild – aus großformatigen Stimmbüchern singen.

Der Kapellmeister

Im Gegensatz zum Kantor stand der Kapellmeister im Dienste eines weltlichen Fürstenhofes und damit gehörte die musikalische Repräsentation und Unterhaltung seiner Dienstherren zu seinen Aufgaben. So vielfältig die Aufgaben eines Kapellmeisters im 18. Jahrhundert sein konnten, so wenig Prestige war damit verbunden. Selbst die Leiter der fürstlichen Kapellen wurden selten besser behandelt als Lakaien. Andererseits konnte ein Kapellmeister im Bereich der Oper und des Konzerts tätig werden. Er übte damit ein in der Öffentlichkeit angesehenes Amt aus und konnte zeitgemäßere Kompositionen schaffen als Musiker in kirchlich gebundenen Ämtern.

Der Kantor

Als Leiter des Kirchenchors wirkte der Kantor im Dienst der Verkündigung von Gottes Wort und nahm innerhalb der Kirchenhierarchie einen bedeutenderen Rang als der Organist ein. Er hatte sich in erster Linie um die vokale Musik zu kümmern – Motetten und Kantaten, im katholischen Bereich auch Messen, Vespern und Litaneien – und trat daher kaum als Virtuose in Erscheinung. Naturgemäß war die vokale Kirchenmusik geprägt von der Tradition, in der alte Techniken, wie der strenge polyphone Satz, und konservative Formen gepflegt wurden. Demnach war der Kantor im Komponieren und Aufführen neuer Vokalwerke stilistisch relativ festgelegt.

Im 18. Jahrhundert waren die Musiker in ihrem Schaffen an ihre Wirkungskreise gebunden. Die Musik richtete sich in der Regel nach den Auftraggebern. So wäre es einem Kantor nie eingefallen, eine Oper zu komponieren und für einen Organisten gab es normalerweise weder die Notwendigkeit noch Gelegenheit, ein virtuoses Violinkonzert zu schreiben.

Kantatenaufführung zu Leipzig, Stich von J.C. Deline, aus Johann Gottfried Walthers »Musikalisches Lexikon«, 1732 – In der protestantischen Kirchenmusik war die Kantate zu Bachs Zeiten die wichtigste Gattung. In ihr wurde das Evangelium in Ergänzung zur Predigt musikalisch ausgelegt.

An der Dresdner Orgelbank

Friedemanns erste Station

Dresden vom rechten Elbufer oberhalb der Augustusbrücke, Gemälde von Bernardo Bellotto, 1747, Öl auf Leinwand, 1,32 x 2,36 m, Staatliche Kunstsammlungen Dresden, Gemäldegalerie Alte Meister – Dresden war in der Zeit des Barock eine glanzvolle Metropole, eine an Kunstwerken und -schätzen reiche Stadt. Auch in der Musik galt Dresden aufgrund der berühmten Hofkapelle als eine der besten Adressen Europas. Der italienische Maler Bernardo Bellotto (genannt Canaletto) malte die Stadt von ihrer schönsten Seite: Vom Ufer der Elbe blickt man auf die Silhouette der Stadt mit der Kuppel der Frauenkirche und dem Bau der Katholischen Hofkirche in der Bildmitte.

Dresdens Glanzzeit

In der ersten Hälfte des 18. Jahrhunderts zählte Dresden zu den prächtigsten Residenzstädten ganz Europas und konnte sogar mit dem alles überragenden französischen Hof konkurrieren. Absolutistische Prunkentfaltung, Pomp, Festlichkeit und hoher Kunstsinn trafen hier zusammen und ließen noch nachfolgende Generationen von dem Glanz und Reichtum Dresdens schwärmen. Die besondere Aktivität der Fürsten auf dem Gebiet der Kultur brachte Dresden später das von Johann Gottfried Herder geprägte Etikett »Elb-Florenz« ein. Aus zeitgenössischen Bildwerken und Berichten kann heute noch ein annähernder Eindruck der einstigen Größe gewonnen werden, auch wenn sich nach den Kriegszerstörungen im Februar 1945 manches heute nur noch erahnen lässt.

Die Voraussetzungen für die Blüte Dresdens wurden noch im ausgehenden 17. Jahrhundert geschaffen. Der sächsische Kurfürst Friedrich August I., wegen seiner physischen Kräfte »der Starke« genannt, gelangte 1694 an die Regierung. Als kurz darauf der polnische Königsthron vakant wurde, meldete er kurzerhand seine Ansprüche gegenüber weiteren Bewerbern aus Frankreich, Bayern und Baden an und hatte Erfolg damit. 1697 wurde er zum König gewählt und war fortan August II. von Polen. In konfessioneller Hinsicht war die Wahl jedoch problematisch. Sachsen war seit jeher eines der Stammlande der Reformation und der Kurfürst ihr Schutzherr. Die polnische Krone jedoch war an das katholische Bekenntnis gebunden. August behalf sich, indem er selbst zum Katholizismus konvertierte. Seine Untertanen blieben dagegen lutherisch. Die katholische Konfession wurde als »Privatvergnügen« des Königs verstanden und gegenüber der Bevölkerung nicht herausgekehrt. Was heute als naheliegende Lösung erscheint, war damals alles

Der Königliche und Churfürstliche Sächsische Zwinger-Garten in Dresden, Kupferstich von Gabriel Bodenehr d. Ä. (1694–1758), 190 x 236 mm (Größe der Zeichnung), 206 x 263 mm (Blattgröße), Sächsische Landesbibliothek Dresden – Im geometrischen Garten des Barockzeitalters spiegelt sich der Triumph des Geistes über die ungeordneten Kräfte der Natur.

Der Neumarkt in Dresden vom Jüdenhofe aus, Gemälde von Bernardo Bellotto, zwischen 1749 und 1751, Öl auf Leinwand, 136 x 237 cm (Ausschnitt: die Frauenkirche), Staatliche Gemäldesammlung Dresden, Gemäldegalerie Alte Meister

andere als selbstverständlich: August verstieß damit gegen den alten Grundsatz protestantischer Herren, dass Land und Leute die Konfession des Herrschers zu übernehmen hatten.

Die polnische Königswürde brachte August zwar keine direkten politischen Vorteile, dafür aber eine Aufwertung seiner Person und den daran gebundenen höfischen Glanz. Sogleich ging er daran, eine neue Residenz errichten zu lassen, den später so genannten »Zwinger«. Als Bauherr selbst an der Planung beteiligt, beauftragte August den Architekten Matthäus Daniel Pöppelmann mit dem Bau dieses Schlosses, das dieser symmetrisch um einen Platz herum anlegte. 1728 war der Bau abgeschlossen. Der Zwinger sollte als Festplatzarchitektur eine Kulisse für absolutistische Festlichkeiten und fürstliche Repräsentation darstellen. Ergänzt wird dies durch allegorische Skulpturen, die den Ruhm des Herrschers unterstreichen.

In der Stadt selbst wurde mit der 1722 bis 1738 erbauten Frauenkirche auch ein imposanter protestantischer Kirchenbau errichtet. Dieser provozierte jedoch einen anderen kolossalen Kirchenbau, diesmal einen katholischen. Die vom Nachfolger Augusts des Starken initiierte Hofkirche, in 17-jähriger Bauzeit ab 1738 durch den Römer Gaetano Chiaveri errichtet und mit einem gotisierenden Westturm versehen, bestimmt – direkt an der Elbe gelegen – das Stadtbild maßgeblich mit.

Nach dem Vorbild des Vaters führte Friedrich August II. (König August III. von Polen), nachdem er 1733 die Kurfürsten- und Königswürde übernommen hatte, das grandiose »augusteische Zeitalter« Dresdens fort. Er füllte weiterhin die Sammlungen mit erlesenen Kunstwerken aller Art, von Gemälden Raffaels und Tizians bis hin zum Kunsthandwerk in Porzellan und Elfenbein, und gab sich vielleicht noch stärker als der Vater dem Kunstsinn hin. Allerdings entglitt ihm die politische Führung, die sein Kanzler Graf Brühl dafür in die Hände nahm. Als im Jahr 1740 die Preußen in Schlesien einmarschierten und die kriegerischen Auseinandersetzungen schließlich im Siebenjährigen Krieg (1757–63) kulminierten, endete auch die kulturelle Blütezeit Dresdens.

Dresdner Ambitionen

Prospect der königlichen und kursächsischen Residenzstadt Dresden, Kupferstich von A. Thiele, 1720, mit einer Widmung für König August den Starken – Dresden war nicht nur die erste Station in der Karriere Friedemanns, auch seinen Vater zog es in die kunstsinnige Sachsen-Metropole.

Schon bevor Friedemann 1733 in Dresden die Stelle als Organist an der Sophienkirche antrat, hatte er zusammen mit Johann Sebastian mehrfach die Landeshauptstadt besucht. Laut Johann Nikolaus Forkel kündigte der Vater die gemeinsamen Besuche in der Dresdner Oper mit folgenden Worten an: »Friedemann, wollen wir nicht einmal wieder die schönen Dresdner Liederchen hören?« Auf diesen Ausflügen hatte Friedemann die beste Gelegenheit, das »Elb-Florenz« zu besichtigen, und vielleicht auch den einen oder anderen Musiker kennen zu lernen. Neben den Opernbesuchen konzertierte Vater Bach auch als Organist in Dresden, etwa am 14. September 1731 in der Sophienkirche.

Nach einigen Jahren der Tätigkeit als Kantor in Leipzig spielte Johann Sebastian sogar mit dem Gedanken, ein höfisches Amt am Dresdner Hof zu erlangen. Es überrascht daher nicht, dass er gegen Ende der 1720er Jahre mit einer Reihe großer Kompositionen für den kursächsischen Hof begann, unter ihnen die Trauerode BWV 198 auf den Tod der Kurfürstin Christiane Eberhardine von Sachsen mit einem Text von Johann Christoph Gottsched. Im Gegensatz zu ihrem Gatten hatte sie dem lutherischen Glauben die Treue gehalten und war daher bei den Untertanen sehr beliebt. Am 17. Oktober 1727 wurde die Trauerode in der Paulinerkirche zu Leipzig aufgeführt.

Als Kurfürst Friedrich August II. im Juli 1733 die Regierung übernahm, war es nur folgerichtig, dass Bach auch zu diesem Anlass eine Komposition

N 1 Kantate, »Preise dein Glücke, gesegnetes Sachsen«, 1. Satz (BWV 215)

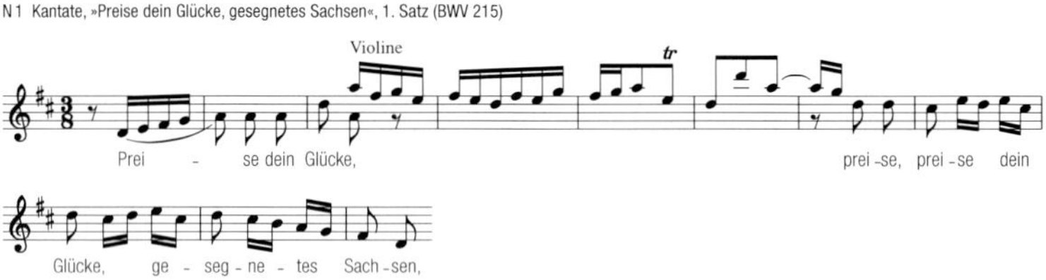

bereithielt: Kyrie und Gloria der später zur vollen Fünfsätzigkeit erweiterten »h-Moll-Messe« (BWV 232). In seinem vom 27. Juli 1733 datierten Begleitschreiben bat Johann Sebastian den neuen Kurfürsten darum, ihm »ein Praedicat von Dero Hoff-Capelle [zu] conferiren«, ihm also einen Titel im Zusammenhang mit der Hofmusik zu verleihen. Zu dieser Zeit war nach Johann David Heinichens Tod das Amt des Hofkapellmeisters seit vier Jahren unbesetzt. Möglicherweise wollte Bach sich mit der »h-Moll-Messe« auch als neuer Kapellmeister ins Gespräch bringen. Am Schluss des Widmungsschreibens versicherte er dem Kurfürsten: »... und meine ganzen Kräffte zu Dero Dienste zu widmen«, was vielleicht mehr war als eine rhetorische Floskel. Ob Kyrie und Gloria im Sommer 1733 in Dresden auch aufgeführt wurden, ist in der Musikforschung umstritten. Letztendlich wurde der Komponist Johann Adolf Hasse zum Kapellmeister berufen.

Die Kantate »Lasst uns sorgen, lasst uns wachen« BWV 213 entstand anlässlich des Geburtstags Friedrich Augusts II. Sie trägt auch den Titel »Herkules am Scheidewege«. Mit dem Text, in dem es um die Entscheidung gegen ein Luxusleben und für die Tugend geht, wird auf die Tugenden des Herrschers angespielt. Johann Sebastian führte die Kantate am 5. September 1733, im Jahr der Thronbesteigung Friedrich Augusts, erstmals in Leipzig auf. Eine weitere Kantate, die den Kurfürsten Friedrich August feierte, war »Preise dein Glücke, gesegnetes Sachsen« BWV 215. Das Werk erklang in Leipzig am 5. Oktober 1734 zum Jahrestag der Thronbesteigung des Fürsten. N 1

Erst 1736 verlieh der Kurfürst Johann Sebastian den Titel eines Hofkomponisten, worauf dieser zum Dank am 1. Dezember 1736 ein Konzert auf der Silbermann-Orgel der Dresdner Frauenkirche gab.

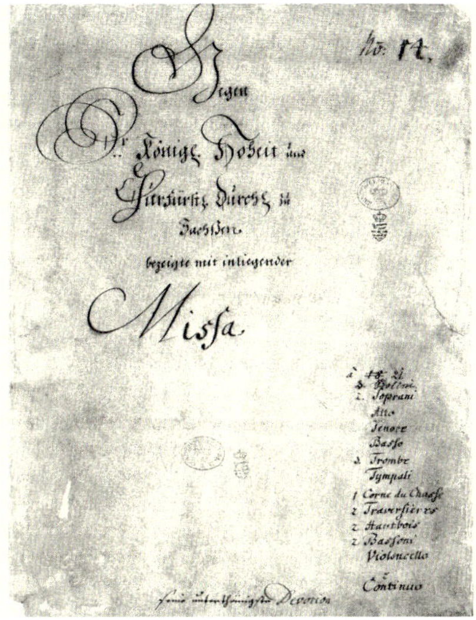

Messe in h-Moll von Johann Sebastian Bach (BWV 232), in der Handschrift Johann Sebastian Bachs, Titelseite der Originalstimmen, 37 x 25,7 cm (ganz oben), Stimmensatz der 1. Violine, 1. Notenseite (oben, Ausschnitt), Leipzig, 1733, Sächsische Landesbibliothek Dresden

Opernhaus am Dresdner Zwinger, Bühne und Orchester, Tuschezeichnung von Heinrich Christoph Fehling, Opernszene aus »Teofane«, Feder und Pinsel, 56 x 64 cm, 1719 – Die Repräsentation des absolutistischen Zeitalters setzte sich in der prunkvollen Barockoper nahtlos fort.

Johann Adolf Hasse in Dresden

Friedemann hatte zusammen mit Johann Sebastian von Leipzig aus häufiger die Dresdner Oper besucht. Die Aufführungen müssen bei Friedemann großen Eindruck hinterlassen haben – schließlich war das Dresdner Musikleben zu dieser Zeit auf seinem Höhepunkt. Zu den bedeutendsten Musikern gehörte der aus Hamburg stammende Johann Adolf Hasse. Bereits 1731 komponierte er seine erste Oper für Dresden, »Cleofide«, bei deren Aufführung Friedemann und Johann Sebastian vermutlich anwesend waren. In Italien hatte Hasse große Erfolge mit seinen auf historischen und mythologischen Sujets basierenden »opere serie« feiern können und ein entsprechender Ruhm eilte ihm voraus. 1733 wurde er dann offiziell zum Hofkapellmeister in Dresden ernannt. Verheiratet mit der Sängerin Faustina Bordoni, setzte er den Akzent auf die Oper, aber auch auf die katholische Kirchenmusik, was den Präferenzen seines Dienstherren August II. entsprach.

Johann Adolf Hasse (1699–1783), Miniatur von Felicitá Hoffmann, um 1745, Staatliche Kunstsammlungen Dresden, Gemäldegalerie Alte Meister – Kaum ein europäischer Komponist war Mitte des 18. Jahrhunderts so berühmt wie Hasse. Friedrich II. von Preußen zählte zu seinen größten Bewunderern.

Friedemanns Dresdner Karriere

Der Organist der protestantischen Sophienkirche in Dresden, Christian Pezold, starb vermutlich Anfang Juni 1733. Unmittelbar darauf reichte Friedemann seine Bewerbung für dieses Amt ein. In seinem Schreiben vom 7. Juni, das er wohl mit Hilfe seines Vaters verfasst hatte, bat er um ein Probespiel, denn es gab noch andere konkurrenzfähige Bewerber für diesen Posten. Die Organistenstelle war ausgesprochen schlecht bezahlt. Zudem war der Dienst, der sich auf das Orgelspiel in den Gottesdiensten beschränkte, gewiss nicht besonders attraktiv. Anziehend wurde diese Stelle aber durch die Nähe zum Hof. Schon Pezold hatte eine zusätzliche Aufgabe als Organist dort innegehabt und alle Bewerber hofften natürlich, es ihm gleichtun zu können. Friedemann wurde zur Probe geladen, schlug seine Konkurrenten aus dem Feld und erhielt bereits einen Tag später seinen Vertrag. Am 1. August wurde ihm die Orgel übergeben. Auf diesem Instrument – vom Orgelbauer Gottfried Silbermann nach dreijähriger Arbeit 1720 fertig gestellt – hatte Johann Sebastian bereits am 14. September 1731 konzertiert. Der gute Name seines Vaters wird Friedemanns Bewerbung positiv beeinflusst haben. Außerdem hat Johann Sebastian vermutlich an dem vorzulegenden Probestück mitgearbeitet.

Wilhelm Friedemann Bach, Gemälde von Gottlieb Friedrich Bach (?), Pastell, Bachhaus Eisenach (Ausschnitt)

Mit seinem spärlichen Jahresgehalt von knapp 75 Talern, wozu noch drei Fässer Bier gehörten, konnte der Bachsohn kaum zufrieden sein, besonders im Vergleich mit den 6 000 Talern, die der Hofkapellmeister Johann Adolf Hasse jährlich verdiente. Seine Aufgabe bestand allerdings auch nur im Orgelspiel während der Gottesdienste, die anfangs regulär montags um acht Uhr stattfanden, ergänzt durch eine Vesperpredigt sonntags und die Vormittagspredigt an Sonn- und Feiertagen. Neben der Begleitung des Gemeindegesangs boten die Gottesdienste für Friedemann nur begrenzten Raum für freie Orgelstücke, mit denen er seinen späteren Ruf als erstklassiger Organist vielleicht schon zu dieser Zeit begründete. Erstaunlich ist nur die Tatsache, dass aus seiner Dresdner Zeit keine Orgelkompositionen dieser Art erhalten sind.

Musiker-Freundschaften

Als Organist in der musikalischen Weltstadt Dresden bemühte sich Friedemann um einen regen Kontakt mit den dort wirkenden berühmten Musikern, darunter Kapellmeister Johann Adolf Hasse, den er schon von Leipzig her kannte. Carl Philipp Emanuel berichtete 1775 dem Bachbiografen Forkel, dass Vater Bach und Hasse gut bekannt gewesen seien. Der gefeierte Opernkomponist hat den Thomaskantor in den 1730er und 1740er Jahren in Leipzig offenbar mehrfach besucht und Bach wird ihm bei diesen Gelegenheiten sicherlich seinen ältesten Sohn Friedemann vorgestellt haben. Das von Sebastian angestrebte Hofamt blieb jedoch trotz des Kontakts zu Hasse aus.

Auch der Flötist Pierre Gabriel Buffardin kannte schon die Familie Bach: Er war der Lehrer von Johann Sebastians jüngerem Bruder Johann Jakob gewesen. Die Vermutung liegt nahe, dass Friedemann für ihn die als verschollen geltenden Flötensonaten (F 51–53) komponierte.

Bekannt ist aber, dass Friedemann im Haus des russischen Gesandten am Dresdner Hof, Graf Hermann Karl von Keyserlingk, verkehrte. Keyserlingk war Friedemann sehr zugetan und ermöglichte ihm die Anwesenheit bei privaten Musikaufführungen. Vielleicht hat Friedemann auch aktiv als Musiker daran teilgenommen, jedenfalls konnte er in diesem Rahmen weitere Hofmusiker kennen lernen: den Konzertmeister der Dresdner Hofkapelle, Johann Georg Pisendel und den Lautenisten Leopold Sylvius Weiß. Zusammen mit Weiß reiste Friedemann im Jahr 1739 nach Leipzig, wo beide vor Publikum auftraten. Johann Elias Bach, ein Vetter Friedemanns, rühmte diese Konzerte als »etwas extra feines von Music«. Durch den Grafen Keyserlingk erhielt Friedemann darüber hinaus Zutritt zu den musikalischen Soiréen der Kurfürstin Maria Antonia Walpurgis. Fast 30 Jahre später erwähnt er diese noch im Widmungsschreiben seines e-Moll-Cembalokonzerts, das er der Kurfürstin widmete.

Graf Hermann Karl von Keyserlingk (1696–1764), Stich (Ausschnitt) – Ein Förderer Friedemanns in Dresden war der russische Gesandte Graf Keyserlingk. Er ist als angeblicher Auftraggeber der »Goldberg-Variationen« Johann Sebastian Bachs sogar in die Musikgeschichte eingegangen.

Die »Goldberg-Variationen«

Bei einer musikalischen Soirée der Kurfürstin Maria Antonia Walpurgis trat ein junger Cembalist und Schüler Friedemanns namens Johann Gottlieb Goldberg (1727–56) auf. Graf Hermann Karl von Keyserlingk hatte den gerade einmal zehnjährigen und hochbegabten Goldberg im Jahr 1737 unter seine Fittiche genommen, ihn nach Dresden gebracht und in die Obhut Friedemanns gegeben. Goldberg scheint nicht der einzige Schüler gewesen zu sein, den Keyserlingk ihm vermittelte, doch ist er der Einzige, von dem dies bekannt ist. Später schickte der Graf den Musiker Goldberg zwecks Vervollkommnung seiner Studien neben der Ausbildung bei Friedemann auch zu Johann Sebastian nach Leipzig. Bekannt wurde Goldbergs Name durch die »Goldberg-Variationen« (BWV 988), im Original »Aria mit verschiedenen Veränderungen«, eines der berühmtesten Werke Johann Sebastian Bachs. Der Bachbiograf Forkel schrieb, Graf Keyserlingk habe Vater Bach den Auftrag erteilt, einige Cembalostücke zu schreiben, die Goldberg ihm in seinen schlaflosen Nächten vorspielen sollte. Bach habe ihm daraufhin die Variationen geliefert und zum Dank einen »goldenen Becher, bis zum Rand mit Louis d'or gefüllt« erhalten. Doch ist an dieser Erzählung einiges unstimmig. Johann Sebastian veröffentlichte die Variationen 1741 als vierten Teil seiner »Clavierübung«, erwähnt aber nirgends die Namen Goldbergs oder Keyserlingks. Außerdem war Goldberg zur Zeit der Entstehung der Variationen gerade einmal 13 Jahre alt und wohl noch ein Schüler Friedemanns. Einem derart anspruchsvollen Zyklus wird er zu dieser Zeit kaum gewachsen

N1 J. G. Goldberg: Triosonate in C-Dur, 1. Satz, Adagio

N2 J. S. Bach: Klavierübung IV. Teil, Goldberg-Variationen, die ersten 8 Takte des Themas mit den Basstönen, die als Grundlage eines selbstständigen Kanon-Zyklus dienten (BWV 988)

gewesen sein. Goldberg verstarb schon im Alter von 29 Jahren. Zuvor war er etwa fünf Jahre als Musiker in der privaten Kapelle des Grafen Heinrich Brühl in Dresden angestellt gewesen.

Goldberg galt seinen Zeitgenossen als eigensinniger Sonderling, der zwar ausgezeichnet Cembalo spielen konnte und anspruchsvolle Kompositionen schrieb, aber durch seinen etwas verschrobenen Charakter auf wenig Verständnis stieß. Auch wenn er nicht durch Kompositionen berühmt wurde, lassen doch die wenigen überlieferten Werke erkennen, welche kompositorischen Fähigkeiten er besaß: So galt etwa seine Triosonate C-Dur mit ihrem kühnen chromatischen Stil lange Zeit als Werk Johann Sebastians (BWV 1037). N 1

In den »Goldberg-Variationen« zeigt sich Bach als genialer Meister der thematischen Verfremdung, aber auch der Verfeinerung. Die ersten 32 Takte – eine reich verzierte Melodie, eine Aria mit Sarabandencharakter – bilden Thema und Grundlage für 30 Variationen. N 2

Nur für Kenner der Musik sind die Feinheiten der Bach'schen Kunst wirklich erkennbar, etwa die »Entschleierung« des Variationenthemas in den Liedzitaten der letzten Variation. Den alten Bach beschäftigten auch die eher unscheinbaren Basstöne. Über diesem Gerüst komponierte er 14 Kanones (BWV 1087), die 1975 auf der Rückseite des Manuskripts der »Goldberg-Variationen« gefunden wurden. Die Kanones entstanden Mitte der 1740er Jahre, also erst nach den »Goldberg-Variationen« und sind in »Rätselnotation« notiert: Um sie spielen zu können, muss der Interpret die einzelnen Stimmen der Stücke selber zusammensetzen. Einige dieser »Rätselkanones« konnten bis heute nicht eindeutig entschlüsselt werden.

Glenn Gould (1932–82) bei einer Probe mit dem Berliner Philharmonischen Orchester unter Herbert von Karajan, 1957 – Der kanadische Pianist Glenn Gould wurde besonders durch seine Interpretationen der Klavierwerke Johann Sebastian Bachs bekannt. Sein einzigartig analytischer, transparenter und doch expressiver Stil machte jede seiner Einspielungen zum Ereignis. Vom internationalen Konzertbetrieb angewidert, zog sich Gould von der Bühne zurück und widmete sich die letzten 20 Jahre seines Lebens nur noch der Schallplatte. Von den »Goldberg-Variationen« machte er 1955 und 1981 Einspielungen. Sie gelten als Meilensteine der Schallplattengeschichte.

Die kurfürstliche Musikkapelle: Ein Spitzenensemble

Der Kunstsinn der sächsischen Herrscher beschränkte sich nicht nur auf Architektur und bildende Künste. Am Dresdner Hof wirkte eine Musikkapelle, die zu den berühmtesten und besten der ersten Hälfte des 18. Jahrhunderts zählte und deren Mitgliederliste sich wie ein »Who's who« der Barockmusik liest. Schon im frühen 17. Jahrhundert, als Heinrich Schütz kurfürstlicher Hofkapellmeister war, umfasste das Ensemble fast 50 Instrumentalisten und Sänger. Unter August dem Starken, der seinen künstlerischen

Oboe aus Elfenbein, Venedig, Ende 18. Jahrhundert, Musikinstrumenten-Museum der Universität Leipzig – Die Oboe war neben der Violine das wichtigste Melodieinstrument in der Barockmusik.

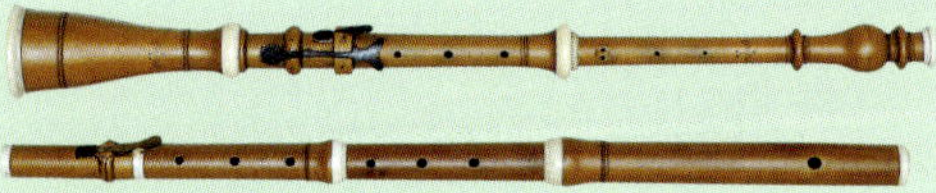

Oboe und Querflöte, Nürnberg, 2. Hälfte 18. Jahrhundert, Musikinstrumenten-Museum der Universität Leipzig – Erst Mitte des 18. Jahrhunderts kam die Querflöte in Mode. Sie ist ein typisches Instrument des Rokoko-Zeitalters.

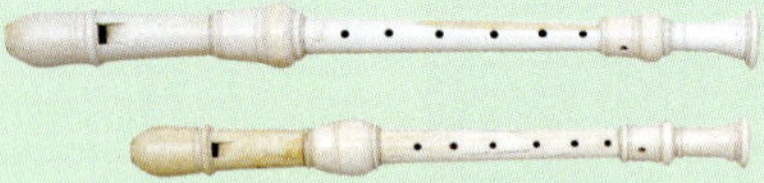

Blockflöten aus Elfenbein von Johann Benedikt Gahn, Nürnberg zwischen 1698 und 1711, Musikinstrumenten-Museum der Universität Leipzig – Vor dem Siegeszug der Querflöte war die Blockflöte in verschiedenen Stimmlagen das bevorzugte Flöteninstrument.

Violine von David Hopf um 1800 (links) und *Violino piccolo* von Pietro Antonio Cati, Florenz, 1741 (rechts), Musikinstrumenten-Museum der Universität Leipzig – Violinen geben im Orchester damals wie heute den Ton an. Der kleinere Violino piccolo ist höher gestimmt als die Violine.

Spürsinn auf die Erweiterung seiner Kapelle in derselben Weise richtete, wie er auch sonst den kulturellen Reichtum des Hofes vermehrte, begann dann die eigentliche Glanzzeit. Nach einer Liste im »Königlich Polnischen und Churfürstlich Sächsischen Hof- und Staatskalender« für das Jahr 1749 umfasste die Dresdner Hofkapelle um diese Zeit 44 Instrumentalisten, darunter 14 Geiger. Dies war für das mittlere 18. Jahrhundert eine sehr große Besetzung. Neben den Streichern spielten drei Hornisten, je fünf Oboisten und Fagottisten und zwei Flötisten in der Kapelle. Die hohe Qualität der Musiker schlug sich in der unerreichten Virtuosität des Ensembles nieder, in dem fast jeder auch als Solist tätig war. Vor allem die Bläser bestimmten den exklusiven Klang der Kapelle maßgeblich. Dieses Orchester war einzigartig nördlich der Alpen und kann als Krönung der absolutistischen Inszenierung des Dresdner Barock bezeichnet werden. Zeitgenössische Komponisten fühlten sich durch diesen Glanz angezogen. Antonio Vivaldi etwa komponierte ausdrücklich Konzerte »per l'orchestra di Dresda«, ebenso Johann Friedrich Fasch und Georg Philipp Telemann. Die Aufgaben der »Churfürstlich Sächsischen Capell- und Cammer-Musique« bestanden in der Aufführung von Kammermusik, katholischer Kirchenmusik und italienischer Oper, die nach 1733 besonders von August III. bevorzugt wurde. Aus den zwei verschiedenen Würden Augusts des Starken ergaben sich zwei verschiedene Aufgaben der Kapelle, die einmal als kurfürstlich sächsische, ein andermal als königlich polnische aufzutreten hatte und jeweils ihre Dienste in Dresden, Krakau oder Warschau versah. Ihre Leitung lag von 1698 an in den Händen Johann Christoph Schmidts, der sich die Position jedoch ab 1717 mit Johann David Heinichen teilen musste. Heinichen, vom sächsischen Kurprinzen auf einer Studienreise in Venedig verpflichtet und als großer Theoretiker des Generalbasses in die Musikgeschichte eingegangen, leitete vor allem die katholische Kirchenmusik am Hof. Als er sein Amt antrat, fand er in der Kapelle bereits einige der größten Virtuosen der Zeit vor: die Geiger Johann Georg Pisendel und Francesco Veracini, die Flötisten Pierre Gabriel Buffardin und Johann Joachim Quantz, den Lautenisten Sylvius Leopold Weiß sowie den Kontrabassisten und nominellen »Kirchen-compositeur« Jan Dismas Zelenka. Nach Heinichens Tod im Jahr 1729 – Schmidt war bereits ein Jahr zuvor verstorben – blieb die Stelle des Hofkapellmeisters zunächst unbesetzt. Als Nachfolger war jedoch bereits Johann Adolf Hasse im Gespräch.

Großwindiges Naturwaldhorn in F1, wahrscheinlich von Michael Koch, Dresden, 1710, Musikinstrumenten-Museum der Universität Leipzig – Das Naturhorn war besonders schwer zu spielen und wurde nur selten in der Musikkapelle eingesetzt.

Die Dresdner Silbermann-Orgeln

Zweimanualige Orgel in der Sophienkirche in Dresden von Gottfried Silbermann, 1718/20, Gehäuse von J. J. Gotthier vermutlich nach einem Entwurf von G. Bähr, Fassung und Vergoldung von J. Ch. Butzhaus (Aufnahme 1935) – Die zweimanualige Orgel der Sophienkirche (30 Register) wurde 1945 im Zweiten Weltkrieg vollkommen zerstört, so dass man sich heute keinen Begriff mehr von ihrem Klang machen kann.

Der aus Sachsen stammende Gottfried Silbermann (1683–1753) gehörte zu den angesehensten Orgelbauern seiner Zeit. Er errichtete in der gesamten Region mehr als ein Dutzend Orgeln, darunter auch die der Dresdner Frauenkirche im Jahr 1736 und die der katholischen Hofkirche. Diese war sein letztes Werk und gleichzeitig mit drei Manualen und 44 Registern eines seiner größten.

Silbermann lernte bei seinem nach Straßburg ausgewanderten Bruder. Von ihm hat er die Vorliebe für ausgeprägte Soloregister übernommen. Johann Sebastian Bach, mit dem Silbermann bekannt war, rügte seine Mixturen, also den Zusammenklang mehrerer Pfeifen beim Anschlag einer Taste. Für sein Empfinden war der Klang zu schwach und zu wenig durchdringend. Trotz dieses Urteils repräsentieren die noch erhaltenen Silbermann-Orgeln heute zweifellos den Höhepunkt des barocken Orgelbaus mit ihrem weichen, farbigen und doch sehr differenzierten Klang.

Ungeachtet all seiner anderen Aktivitäten blieb Friedemanns eigentlicher Arbeitsplatz während seiner Dresdner Jahre die Orgel der Sophienkirche. Dieses Instrument wurde 1718 bis 1720 ebenfalls von Gottfried Silbermann als Ersatz für ein älteres, das aus dem Jahre 1624 stammte, erbaut. Friedemann hatte als Organist hier ein recht neues und handwerklich hervorragendes Instrument zu betreuen.

Nach 1737 wurde die Sophienkirche restauriert. Unter diesen Umbaumaßnahmen litt die Orgel beträchtlich und wurde deshalb schon drei Jahre später für reparaturbedürftig gehalten. Bei der Prüfung des Instruments wurde Friedemann selbst als Organist nicht hinzugezogen. Auch als Silbermann persönlich die Orgel in Augenschein nahm und die erforderlichen Reparaturarbeiten dem Stadtorgelbauer übertrug, wurde Friedemann in keiner Weise beteiligt. In seiner Position hatte er also offenbar gar kein Mitspracherecht. Kein Wunder also, dass bei ihm der Wunsch entstand, sich nach einer anderen Tätigkeit umzusehen.

Ein Hofamt lag für Friedemann nicht im Rahmen des Möglichen, wohl aber die Organistenstelle an der Frauenkirche, die durch die Versetzung des vorherigen Amtsinhabers im Jahr 1742 vakant geworden war. Als Frauenkirchenorganist hätte Friedemann sich zweifellos gegenüber seiner bisherigen Position verbessert, denn die Stelle besaß ein weit höheres Ansehen und die Kirche eine größere und neuere Silbermann-Orgel. Doch seine Bewerbung blieb ohne Erfolg. Statt Friedemann erhielt Gottfried August Homilius diesen Posten, der einst Schüler Johann Sebastians und später dann Kreuzkantor war. Friedemann fühlte sich zurückgesetzt und durch diesen Fehlschlag entmutigt. Dies war nach neun eher erfolgversprechenden Jahren in Dresden sein erster Misserfolg.

Orgel von Gottfried Silbermann, in der Frauenkirche in Dresden 1732–36, Holzarbeiten von G. Bähr und J. Chr. Feige (Aufnahme 1933) – Der 1726 errichtete Neubau der Frauenkirche bildete einen Höhepunkt der deutschen lutherischen Kirchenarchitektur. Frauenkirche und Orgel fielen den Bomben am Ende des Zweiten Weltkriegs zum Opfer. Die Orgel, die Silbermann hier baute, war nicht nur ein Instrument, sondern ein barockes Kunstwerk, das mit dem Bau zu einem architektonischen Gesamtkunstwerk verschmolz.

Der Organist komponiert für Solo-Cembalo

Unter den Werken, die Friedemann in Dresden schrieb, nehmen die Kompositionen für Cembalo die wichtigste Position ein. Obwohl er eine Organistenstelle innehatte, war es nicht die Orgelmusik, die im Mittelpunkt seines Schaffens stand. Das Amt füllte ihn nicht aus und er hoffte, mit einer Veröffentlichung von Cembalostücken seine finanzielle Lage zu verbessern.

Am Anfang der Dresdner Zeit steht die Sonate F-Dur für zwei Solo-Cembali (F 10), die in Friedemanns Autograf den Titel »Concerto â duoi cembali concertati« trägt. Das gehaltvolle Werk wurde im Jahr 1864 erstmals von Johannes Brahms veröffentlicht und ist damit eines der wenigen Originalwerke Friedemanns, die bereits im 19. Jahrhundert bekannt waren. Die Sonate hat einen empfindsamen Tonfall und weist in den Satzstrukturen in die Zukunft voraus. Insgesamt ist sie in Form und Anlage schon eine Klaviersonate moderner Prägung, wie sie um diese Zeit den Übergang vom Barock zur Klassik andeutete.

Friedemann komponierte in Dresden auch Sonaten für ein Cembalo. Allerdings ist es sehr schwer zu bestimmen, welche seiner insgesamt neun Sonaten zwischen 1733 und 1746 entstanden. Die ersten beiden Sätze der B-Dur-Sonate (F 9) sind geprägt von der Leichtigkeit des Galanten Stils: Der Klaviersatz ist im Kopfsatz zu einer Zweistimmigkeit ausgedünnt, ist also einfacher und transparenter geworden und hat mit der Schreibart des Barock hinsichtlich des Kontrapunkts kaum noch etwas gemein. Als zweiten Satz schreibt Friedemann ein menuettartiges Grazioso. N 1, N 2

Der Schluss-Satz ist jedoch mit seinen rauschenden Akkordbrechungen Nachkomme einer barocken Toccata. So stehen sich Alt und Neu unmittelbar gegenüber und die formale Freiheit korrespondiert mit dem organisierten Aufbau des Kopfsatzes, der wiederum auf die Sonatenform vorausweist. Das Lamento der G-Dur-Sonate (F 7) zeigt, dass Friedemann in diesen Sonaten auch über die reine Gefälligkeit hinaus in ernste und subjektive Gefühlsbereiche vorstieß. In den Cembalo-Sonaten finden sich aber auch Relikte der kontrapunktischen Schule des Vaters, die den Galanterien den

N 1 Sonate in B-Dur, 1. Satz, Un poco allegro, Kopfthema (F 9)

N 2 Sonate in B-Dur, 2. Satz, Grazioso, Anfangsthema (F 9)

Spiegel vorhalten, etwa in den Anklängen an die Kanontechnik in der F-Dur-Sonate (F 6).

Friedemann hatte vermutlich mit dieser Gefühlstiefe und der Tradierung älteren Stilguts keinen großen Erfolg beim Publikum, da immer mehr das Unterhaltsame in der Musik erwartet wurde. So erwies sich auch die Absicht einer Herausgabe seiner Cembalosonaten als ein Fehlschlag. Die kraftvolle und markante Sonate D-Dur (F 3) veröffentlichte er 1745 mit einer Widmung an den preußischen Hofbeamten Georg Ernst Stahl. Sie sollte die erste einer Folge von sechs Sonaten sein, daher auch der Titel »Sei Sonate per il Cembalo«. Nur folgte dieser ersten Sonate keine zweite im Druck nach.

Fantasien für Cembalo

Cembalisten und später Pianisten haben neben dem Vortrag von schriftlich Fixiertem stets auch frei improvisiert, also »fantasiert«, wobei diese Improvisationen in der Regel nicht notiert wurden. Das Stegreifspiel galt noch im 19. Jahrhundert beim Publikum als große Attraktion. Wo Fantasien jedoch aufgeschrieben wurden, dienten sie häufig Schülern als Anleitung zum eigenen Improvisieren. Hieraus erklären sich die in der Regel ungebundene Form solcher Fantasien, ihr Kontrastreichtum und die überraschenden harmonischen Kühnheiten.

Auch Friedemann komponierte in Dresden Cembalofantasien, allerdings in seiner eigenen Art: Denn von formalen und anderen Kühnheiten, die besonders die Fantasien seines Bruders Carl Philipp Emanuel prägen, ist Friedemann mit seinen Dresdner Stücken noch entfernt. So besteht etwa das C-Dur-Werk (F 14) aus einer zweiteiligen Anlage mit Wiederholungen der jeweiligen Satzteile. Friedemann füllt die Form ausschließlich mit virtuosen Akkordbrechungen bei kontinuierlicher Sechzehntelbewegung – dies erinnert noch stark an barocke Präludien, nur dass hier die Fuge fehlt. N 3

Wenngleich der größte Teil seiner insgesamt neun Fantasien gewiss aus späterer Zeit stammt, so lassen sich zumindest die Fantasien in C-Dur und D-Dur (F 17) den 1740er Jahren zuordnen. Da aber nur eine Fantasie in e-Moll (F 20) überhaupt mit einer Jahreszahl (1770) – wie oft in Friedemanns Schaffen – versehen ist, muss die Datierung rein spekulativ bleiben.

N 3 Fantasie in C-Dur, Presto, Anfang (F 14)

Kammermusikalische Werke

Bedeutende Zeugnisse von Friedemanns Kammermusik sind vier Duette für zwei Flöten ohne Bass, die er vermutlich für die berühmten Flötisten der Dresdner Hofkapelle, Pierre Gabriel Buffardin und Johann Joachim Quantz, komponierte. Die Duette e-Moll, Es-Dur, F-Dur und G-Dur (F 54, 55, 57, 59) sind in einem zweistimmigen polyphonen Stil gehalten, der beide Flöten gleichberechtigt behandelt, und beinhalten einige auffallende Sätze, wie etwa das Lamentabile des F-Dur-Duetts. N 1

Unübersehbar ist bei den Duetten die große kompositorische Sorgfalt. Vielleicht hat Friedemann sich mit diesen Kompositionen sogar an einem Wettstreit unter Fachleuten beteiligt, bei dem es um die Komposition einer zweistimmigen Musik ging, ohne dass dabei eine dritte Stimme vermisst wird. Derartige theoretische Kunststücke wurden in Friedemanns Kollegenkreis diskutiert. Seine Duette galten bald wie Johann Sebastians zweistimmige Inventionen als Muster eines perfekten zweistimmigen Satzes. Dagegen treten die drei Triosonaten für zwei Flöten und Generalbass (F 47–49) in der Triosonatenproduktion des Spätbarock nicht besonders hervor. Stilistisch sind sie am ehesten in Friedemanns Dresdner Jahre einzuordnen.

Sinfonien zur Andacht

Die sieben erhaltenen Orchestersinfonien Friedemanns hätten nicht geschrieben werden können, wenn er nicht einen engen Bezug zum Hof gehabt hätte: Es ist anzunehmen, dass die Hofkapelle zumindest einen Teil der Sinfonien aufführte.

Aber auch im katholischen Gottesdienst konnten die Sinfonien erklingen. Im 18. Jahrhundert wurden selbstständige instrumentale Stücke als »Gradual-« oder »Epistelsonaten« innerhalb der Messliturgie aufgeführt. Sinfonische Sätze, Instrumentalfugen und Konzerte vertraten in der Liturgie das gesungene Graduale, das zwischen den Lesungen des Alten und Neuen Testaments seinen Platz hat.

Eines der bemerkenswertesten Werke Friedemanns, die Sinfonie in d-Moll (F 65), ist wahrscheinlich zu liturgischen Zwecken entstanden. Das Stück besteht aus zwei ineinander übergehenden Sätzen, einem einleitenden Adagio und einem ausgedehnten kontrapunktischen Satz. Es verkörpert damit formal das barocke Modell Präludium und Fuge. Bei dieser Sinfonie wirken neben dem vierstimmigen Streichorchester zwei Traversflöten mit, die jedoch nur im Adagio selbstständig in Erscheinung treten. Hier konzertieren sie mit den gedämpften Streichern und es entsteht eine schwebende

N 1 Flötenduett in F-Dur, 2. Satz, Lamentabile, Einsatz der 1. Flöte (F 57)

Atmosphäre, geprägt vom Murmeln einiger kreisender Sechzehntelmotive und dem ruhigen Schreiten der gleichmäßig pendelnden Viertelschläge.

Der nachfolgende Allegro-Satz ist eine echte Fuge, kraftvoll und streng durchgeführt, mit nur wenigen Zwischenspielen. Das Thema der Fuge beruht auf einem im Barock recht häufigen Intervallmuster, das noch Mozart im Kyrie seines Requiems gebrauchte. N 2, N 3

Frühere Musikforscher hielten die Sinfonie für die Ouvertüre einer Glückwunschkantate für Friedrich den Großen (F 90) aus dem Jahr 1758. Doch ist dies aufgrund des ernsthaften Charakters des Stückes undenkbar. Da in der katholischen Liturgie in Dresden aber Verwendung für derartige Stücke bestand und aus dem Umkreis der Hofkapelle vergleichbare Werke bekannt sind, lässt sich auch Friedemanns d-Moll-Sinfonie in diesen Zusammenhang stellen.

N 2 Adagio und Fuge, Fugenthema (F 65)

N 3 W. A. Mozart: Requiem, Kyrie, Kopfthema der Fuge (KV 626)

Sinfonien zum Amusement

Die anderen sechs Sinfonien Friedemanns gehören der »weltlichen« Musik an. Es sind die Sinfonien F 63 und F 67–71, die alle in Durtonarten stehen und mit der strengen Größe des d-Moll-Werkes nicht vergleichbar sind. Von allen Sinfonien Friedemanns ist die F-Dur-Sinfonie (F 67) heute die bekannteste und nur sie weicht von der üblichen Dreisätzigkeit ab. Zu den Sätzen Vivace, Andante und Allegro tritt als Finale noch ein Menuett hinzu. N 4, N 5

Die Stellung des Menuetts zeigt, dass diese Satzfolge noch nicht die der klassischen Sinfonie ist, da sich der Tanzsatz später in der Regel an dritter Stelle befindet. Sie erinnert vielmehr an eine suitenartige Abfolge, wie sie etwa das erste »Brandenburgische Konzert« Johann Sebastians kennzeichnet. Dort bildet das Menuett ebenfalls den vierten und letzten Satz. Auch in der Thematik trägt Friedemanns Menuett noch barocke Züge, was ebenso für den Kopfsatz gilt. Doch trotz der konservativen Form sprüht diese Sinfonie mit ihren überraschenden Wendungen und der expressiven harmonischen Sprache vor Eigenwilligkeit, was zu ihrem Beinamen »Dissonanzensinfonie« führte. Im Andante hingegen klingt der Tonfall der am Dresdner Hof populären italienischen Oper an.

N 4 Sinfonie in F-Dur, Menuett (F 67)

N 5 Sinfonie in F-Dur, Menuett (F 67)

Friedemanns Dresdner Cembalokonzerte

Mit seinem ersten, noch in Leipzig komponierten Cembalokonzert a-Moll zeigte sich Friedemann von Anfang an den Anforderungen dieser Gattung gewachsen. Die in Dresden geschriebenen Konzerte in D-Dur (F 41) und F-Dur (F 44) lassen zudem den Einfallsreichtum und die profunde Meisterschaft ihres Schöpfers erkennen. Über die Entstehungszeit dieser Konzerte und deren Anlass ist nichts Genaues bekannt. Alles deutet aber darauf hin, dass sie – wie die Sinfonien – mit dem Dresdner Hoforchester in Verbindung zu bringen sind, womöglich sogar für konkrete Aufführungen am Hof gedacht waren.

Mit seinen fast 25 Minuten Spieldauer ist das Cembalokonzert F-Dur eines der längsten Werke im Œuvre Friedemanns. Der eher ernste Charakter des Leipziger a-Moll-Konzerts ist hier einer entspannten Heiterkeit gewichen, die sich nicht zuletzt in der großzügigen Anlage zeigt. Charakteristisch ist die reiche Verwendung kontrapunktischer Techniken, so etwa Verschränkung von erster und zweiter Violine durch kanonische Imitation gleich zu Beginn des ersten Satzes im Hauptthema. Charakteristisch ist auch die kaum unterbrochene Orchesterbegleitung in den Soloabschnitten des Cembalos.

An dieser engen Verknüpfung von Solist und Orchester lässt sich unschwer das Vorbild Johann Sebastians erkennen. Mit solch konzentrierter Arbeit hebt sich Friedemann gleichzeitig von den meisten seiner Kollegen signifikant ab. Erst das letzte Solo des Cembalos ist unbegleitet und trägt dadurch den Charakter einer Solokadenz. N 1

Das D-Dur-Konzert hatte von allen Konzerten Friedemanns im 18. Jahrhundert die weiteste Verbreitung, so dass zahlreiche zeitgenössische Abschriften davon existieren. Aber auch hier ist keine Druckausgabe erhalten. Das begleitende Orchester ist auch in diesem D-Dur-Konzert auf zwei Violinen, Viola und Bass beschränkt, die je nach Gegebenheit solistisch oder chorisch besetzt werden konnten. Die Mitwirkung von Blasinstrumenten hat sich in derartigen Konzerten erst nach der Jahrhundertmitte durchgesetzt. Natürlich muss auch die gegenüber dem modernen Flügel geringere Lautstärke des Cembalos berücksichtigt werden, die ein kammermusikalisch transparentes Musizieren erforderte. In dieser Hinsicht entsprechen die Cembalokonzerte Friedemanns denen seines Vaters, die kaum früher entstanden sind. Auch in formaler Hinsicht sind sie mit ihnen zu vergleichen: Friedemann verwendet in seinen Konzerten noch immer die barocke Ritornellform, die durch den Wechsel von Tutti- und Soloabschnitten geprägt ist. Das tragende Gerüst des Satzes bilden meist fünf Tuttisektionen, während das Soloinstrument in den Zwischenteilen brillieren kann. Die Motivik der Soloabschnitte leitet sich meistens von der des Tutti ab. Wie Friedemann diese von Antonio Vivaldi etablierte Form handhabt, wird im ersten Satz des D-Dur-Konzertes, einem Allegro, deutlich. Das erste Tutti gliedert sich in mehrere kontrastierende Unterabschnitte, von denen ein d-Moll-Motiv besonders auffällt. N 2

Im ersten Solo greift das Cembalo dann das Kopfmotiv auf und führt es selbstständig weiter. Alle Soloteile werden durch Einwürfe der Streicher gegliedert. Gegen Ende des Satzes vereinigen sich Solo und Tutti zur abschließenden Vorstellung der Hauptmotive. In seinen Proportionen ist dieses

Allegro sehr klar und in seiner Entwicklung folgerichtig aufgebaut. Wie im F-Dur-Konzert spielt Friedemann auch hier mit reichen motivischen Imitationen: Wiederum erklingt gleich zu Beginn ein Kanon, diesmal zwischen Violine und Bass. N 3

Die beiden übrigen Sätze dieses Konzerts sind in ihrer Aussage ebenfalls mit denen des F-Dur-Konzerts vergleichbar: Versonnen-elegisch ist das Andante und mit einem ausgelassenen Presto schließt das Werk. N 4, N 5

N 1 Cembalokonzert in F-Dur, 1. Satz, Allegro ma non troppo, Soloeinsatz (F 44)

N 2 Cembalokonzert in D-Dur, 1. Satz, Allegro, Orchesterritornell, Moll-Motiv (F 41)

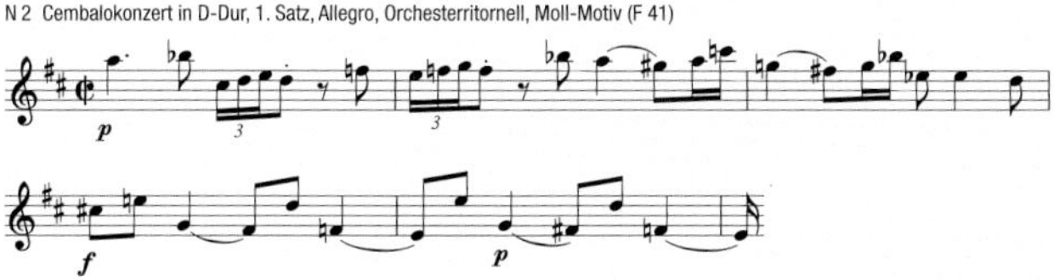

N 3 Cembalokonzert in D-Dur, 1. Satz, Allegro, Kopfthema kanonisch (F 41)

N 4 Cembalokonzert in D-Dur, 2. Satz, Andante, Anfangsthema (F 41)

N 5 Cembalokonzert in D-Dur, 3. Satz, Presto, Anfangsthema (F 41)

Das Klavierkonzert: Ein »roter Faden« in der Bachfamilie

Klavierkonzert in Zürich, Kupferstich von Johann Rudolf Holzhalb, 1777, Zentralbibliothek Zürich – Die Konzerte des mittleren 18. Jahrhunderts waren in ihrer Besetzung eher erweiterte Kammermusik. Neben den obligatorischen Streichern wirkten Blasinstrumente wie Hörner und Oboen nur sporadisch mit. Meist waren die Orchesterstimmen bei Aufführungen einzeln besetzt. Auf diese Weise konnte sich das solistische Cembalo gut gegen den Orchesterklang durchsetzen. Selbstverständlich spielte der Solist in den Orchesterpassagen auch den Generalbass mit.

Das Konzert für Tasteninstrument und Orchester ist eine Gattung, die im Schaffen Johann Sebastians und seiner Söhne eine zentrale Position einnimmt. Wie ein roter Faden ziehen sich die Konzerte für Cembalo oder Hammerklavier durch das Œuvre der beiden Bachgenerationen und verdeutlichen wie keine andere Gattung stilistische Unterschiede, Entwicklungen und Besonderheiten: Differenzen im Personalstil einerseits, Entwicklungen des allgemeinen musikalischen Geschmacks der Epoche andererseits. Als Johann Sebastian seine Cembalokonzerte schrieb, bediente er sich selbstverständlich des spätbarocken Stils, sein Sohn Johann Christian hingegen komponierte 40 Jahre später ebenso selbstverständlich in einer durch und durch klassischen Formgebung. Die Mitglieder der Familie Bach haben an der Etablierung der Form des Klavierkonzerts als wichtiger und ernst zu nehmender Instrumentalgattung einen großen Anteil. Ihre Konzerte zählen fraglos zu den besten der Epoche und zugleich auch oft zu den progressivsten.

Die Tasteninstrumente, vor allem das Cembalo und die Orgel, waren in der Barockmusik typische Instrumente für die Ausführung des Generalbasses, wenn sie nicht dem unbegleiteten, rein solistischen Vortrag dienten. Aber die Rolle des »Claviers« änderte sich im Laufe des 18. Jahrhunderts. Ab der Jahrhundertmitte rückte das Tasteninstrument, bald schon in Form des Hammerklaviers statt des Cembalos, in das Zentrum des bürgerlichen Musikinteresses. Dies zog neue Aufgaben für die Komponisten nach sich, wenn sie sich nicht den Wünschen des Publikums verschließen wollten. Es entstanden nach 1750 neue Gattungen für das »Clavier«, darunter die Sonate, mit oder ohne Begleitinstrumente, und das Konzert. Für das wachsende Interesse der bürgerlichen Musikliebhaber wurde meist einfache Unterhaltungsmusik komponiert. Aber parallel dazu gab es noch eine andere Entwicklung: In der nachbarocken Zeit trat das unmittelbare Gefühlserleben, die »Empfindung« von Musiker und Zuhörerschaft, in den Vordergrund des Interesses. Hierfür war das Klavier das passende Instrument, da es besser als alle Melodieinstrumente für das private Musizieren geeignet war.

Kammermusik im Jagdsaal, Puppenfiguren aus dem Puppenmuseum »Mon Plaisir« der Fürstin Dorothea von Schwarzburg-Arnstadt, Arnstadt Schlossmuseum – Die Musik: eine der beliebtesten Freizeitbeschäftigungen der Aristokratie. In der Ausbildung des Adels hatte der Instrumentalunterricht einen festen Platz.

In preußischen Diensten

Carl Philipp Emanuel in Berlin

Berlin, Blick in die Straße Unter den Linden mit Zeughaus, Palais des Prinzen Heinrich und Opernhaus, Kupferstich von Jean Rosenberg, 1780, Staatliche Museen zu Berlin, Preußischer Kulturbesitz – Erst die Politik König Friedrichs II. machte Preußen zu einer europäischen Großmacht, so dass Berlin als Residenzstadt aus dem Schatten der glänzenden Nachbarin Dresden heraustreten konnte.

Musikalische Autorität

Den entscheidenden Schritt in die Selbstständigkeit machte Carl Philipp Emanuel 1734: Er zog mit Beginn des neuen Studienjahres in die preußische Garnisonsstadt Frankfurt an der Oder. Es erscheint rätselhaft, dass Emanuel Leipzig, die reiche Universitäts- und Handelsstadt mit ihren vielfältigen musikalischen Institutionen, verließ. Er ging wahrscheinlich auch nicht wegen der Musik aus Leipzig fort. Vielleicht war es der Drang nach Unabhängigkeit, der ihn dazu veranlasste.

Laut Eintrag war er ab dem 16. September 1734 an der juristischen Fakultät in Frankfurt eingeschrieben. Während der vier Frankfurter Jahre verfolgte Emanuel weiter seine juristischen Studien, jedoch ohne nachweisbaren Erfolg oder gar Abschluss. Die musikalischen Aktivitäten scheinen ihn in diesen Jahren stärker beansprucht zu haben als die Juristerei.

Frankfurt an der Oder, Stadtansicht, Stich von Johann David Schleuen d. Ä., 1740, Staatsbibliothek zu Berlin, Preußischer Kulturbesitz – Frankfurt an der Oder war seit dem Mittelalter für den Handel mit Osteuropa von großer Bedeutung. Durch die im Jahr 1506 gegründete Universität, die so genannte »Viadrina«, etablierten sich dort auch die Wissenschaften. Das Musikleben war dagegen wenig ausgeprägt.

Denn Emanuel nahm im Frankfurter Musikleben bald eine führende Stellung ein. Es ist überliefert, dass er eine musikalische Akademie leitete. Dies konnte in der damaligen Zeit zweierlei bedeuten: entweder ein öffentliches Konzert oder ein Ensemble aus Musikern, das regelmäßig vor Publikum spielte. Emanuel komponierte und dirigierte Musik sogar im Auftrag der Stadt. Wahrscheinlich gab es für ihn keine ernsthafte Konkurrenz, denn von anderen bedeutenden Musikern, die in diesen Jahren dort wirkten, ist nichts bekannt. An Kompositionen sind aus der Frankfurter Zeit sechs Klaviersonaten und ein Trio nachgewiesen, also Gattungen, die Emanuel auch schon in Leipzig gepflegt hatte, dazu ein Cembalokonzert in G-Dur (Wq 3). Anzunehmen ist außerdem, dass er die Ensemblemusik für die von ihm geleitete Akademie komponierte, während die Cembalomusik auch dem Unterricht gedient haben mag. Jedenfalls ist Emanuels Tätigkeit als Klavierlehrer in Frankfurt belegt.

Neue Perspektiven

Nach dem Ende des akademischen Jahres 1738 ging Emanuel nach Berlin. Dort erhielt er kurz nach seiner Ankunft ein attraktives Angebot: »Ich [bekam] eine sehr vortheilhafte Gelegenheit einen jungen Herrn in fremde Länder zu führen«, berichtet er in seiner Autobiografie. Dieser »junge Herr« war der Sohn des russischen Gesandten in Dresden, Heinrich Christian Graf von Keyserlingk, dessen Vater mit Friedemann in der sächsischen Residenz in Kontakt stand. Graf Heinrich Christian beabsichtigte, die für junge Adelige obligatorische »Grand tour«, eine Art ausgedehnter Bildungsreise in den

Schloss Rheinsberg von der Wasserseite aus, Radierung von Franz Krüger (1797–1857) nach einer Zeichnung von Ekel – Friedrich residierte zunächst in Ruppin, wo er Chef eines Regiments war, zog im Herbst 1736 aber nach Schloss Rheinsberg im Nordwesten Berlins um. Hierhin kam auch Emanuel, als der Ruf des Kronprinzen an ihn herangetragen wurde. Der Bachsohn wurde Cembalist in dem kleinen aber feinen Ensemble Friedrichs.

Süden, zu unternehmen, bei der Emanuel ihn als Tutor begleiten sollte. Doch Emanuel erhielt ein weiteres Angebot: »ein unvermutheter gnädiger Ruf vom damaligen Kronprinzen von Preußen ... machte, daß meine vorhabende Reise rückgängig wurde.« Der Kronprinz Friedrich, bald darauf »der Große«, war möglicherweise durch seine Hofmusiker auf Emanuel aufmerksam geworden und nahm ihn in seine Dienste. Vielleicht sprachen auch die Söhne des preußischen Ministers Franz Wilhelm von Happe, die Emanuel von der Frankfurter Universität kannte, eine Empfehlung aus. Oder aber es waren Emanuels Werke für Flöte, die den Blick des Flöte spielenden Prinzen auf den Bachsohn gelenkt haben. Emanuel folgte dem Ruf Friedrichs. Zunächst spielte der 24-Jährige noch ohne feste Anstellung in der kleinen Kapelle des nur zwei Jahre älteren Kronprinzen im Schloss Rheinsberg das Cembalo.

Friedrichs Kapelle war zwar klein, aber dennoch ein Klangkörper mit erlesenen Musikern: Kapellmeister war Carl Heinrich Graun, dessen Bruder Johann Gottlieb Konzertmeister, der emigrierte Böhme František Benda war der herausragende Geiger und Christoph Schaffrath, einst Konkurrent Friedemanns um den Posten der Dresdner Sophienkirche, bediente wie Emanuel das Cembalo. Insgesamt umfasste Friedrichs Hofmusikkapelle 17 Instrumentalisten, deren hohe Qualität die Zeitgenossen beeindruckte. Der Kronprinz hatte schon als Jugendlicher in Dresden seine Liebe zur italienischen Oper, namentlich zu den Kompositionen Johann Adolf Hasses, entdeckt und gründete nach 1733 sein eigenes musikalisches Ensemble zu seinem Divertissement.

Was Emanuel am Hof in Schloss Rheinsberg erwartete, war glänzender als alles, was er bis dahin kennen gelernt hatte. Die Rheinsberger Hofmusik nimmt vieles von dem vorweg, was nach Friedrichs Regierungsantritt 1740 zur legendären »Berliner Schule« werden sollte, ein Zentrum der norddeutschen Musikkultur, in dessen Mittelpunkt Carl Philipp Emanuel Bach stehen sollte.

Friedrich II.

Friedrich II. (der Große), Gemälde von Antoine Pesne, um 1745, Öl auf Leinwand, 81 x 65 cm, Niedersächsisches Landesmuseum Hannover – Friedrich war ein Monarch des aufgeklärten Absolutismus: Einerseits der Philosophie und den schönen Künsten zugetan, begeistert von der französischen Literatur und der italienischen Oper, inspiriert von humanistischen Idealen, war Friedrich doch auch ein Machtpolitiker, der rücksichtslos zum Mittel der kriegerischen Expansion griff, wenn es galt, seinen Staat zu vergrößern.

Der preußische Kronprinz Friedrich (1712–86) widmete sich mit großem Eifer der Musik. Damit signalisierte er vor allem Widerstand gegen seinen despotischen Vater, König Friedrich Wilhelm I., den so genannten »Soldatenkönig«. Das Verhältnis zwischen Vater und Sohn war von zahlreichen und tief greifenden Spannungen bestimmt, weil Friedrich Wilhelm sich mit den Neigungen seines Sohnes zu schöngeistigen Dingen, zu Literatur und Musik, nicht abfinden wollte. Ihn, den patriarchalischen Choleriker, interessierten allein sein Militär und die ökonomischen Verhältnisse seines Staates. Er war mit unerbittlicher Strenge darauf bedacht, dass auch sein Sohn als Thronfolger sich in soldatischen Tugenden und religiöser Zucht übte. Wenn dieser den väterlichen Erwartungen nicht entsprach, scheute Friedrich Wilhelm nicht davor zurück, ihn in aller Öffentlichkeit zu demütigen.

Friedrich floh in die Welt der Bücher und Musik. Im Sommer 1730, anlässlich einer Reise ins Rheinland, plante der Kronprinz sogar die wirkliche Flucht nach England. Doch die schlecht vorbereitete Aktion flog auf, Friedrich wurde von seinem Vater wegen »Desertion« vor ein Kriegsgericht gestellt und in der Festung Küstrin inhaftiert. Zwar führte ein Anflug väterlichen Mitgefühls dazu, Friedrichs Haftbedingungen schon bald zu erleichtern, doch Bücher, Musik und Tanz blieben streng verboten. So blieb Friedrich bis 1732 in Haft. Er ging nach väterlichem Willen eine politische Zweckehe mit Elisabeth Christine, der Prinzessin von Braunschweig-Bevern ein, konnte Küstrin verlassen und wurde zum Oberst eines Regiments in Ruppin ernannt. Die Einwilligung zur Ehe bezeichnete Friedrich später als den nötigen »Kaufpreis« für seine Haftentlassung. Friedrichs Freiheiten nahmen nach der Hochzeit zu, erst recht, als das Paar nach Schloss Rheinsberg übersiedelte. Hier verlebte Friedrich einige unbeschwerte Jahre, vielleicht die schönsten seines Lebens.

Er teilte seine Zeit in die notwendigen Pflichten eines Thronfolgers und in die von ihm geliebten Mußestunden auf, in denen er sich an der Musik seines kleinen Hofensembles erfreuen konnte. In Rheinsberg begann der Kronprinz die Korrespondenz mit dem von ihm bewunderten französischen Dichter und Philosophen Voltaire und machte auch die ersten literarischen Gehversuche, vor allem mit philosophischen Themen.

Friedrichs Vater starb am 31. Mai 1740 und hinterließ dem Sohn einen Staat, dessen politisches Ansehen und wirtschaftlicher Wohlstand trotz aller Willkür Friedrich Wilhelms I. zugenommen hatten. Friedrich zeigte sich als »aufgeklärter« Monarch: Er war humanistisch eingestellt und erließ progressive Verordnungen wie die Abschaffung der Folter und die Gewährung von Religionsfreiheit. Doch kaum fünf Monate nach Regierungsantritt signalisierte er auch machtpolitische Ambitionen: Friedrich betrieb mit seinem Einmarsch in Schlesien unverhüllt territoriale Expansion auf Kosten Österreichs, eine Aggression, die für die mitteleuropäische Geschichte folgenreich war. Acht Jahre führte Friedrich II. vor allem gegen die habsburgische Thronerbin Maria Theresia Krieg und ging daraus als »der Große« hervor. Der Siebenjährige Krieg (1756 – 63), der dem preußischen König zu weiterem militärischen Ruhm und zum Ruf eines genialen Feldherrn verhalf, endete schließlich mit einem enormen Prestigegewinn: Preußen galt fortan als ernst zu nehmende Großmacht im europäischen Kräftespiel. Trotz seiner Feldzüge blieb Friedrich den Leidenschaften seiner jungen Jahre treu: Legendär ist seine Verehrung Voltaires, dem er in Schloss Sanssouci freie Kost und Logis und obendrein einen immensen Ehrensold zur Verfügung stellte. Der König pflegte auch als Staatsmann den philosophischen Diskurs und betrieb weiterhin mit Freude die eigene Schriftstellerei. Besonders konnte er sich nach wie vor für die Musik begeistern. Friedrich komponierte selbst Konzerte und Sonaten für Flöte, Arien, die als Einlagen für Opern gedacht waren und verfasste ganze Libretti, wie etwa das zur Oper »Montezuma« von Carl Heinrich Graun. Wenngleich Friedrichs Kompositionen, verglichen mit denen seiner Hofmusiker, nicht gerade epochale Meisterwerke sind, so zeugen sie immerhin von überdurchschnittlichem Talent. Seine Musiker wussten Friedrichs Musikliebe deswegen auch durchaus zu schätzen; aber wirklich geliebt haben sie ihren Dienstherrn sicherlich kaum, denn auch in der Musik war er bisweilen das, was er in der Politik war: ein Autokrat.

Wasserfahrt des Kronprinzen auf dem See bei Rheinsberg, Aquarell, Kopie nach dem zeitgenössischen Gemälde von Georg Wenzeslaus von Knobelsdorff, 19. Jahrhundert – Friedrichs Rheinsberger Jahre waren ein entspanntes Interim zwischen seiner Jugendzeit, die vom Konflikt mit dem Vater geprägt war, und seinen späteren aufreibenden Pflichten als König.

Mitglied der Hofkapelle

Ein Jahr nach seinem Regierungsantritt vergrößerte Friedrich 1741 seine Hofkapelle auf 39 Mitglieder. Jetzt konnte er seinen Musikern auch eine feste Anstellung bieten. Emanuels Position in dieser Kapelle war jedoch eher eine untergeordnete: Als Begleiter auf dem Cembalo und als Generalbass-Spieler erhielt er mit 300 Talern nur ein bescheidenes Jahresgehalt, was zum Beispiel weit unter dem des Flötisten Quantz lag, der seit mehr als zehn Jahren der Flötenlehrer des Kronprinzen war und erst Friedrichs Ensemble beitrat, als die finanziellen Verhältnisse gesichert waren. Auch in Zukunft gewährte Friedrich Quantz besondere Vorrechte. Ein kleines Privileg wurde aber auch Emanuel bereits unmittelbar nach dem preußischen Regierungswechsel zuteil: »Gewisse Umstände machten jedoch«, so heißt es in seiner Autobiografie, »daß ich erst 1740 bey Antritt der Regierung Sr. preussischen Majestät förmlich in Dessen Dienste trat, und die Gnade hatte, das erste Flötensolo, was Sie als König spielten, in Charlottenburg mit dem Flügel ganz allein zu begleiten.«

Musiker am Clavecin, Zeichnung, anonym, um 1750, Musée d' Orléans – Kein Porträt Emanuels, aber eine gültige Darstellung, wie wir uns den Künstler am Cembalo vorzustellen haben. Die skizzenhafte Momentaufnahme zeigt besser als jedes offizielle Porträt den intimen Charakter des Cembalospiels, das der hier Dargestellte offenbar für sich allein pflegt.

Die Begleitung des königlichen Spiels war Emanuels wesentliche Aufgabe als Hofcembalist. Hin und wieder trat er gewiss auch als Solist auf, vielleicht sogar mit einer eigenen Komposition. Da aber der König an seinen Werken keinen allzu großen Gefallen fand, waren diese Soloauftritte vermutlich eher selten. Das Komponieren zählte neben Routinearbeiten wie Einstudierungen und Bearbeitungen dennoch mit zu Emanuels Aufgaben. Wenn der König nicht gerade durch anderweitige Staatsgeschäfte oder gar durch Kriegsführung verhindert war, verlangte Emanuels Amt das allabendliche Erscheinen, bei dem er sich alle vier Wochen mit einem anderen Cembalisten abwechselte. Zwischen den Jahren 1744 und 1756 war dies ein Schüler seines Vaters und seines Bruders Friedemann, Christoph Nichelmann.

Der Hofdienst allein befriedigte den Bachsohn jedoch nicht. Emanuel fand aber ein Ventil im bürgerlichen Musikleben Berlins. Hier beteiligte er sich, sofern es seine Zeit erlaubte, an öffentlichen oder privaten Konzertveranstaltungen. Dies waren etwa die Samstagskonzerte des Bachschülers Johann Friedrich Agricola oder die »musikalische Assemblée« Christian Friedrich Schales. Weiterhin boten Veranstaltungen der Bankiersfamilie Itzig und möglicherweise selbst organisierte Konzerte im eigenen Haus eine Möglichkeit für Emanuel, seine Zuhörer mit eigenen Kompositionen und Improvisationen zu unterhalten. Ein großer Teil seiner in der Berliner Zeit geschriebenen 38 Cembalokonzerte dürfte für einen solchen Rahmen entstanden sein. Auf diesem Wege gelang es Emanuel, sich bekannt zu machen und seinen Ruf als glänzender Cembalovirtuose und Komponist zu etablieren. Daneben war die Veröffentlichung seiner Werke ein ebenso wichtiger und erfolgreicher Weg zur Popularität.

Das Flötenkonzert in Sanssouci, Gemälde von Adolph Menzel, 1850/52, Öl auf Leinwand, 142 x 205 cm, Staatliche Museen zu Berlin, Neue Nationalgalerie – Mehrmals in der Woche, dem zeitgenössischen Musikschriftsteller Friedrich Wilhelm Marpurg zufolge sogar »alle [Wochen-]Tage des Abends von 7 bis 9«, pflegte der Monarch Kammermusik zu machen, bei der ihn seine Musiker zu begleiten hatten. Diese konzertanten Soiréen boten dem König Gelegenheit, seine Künste auf der Flöte zu zeigen. Diese Situation interpretierte der Maler Adolph Menzel in seinem Gemälde von 1850/52. Daneben erklang jedoch auch Musik zu Friedrichs und seiner Gäste Unterhaltung, in der die Mitglieder der Kapelle brillieren konnten.

Der König der Flöte und sein königlicher Schüler

Johann Joachim Quantz, Stich von Johann David Schleuen d. Ä., 18. Jahrhundert, Bach-Archiv Leipzig – Quantz' Musik zeigt ungeachtet ihrer unleugbaren Qualitäten eine Tendenz zur Wiederholung einmal erfolgreicher Muster und bleibt dem spätbarocken Stil verhaftet. Der Berliner Hof blieb für Jahrzehnte eine Heimat dieses Stils, weil der König keinen musikalischen Fortschritt duldete.

In der königlichen Kammermusik war Johann Joachim Quantz (1697–1773) für Friedrich II. die Autorität im Flötenspiel schlechthin. Seine Kompositionen für die Flöte bedeuteten dem König den Gipfel an Kunstfertigkeit. Folglich stattete er seinen ehemaligen Lehrer mit einigen Vergünstigungen aus: Quantz bezog ein reichliches Gehalt und konnte seine Einkünfte aufstocken durch die Herstellung neuer Flöten und die Komposition von Flötenmusik, die ihm leicht von der Hand ging. Er komponierte 300 Konzerte und über 200 Sonaten für Flöte, einen Teil schon während seiner Dresdner Jahre. Friedrich erhob einen exklusiven Anspruch auf diese Werke: Niemand außer ihm durfte sie spielen. Der König führte diese Werke in seinen Soiréen über Jahrzehnte hinweg der Reihe nach auf, oft bis zu sechs Stücke hintereinander an einem Abend. Die Aufgabe des großen Flötisten, der im Übrigen vom Dienst im Opernorchester freigestellt wurde, bestand, wenn er nicht selbst spielte, im Wesentlichen in der Überwachung des königlichen Vortrags. Ihm allein gebührte dabei das Recht, Friedrich kritisieren zu dürfen. Und nur er durfte bei besonders gelungenen Solopassagen und Kadenzen seines Königs ein »Bravo!« einstreuen. Friedrichs Musiker reagierten auf etwaige Schwächen des königlichen Spiels, indem sie versuchten, diese zu übertönen und rhythmische Probleme unmerklich zu korrigieren. Carl Philipp Emanuel war kein ausgesprochener Anhänger von Friedrichs Flötenkunst. Eine Anekdote berichtet, dass bei einer Soirée ein Gast dem erlauchten Spieler Beifall zollte mit den Worten »Was für ein Rhythmus!«. Hierauf soll Emanuel deutlich vernehmbar gesagt haben: »Was für Rhythmen!«.

Die Flöte aus der Sicht eines Cembalisten

Gemessen an der großen Zahl Flötenkompositionen, die Quantz für Friedrich II. schrieb, erscheint Emanuels Produktion auf diesem Gebiet gering. Die Flöte spielte am Hof verständlicherweise eine zentrale Rolle und Emanuel, der den König auf dem Cembalo zu begleiten hatte, unterlag der Verpflichtung, neue Stücke für Flöte zu komponieren. An Werken, in denen die Flöte als Soloinstrument im Mittelpunkt steht, existieren von ihm jedoch nur 18 Sonaten, von denen zwei noch in Frankfurt entstanden sind sowie eine im Jahr 1786 in Hamburg, außerdem fünf Konzerte, die wahrscheinlich Bearbeitungen von eigenen Cembalokonzerten darstellen. Der König stellte die Musik von Quantz und von Carl Heinrich Graun weit über die seines Cembalisten. Um so verwunderlicher ist es, dass Emanuel überhaupt Flötenmusik für seinen Monarchen schrieb. Allerdings ist nur bei der Sonate a-Moll (Wq 132) für Flöte ohne Bass aus dem Jahr 1747 gesichert, dass Emanuel sie tatsächlich für den König komponierte. Friedrich hatte erhebliche technische Schwierigkeiten mit diesem Werk und vermutlich auch mit Emanuels anderen Sonaten …

William Wollaston mit Querflöte, Gemälde von Thomas Gainsborough (1727–88), um 1759, Öl auf Leinwand, Ipswich Borough Council Museums and Galleries – Im 18. Jahrhundert besaßen die Querflöten, die damals Traversflöten genannt wurden, noch nicht die heute üblichen Klappen zum Schließen der Grifflöcher und waren auch noch nicht aus Metall gefertigt. Diese Bauart wurde erst um 1850 von Theobald Boehm eingeführt.

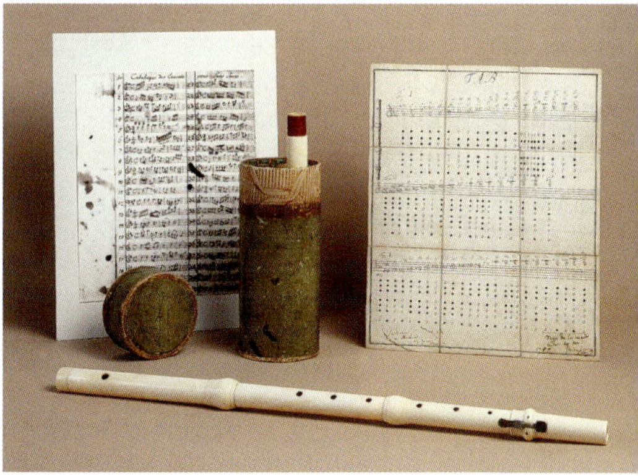

Querflöte, Elfenbein, mit altem Köcheretui, von J. J. Quantz, Deutschland, Mitte 18. Jahrhundert, und Grifftabelle, Varia 31, Staatliches Institut für Musikforschung Berlin, Preußischer Kulturbesitz – Zur Zeit Quantz' kam die Traversflöte in Mode und setzte sich gegen die Blockflöte endgültig durch, die bis dahin das bevorzugte Flöteninstrument war. Die barocke Traversflöte aus Holz hatte einen eher gedeckten, weniger brillanten, aber wärmeren Ton als die späteren Metallflöten.

Die Flöte: Haupt- und Nebenrollen in Emanuels Werken

Bis 1747 hatte Emanuel ausschließlich Flötensonaten mit Begleitung des Generalbasses komponiert. In diesen Sonaten kommt der ausgeschriebenen Solopartie die allein bestimmende Rolle zu, da der Bass in der Regel nur eine harmonische Stützfunktion übernimmt. Die Bass-Stimme wurde meist von zwei Instrumenten ausgeführt: einem tiefen Streichinstrument, das die notierte Stimme spielte und einem Cembalo oder einem anderen Tasteninstrument, welches die passenden Harmonien nach einer Kurzschrift, der so genannten »Bezifferung«, ergänzte.

Eine erste Gruppe von sechs solcher Sonaten Emanuels stammt aus den Jahren 1738 bis 1740 (Wq 125–129, 134). Ihre Expressivität und experimentelle Art mag dem Geschmack des Königs zugesagt haben. Die nächsten zwei Sonaten – geschrieben für Flöte und Basso continuo (Wq 130, 131) – entstehen erst einige Jahre später, 1746 und 1747. Sie stellen nun aber technisch ausgesprochen hohe Anforderungen an den Solisten.

Die ebenfalls 1747 entstandene Sonate für Flöte und obligates Cembalo D-Dur (Wq 83) ist die Bearbeitung einer Triosonate für Flöte, Violine und Generalbass, in der das Cembalo nun die Violinstimme übernimmt und sich somit von der bloßen Begleitfunktion emanzipiert. Vielleicht inspirierte der Besuch Johann Sebastians, der 1747 an den Hof nach Potsdam kam, den König, Emanuel neue Aufträge für Flötenmusik zu geben, nachdem er ihn zuvor jahrelang umgangen hatte. Jedenfalls folgten der Sonate Wq 83 zwischen den Jahren 1748 und 1755 vier weitere Bearbeitungen von Triosonaten, alle für Flöte und obligates, also ausnotiertes Cembalo gesetzt. Diese Sonaten (Wq 161/2, 84–86) sind erstmals in der dreisätzigen Anlage schnell-langsam-schnell komponiert, die für das Konzert typisch ist, während die früheren Flötensonaten sämtlich der Abfolge langsam-schnell-schnell entsprechen, die für weniger repräsentative Musik üblich war. Es verwundert nicht, dass gerade die glänzende B-Dur-Sonate (Wq 161/2) aus Emanuels »virtuoser Phase« neben der unbegleiteten und ebenfalls anspruchsvollen a-Moll-Sonate (Wq 132) als einzige zu Emanuels Lebzeiten im Druck erschien. Die Sonaten der 1750er Jahre dagegen kehren bald schon zu einfacheren Maßstäben zurück. Ein Vergleich zwischen dem spritzig-virtuosen Allegro-Kopfsatz der B-Dur-Sonate (Wq 161/2), N1, der ein inspiriertes Konzertieren der beiden Partner voraussetzt, und dem gemütlichen Allegretto der Sonate G-Dur (Wq 85), macht die zeitliche Differenz von sechs Jahren (1748–54) deutlich. Schon nach wenigen Jahren hatten Emanuels virtuose Höhenflüge ein Ende.

N1 Sonate für Flöte und Cembalo in B-Dur, 1. Satz, Allegro (Wq 161/2, H 578)

N 2 Sonate in C-Dur für Flöte und Clavier, 2. Satz, Andantino, Anfangsthema (Wq 87, H 515)

Emanuels um das Jahr 1747 geschriebene Flötensonaten sind zweifellos in ihrer Virtuosität und in ihrem Anspruch die ausgereiftesten Werke. Erst nachdem er mit seinen Sonaten neue Erfahrungen gesammelt hatte, entsteht sein erstes Konzert für Flöte, eine Bearbeitung eines eigenen Cembalokonzerts in d-Moll (Wq 22).

Nach der G-Dur-Sonate (Wq 86) von 1755, der letzten aus einer Triosonate hervorgegangenen Sonate, folgen für über zehn Jahre keine weiteren Flötenkompositionen Emanuels. Grund war wahrscheinlich der Siebenjährige Krieg: Der Monarch führte Krieg und der Bedarf an Flötenmusik versiegte. Ein Nachzügler folgte dennoch mit der im Jahr 1766 geschriebenen Sonate in C-Dur (Wq 87), der einzigen, die von Anfang an für Flöte und obligates Cembalo komponiert ist. Der Cembalodiskant ist nun speziell für das Tasteninstrument eingerichtet und die Flöte tritt in ihrer Bedeutung beinahe hinter ihn zurück. Zu Beginn des Andantino erfüllt die Flöte sogar Begleitfunktionen für das Cembalo. N 2

Solche »Claviersonaten mit Begleitung einer Flöte (oder Violine)«, bei denen das Tasteninstrument langsam die führende Rolle übernahm, waren beim Publikum sehr beliebt und kennzeichnen die neue musikalische Entwicklung.

Konzert für Flöte in d-Moll (Wq 22) von Carl Philipp Emanuel Bach, 1. Notenseite des 1. Satzes, Autograf, Staatsbibliothek zu Berlin, Preußischer Kulturbesitz – Möglicherweise fertigte die Bearbeitung des Cembalokonzerts Wq 22 für Flöte einer der Hofmusiker Friedrichs an. Mehrere Konzerte Emanuels existieren in Zweit- oder sogar Drittfassungen für Melodieinstrumente wie Cello, Oboe und Flöte. Es ist nicht immer eindeutig zu bestimmen, welche Fassung die ursprüngliche ist.

Emanuels großer Auftritt: Die »Preußischen« Sonaten

Bevor Emanuel nach Berlin kam, hatte er bereits 16 Sonaten für ein Tasteninstrument, also für Cembalo bzw. Clavichord, komponiert, darunter die »Sonatinen« (Wq 64), eine Sammlung von sechs zusammengehörigen Werken. Sie zeigen den frühen, ausnahmsweise dem Galanten Stil verpflichteten Carl Philipp Emanuel Bach.

Die erste gedruckte Gruppe von Cembalosonaten stellen die sechs so genannten »Preußischen« Sonaten (Wq 48) dar, die Emanuel seinem Dienstherrn widmete. 1740/41 in Berlin komponiert, wurden sie im Jahr 1742 in Nürnberg als »Sei sonate per Cembalo« veröffentlicht. In ihnen zeigt sich Emanuel von seiner seriösen Seite: Die Sonaten sind anspruchsvoll und schwierig, beinhalten ausgesuchte Kunstgriffe und sind jede für sich ein individuelles Ganzes. Mit ihnen geht er deutlich über seine bisher für Tasteninstrumente geschriebenen Werke hinaus. Offenbar hatte er damit Erfolg, denn schon zwei Jahre später kamen weitere sechs Sonaten in Nürnberg heraus, die »Württembergischen« Sonaten (Wq 49), die er seinem Schüler Herzog Carl Eugen von Württemberg widmete. Der Name eines Fürsten als Widmungsträger machte sich immer gut für einen ehrgeizigen Komponisten.

Die erste »Preußische« Sonate in F-Dur beginnt mit einem schlichten Poco allegro, in dem das Kopfmotiv wie in einer Invention zwischen Sopran- und Bass-Stimme imitierend eingeführt wird. N 1

Doch schon der zweite Satz, ein Andante in f-Moll, ohne Vorzeichen notiert, ist außergewöhnlich: Harmonisch kühn und formal nur lose zusammengefügt, erinnert dieser Satz an ein Opernrezitativ. N 2

Tatsächlich fügte Emanuel zwei Abschnitte ein, die als »Recit.[ativ]« markiert sind und die typischen Floskeln dieses Vokalstils benutzen, allerdings auf der Basis einer extrem dissonanzenreichen Harmonik. Die Akkorde für die linke Hand sind wie in der Generalbasspraxis des damaligen Rezitativs mit Bezifferung angedeutet, N 3. In diesem Andante kündigt sich bereits der Stil der »freien Fantasie« an, den Emanuel in späteren Jahren zu seiner Blüte treiben sollte.

Markant und vielseitig durch die unterschiedlichen Motivgestalten, wie etwa Sextolen, Achtelsprünge, Triller und Sechzehntelketten, setzt das Vivace der zweiten Sonate in B-Dur ein. Der Bewegungsimpuls ist in diesem Satz wesentlich stärker ausgeprägt als im Kopfsatz der ersten Sonate. Gelungen sind die Dur-Moll-Wechsel und die dynamische Schattierung, mit der Emanuel ein ansonsten unscheinbares Motiv interessant macht.

Der für ihn typische kontrastreiche und aufgewühlte Stil ist in den meisten Sätzen dieser Sonaten bereits präsent, doch finden sich auch noch Anklänge

N 1 »Preußische« Sonate in F-Dur, 1. Satz, Poco allegro, Kopfthema (Wq 48/1, H24)

an die Cembalomusik seines Vaters, wie etwa im Presto-Finale der vierten Sonate, die beinahe eine Gigue einer von Sebastians Cembalosuiten sein könnte. N 4

Der empfindsame Tonfall, der gerade die langsamen Sätze mit anrührenden Gesten und melodischer Süße durchzieht, zeigt sich sehr schön in den imitatorisch verwobenen Sechzehnteln des Adagio aus der dritten Sonate in E-Dur (Wq 48/3). Trotz aller fließenden Dreistimmigkeit wird die empfindsame Melodie ab und zu von energischen Einwürfen im Forte unterbrochen.

Wie die »Preußischen«, so stellen auch die nur unwesentlich später geschriebenen »Württembergischen« Sonaten einen kraftvollen, neuartigen und selbstbewussten Sonatenstil vor.

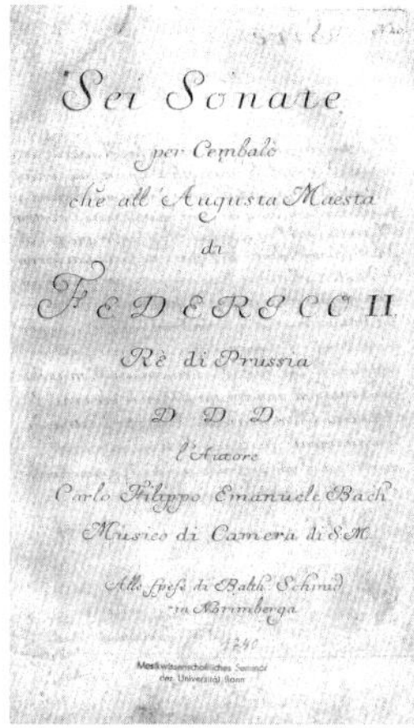

Preußische Sonaten von Carl Philipp Emanuel Bach, Titelblatt der Erstausgabe von 1742, Musikwissenschaftliches Seminar der Universität Bonn – Nachdem Emanuel in den Leipziger und Frankfurter Sonaten und Sonatinen seit 1731 seinen eigenen Stil herausgebildet hatte, veröffentlichte er mit den »Preußischen« Sonaten seine ersten Meisterwerke auf dem Gebiet der Cembalosonate. Während er die meisten der Frühwerke später verschiedentlich Revisionen unterzog, nahm er an ihnen keine Verbesserungen mehr vor.

N 2 »Preußische« Sonate in F-Dur, 2. Satz, Andante, Anfangsthema (Wq 48/1, H 24)

N 3 »Preußische« Sonate in F-Dur, 2. Satz, Recitativo (Wq 48/1, H 24)

N 4 »Preußische« Sonate in c-Moll, 3. Satz, Presto, Anfangsmotiv (Wq 48/4, H 27)

Die bevorzugte Gattung

Das »Clavier« – Clavichord, Cembalo und später auch das Pianoforte – war Emanuels ureigenstes Instrument, zu dem er ein noch innigeres Verhältnis hatte als seine Brüder. Aus diesem Grund nehmen die solistischen und konzertanten Klavierwerke in seinem Œuvre die zentrale Stelle ein. Allein in den 30 Jahren seiner Dienstzeit bei König Friedrich entstanden 38 Konzerte für Cembalo und Orchester. Eines von ihnen, das Konzert in F-Dur (Wq 46) aus dem Jahr 1740, ist ein Doppelkonzert für zwei Cembali, das zu den wenigen gehört, die über die Besetzung für reines Streichorchester hinausgehen.

Emanuels Cembalokonzerte basieren durchweg auf der spätbarocken Ritornellform, die Emanuel von seinem Vater übernommen hatte. Zwischen die tragenden Pfeiler der Orchesterabschnitte, die so genannten Ritornelle – in der Regel vier oder fünf pro Satz – sind die Soloepisoden eingefügt, die bezüglich der thematischen Selbstständigkeit und der formalen Entwicklungsfunktion den Ritornellen untergeordnet sind. Erst im klassischen Konzert,

Hofkonzert in Ismaning, Detail aus einem Gemälde von Peter Jakob Horemans (1700–76), 1733, Bayerisches Nationalmuseum München (Ausschnitt) – Musik gehörte zur höfischen Konversation: Dialog mit Hilfe der Musik, Dialog durch die Musik. Sie konnte zum Teil der Staatsgeschäfte werden und war nicht nur schmückendes oder gar unverstandenes Beiwerk. Zahlreiche Herrscher – unter ihnen Friedrich II., Maria Theresia, Fürst Esterházy – waren gut ausgebildete Instrumentalisten oder Sänger.

das den Prinzipien der Sonatensatzform folgt, werden die Solopassagen zu bedeutenden Elementen der dramatischen Form. Dennoch weisen Emanuels Konzerte eine faszinierende Bandbreite auf. Das Allegro des e-Moll-Konzerts Wq 15 (1745) etwa besitzt ein seriöses, noch sehr barock anmutendes Ritornell, dem ein fragender, »rezitativischer« Soloeinsatz folgt, dagegen erscheint das zwischen den Jahren 1753 und 1755 komponierte g-Moll-Konzert (Wq 32) viel glatter, weicher und »galanter« und damit auch publikumswirksamer.

Während das Allegretto aus dem Konzert A-Dur (Wq 19, 1746) von einer frischen Offenheit geprägt ist, wirkt der Eingangssatz aus dem D-Dur-Konzert (Wq 11, 1743) eher repräsentativ und seriös, was durch die nachkomponierten Trompeten- und Pauken-Stimmen wirkungsvoll unterstützt wird.

Emanuels Musik ist gehaltvoll und tiefgründig und besitzt somit einen ausgeprägten Charakter, der sie unverwechselbar macht. Ein schönes Beispiel bietet das Cembalokonzert d-Moll (Wq 23) von 1748, das heute vielleicht bekannteste seiner Konzerte. Von den ersten Takten an fesselt dieses Werk durch seinen vehementen dramatischen Geist, der in der Konzertliteratur der ersten Hälfte des 18. Jahrhunderts in dieser Intensität selten ist. Zwei leidenschaftlich erregte Rahmensätze umschließen einen nicht weniger beseelten Mittelsatz, der – wie alle Mittelsätze in Emanuels Werken – längst die Funktion eines knappen Intermezzos abgelegt hat.

Der erste Satz, ein Allegro im 3/4-Takt, umreißt mustergültig einen Stil, der vielfach mit einem Begriff aus der Literaturgeschichte als »Sturm und Drang« bezeichnet wird. Auch die Grundtonart d-Moll entwickelte sich in der zweiten Hälfte des Jahrhunderts zu einer »klassischen« Tonart für die Schilderung außergewöhnlicher Dramatik. Große Intervallsprünge, kurzatmige, energische Motivik und punktierter Rhythmus prägen das Kopfthema, während der Bass ein stabiles Fundament aus pochenden Achteln bildet. N 1

Anzunehmen ist, dass Emanuel seine Cembalokonzerte für eigene Auftritte schrieb, sei es im Rahmen einer königlichen Soirée oder für die Berliner Liebhaberkonzerte, an denen er regelmäßig teilnahm. Seine eigene Bemerkung in der Autobiografie aus dem Jahr 1773 mutet daher eher missverständlich an: »Unter allen meinen Arbeiten, besonders fürs Clavier, sind blos einige ... Concerte, welche ich mit aller Freiheit und zu meinem eignen Gebrauch gemacht habe«. Da nur sechs der Berliner Konzerte zu seinen Lebzeiten im Druck erschienen sind, nämlich Wq 11, 14, 18, 24, 25 und 34, scheint er auf weite Verbreitung der Mehrzahl seiner Konzerte keinen Wert gelegt zu haben. Auch hier gibt seine Autobiografie Auskunft über mögliche Motive: »Weil ich meine meisten Arbeiten für gewisse Personen und fürs Publikum habe machen müssen, so bin ich dadurch allezeit mehr gebunden gewesen, als bey den wenigen Stücken, welche ich bloß für mich verfertigt habe.«

N 1 Cembalo-Konzert in d-Moll, 1. Satz, Allegro Kopfthema (Wq 23, H 427)

Hall in Sachsen
Gegen Abend.

Konservatives Klima in Halle

Friedemann als Musikdirektor

Halle, Stadtansicht, kolorierter Kupferstich von Matthäus Merian, um 1650 (Ausschnitt) – Als Wilhelm Friedemann sein Amt als Musikdirektor in Halle antrat, herrschte in der Stadt das geistige Klima des Pietismus – für den aus dem weltoffenen Dresden kommenden Bachsohn eine beklemmende, drückende Last.

Marktkirche in Halle/Saale, erbaut 1530–39 von Caspar Kraft, Innenansicht mit Blick nach Westen mit Orgelprospekt, von Cuncius erbaut 1713/16 – Die spätgotische Markt- oder Liebfrauenkirche war die Hauptkirche Halles und damit musikalischer Mittelpunkt der Stadt.

Gescheiterte Karriere in Dresden

Am 16. April 1746 reichte Friedemann sein Abschiedsgesuch beim Rat der Stadt Dresden ein und kündigte damit seine Stelle an der Sophienkirche aus eigenem Antrieb. Als Begründung führte er an, dass er eine andere, bessere Stelle gefunden habe und schlug auch gleich einen Nachfolger vor: seinen künftigen Schwager Johann Christoph Altnickol, seinerseits Schüler und Assistent Johann Sebastians. Aber Altnickol erhielt diesen Posten letztendlich doch nicht.

Gründe für Friedemanns Wunsch, die Stelle zu wechseln, liegen auf der Hand: In den 13 Dresdner Jahren gelang es ihm nicht, bei der Hofmusik Fuß zu fassen, weder als Organist noch als Orchestermitglied, obwohl er als Schüler Johann Gottlieb Grauns auch für das Amt eines Geigers beste Referenzen vorweisen konnte. In gleicher Weise scheiterte auch sein Projekt einer Druckveröffentlichung von sechs Cembalosonaten bereits nach der ersten Sonate. Zwar deuten seine Kammermusikwerke, Konzerte und Sinfonien auf eine Verbindung zur Hofkapelle hin, doch mündete dies nicht in eine zukunftsträchtige Zusammenarbeit. Zudem befriedigte ihn das Organistenamt an der Sophienkirche nicht mehr. Ein weiteres Motiv für Friedemann, Dresden zu verlassen, findet sich in der politischen Situation der Zeit: Durch die Österreichischen Erbfolgekriege musste Sachsen gerade gegen Ende des Jahres 1745 militärische Niederlagen gegen Preußen hinnehmen. Friedemanns neue Wirkungsstätte Halle lag aber auf preußischem Territorium. Vermutlich hoffte er auch, dem Strudel der kriegerischen Auseinandersetzungen durch einen Ortswechsel entkommen zu können.

Der führende Musiker in Halle

Halle, Stadtansicht, altkolorierter Kupferstich, aus: Georg Braun und Franz Hogenberg, »Civitates Orbis Terrarum«, Köln (Th. Grimineus), 1598 – Bis zum Ende des 17. Jahrhunderts war Halle Residenz der Herzöge von Sachsen-Weißenfels. Nach der Verlegung des Hofes verflachte das Musikleben dort.

Seinen Vertrag als Musikdirektor in Halle unterzeichnete Friedemann am besagten 16. April, kündigte also erst in Dresden, als er die neue Stelle schon sicher hatte. Der vorherige Amtsinhaber, Gottfried Kirchhoff, war Ende Januar 1746 gestorben. Unklar ist, ob Friedemann durch seinen guten Ruf das Amt des Musikdirektors erhielt oder ob der Einfluss seines Vaters eine wesentliche Rolle dabei spielte. Johann Sebastian hatte sich bereits 1713 um diesen Posten bemüht, den er wegen ungeklärter Einkommensfragen dann aber doch nicht annahm. Es scheint, als habe Friedemann die Stelle ohne die übliche Prüfung erhalten. Jedenfalls ist nichts bekannt von einem Probespiel oder von weiteren Mitbewerbern. Friedemann verbesserte sich erheblich gegenüber der Dresdner Stelle: Er war mit einem Mal Musikdirektor von Halle, dazu noch Organist an der Hauptkirche der Stadt, der Markt- oder Liebfrauenkirche. Hinzu kam die Verantwortung für die Kirchenmusik an den beiden anderen großen Kirchen St. Ulrich und St. Moritz. Damit war Friedemann praktisch der höchstrangige Musiker in Halle geworden und nahm einen seinem Vater in Leipzig vergleichbaren Rang ein. Diese verantwortungsvolle Position, die neben den kirchenmusikalischen Aufgaben auch solche der Universität und der Stadt einschloss, war auch entsprechend dotiert. Zu dem jährlichen Grundgehalt von 140 Talern kamen 24 Taler Wohngeld, 17 Taler für Holz sowie Sonderzuwendungen für außerordentliche Arbeiten, wie etwa die Betreuung von Brautmessen oder die Komposition der so genannten »Katechismusmusik«. Friedemanns Einkommen war um mehr als 100 Taler gewachsen, mit den Gagen der damaligen »Stars« lässt es sich allerdings nicht vergleichen. So soll der Kastrat Farinelli, mit bürgerlichem Namen Carlo Broschi, am spanischen Königshof jährlich 18 000 Taler verdient haben, andere Sängerberühmtheiten brachten es leicht auf das 20-fache der Einkünfte eines protestantischen Musikdirektors.

Alte Tradition, neuer Aufschwung

Friedemann kam 1746 aus der weltoffenen, mondänen Residenzstadt Dresden in die Enge einer weitaus kleineren Provinzstadt. Halle war zwar nicht ganz abgeschnitten vom Puls der Zeit, doch dürfte ihm dort ein anderes Lebensgefühl begegnet sein. Hier wehte ein strenger religiöser Wind, dem er sich als Kirchenmusiker selbstverständlich zu fügen hatte. Auch war Halle schon seit Jahrzehnten keine Residenz mehr. Die Herzöge von Sachsen-Weißenfels, deren Kapellmeister gegen Ende der 1720er Jahre Johann Sebastian Bach wurde, residierten 30 Kilometer weiter südlich in Weißenfels. Immerhin konnte man auf die große Tradition der in Halle tätigen Musiker zurückblicken. Der erste und wohl bedeutendste von ihnen war Samuel Scheidt, neben Heinrich Schütz einer der herausragenden mitteldeutschen Komponisten des 17. Jahrhunderts. Scheidt war neben seiner Tätigkeit als Organist der Liebfrauenkirche auch Hofkapellmeister der in Halle residierenden Herzöge. Er hinterließ eine große Anzahl deutscher und lateinischer geistlicher Konzerte, also mehrstimmige Vokalkompositionen über geistliche Dichtungen, sowie instrumentale Ensemblewerke, von denen allerdings viele verloren sind. Seine Nachfolger führten den hohen Stand des herzoglichen Musiklebens in Halle fort, unter ihnen Philipp Stolle, David Pohle und Johann Philipp Krieger, der dann auch nach dem Umzug des Hofes nach Weißenfels die Hofmusik leitete. In Halle selbst blieb die Stelle des Organisten der Liebfrauenkirche nach der Verlegung der Residenz das wichtigste Amt. Von 1684 bis 1712 bekleidete es

Georg Friedrich Händel, Gemälde von Thomas Hudson (1701-79), um 1736, Öl auf Leinwand, 121,8 x 97,8 cm, Privatsammlung (Ausschnitt) – Georg Friedrich Händel wurde am 23. Februar 1685 geboren – im selben Jahr wie Johann Sebastian Bach. Bevor Händel Halle verließ, war er dort als Organist tätig.

Friedrich Wilhelm Zachow, der heute hauptsächlich als Lehrer Georg Friedrich Händels bekannt ist. Händel ist der berühmteste Musiker Halles. Allerdings war er dem Musikleben seiner Heimatstadt nicht sehr verbunden: Schon 1703 ging er, gerade einmal 18 Jahre alt, nach Hamburg, von dort nach Italien, schließlich nach London, wo er es zu Reichtum und Ansehen brachte. Nach Halle kehrte Händel nur sporadisch zurück, das letzte Mal 1729, als Friedemann ihm eine Einladung seines Vaters überbrachte. Die unmittelbaren Amtsvorgänger Friedemanns in Halle haben zur Hebung des musikalischen Niveaus der Stadt nicht viel beigetragen. Erst die Ankunft des Bachsohnes führte zu einem Aufschwung des dortigen Musiklebens.

Eine Festung des Pietismus

Das geistige Klima in Halle war zu Beginn des 18. Jahrhunderts vom Pietismus bestimmt – eine im 17. und 18. Jahrhundert in Deutschland verbreitete Richtung des Protestantismus, die von verinnerlichter Frömmigkeit geprägt war. Der Pietismus vereinte unterschiedliche Ansätze in sich: Einerseits beinhaltete er eine weltflüchtig-kontemplative Komponente, die bis zu mystischer Ekstase reichen konnte. Andererseits forderte er von seinen Anhängern eine genaue Einhaltung der biblischen Gebote, die auch praktische Konsequenzen hatte, etwa die Gründung sozialer Einrichtungen. So verdanken das Waisenhaus, die Realschule und die Universität in Halle ihre Existenz dem pietistischen Gedankengut. Halle spielte durch das Wirken August Hermann Franckes, der einer der wesentlichen Vertreter des Pietismus war, eine zentrale Rolle in dieser Bewegung. In den Texten der in Halle komponierten Kantaten Friedemanns ist der obligate pietistische Tonfall unschwer erkennbar. Ähnliches gilt auch für die Kantaten Sebastians. Doch war die Herrschaft des Pietismus in Halle zur Zeit Friedemanns nicht mehr unangefochten. 1740 war der aufgeklärte Philosoph und Mathematiker Christian Wolff durch Friedrich den Großen an die Universität zurückberufen worden, von der er aufgrund seiner rationalistischen Philosophie verbannt worden war. Der Glaube an die Vernunft, den rationalen Aufbau der Welt und den Wert des Wissens bestimmte das Denken dieses Gelehrten und rief die Opposition der Kirche hervor. Der aus dem liberalen Dresden kommende Friedemann, jetzt ein Musiker im Dienste der Kirche, fühlte sich zu Wolffs aufklärerischen Ideen hingezogen.

Die Marktkirche in Halle, Stich aus: J. Chr. von Dreyhaupt: Beschreibung des Saal-Creyses, 1749 – Wie eine Burg erscheint das Gotteshaus, wo Friedemann als Organist arbeitete. Er hatte in Halle eine Stellung inne, die in Vielem der seines Vaters in Leipzig ähnelte. Mit der strengen pietistischen Religiosität seiner Vorgesetzten scheint er sich von Anfang an nur gezwungenermaßen arrangiert zu haben.

Vertrag eines Kirchenmusikers

Sein neues Amt als Musikdirektor forderte von Friedemann auch die richtige religiöse Einstellung. Im neuen Vertrag hieß es, Friedemann habe der Kirche treu zu sein, er solle sich »eines tugendhafften und exemplarischen Lebens« befleißigen, solle das Glaubensbekenntnis bis zum Lebensende beständig befolgen, dem göttlichen Wort andächtiges Gehör schenken und sein Christentum vor der ganzen Gemeinde bezeugen. In dem Vertragstext wurde besonders hervorgehoben, dass der Amtsinhaber alle zu vertonenden Texte dem Oberpastor der Frauenkirche, dem Konsistorialrat Johann Georg Francke, einem Sohn August Hermann Franckes, zur Genehmigung vorzulegen habe. Neben der Festlegung dieser Aufgaben wurde die Vortragsweise des Orgelspiels und die Registrierung der Orgel vorgeschrieben. So sollten die Choräle »ohne sonderbares coloriren«, also ohne Verzierungen, und langsam gespielt werden, damit die Gemeinde »andächtig singen« konnte. Außerdem wurde Friedemann noch die Verantwortung für die Orgel und alle übrigen Instrumente des Kircheninventars übertragen, mit dem Zusatz, dass alle Instrumente ausschließlich im Gottesdienst und nicht für andere Zwecke zu verwenden seien. Falls »etwas davon verlohren oder durch Verwahrlosung zerbrochen würde«, habe Friedemann den Schaden zu ersetzen. Neben den üblichen Organistenpflichten hatte er für die Instrumentalmusik zu sorgen, womit die vom Orchester begleitete Kirchenmusik gemeint ist, insbesondere die an hohen Festtagen aufzuführenden Kantaten.

Probe für ein geistliches Werk aus dem 18. Jahrhundert, Tuschezeichnug von Joseph Bergler dem Jüngeren, 18. Jahrhundert, Staatliche Museen zu Berlin – Diese Darstellung wirkt nicht nur aus dem Abstand von mehr als 200 Jahren satirisch; offenbar erwartete der Künstler selbst bereits wenig Erbauliches von der Aufführung geistlicher Musik.

Lobet den Herrn mit Trompetenschall

Friedemann war nun für die musikalische Gestaltung in allen drei Kirchen verantwortlich, die sonn- und feiertags wechselweise mit Chormusik versorgt werden mussten. Die an Feiertagen – etwa Weihnachten und Ostern – vormittags aufgeführte Musik wurde nachmittags in einer anderen Kirche wiederholt. Dies brachte je nach Feiertag ein immenses Pensum für alle Ausführenden mit sich. Friedemann konnte mit einem Instrumentalensemble und einem Chor arbeiten, die ihm auch die Aufführung anspruchsvoller und großbesetzter Kantaten ermöglichten. So ist für den 3. Oktober 1756 eine Aufführung der väterlichen Kantate »Man singet mit Freuden vom Sieg« (BWV 149) belegt, die immerhin neben den Streichern je drei Oboen- und Trompetenstimmen vorsieht. Auch Friedemanns eigene Kantaten verlangen oft eine Bläserbesetzung, die neben Trompeten und Oboen ebenso Hörner und Flöten voraussetzt. Das Hallische Kantaten-Repertoire erweiterte Friedemann durch die Einführung von Werken seines Vaters. So brachte er etwa die Reformationskantate »Ein feste Burg« (BWV 80) sowie die Kantate »Herz und Mund und Tat und Leben« (BWV 147) den Hallensern zu Gehör, N 1. Das Gemeinsame dieser väterlichen Kantaten ist die Bedeutung der instrumentalen Solostimmen, deren Charakter und Timbre dem kirchlichen Fest entsprechen und der jeweiligen Kantate eine bestimmte Stimmung verleihen, so in der Bass-Arie von BWV 147 die Trompete.

N 1 J. S. Bach: Kantate »Herz und Mund und Tat und Leben«, Bass-Arie (BWV 147)

Posaunenchor: Bass-Posaune von Hans Heinlein, Nürnberg, 1631, Tenor-Posaune mit Oberstück von Hans Miler, Wien 1630, und Unterstück aus Nürnberg um 1700, Alt-Posaune von Hieronymus Starck, Nürnberg, 1690, Musikinstrumenten-Museum der Universität Leipzig

Langtrompeten, Johann Wilhelm Haas, Nürnberg, um 1710/20, Musikinstrumenten-Museum der Universität Leipzig – Die ventillose Trompete der Barockzeit hatte nur einen begrenzten Tonvorrat. Erst in den hohen Registern (ab der 4. Oktave) war es möglich, eine vollständige Tonleiter und damit auch Melodien zu blasen, in den tieferen Lagen standen nur einfache Intervalle wie Oktave, Quinte und Quarte zur Verfügung. Die hohe Lage wurde auch »Clarinlage« genannt und setzte besondere technische Fähigkeiten voraus.

Der Kantatenkomponist

Die Kantatenprobe, Gouache, anonym, um 1775, Stammbuchblatt aus Nürnberg, Germanisches Nationalmuseum Nürnberg – Die Abbildung gibt zwei wesentliche aufführungspraktische Hinweise: Im 18. Jahrhundert wurde meist im Stehen musiziert und die Orchesterstimmen waren, gerade auch bei den Streichern, häufig einfach besetzt. Allerdings unterschieden sich die Verhältnisse durchaus von Ort zu Ort.

Zu den Aufgaben des Musikdirektors in Halle gehörte das Komponieren von Kantaten. Die Zahl der von Friedemann verfassten Werke ist allerdings verglichen mit der Kantatenproduktion mancher Zeitgenossen eher gering: 22 Kantaten aus seiner Feder haben sich erhalten. Nur 14 von ihnen können aber als vollständige Originalkompositionen bezeichnet werden, da sich Friedemann bei den acht übrigen des Parodieverfahrens bedient hat. Er hat also Teile eigener Kompositionen, zumeist Kantaten-, aber auch Konzertsätze, in ihrer musikalischen Substanz für neue Kantaten wieder verwendet. Für die protestantischen Kantoren des Barock war es üblich gewesen, Kantaten nach so genannten Jahrgängen anzulegen. Darunter ist die Komposition von Kantaten für jeden Sonn- und Feiertag des Kirchenjahres zu verstehen. Johann Sebastian Bach soll fünf vollständige solcher Jahrgänge geschaffen haben, von denen aber nur drei Fünftel, rund 200 Werke, erhalten sind.

Mehr als ein bis zwei Werke pro Jahr hat Friedemann nicht geschrieben und diese auch nur, wenn das Repertoire etwas aufgelockert werden sollte. Ansonsten hat er sich zur Abdeckung seiner Pflichten weitgehend auf den Kantatenbestand seiner Vorgänger, ergänzt durch Werke des Vaters, und auf die mehrfache Aufführung eigener Beiträge gestützt.

Die formale Anlage der Kantaten Friedemanns ist ohne prinzipielle Unterschiede mit der seines Vaters vergleichbar. Sie wird in der Musikwissenschaft mit dem Fachterminus »Protestantische Kirchenkantate des Neueren Typus« bezeichnet. Das bedeutet, dass die Komposition in der Regel eine Folge mehrerer Chor- und Solosätze ist, wobei letztere abwechselnd als Rezitative und Arien erscheinen. Den Texten liegen Bibelzitate, Gesangbuchstrophen, also protestantischer Choral, und freie, so genannte »madrigalische« Dichtungen zugrunde. Eine Choralstrophe im einfachen vierstimmigen Chorsatz ohne Verzierungen und Vorspiele bildet meist den Abschluss. Die Texte mussten in jedem Fall einen engen Bezug zu den Lesungen des Alten und Neuen Testaments des jeweiligen Sonntags erkennen lassen. Im Falle Friedemanns wachte sogar der Oberpastor persönlich über die Korrektheit der vertonten Worte. Während aber die Dichter der Kantatentexte Johann Sebastians in der Regel bekannt sind, liegt die textliche Herkunft bei Friedemanns Kantaten meist im Dunkeln.

In den Chorsätzen, die in 15 Fällen die Kantaten eröffnen, wählt Friedemann nur äußerst selten die Form der als kirchlich konservativ einzustufenden Choralbearbeitung. Bei dieser Anlage, die sein Vater häufig und mit großem Einfallsreichtum verwendete, bildet ein Gemeindelied, der Choral, die thematische Basis der Kantate. Durch Vor- und Zwischenspiele des Orchesters und kontrapunktische Behandlung der Gesangsstimmen erfährt der Choral eine kunstvolle Ausgestaltung. Friedemann verlässt sich dagegen stärker auf thematisch freie Formen, die rein homophon oder durch fugierte Passagen aufgelockert sind. Die Kantate »Es ist eine Stimme eines Predigers« (F 89) etwa hat in ihrem Eingangschor eine zweiteilige Anlage: Auf einen konzertanten Teil mit virtuosen Trompetenpartien folgt eine Doppelfuge auf den Text »Alle Tale sollen erhöhet werden«, die zu den großartigsten Fugen Friedemanns gehört.

Das Nebeneinander von Alt und Neu zeigt sich vielleicht am deutlichsten in den solistischen Sätzen, den Rezitativen und Arien. In der Form und im Stil entfernt sich Friedemann hier praktisch kaum von den gängigen barocken Modellen, die auch sein Vater schon verwendete. Die Arien basieren im Wesentlichen auf der Da-Capo-Form, bei der der zweiteilige Text mittels zweier kontrastierender Abschnitte vertont wird, deren erster sich dann am Schluss wiederholt: Daraus ergibt sich die A-B-A-Form. Zur Gesangsstimme treten häufig ein bis zwei Instrumente hinzu, die dann gemeinsam auf der Grundlage des Generalbasses ein Trio oder ein Quartett bilden. Das musikalisch Neue manifestiert sich dabei in empfindsamen, anmutigen, also »modernen« Wendungen und einem bisweilen leicht süßlichen Tonfall, der auch die Instrumentalstimmen durchdringt. Damit reagiert die Musik auf die blumige, für heutige Ohren nicht selten schwülstig anmutende Wortwahl der pietistischen Texte.

Cembalofantasien

In Halle komponierte Friedemann hauptsächlich Cembalomusik in freieren Formen. Er wollte seinen Kompositionen emotionale Tiefe verleihen, was in der experimentellen Gattung der Fantasie leichter möglich war. Fünf seiner Cembalofantasien, die er wahrscheinlich in Halle geschrieben hat, stehen in Molltonarten: F 18 und F 19 in d-Moll, F 23 in a-Moll sowie F 20 und F 21 in e-Moll. Die e-Moll-Fantasie F 20 ist als Einzige datiert: Oktober 1770 ist auf dem Manuskript vermerkt. Er muss sie also unmittelbar vor seiner Abreise aus Halle geschrieben haben. Vielleicht war sie als Abschiedsgeschenk an seinen Freund Johann Justinus Gebauer gedacht, der sie neben anderen Stücken Friedemanns in seiner Autografensammlung aufbewahrte.

Die a-Moll-Fantasie vermittelt einen hervorragenden Eindruck vom Charakter dieser Werke. Fast zwei Notenseiten lang wirkt die Musik wie aus dem Stegreif gespielt. Kurze, unverbunden nebeneinander stehende Gedanken, rezitativische Elemente und expressive Harmonik zeichnen den ersten Teil der Fantasie aus, der ganz ohne Taktstriche notiert ist, um das Improvisatorische auch optisch festzuhalten. N 1

Etwas später setzt ein virtuoses Prestissimo ein, in dessen Mittelpunkt allein Passagenwerk steht, an dem der Spieler seine Fingerfertigkeit demonstrieren kann. Auf engem Raum drängen sich in dieser

N 1 Fantasie in a-Moll, Anfang (F 23)

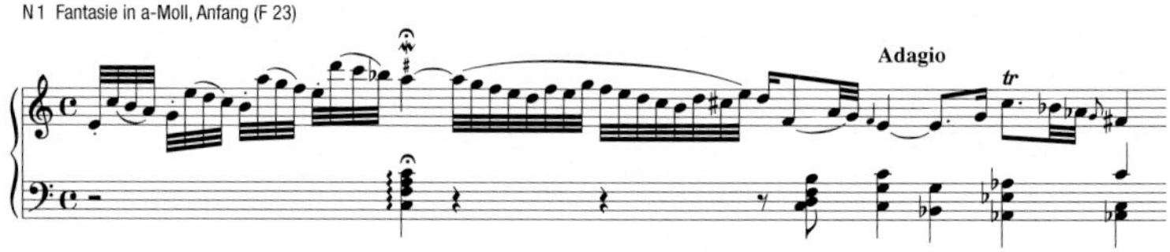

N 2 Fantasie in e-Moll, Allegretto-Teil (F 20)

N 3 Fantasie in e-Moll, Largo-Teil (F 20)

Fantasie unterschiedliche Affekte zusammen, die nicht durch eine übergeordnete Logik verbunden sind. Hier bricht der ungehemmte Gedankenfluss des Komponisten hervor. Dieses Werk macht deutlich, was Friedemanns Hallische Fantasien auszeichnet: das Durchbrochene der Form, die expressive Reihung kontrastierender Abschnitte.

In der e-Moll-Fantasie (F 20) wechseln drei Allegretto-Abschnitte mit zwei Largo-Abschnitten in einer A-B-A-B-A-Form ab. N 2, N 3

Dagegen bringt die andere Fantasie in e-Moll (F 21) ständige Tempowechsel mit eingestreuten Rezitativ-Teilen. Sie ist ein sehr ausgedehntes Stück und deutet in ihrer zerklüfteten Form schon die Fantasien aus Friedemanns letzten Lebensjahren an. Dabei fällt auf, dass er neben der »sprechenden« Gestik in den rezitativischen Teilen auch eine weit entwickelte Technik voraussetzt, wie sie die Furioso- und Prestissimo-Teile der e-Moll-Fantasie verlangen.

Die d-Moll-Fantasie (F 19) ist ähnlich gestaltet: Hier wird das Alternieren der Allegro di molto- und Grave-Abschnitte durch zwei Fugen unterbrochen. Diese Fugen basieren auf dem gleichen Kopfmotiv wie dem der Fuge der Sinfonie d-Moll (F 65). N 4

Imposant ist die Eröffnung der d-Moll-Fantasie (F 18) durch brillante Skalenläufe, Akkordbrechungen und ein Trillermotiv, in denen wiederum Virtuosität gefordert ist. N 5

Durch ihre Eigenwilligkeit besitzen Friedemanns Fantasien eine auch heute noch faszinierende Größe.

N 4 Fantasie in d-Moll. Anfangsmotiv (F 19)

N 5 Fantasie in d-Moll, Anfangsmotiv (F 18)

Der letzte Barockorganist?

Von seinen Zeitgenossen wurde Friedemann Bach als Meister der Orgel bewundert. Sein Spiel wurde zwar mit dem Johann Sebastians auf eine Stufe gestellt, doch geben die erhaltenen Orgelwerke aus seiner Zeit als Musikdirektor in Halle dies nur andeutungsweise wieder. Es scheint, als habe Friedemann auf der Orgel vorwiegend improvisiert, Niederschriften aber nur ausnahmsweise vorgenommen. Dies hängt sicherlich auch damit zusammen, dass zu dieser Zeit der Stern der barocken Orgelkunst schon verblasste. Für die Zeit des Rokoko, in der der Galante Stil Triumphe feierte, waren Präludien und Fugen der alten Schule einfach unattraktiv geworden. So wird in den Orgelwerken Friedemanns – ähnlich den Kantaten – der Bezug zur Vergangenheit besonders deutlich. Dies gilt in erster Linie für die sieben Choralvorspiele F 38: »Nun komm der Heiden Heiland«, N 1, »Christe, der du bist Tag und Licht«, »Jesu, meine Freude«, »Durch Adams Fall«, »Wir danken dir, Herr Jesu Christ«, »Was mein Gott will« und »Wir Christenleut«.

Mit den Gattungsbeiträgen Johann Sebastians können sie sich keinesfalls messen. Sie verkörpern nicht mehr als sauberes Handwerk und greifen einen älteren Typus auf, bei dem die einzelnen Zeilen des Gemeindeliedes oft fugiert behandelt werden. Angeblich hat Friedemann sie zur Anleitung für einen Schüler geschrieben. Neben den Chorälen existieren zwei Fugen, die ausdrücklich das Pedal verlangen, also nur auf der Orgel auszuführen sind: eine Fuge in g-Moll (F 37) und eine weitere in F-Dur (F 36) mit drei Themen, eine so genannte Tripelfuge. Letztere ist ein beeindruckendes, kompositorisch meisterhaftes Stück, das wohl als einziges etwas vom Können des Organisten Friedemann verrät, N 2. In der simultanen und doch durchsichtigen Verarbeitung der Themen, in der Verbindung von Kraft und Anmut scheinen die Stile des Barock und der Klassik hier zu verschmelzen. Wilhelm Friedemann und Carl Philipp Emanuel haben als einzige Bachsöhne noch einige wenige Orgelwerke komponiert. Ihre jüngeren Halbbrüder wendeten sich dagegen ganz von der Orgel ab.

Orgel in der Johann-Sebastian-Bach-Kirche in Arnstadt, erbaut 1703 durch J. F. Wendler, rekonstruiert 1999 – Als Johann Sebastian in Arnstadt Organist war, stand die Orgelkunst noch in hohem Ansehen. 50 Jahre später begeisterten Komponisten und Publikum sich für andere Gattungen.

Schnitt durch eine Orgel mit Positiv, aus: Dom Bedos »L'art du facteur d'orgues«, 1778, Tafel 52 – Der französische Orgelbauer François Bédos de Celles (1709–79), ein Benediktinermönch, veröffentlichte in seiner Schrift »L'art du facteur d'orgues« eine hervorragende und durch zahlreiche Abbildungen sehr anschauliche Beschreibung des klassischen französischen Orgelbaus.

N 1 Choralvorspiel »Nun komm, der Heiden Heiland«, 1. Choralzeile (F 38)

N 2 Fuge in F-Dur mit 3 Themen (F 36)

Stilwandel und Stilvielfalt im 18. Jahrhundert

Die gelehrte kontrapunktische Musik Johann Sebastians, Inbegriff des Barock, galt spätestens seit 1740 als antiquiert. Die Ästhetik des Rokoko verurteilte an diesem Stil das Spekulative, Erklügelte, das zu der modischen Leichtigkeit und Eleganz im Widerspruch stand. Der Zeitgeist suchte amüsante Unterhaltung, die die Musik des Galanten Stils bieten konnte. Auch Emanuel hebt in seinem »Versuch über die wahre Art das Clavier zu spielen« die galante von der »gearbeiteten«, also gelehrten und kontrapunktischen Schreibart ab und rät im zweiten Teil der Abhandlung dem Begleiter zu entsprechend unterschiedlicher Ausführung des Generalbasses. Johann Joachim Quantz stellte als Besonderheiten des Galanten Stils die Klarheit, Natürlichkeit und Gefälligkeit heraus, hinter denen das Ideal des italienischen Belcanto steht.

Das bedeutete für die Musik eine Abkehr vom vielstimmigen gebundenen Satz hin zu einer satztechnischen Ausdünnung mit Betonung der sangbaren, periodisch gegliederten Melodie. Da Musik dieser Art dem Unterhaltungsbedürfnis der Zuhörer nachzukommen hatte, war sie an ein bestimmtes Umfeld gebunden. Vor allem in der Instrumentalmusik, der Kammermusik im Besonderen, kam der Galante Stil zur Ausbildung. Die Kirchenmusik dagegen hielt viel länger an überkommenen Mustern fest, so dass ohne Weiteres für die Dauer von mehreren Jahrzehnten von einem Nebeneinander der Stile gesprochen werden kann. Auch der kaiserliche Hof in Wien war bis zum Ende des 18. Jahrhunderts ein Hort des kontrapunktischen Stils, der mit dem »niederen« galanten Tändeln nichts zu tun haben wollte. Als eine besondere Spielart des Galanten Stils ist die Empfindsamkeit zu bezeichnen. War jener an sich ein gesamteuropäisches Phänomen, so ist die Empfindsamkeit eine norddeutsche Erscheinung. In ihrem Zentrum steht fraglos Emanuel, der Berliner Bach. So erläuterte er in seinem »Versuch«, um was es den Vertretern dieser Richtung ging:

Die Schaukel, Gemälde von Jean-Honoré Fragonard (1732-1806), 1767, Öl auf Leinwand, 81 x 64,2 cm, Wallace Collection London – Das leichte Tändeln und das galante Amusement, das ein Prinzip des Rokoko und der modischen Musik dieser Zeit ist, hat kaum ein Maler so treffend eingefangen wie Fragonard, dessen Bilder immer auch Sinfonien der Farbe sind.

Rührung und Erregung von Gefühlen beim Zuhörer, die die gleiche Disposition auch beim Ausführenden bedingt. Die Empfindsamkeit, die in der Musik und der Dichtung in der Mitte des 18. Jahrhunderts gleichermaßen anzutreffen ist, hat Emotionalisierung zum Ziel, die sich in gefühlvollem Ausdruck, ja Expressivität, äußern soll. Wichtig ist dabei die direkte Ansprache des Zuhörers, der nicht durch intellektuellen Ballast »abgelenkt« werden darf. Dieses Eindringen des Subjektiven in die Musik war für die Zeitgenossen eng mit einem moralischen Gehalt verknüpft: Wer Musik so empfinden kann, dass sie einen rührt, der trägt »reines, wahres und natürliches Gefühl im Busen« und ist zu »jeder großen und edlen That aufgelegt«, wie es in Carl Friedrich Cramers »Magazin der Musik« von 1784 heißt. Dabei gingen Empfindsamkeit und Privatsphäre eine Verbindung ein. Der intime häusliche Kreis wurde als ideale Basis gesteigerter Empfindungen gegenüber einer unsensiblen Öffentlichkeit angesehen. Bezeichnend ist die zeitgenössische Meinung, dass Frauen über eine größere Empfindungsvielfalt verfügten als Männer, so dass auch Emanuel 1770 ausdrücklich »Six sonates pour le Clavecin à l'usage des Dames« veröffentlichen konnte. N 1

Als bevorzugte Adressaten von Klaviermusik kam den Damen ab der Jahrhundertmitte eine neue gesellschaftliche Rolle zu. Die Suche nach Empfindung brachte der Musik eine neue Qualität ein, die das bloße Unterhaltungsbedürfnis des Galanten Stils überhöhte und für die kommende Epoche deshalb unverzichtbar war.

Konzert bei der Villa, Gemälde von Antonio Visentini (1688–1782), Palazzo Contarini Fasan, Magnus Archivio, Venedig (Ausschnitt) – Streng und hierarchisch präsentierte sich das Weltbild des Barock. Die Gruppe musizierender Personen ist ganz Teil der repräsentativen Architektur.

N 1 C. P. E. Bach: Sonate in A-Dur, 1. Satz, Allegro di molto, Kopfthema (Wq 54/6, H 207)

Die Polonaisen: Ein Zyklus von Charakterstücken

In seiner Hallischen Zeit komponierte Friedemann nur wenig reine Instrumentalmusik. Stattdessen beanspruchte die Vokalmusik in Gestalt von Kantaten seine hauptsächliche Aufmerksamkeit – so wie sein Amt es von ihm verlangte. Dennoch stammt aus dieser Zeit eine Werkgruppe, die ohne Zweifel zu den besten Klavierkompositionen Friedemanns, vielleicht sogar der ganzen Epoche gehört: die zwölf Polonaisen für Cembalo (F 12).

Polonaisen, also »Polnische Tänze«, waren bereits seit dem 16. Jahrhundert in ganz Europa beliebt. Allerdings hatten diese frühen Stücke noch nicht viel mit den späteren gemein, die nach 1700 den typischen Rhythmus im 3/4-Takt dieses stolzen, markanten Tanzes verbreiteten.

Hinsichtlich der Entstehungszeit der Polonaisen Friedemanns gibt es heute nur widersprüchliche Erkenntnisse. Im Jahr 1765 kündigte Friedemann die Veröffentlichung der Polonaisen an, doch waren um diese Zeit bereits Abschriften von ihnen im Umlauf. Dies deutet darauf hin, dass sie bei den Musikliebhabern schon bekannt und gefragt waren und Friedemann sie spätestens Mitte der 1760er Jahre fertig gestellt hatte. So kommt am ehesten das Jahrzehnt zwischen 1750 und 1760 als Entstehungszeit in Frage. Womöglich hat Friedemann die Polonaisen vereinzelt und unabhängig voneinander geschrieben und erst nachträglich zu einer Gruppe zusammengestellt.

Andererseits liegt den zwölf Stücken ein Tonartenplan zugrunde: Friedemann verwendet die auf der Klaviatur aufsteigenden Tonarten C, D, Es, E, F und G und schreibt zu jeder jeweils ein Dur- und ein Moll-Stück. Diese Systematik verweist auf die Anordnung der jeweils 24 Präludien und Fugen des »Wohltemperierten Claviers« seines Vaters und könnte ein bewusstes Konzept des Komponisten darstellen. Aus unbekannten Gründen kam es 1765 nicht zur beabsichtigten Publikation der Polonaisen, erst 1819 erschien der Zyklus im Druck.

Die Polonaise war schon in der Generation vor Friedemann ein beliebtes Tanzstück. Vater Bach etwa komponierte eine berühmte Polonaise in der Orchestersuite h-Moll (BWV 1067), Georg Friedrich Händel und Georg Philipp Telemann integrierten sie ebenfalls in ihre Orchesterwerke. Im Lebensraum der Bachs gewann die Polonaise durch die sächsisch-polnische Verbindung in Person der Kurfürsten an Popularität. Von Johann Gottlieb Goldberg etwa, Friedemanns Dresdner Schüler, ist ein Zyklus von 24 Cembalo-Polonaisen durch alle Tonarten bekannt. Johann Philipp Kirnberger und Johann Gottfried Müthel, beide Schüler Johann Sebastians, komponierten ebenfalls Polonaisen, die jedoch alle mit denen Friedemanns an Ausdruck und Gehalt nicht konkurrieren können.

Friedemann streift in seinen zwölf Beiträgen den unverbindlich-leichten Tanzcharakter völlig ab und schafft jeweils individuelle Charakterstücke. Nur durch den durchgängigen 3/4-Takt und rhythmische Merkmale wie den abtaktigen Beginn ist die Bezeichnung als Polonaisen im Grunde noch gerechtfertigt. Jedes dieser Stücke vermittelt eine ganz eigene Stimmung. Friedemann ist hier um einiges tiefgründiger als die meisten seiner im Galanten Stil schreibenden Zeitgenossen, deren Klavierstücke meist nicht mehr als unterhaltsame Konversationsstücke sind. Dies trifft ganz besonders auf die sechs Moll-Polonaisen zu, von denen die in d-Moll ihrer Zeit weit vorauseilende harmonische »Härten« bringt, während die in f-Moll ruhige, ernste Nachdenklichkeit verrät. N 1

N 1 Polonaise in f-Moll (F 12/10)

Die e-Moll-Polonaise beginnt verhangen-melancholisch, mit einer beinahe mozartisch anmutenden Wehmut, N 2. Das Schlussstück in g-Moll hingegen setzt mit seinen Sechzehntelpassagen zunächst entschlossen ein, übergibt danach aber wieder der Melancholie das Wort, N 3. Friedemann tauscht beim Wiedereinsatz des Kopfmotivs im zweiten Satzteil die Stimmen: Das Kopfmotiv wandert in den Bass, die Begleitung liegt nun darüber.

N 2 Polonaise in e-Moll (F12/8)

N 3 Polonaise in g-Moll (F12/12)

Die Stücke in den Durtonarten setzen die anspruchsvolle Expressivität fort, wenngleich ihre Haltung im Allgemeinen heiterer ist: Mit ihren Akkordkaskaden trumpft zum Beispiel die D-Dur-Polonaise feurig auf, N 4. Heitere Beschaulichkeit strahlt das F-Dur-Stück aus. N 5

N 4 Polonaise in D-dur (F12/3)

Bei allem Abwechslungsreichtum, mit dem diese Werk-Sammlung aufwarten kann, verbindet die einzelnen Polonaisen eine einzigartige Atmosphäre aus barocker Strenge und moderner Empfindsamkeit. Die klare Übersichtlichkeit des aufkommenden klassischen Stils erreicht Friedemann in diesen Werken allerdings noch nicht. Vor allem die rhythmische Anlage mancher Polonaisen ist sehr dicht und keinesfalls so eingängig, wie es für Tanzsätze in der Regel üblich war.

Es existiert noch eine weitere, einzeln überlieferte Polonaise Friedemanns in C-Dur (F 13), deren Material teilweise der Cembalosonate C-Dur (F 1) entnommen ist, die aber dennoch zeitlich in die Nähe der zwölf Polonaisen gehört. Hier ist der Charakter des Tanzstücks wieder gewahrt, doch gleichzeitig wird der Abstand zu den übrigen Polonaisen gerade dadurch deutlich.

N 5 Polonaise in F-Dur (F12/19)

SANS, SOUCI.

Kontrapunkte
Der Vater und seine Söhne in Leipzig und Berlin

Potsdam, Schloss Sanssouci von Georg Wenzeslaus von Knobelsdorff, Mittelbau, Gartenseite – Schloss Sanssouci ist untrennbar mit der Person König Friedrichs II. von Preußen verbunden, der selbst an der Planung der Anlage beteiligt war. Im Mai 1747 waren Johann Sebastian und Wilhelm Friedemann Bach hier Gäste des Königs.

Spätwerke des Vaters

Johann Sebastian Bachs Spätwerke sind überaus gelehrt und setzen beim Hörer ein hohes Maß an musikalischem Verständnis voraus: Diese Kompositionen spielen mit satztechnischen Kunststücken, die sich in der Tat nur nach intensivem Studium erschließen. Dieser Aspekt einer geradezu »wissenschaftlichen« oder sogar »spekulativen« Musik, die sich beinahe besser lesen als hören lässt, ist ein besonderes Merkmal der Bach'schen Musik nach 1730.

Ungefähr zu dieser Zeit setzte aber ein allgemeiner Stilwandel in der Musik ein: Der kunstvolle, dichte und satztechnisch anspruchsvolle Barockstil wandelte sich in einen leichteren, gefälligeren, den so genannten Galanten Stil. Kontrapunktische Durchdringung wurde von einfacherer Stimmführung abgelöst. Während in Johann Sebastians Musik auch die untergeordneten Stimmen eine wichtige Bedeutung für den musikalischen Satz haben, verlagerte sich das Gewicht beim neuen Stil auf die Melodie allein. Das bedeutete aber auch, dass Vater Bach bald schon nicht mehr dem Geschmack entsprach, der sich nach 1730 herausbildete.

Seine Söhne hingegen, die in diesem Jahrzehnt selbst mit dem Komponieren begannen, setzten sich bald vom barocken Stil und damit von der väterlichen Musik ab. Sie waren mit ihren ersten Sonaten und Konzerten näher am Zeitgeschmack. Die Befolgung musikalischer Moden war in dieser Schaffensperiode nicht mehr Anliegen Johann Sebastians. Seine Projekte, die er als Leipziger Thomaskantor in Angriff nahm, sprechen eine vergeistigte Sprache. Hinter ihnen steht ein universal denkender Schöpfer, der es sich zur Aufgabe macht, »zeitlose« Werke zu schreiben. Er widmete sich traditionellen Kompositionsformen und genügte damit in erster Linie seinen eigenen Ansprüchen an einen tiefsinnigen Satz, der auf Äußerlichkeiten weitgehend verzichtet. Johann Sebastian schrieb in Leipzig ein halbes Dutzend großartiger Chormotetten, einige von ihnen achtstimmig. Er komponierte geniale kontrapunktische Werke wie das »Musicalische Opfer« auf ein Thema Friedrichs des Großen und die »Kunst der Fuge«. Er fügte Ende der 1730er Jahre dem ersten Teil des »Wohltemperierten Claviers« einen zweiten mit ebenfalls 24 Präludien und Fugen hinzu und komplettierte Kyrie und Gloria der »h-Moll-Messe« zu einem vollständigen Messordinarium. Für die Orgel entstanden die »Kanonischen Veränderungen« über das Weihnachtslied »Vom Himmel hoch«. Dies sind alles Werke, deren perfekte Kontrapunktik bis heute unübertroffen ist, die aber am Verständnis der meisten Zeitgenossen weitgehend vorbeizielten.

Die Thomasschule in Leipzig nach dem Umbau 1732, anonymer Stich um 1732 – Zu Bachs Pflichten als Thomaskantor gehörte auch das Unterrichten an der zugehörigen Schule – in der Musik, versteht sich.

Johann Sebastian Bach, Gemälde von Elias Gottlob Haußmann, 1746/48, Stadtgeschichtliches Museum Leipzig (Ausschnitt) – Dies ist das bekannteste Bildnis Bachs und zudem das einzig gesicherte. Johann Sebastian hält ein Notenblatt mit einer Kanonkomposition in der Hand, die auf seine musikalische Gelehrtheit hinweist.

Bachdenkmal in Leipzig, erbaut 1843 – Bei der Einweihung des Bachdenkmals war der letzte musikalische Nachfahr Johann Sebastians, sein Enkel Wilhelm Friedrich Ernst, anwesend. Er, sein Vater Johann Christoph Friedrich und dessen Brüder waren längst durch Johann Sebastian aus dem Bewusstsein der Musikwelt verdrängt worden.

Spätlese: Johann Christoph Friedrich …

Nur sechs der 13 Kinder aus Johann Sebastians zweiter Ehe mit Anna Magdalena überlebten das Kindesalter – darunter Johann Christoph Friedrich, geboren am 21. Juni 1732 in Leipzig. Über seine Kindheit und Jugend ist so gut wie nichts bekannt. Mit großer Wahrscheinlichkeit war er wie seine Geschwister Schüler der Thomasschule. Seinen Brüdern folgte er auf die Leipziger Universität, wo er sich im Jahr 1749 zum Studium der Rechte eingeschrieben haben wird. Im Nekrolog des Bückeburger Konsistorialrats Horstig, der einzigen Quelle über Friedrichs Jugend, heißt es, dass Friedrich seine musikalische Ausbildung vom Vater erhielt. Möglicherweise hat sich auch der in Bachs Haushalt lebende, entfernte Vetter Johann Elias Bach um seine Ausbildung gekümmert. Seine Mutter Anna Magdalena hatte gewiss ebenfalls einen Anteil daran. Sie war Musikerin mit einigem Sachverstand, deren Unterstützung ihres Mannes auch auf diesem Gebiet ohne Weiteres denkbar ist. Als Tochter des Weißenfelser Hoftrompeters Johann Caspar Wilcke war sie vor der Ehe Kammersängerin am Köthener Hof gewesen. In Leipzig half sie ihrem Mann beim Ausschreiben der Noten und hat mit ihren Söhnen gemeinsam an der häuslichen Musikübung teilgenommen. Johann Sebastian widmete ihr wie seinem Sohn Wilhelm Friedemann Kompositionssammlungen, die so genannten »Clavierbüchlein«. Hierin finden sich so anspruchsvolle Cembalowerke wie die Partiten in a-Moll und e-Moll (BWV 827/830) und einige Französische Suiten (BWV 812–816), die etwas von den musikalischen Fähigkeiten Anna Magdalenas erahnen lassen. Gemeinsam haben Mutter und Sohn Generalbassregeln aufgeschrieben, die sich im Anhang eines der »Clavierbüchlein« erhalten haben.

Als Friedrich im Jahr 1750 seine erste und einzige Stelle in Bückeburg antrat, war er ein ausgebildeter Musiker, der die Tasteninstrumente und die Komposition beherrschte. Später übernahm Friedrich zwar den Posten eines Konzertmeisters, doch muss dies nicht zwangsläufig bedeuten, dass er auch Geige spielen konnte – ein Konzertmeister konnte seine Kapelle auch vom Cembalo aus leiten.

Thomaskirchhof in Leipzig, kolorierter Kupferstich von Johann Georg Schreiber, um 1735 – Die Welt Bachs und seiner Familie seit 1723: Thomaskirche und -schule, in deren südlichem Gebäudeflügel der Kantor auch seine Wohnung und seine »Komponirstube« hatte.

… und Johann Christian

Als jüngster Sohn Johann Sebastians wurde Johann Christian am 5. September 1735 in Leipzig geboren. Seine ersten 15 Lebensjahre liegen weitgehend im Dunkeln. Weder über seine Schulbildung noch über seinen musikalischen Unterricht ist etwas bekannt.

Wahrscheinlich wurde er, genau wie seine Brüder, von Johann Sebastian im Klavierspiel und in der Komposition unterwiesen. Vielleicht besuchte er auch die Thomasschule – trotz der Querelen, die Vater Bach in dieser Periode mit dem Rektor Johann August Ernesti auszufechten hatte. Da Ernesti einer der Taufpaten Christians war, kann man davon ausgehen, dass anfänglich ein gutes Verhältnis zwischen Kantor und Schulleiter herrschte. Doch schon bald kam es zu Konflikten, da Ernesti die musikalischen Aktivitäten der Thomaner auf Kosten Bachs einschränken wollte. Ernesti war ein aufklärerischer Geist, und so schwebte ihm ein Bildungsideal vor, das von der außerplanmäßigen Musikausübung der Schüler nicht beeinträchtigt werden durfte. Die Auseinandersetzung ist als »Präfektenstreit« in die Geschichte eingegangen, da sie sich über der Frage zuspitzte, wer die Kantorenstellvertreter, also die Chorpräfekten, einzusetzen habe. Diese Kompetenzfrage zwischen Ernesti und Bach endete schließlich unentschieden.

Vater Bachs berufliches Ethos muss durch den Zwist gelitten haben. Auch sein Gesundheitszustand ließ in den letzten Jahren seines Lebens durch ein Augenleiden, das schließlich zur Erblindung führte, sowie durch einen Schlaganfall nach. Dennoch nahm er vermutlich Christians Ausbildung weitgehend allein in die Hand. In einer späteren Anekdote berichtete Christian, wie ihm der Vater eine Ohrfeige gegeben habe, nur weil er, im Glauben unbeobachtet zu sein, eine Improvisation in unerlaubter Stimmführung beendet habe. Vetter Johann Elias, für Johann Sebastian eine Art Sekretär, scheint sich ebenfalls um die Ausbildung Christians gekümmert zu haben. Sobald Christian über die notwendigen Grundkenntnisse verfügte, wurde er vom Vater auch für Kopier- und Schreibarbeiten eingespannt.

Johann August Ernesti (1707–81), Kupferstich von Wilhelm Suter (1806–82), um 1840, nach einem Gemälde von Anton Graff, 1773, 9,2 x 7,2 cm – Johann Sebastian Bachs Verhältnis zum Rektor der Thomasschule war von Konflikten überschattet. Den Tod Bachs erwähnte der Rektor nicht einmal in seinem Rückblick am Jahresende.

Bedingt durch Johann Sebastians schwindende Sehfähigkeit musste ihm Christian bei der Abwicklung geschäftlicher Angelegenheiten zur Hand gehen, insbesondere als er nach Friedrichs Abreise nach Bückeburg zu Beginn des Jahres 1750 der einzige Sohn im Haus war. Herrschte in Friedemanns und Emanuels Kindheit noch ein lebhaftes Treiben in der Familie, so waren die häuslichen Umstände nun völlig andere, so dass der junge Christian auf manches Konzert zu Hause oder auswärts verzichten musste. Als der Vater starb, war Christian erst 15 Jahre alt. Sein Halbbruder Emanuel sollte derjenige sein, der weiter für ihn sorgte und seiner musikalischen Ausbildung den entscheidenden letzten Schliff gab.

Bei Emanuel zu Hause

Emanuel war 30 Jahre alt, als er 1744 in der Petrikirche zu Berlin die zehn Jahre jüngere Johanna Maria Dannemann, die Tochter eines Berliner Weinhändlers, heiratete. Er hatte eine feste Anstellung als Musiker gefunden und begonnen, sich als Virtuose auf dem »Clavier« und Komponist von Rang auch außerhalb des Hofes einen Namen zu machen. Seine ersten Kompositionen waren bereits im Druck erschienen. Die Geburt des ersten Sohnes, Johann August, am 30. November 1745 ist gewiss ein Indikator für innere und äußere Stabilität im Leben Emanuels. In diesem Punkt mag er sich von seinem Bruder Friedemann unterschieden haben, dessen Karriere bis dahin auch noch keine Höhenflüge zuließ. Johanna Maria und Emanuel bekamen noch zwei weitere Kinder: Am 4. September 1747 erblickte Anna Carolina das Licht der Welt und etwa ein Jahr darauf der zweite Sohn, der den Namen seines Großvaters erhielt, Johann Sebastian. Musikalische Begabung zeigte – zum Leidwesen des Vaters – keines seiner Kinder. Nur Johann Sebastian d. J. entwickelte künstlerisches Talent und schlug die Laufbahn eines Malers ein. Da Anna Carolina nicht heiratete und keiner der Söhne Nachwuchs bekam, starb dieser Familienzweig nach dem Tod der Tochter im Jahr 1804 aus.

Potsdam, Stadtschloss, Innenansicht des Musikzimmers mit Cembalo von Silbermann (1945 zerstört) – Das Musikzimmer im Schloss – gestaltet im Geschmack des Rokoko mit floralen Dekorationen – war die Arbeitsstelle Emanuels bei Friedrich II. Hier hatte er den König am Cembalo zu begleiten.

Idealisierte Ansicht von Richters Kaffeegarten, Stich, Titelblatt der Liedersammlung »Singende Muse an der Pleiße«, 1736 – In Leipzig wurde privat und öffentlich viel musiziert, wie das Titelblatt der von dem Dichter Johann Sigismund Scholze, genannt Sperontes, herausgegebenen Liedersammlung in idealisierender Form zeigt. Die Sammlung stieß mit ihren 250 Texten und fast ebenso vielen Vertonungen beim Publikum auf große Resonanz. Die einfach strukturierten und anspruchslosen Stücke stillten das Bedürfnis nach leicht zugänglicher Unterhaltung. Die musikalischen Familientreffen im Hause Vater Bachs waren dagegen Treffen unter Experten.

Familientreffen

In den ersten Berliner Jahren hat es zwischen Emanuel, seinem Bruder Friedemann und dem Vater häufiger Begegnungen gegeben. Mehrfach scheinen die Brüder um die Mitte der 1740er Jahre den Vater wiederum in Leipzig besucht zu haben. Das ist bemerkenswert, da zu dieser Zeit zwischen Sachsen und Preußen im Zuge der Österreichischen Erbfolgekriege der Kriegszustand herrschte und solche Reisen nicht ohne weiteres möglich waren.

In Marpurgs »Historisch-kritischen Beyträgen zur Aufnahme der Musik« wird erzählt, dass im Haus des Vaters »öfters Concert gehalten [wurde], wo ich denn auch den Herrn Bach in Berlin [Emanuel], und den andern Herrn Bruder in Halle [Friedemann], welche in Leipzig zu Besuch waren, ... mehr als einmal habe spielen hören.« Interessanterweise existiert von Emanuels Cembalokonzert a-Moll (Wq 1) ein Stimmensatz, der um 1746 von Johann Sebastian und Emanuel geschrieben wurde, was darauf hindeutet, dass zu den Familienkonzerten in Leipzig auch Werke Emanuels erklangen. Aber es wurde nicht nur musiziert: Jüngst wurden Skizzenblätter wiederentdeckt, in denen sich Eintragungen Friedemanns neben solchen seines Vaters befinden. Offenbar nutzte Friedemann die Besuche zu Hause, um mit seinem Vater bestimmte kontrapunktische Probleme zu diskutieren, die dieser häufig für ihn löste.

Begegnung Johann Sebastians mit Friedrich II.

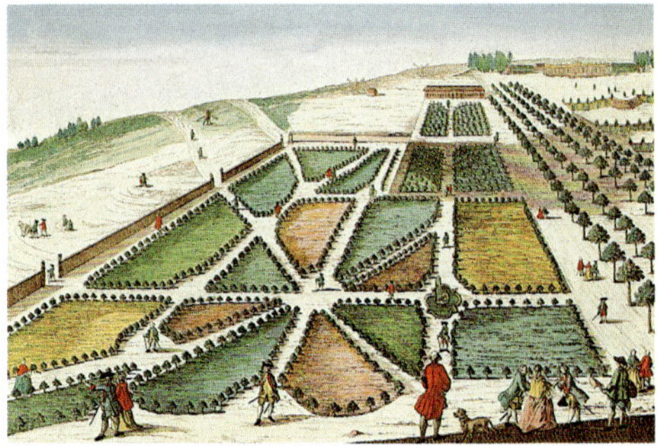

Allée der Fruchtbäume in dem Lustgarten zu Sans-Soucy, Kupferstich von Georg Balthasar Probst, 18. Jahrhundert, Staatsbibliothek zu Berlin, Preußischer Kulturbesitz (Ausschnitt) – Aus Liebe zur schönen Aussicht und zum frischen Obst plante Friedrich der Große von 1743 an die Errichtung eines neuen Privatschlosses auf einem Potsdamer Hügel: Schloss Sanssouci – also »Das Schloss ohne Sorge«. Der König entwickelte in einer eigenhändigen Skizze die Gesamtanlage des Schlosses, seine Gärten, die Weinberge und die terrassenartige Situierung.

In Begleitung Friedemanns reiste Johann Sebastian im Mai 1747 nach Berlin und ließ sich von seinem Sohn Emanuel die Erlaubnis vermitteln, einmal eine Soirée des Königs anhören zu dürfen. Friedrich der Große, der die kontrapunktische Gelehrsamkeit Bachs schätzte, nutzte seinerseits die Gelegenheit, eine Kostprobe des Bach'schen Könnens zu erlangen. Wie es heißt, unterbrach der König sein abendliches Flötenspiel sofort, als er hörte, dass Bach eingetroffen sei. Ob Johann Sebastian tatsächlich in den Genuss der königlichen Musik gekommen ist, bleibt fraglich. Jedenfalls ließ Friedrich den Thomaskantor bitten, ging selbst ans Cembalo und spielte ihm ein Thema vor, welches Bach aus dem Stegreif in Fugenform ausführen sollte. Dieser nahm die Herausforderung an und setzte mit seiner Kunst die Zuhörer in Erstaunen. Am folgenden Tag konzertierte Johann Sebastian auf der Orgel der Potsdamer Garnisonkirche und improvisierte des Abends erneut eine sechsstimmige Fuge vor dem König. Nach Hause zurückgekehrt, arbeitete er das königliche Thema zu einem ganzen Zyklus kontrapunktischer Meisterstücke aus, dem er den Titel »Musicalisches Opfer« (BWV 1079) gab. N1

Ob das Thema tatsächlich von Friedrich selbst stammte, muss stark angezweifelt werden, denn es passt in keiner Weise zum Stil seiner sonstigen Kompositionen. Im Gegenteil, es ist archaisierend und streng. Wahrscheinlich hat Friedrich sich dieses Thema von einem seiner Hofmusiker geben lassen, als er erfuhr, dass der alte Bach einer seiner Soiréen beiwohnen wollte. Möglicherweise stammt die endgültige Gestalt des Themas, die wir ja nur aus dem »Musicalischen Opfer« kennen, auch von Johann Sebastian selbst, der es diskret nachbesserte, wo es seinen Absichten nicht entsprach. Noch 25 Jahre später erinnerte sich der Monarch an die Begegnung mit Vater Bach und überhöhte dessen Kunst ins Legendenhafte: In seiner Erinnerung

N1 J. S. Bach: Musicalisches Opfer, das »Königliche« Thema (BWV 1079)

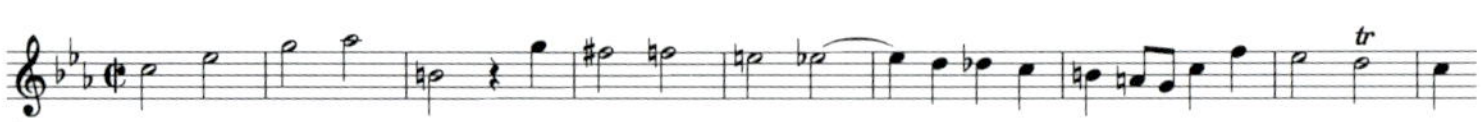

führte Bach die Fuge sogar achtstimmig aus! Das »Musicalische Opfer« umfasst insgesamt 13 verschiedene Nummern. Auf ein dreistimmiges Ricercar (eine Art Fuge) folgen sechs Bearbeitungen des königlichen Themas in komplizierter kanonischer Technik. Es schließt sich eine »Fuga canonica in epidiapente« an, also ein Kanon, bei dem die Einsätze des Themas anderthalb Oktaven auseinander liegen. Zwei weitere Kanones folgen. Der erste trägt das Motto »Quaerendo invenietis« (Wer suchet, der findet). Nach soviel Bach'scher Fugenkunst folgt die Verbeugung des Komponisten vor dem König: Eine viersätzige Triosonate, eine der schönsten, die Johann Sebastian je geschrieben hat. In ihr darf die Flöte neben der Violine solistisch brillieren. Den Abschluss bildet ein weiterer Kanon. Manchmal wird auch das zweite Ricercar, das berühmte sechsstimmige, am Schluss des Zyklus gespielt. Seinen Platz hat es aber eigentlich nach der »Fuga canonica«.

Musicalisches Opfer von Johann Sebastian Bach (BWV 1079), dreistimmiges Ricercar, Erstdruck, 1747, 37 x 23,5 cm, Städtische Bibliotheken Leipzig, Musikbibliothek – Johann Sebastian Bachs »Musicalisches Opfer« ist wie die »Kunst der Fuge« Ausdruck eines hochentwickelten kontrapunktischen Denkens. Nirgends als in diesen beiden Werken zeigt Bach sich in so reiner Form als Vertreter der musikalischen Wissenschaft, in der es nicht zuerst um schönen Klang, sondern um mathematische, abstrakte Perfektion geht. Bachs Spätwerk hat deshalb mit der Musik seiner Zeit nichts mehr gemein.

Prospect des Königlichen Lustschlosses Sans-Souci bei Potsdam, kolorierter Kupferstich von Johann David Schleuen d. Ä. (1711–71), 1748, 38,5 x 59,6 cm – Friedrich übertrug, als auch die Finanzierung gesichert war, seinem Architekten Georg Wenzeslaus von Knobelsdorff den Auftrag zur Ausführung seiner Pläne. Schon im Jahr 1747, kurz vor Johann Sebastian Bachs Besuch in Potsdam, konnte Sanssouci eingeweiht werden. Damit hatte sich der König ein Refugium ganz nach seinem Geschmack errichtet.

1700 | 1725

1710
Wilhelm Friedemann wird am 22. November in Weimar als ältester Sohn Johann Sebastian Bachs geboren.

1723
Tod seiner Mutter Maria Barbara und Heirat des Vaters mit Anna Magdalena. Er kommt in die Leipziger Thomasschule.

1726
Friedemann erhält Violinunterricht in Merseburg bei Johann Gottlieb Graun.

1729
Beginn des Studiums der Mathematik, Philosophie und des Rechts an der Universität Leipzig und Besuch bei Georg Friedrich Händel in Halle.

1733
Der junge Friedemann wird Organist an der Sophienkirche in Dresden. Er lernt andere Musiker, wie den Opernkomponisten Johann Adolf Hasse, kennen.

Wilhelm Friedemann (1710–84)

1714
Carl Philipp Emanuel wird am 8. März in Weimar geboren.

1723
Zusammen mit seinem Bruder Friedemann kommt Emanuel in die Leipziger Thomasschule. Dort wirkt er im Thomanerchor mit.

1731
Beginn des Rechtsstudiums an der Universität Leipzig.

1734
Weiterführung des Rechtsstudiums an der Universität Frankfurt/Oder bis 1738.

Carl Philipp Emanuel (1714–88)

1732
Johann Christoph Friedrich wird am 21. Juni in Leipzig geboren.

Johann Christoph Friedrich (1732–96)

Johann Christian (1735–82)

1775 | 1800

1770
Versuch eines Neuanfangs mit der Familie in Braunschweig: Trotz verschiedener Bemühungen tritt er keine neue Stelle an.

1774
Umzug nach Berlin: Als Orgelvirtuose findet er zwar Anerkennung, jedoch keine feste Anstellung. Er hat mit Existenzproblemen zu kämpfen.

1784
Verarmt stirbt Friedemann am 1. Juli in Berlin.

1772
Der reisende Musikschriftsteller Charles Burney trifft Emanuel in Hamburg. Emanuels Autobiografie wird in der deutschen Übersetzung von Burneys »Tagebuch seiner Musikalischen Reisen« (1773) abgedruckt.

1788
Als verehrter Meister stirbt Carl Philipp Emanuel am 14. Dezember in Hamburg.

1771
Friedrich schließt Freundschaft mit Johann Gottfried Herder, der bis 1776 am Bückeburger Hof weilt. Friedrich komponiert Oratorien und Kantaten nach Herders Texten.

1778
Mit seinem Sohn Wilhelm Friedrich Ernst Bach reist Friedrich nach London zu seinem Bruder Johann Christian. Auch Carl Philipp Emanuel besuchen sie unterwegs in Hamburg.

1792
Mit dem Es-Dur-Konzert komponiert Friedrich eines seiner bedeutendsten Klavierkonzerte, mit dem er den Galanten Stil und die Empfindsamkeit überwindet.

1795
Friedrich stirbt am 26. Januar in Bückeburg.

1772/74
Christian fährt nach Mannheim, bewundert das berühmte Orchester der Stadt und komponiert die Opern »Temistocle« und »Lucio Silla«. Er heiratet die Sängerin Cecilia Grassi.

1778
In Paris, wo er für die Académie Royale de Musique eine Oper schreiben soll, trifft er erneut mit Mozart zusammen.

1782
Verschuldet stirbt Christian am 1. Januar in London.

1750

1746/47
Stellenantritt als Organist an der Liebfrauenkirche in Halle. Die gesamte Kirchenmusik in Halle liegt in Friedemanns Verantwortungsbereich. Gemeinsam mit seinem Vater reist er 1747 nach Potsdam, um seinen Bruder Emanuel zu besuchen.

1764
Nach jahrelangen Versuchen, Halle zu verlassen, gibt Friedemann schließlich überraschend seine Stellung als Organist auf. Er lebt ohne festes Einkommen weiterhin in der Stadt.

1738/40
Emanuel wird Kammercembalist bei Kronprinz Friedrich von Preußen in Rheinsberg. Nach dessen Thronbesteigung 1740 bleibt er in diesem Amt und zieht mit dem Hofstaat nach Berlin um.

1748
Johann Sebastian d. J., jüngster Sohn Emanuels, wird geboren. Er wird Maler und stirbt bereits mit 30 Jahren.

1753
Emanuel veröffentlicht die Abhandlung »Versuch über die wahre Art das Clavier zu spielen«, in dem er neben der Vermittlung rein technischer Grundlagen des Klavierspiels auch Hinweise für den richtigen Vortrag gibt.

1768
Nach 30 Jahren im königlichen Dienst in Berlin wird Emanuel Kantor am Johanneum in Hamburg und als Nachfolger Telemanns Musikdirektor der fünf Hauptkirchen. Damit bekleidet er einen der wichtigsten deutschen Musikposten.

1749
Beginn des Rechtsstudiums an der Universität Leipzig.

1750
Wegen der Erkrankung des Vaters gibt Friedrich sein Studium auf und wird Kammermusiker am Hof des Grafen Wilhelm von Schaumburg-Lippe in Bückeburg.

1759
In Bückeburg wird er Konzertmeister der Hofkapelle.

35
hann Christian d am 5. Septem- in Leipzig als gster Sohn Johann bastian Bachs ge- en. Dort wird er n Vater und von ssen Vetter Johann as ausgebildet.

1750
Nach dem Tod seines Vaters kommt er zu Carl Philipp Emanuel nach Berlin, um bei seinem älteren Bruder Komposition und Cembalo zu studieren.

1754/60
Christian reist nach Italien, um bei Padre Martini in Bologna zu studieren. Er konvertiert zum römisch-katholischen Glauben und wird 1760 Domorganist in Mailand.

1762
Umzug nach London; ein Jahr später wird Christian Musikmeister der englischen Königin. Das Londoner Publikum feiert ihn als Opernkomponisten.

1765
Die Konzertserie mit dem Gambisten Carl Friedrich Abel wird zu einem Meilenstein des bürgerlichen Konzertwesens. Im selben Jahr erhält Christian in London Besuch von Wolfgang Amadé Mozart.

Johann Sebastian d. J.: Ein begabter Maler

Emanuel gab seinem jüngeren, 1748 geborenen Sohn die Vornamen des eigenen Vaters: Johann Sebastian. Vielleicht verband er damit die Hoffnung, der Knabe würde ein entsprechendes musikalisches Talent entwickeln. Johann Sebastian der Jüngere hat Emanuel jedoch in dieser Hinsicht enttäuscht: Er wandte sich der Malerei zu, und das nicht ohne Erfolg. Schon ein anderer Bach, Gottlieb Friedrich aus der Meininger Linie der Bachs, war Maler geworden und konnte sich als Porträtist einen Namen machen. Emanuel besaß einige Familienbildnisse Gottlieb Friedrichs in seiner umfangreichen Porträtsammlung. Sein Sohn Johann Sebastian entwickelte schon früh eine Begabung für die Malerei. Dies veranlasste seine Eltern, ihn als 21-Jährigen nach Leipzig in die Lehre des Leiters der dortigen Kunstakademie, Adam Friedrich Oeser, zu schicken. Oeser, auch Zeichenlehrer Goethes und eine anerkannte Autorität auf seinem Gebiet, war ein enger Freund Johann Joachim Winckelmanns, des bedeutenden und seine Epoche nachhaltig durch seine Schriften beeinflussenden Kunsttheoretikers. Besonders in einem Punkt trafen sich Oeser und Winckelmann: Sie hegten eine ungeteilte Begeisterung für die griechische und römische Antike. Winckelmann, der mit seiner Auffassung vom Wesen der antiken Kunst als »edle Einfalt und stille Größe« für die Klassik bestimmend wurde, empfahl allen, die etwas über die antike Kunst erfahren wollten, nach Rom zu gehen und sich die Originale dort anzusehen. Johann Sebastian d. J. sollte diesem Rat bald schon folgen. Bis dahin jedoch beteiligte er sich in Dresden als Zögling Oesers an den alljährlichen Kunstausstellungen mit eigenen Werken, die die Öffentlichkeit auf sein Talent aufmerksam machten.

Johann Sebastian Bach d. J., Stich von C. W. Grießmann, 1791 – Die klassizistische Malerei von Emanuels Sohn repräsentiert bereits eine neue Epoche der Kunstgeschichte, der Emanuel selbst mit seiner Musik nicht angehört. Die Musik Haydns und Mozarts entspricht dem Charakter des Klassizismus dagegen sehr genau.

Johann Joachim Winckelmann, Gemälde von Angelica Kauffmann, 1764, Kunsthaus Zürich – Winckelmann (1717–68) kam nach Jahren als Bibliothekar in der Nähe Dresdens und nach seinem Übertritt zum Katholizismus nach Rom, wo er zuerst Bibliothekar, dann Verwalter der Vatikanischen Kunstsammlungen wurde. Für den Fortschritt der Kunst hielt er die Nachahmung der Griechen für unverzichtbar.

Die Landschaftsmalerei eines Bach

Ideale Landschaft, Gemälde von Johann Sebastian Bach d. J., 1776, Hamburger Kunsthalle – In der idealen Landschaft verbinden sich antikisierende Versatzstücke und Naturschilderung. Der von Leidenschaften freie Ausdruck des Bildes scheint Winckelmanns Postulaten zu entsprechen: Stille Größe und verschwiegene Erhabenheit ersetzen die extrovertierte Dramatik der barocken Malerei.

In seinen Bildern, die »Waldige Gebirgslandschaft mit See«, eine »Landschaft im Mondlicht« oder die hier gezeigte »Ideale Landschaft«, offenbart Emanuels jüngster Sohn Johann Sebastian seinen Hang zum Genre der Landschaftsmalerei. Er malte jedoch auch mythologische Szenen und griff immer wieder auf Requisiten der Antike in seinen Gemälden zurück. Sein letztes, in Dresden ausgestelltes Bild »Monument in Arkadien« lässt ebenfalls den klassizistischen Einfluss seines Lehrers erkennen. Im Jahr 1776 brach Johann Sebastian nach Rom auf, um die antiken Originale studieren zu können. Doch schon im nächsten Jahr erkrankte er schwer und musste sich mehreren Operationen unterziehen, was dem Vater im fernen Deutschland große Sorgen bereitete. An Johann Nikolaus Forkel schrieb Emanuel: »Mein armer Sohn in Rom liegt seit 5 Monaten an einer höchst schmerzhaften Krankheit darnieder und ist noch nicht aus aller Gefahr. O Gott, was leidet mein Herz!« Am 11. September 1778 starb Johann Sebastian 30-jährig in Rom an Tuberkulose. Seine Begabung hatte zu großen Hoffnungen berechtigt. Seinen Bildern ist eine Haltung anzusehen, die für die bildende Kunst seiner Zeit typisch ist: die Aufwertung der Landschaft, die zum Schauplatz, ja zum Abbild der Gefühle und Stimmungen wird, der Zug klassizistischer Erhabenheit, ein verinnerlichtes Pathos, das noch ohne die großen romantischen Gesten einer späteren Epoche auskommt.

L'ALLEMAGNE
par Postes
MER D'ALLEMAGNE
ANGLETERRE
Norwich
DANNEMARC
Coppenhague
Hambourg
Lubeck
BASSE SAXE
Luneboug
Hanovre
Brunswick
Magdebourg
WESTPHALIE
UNIES
Amsterdam
Zuyder Zee
Texel
PAYS BAS
Brussel
Calais
Lille
Cambray
Amiens
Cologne
Dusseldorp
Coblentz
Francfort
Mayence
HAUT RHIN
FRANCONIE
Nuremberg
Wurtzbourg
Cassel
Luxembourg
Metz
Treves
LORRAINE
Nancy
Strasbourg
ALSACE
ISLE DE FRANCE
PARIS
CHAMPAGNE
Reims
FRANCE
Orleans
ORLEANOIS
BOURGOGNE
Dijon
FRANCHE COMTE
Besançon
Bale
SOUABE
Stutgard
Ulm
Augsbourg
BAVIERE
Ratisbone
Munich
Salzbourg
Passau
Constance
Lindau
LES SUISSES
Berne
Zug
Geneve
SAVOIE
LYONOIS
Lion
DAUPHINE
Grenoble
PIEMONT
MILANOIS
Milan
Insprugk
Brixen
Trente
VENISE
Venise
Verone
Padoue
Bergame
Lieues Communes d'Allemagne
Lieues Communes de France

Irrwege und Auswege

Vier Söhne suchen ihr Glück

Karte der Postwege durch Deutschland, Kupferstich, um 1750, koloriert – Für die Söhne bedeutete der Tod Johann Sebastian Bachs einen Einschnitt im Leben: Wilhelm Friedemann verlor einen wichtigen Halt, für ihn begann bald eine unruhige Zeit. Johann Christian verließ das Elternhaus und kam zu Carl Philipp Emanuel nach Berlin. Während er von dort nach Italien aufbrach und Jahre später in London heimisch wurde, blieb Emanuel zeitlebens in Deutschland: »Meine preussischen Dienste haben mir nie so viele Zeit übrig gelassen, in fremde Länder zu reisen. Ich bin also beständig in Deutschland geblieben und habe nur in diesem meinem Vaterlande einige Reisen gethan.« Auch Johann Christoph Friedrich hat bis auf eine bedeutsame Reise nach Hamburg und England Bückeburg nicht verlassen.

Johann Sebastians Tod: Beginn einer neuen Zeitrechnung

In der Mitte des Jahrhunderts, am 28. Juli 1750, verstarb Johann Sebastian Bach in Leipzig. Georg Friedrich Händel und Georg Philipp Telemann, die zwei berühmten und zu Lebzeiten viel populäreren Zeitgenossen Vater Bachs, lebten noch. Doch mit den in den 1740er Jahren verstorbenen Barockkomponisten, darunter Antonio Vivaldi, Jan Dismas Zelenka, Jean-Féry Rebel ging bereits eine Epoche zu Ende, deren Ausläufer gleichwohl in die Zeit der Klassik hineinreichten. Joseph Haydn war erst 18 Jahre alt, Wolfgang Amadé Mozart noch gar nicht geboren. Mancher sensible und hellhörige Musikfreund wird wohl geahnt haben, dass in der Musik langsam ein neues Zeitalter anbrach, denn es wurden bereits da und dort Singspiele nach französischem Muster gespielt und progressive Komponisten wandten sich zukunftsträchtigen Gattungen wie der Sinfonie und dem Streichquartett zu. In dieser Zeit fiel nur Wenigen der endgültige Abschied des Leipziger Thomaskantors wirklich auf. Am schmerzhaftesten haben ihn seine älteren Söhne Friedemann und Emanuel verspürt.

Johann Sebastian Bach, anonyme Silberstiftzeichnung auf Pergament, um 1730, 94 x 72 mm, Privatbesitz – Zwar ist das einzig authentische Bach-Porträt jenes, das Elias Gottlob Haußmann 1746 malte, doch zeigt auch diese zarte Zeichnung mit einiger Gewissheit den Komponisten.

Die Kunst der Fuge (BWV 1080) von Johann Sebastian Bach, 1750, letzte Seite mit Schlussvermerk Carl Philipp Emanuel Bachs »Ueber dieser Fuge, wo der Nahme BACH im Contrasubject angebracht worden, ist der Verfasser gestorben«, Staatsbibliothek zu Berlin, Preußischer Kulturbesitz – Die »Kunst der Fuge«, eine Sammlung von Fugen und Kanones über ein einziges Thema, war das letzte große Werk, an dem Johann Sebastian arbeitete. Die 15. und letzte Fuge konnte er nicht mehr vollenden. Mitten im Werk bricht Bachs Handschrift ab.

Friedemann auf Irrwegen

Wilhelm Friedemann Bach, Stich von Christian Heinrich Schwenterley, 1790, nach Matthieu, Staatsbibliothek zu Berlin, Preußischer Kulturbesitz.

Es war nun Friedemanns Aufgabe, die Fragen der Erb- und Hinterlassenschaften seines Vaters zu regeln. Mit Emanuels Zustimmung wurde beschlossen, die väterlichen Kompositionen von der allgemeinen Teilung des Erbes auszunehmen. Die beiden Brüder und Bachs Witwe Anna Magdalena teilten die Manuskripte hauptsächlich unter sich auf. Friedemann erhob Anspruch auf den größten Teil der Vokalmusik, wobei er, wie Forkel berichtet, die Begründung anführte, sie würde ihm in Halle mehr nützen als Emanuel in Berlin. Als ältestem Sohn fiel Friedemann darüber hinaus die Aufgabe zu, für den 15-jährigen Johann Christian zu sorgen. Selbst noch unverheiratet, entschied er sich dafür, den Jungen in die Familie Emanuels zu geben. Er brachte ihn im August 1750 zu seinem Bruder nach Berlin. Dort aber blieb Friedemann bis zum Dezember und überzog seinen ihm zugebilligten Urlaub gleich um mehrere Monate. Ob er auf einen Posten in der Hofkapelle hoffte und womöglich diesmal auf die Protektion seines Bruders setzte, lässt sich nur vermuten. Jedenfalls hatte es zu diesem Zeitpunkt schon erste Auseinandersetzungen mit seinen Vorgesetzten in Halle gegeben, die ihm nach seiner verspäteten Rückkehr aus Berlin verständlicherweise einen Verweis erteilten.

In Friedemanns Leben stellten sich nach 1750 zunehmend Schwierigkeiten ein: Probleme mit seiner Amtsauffassung, seinem Beruf als Musiker und Komponist und auch in persönlicher Hinsicht. Eine Neigung zur Exzentrik kam stärker zum Vorschein, die ihm bei einigen späteren Kommentatoren den Ruf eines »verkommenen Genies« eingebracht hat. Es ist bezeichnend, dass Friedemann nach dem Tod seines Vaters keine neue dauerhafte Anstellung finden konnte. Dessen Fürsprache und aktive Unterstützung hatte offenbar viel dazu beigetragen, dass Friedemann die Positionen in Dresden und Halle überhaupt erhalten hatte. Darüber hinaus hatten Vater und Sohn einen sehr engen Kontakt, unternahmen gemeinsame Reisen und besuchten sich gegenseitig. Friedemanns Entwicklung und Fortkommen lagen dem Vater, der ihm stets mit Rat und Tat zur Seite stand, besonders am Herzen. Nun brach mit dem Tod Johann Sebastians augenscheinlich eine tragende Stütze in Friedemanns Leben weg, eine Stütze, von der er in gewissem Grad wohl abhängig war.

Berufliche Unzufriedenheit

Carl Philipp Emanuel Bach, Stich von Heinrich Pfenninger, Deutsche Staatsbibliothek zu Berlin, Preußischer Kulturbesitz – Das Verhältnis zwischen Emanuel und Friedrich II. war von Spannungen bestimmt. Unzufrieden mit dem Hofdienst, begann Emanuel sich nach einer anderen Stelle umzusehen.

Emanuel versuchte nach dem Tod des Vaters, seine nicht sehr befriedigende Situation am Berliner Hof zu verändern: Er empfand die Routine der Hofmusik auf Dauer als beklemmend. Der Hauptgrund dafür muss in der Person seines Dienstherrn, des preußischen Königs, gelegen haben. Ungeachtet persönlicher Gefühle dürften Emanuel der konservative Geschmack des Monarchen, sein Festhalten an einem begrenzten Standardrepertoire und nicht zuletzt auch seine mit zunehmendem Alter immer deutlicher werdende musikalische Unzulänglichkeit gestört haben. Einen gewissen Ausgleich schuf Emanuel sich durch sein Engagement in den bürgerlichen Musikzirkeln Berlins und durch seine Tätigkeit als Pädagoge.

Emanuel bewarb sich 1750 um den vakanten Posten des Leipziger Thomaskantors. Zu seinen Konkurrenten zählten der Bachschüler Johann Ludwig Krebs und einer der Graun-Brüder, August Friedrich. Doch keiner der namhaften Kandidaten hatte Erfolg, gewählt wurde schließlich ein heute weitgehend unbekannter Musiker namens Gottlob Harrer, vormals in Diensten des Grafen von Brühl, dem sächsischen Premierminister. Nur drei Jahre darauf bot sich Emanuel aber eine erneute Möglichkeit zu einem Stellenwechsel. Wie sein Bruder Friedemann und die Bachschüler Johann Friedrich Altnickol und Gottfried August Homilius bewarb er sich nun um den Kantorenposten in Zittau. Aber auch dieser Versuch, Berlin und seinem König den Rücken zu kehren, schlug fehl. Schließlich versuchte Emanuel es ein zweites Mal in Leipzig, da Harrer bereits 1755 starb und das Thomaskantorat wieder frei wurde. Augenscheinlich brachte er sogar ein Empfehlungsschreiben seines Paten Telemann mit, wurde jedoch erneut abgelehnt, da man ihm unterstellte, an der Thomasschule nicht lehren zu können. Unterdessen hatte Emanuel bei seinem Arbeitgeber um eine Gehaltserhöhung gebeten und für den Fall eines abschlägigen Bescheids sogar die Kündigung angedroht. Er gab an, von den 300 Talern nicht mehr leben zu können, die Friedrich ihm seit 15 Jahren unverändert zahlte. Er führte zudem ins Feld, dass Nichelmann und Agricola, beide einst seine Schüler, bereits 600 Taler verdienten. Der König antwortete seinem Kämmerer daraufhin: »Bach lügt. Agricola hat nur 500 Taler«. Aber er gewährte Emanuel immerhin eine Zulage von 200 Talern.

Gesundheit, Musik und Flucht: Emanuels Reisen

Seine Reisen führten Emanuel 1743 zur Kurierung von Gichtbeschwerden nach Bad Teplitz in Böhmen und acht Jahre darauf nach Halberstadt, wo er den Dichter Johann Wilhelm Ludwig Gleim besuchte, den er noch aus Berlin kannte. Von dort aus reiste er nach Hamburg weiter und traf mit dem Musiktheoretiker und Komponisten Johann Mattheson zusammen. Mattheson beschrieb Emanuel als »berühmten clavicimbalisten« – ein sprechender Beweis für den Ruhm, den er sich bereits über die Grenzen Berlins hinaus erworben hatte – und diskutierte mit ihm über Musik, »wobey die Unterredungen sehr musikalisch und ergötzlich ausfielen«, wie er versicherte. Es wäre verwunderlich, wenn Emanuel in der Hansestadt nicht auch seinem Paten Telemann einen Besuch abgestattet hätte. Zwei, drei kürzere Reisen sind aus den Folgejahren noch überliefert. Als die russischen Truppen 1758 im Siebenjährigen Krieg Berlin angriffen, flüchtete Bach mit seiner Familie für mehrere Monate ins anhaltische Zerbst. Dort wohnten sie im Hause des Kapellmeisters Johann Friedrich Fasch, dessen Sohn Karl Friedrich Christian ein Kollege Emanuels als Akkompagnist in Potsdam war.

Das Gehör, deutsch, um 1750, Guckkastenbild mit Musikern – Diese idealtypische Musikaufführung zeigt von den Pauken und Trompeten unten links über die Streicher bis hin zur Orgel am hinteren Ende des Raumes die wichtigsten Instrumente der Barockzeit. So ungezwungen wie in diesem imaginären Konzert wird es wohl am preußischen Hof nicht zugegangen sein. Dies mag zu Emanuels wachsender Unzufriedenheit beigetragen haben.

Ein neuer Cembalist für Bückeburg

Im Frühjahr 1750 trat Johann Christoph Friedrich in die Dienste des Grafen Wilhelm von Schaumburg-Lippe in Bückeburg. Wie es zu der Verbindung mit Bückeburg kam, ist nicht genau bekannt. Es existiert ein Brief Johann Sebastians an den Grafen Wilhelm vom 27. Dezember 1749, der vielleicht als Empfehlungsschreiben für Friedrich diente. Johann Sebastian stellt darin dankbar fest, dass der Graf eines seiner Kinder in seine Dienste nehmen wolle. Dies kann niemand anderer als Friedrich gewesen sein. Es ist wahrscheinlich Carl Philipp Emanuel zu verdanken, dass der Graf überhaupt auf Friedrich aufmerksam wurde. Als ein großer Bewunderer des Preußenkönigs besuchte Graf Wilhelm 1749 Potsdam und lernte dort den als Cembalisten tätigen Emanuel kennen. Von ihm erhielt er vermutlich den Hinweis, für seine Hofkapelle, die er gerade neu aufbaute, doch Friedrich zu berücksichtigen. Zwei Tatsachen stützen diese Hypothese: Im Jahr 1751 widmete Emanuel dem Grafen zwei Triosonaten, die seine Dankbarkeit für die Aufnahme Friedrichs ausdrücken könnten und darüberhinaus

Bückeburg, Schloss, Ansicht von der Wasserseite – In Bückeburg, der Residenz der Grafen von Schaumburg-Lippe, gab es einen ersten Höhepunkt des Musiklebens zu Beginn des 17. Jahrhunderts. Damals hoben englische Gambisten den Standard der Hofkapelle. Mit der Hofmusik eng verbunden waren Musiker wie Heinrich Schütz, Johann Grabbe und Michael Praetorius. Der Ausbruch des Dreißigjährigen Krieges aber machte dem ein Ende. Erst als Friedrich Bach 1750 nach Bückeburg kam, befand sich die Hofmusik im Wiederaufbau.

existierte eine eigene Akte über Emanuel im Bückeburger Archiv. Weihnachten 1749 lebte Friedrich noch im Elternhaus, im Juli 1750, als der Vater starb stand er aber schon in Schaumburg-Lippischen Diensten, wie aus einem Protokoll zu den Nachlassverhandlungen in Leipzig hervorgeht. Bei der Verteilung des Bach'schen Erbes ist auch Friedrich nicht leer ausgegangen. So erhielt er das Autograf der sechs Sonaten für Violine solo (BWV 1001–1006) und scheinbar auch einen Teil der Kantaten seines Vaters, möglicherweise sogar einen ganzen Jahrgang. Näheres ist zwar hierüber nicht bekannt, aber später verwendete Friedrich in seinen Vokalwerken Choräle, die den Kantaten seines Vaters entnommen wurden. Ein weiteres Erbstück war ein Cembalo, das Johann Sebastian noch kurz vor seinem Tod von dem Leipziger Instrumentenbauer Hoffmann erhalten hatte und mit dem er seinen Sohn an seinem neuen Wirkungsort ausstatten wollte.

Bückeburg, Evangelische Stadtkirche – Bis zum Regierungsantritt des Grafen Wilhelm war die von 1611 bis 1615 errichtete Stadtkirche Mittelpunkt des Musiklebens, da seine Vorgänger keinen Wert auf Hofmusik legten.

Steile Karriere

Friedrich wurde in Bückeburg mit dem offiziellen Titel eines »Cammer-Musikus« ausgezeichnet und übernahm die Aufgaben eines Cembalisten. Damit war er in erster Linie für die Ausführung des Generalbasses zuständig und bildete so das »Fundament« der gesamten Hofkapelle. Die gelegentliche Betätigung als Solist war aber nicht ausgeschlossen. Friedrich erfüllte also fast dieselbe Funktion wie sein Halbbruder Emanuel am preußischen Hof. Für einen gerade 18-Jährigen, der sich zuvor als Musiker noch keinen Namen gemacht hatte, bedeutete dies einen enormen Aufstieg. Mit einem jährlichen Gehalt von 200 Talern erzielte er auf Anhieb ein Einkommen, das etwa dem Friedemanns in Halle entsprach, obwohl dieser über 20 Jahre älter und bereits ein berühmter Organist war. Das Bückeburger Musikleben ist bis zum Ende des 18. Jahrhunderts unweigerlich mit der Person Friedrichs verbunden. Nach seinem Tod im Jahr 1795 verbreiteten sich sogar zum Teil amüsante Anekdoten über die Art und Weise, wie er seine Stelle erlangt haben soll. Eine davon besagt, dass Friedrich als Geiger mit einer Wandertruppe nach Bückeburg gekommen sei und den Grafen so von seinem Spiel begeisterte, dass dieser ihn umgehend zum Organisten der Stadtkirche ernannt habe.

Der väterliche Nachlass

»Quoniam tu solus sanctus« aus der »h-Moll-Messe« von Johann Sebastian Bach, Autograf der Corno-da-caccia-Stimme, Leipzig, 1733, Sächsische Staats- und Landesbibliothek, Dresden – Zu den Noten, die der Vater seinen Erben hinterließ, gehört auch die »h-Moll-Messe«.

Neben seiner Notensammlung hinterließ Johann Sebastian zahlreiche Instrumente: acht Cembali, ein Spinett, eine Laute, mehrere Streichinstrumente und zwei so genannte Lautenklaviere oder Lautencembali – Tasteninstrumente, die mit Darmsaiten bespannt waren, um den Klang der Laute zu imitieren. Emanuel erbte offenbar keines der Instrumente. Dafür teilte er sich mit Friedemann den Großteil der väterlichen Hinterlassenschaft an Noten. Da Emanuel nicht selbst an den Erbschaftsverhandlungen teilnahm und Friedemann mit der Wahrung seiner Interessen beauftragt hatte, werden die Brüder im Vorfeld intensiven Kontakt gehabt haben. Friedemann begleitete seinen jüngeren Halbbruder Johann Christian anschließend zu Emanuel, der diesen bei sich aufnahm, und blieb mehrere Monate in Berlin. Christian wohnte vier Jahre bei Emanuel und ließ sich von ihm – als Fortsetzung des väterlichen Unterrichts – in der Komposition und im Klavierspiel unterweisen.

Was die geerbten Noten betrifft, so kamen zahlreiche Instrumentalwerke, Kantaten, die »Matthäus-Passion«, das Weihnachtsoratorium und die »h-Moll-Messe« des Vaters in Emanuels Besitz. Er ging mit ihnen wesentlich sorgfältiger um als Friedemann, der später vor der Veräußerung der väterlichen Manuskripte nicht zurückscheute. Zwar griff Emanuel in der Praxis ebenfalls auf väterliche Kompositionen zurück – auch er bewahrte das Erbe demnach nicht allein aus Gründen der Pietät –, doch konnte er das Ererbte fast vollständig zusammenhalten. Es gelangte nach seinem Tod über den Sammler Georg Poelchau schließlich in den Besitz der Berliner Königlichen Bibliothek (der heutigen Staatsbibliothek). Das im Jahr 1790 gedruckte Verzeichnis von Emanuels eigenem Nachlass listet auch die Werke Johann Sebastians detailliert auf. Hier findet sich ebenso eine Notensammlung, die Vater Bach selbst angelegt hatte, und zwar das »Alt-Bachische Archiv«. In diesem hatte der Thomaskantor von einigen seiner komponierenden Vorfahren Kantaten, Motetten und Strophenlieder zusammengetragen.

Laute, gebaut von Thomas Edlinger d. J., Prag, um 1730, Musikinstrumenten-Museum der Universität Leipzig – Im Nachlassverzeichnis ist auch eine wertvolle Laute erwähnt. Der Leipziger Instrumentenbauer Johann Christian Hoffmann soll ihm eine Laute aus »eigener Arbeit« vermacht haben.

Christian und seine drei Cembali

Nach dem Tod seines Vaters im Juli 1750 fand Christian ein neues Heim bei Emanuel in Berlin. Eigentlich wäre es Friedemanns Aufgabe gewesen, als ältester Bruder für Christian Sorge zu tragen. Aber der Hallenser Bach war zu dieser Zeit noch immer unverheiratet, während Emanuel schon eine Familie gegründet hatte. Hier also schien für Christians weitere Jugendjahre der beste Platz zu sein. Am Erbe seines Vaters wurde er freilich nicht in gleicher Weise beteiligt wie seine Brüder. Während Emanuel und Friedemann die wertvollen väterlichen Manuskripte untereinander aufteilten, erhielt Christian gerade einmal einige Hemden und eine kleine Geldsumme aus der Hinterlassenschaft. Aber die Dürftigkeit dieses Erbteils hatte einen Hintergrund: Noch zu Lebzeiten hatte Johann Sebastian seinem Jüngsten drei Pedalcembali aus seinem Besitz geschenkt. Womöglich überzeugte Christian seinen Vater so sehr durch seine Fähigkeiten als Cembalist, dass dieser ihm eine derart großzügige Gabe ohne erkennbaren Anlass zukommen ließ. Friedemann erhob im Nachhinein gegen dieses Geschenk Einspruch und hätte wohl gemeinsam mit den älteren Geschwistern am liebsten diese Schenkung rückgängig gemacht. Dennoch nahm Christian die drei Cembali anscheinend mit, als er im Herbst 1750 bei Emanuel einzog. Dass er bei der Verteilung des väterlichen Notenerbes leer ausging, hat beinahe symbolischen Charakter: Keiner der Brüder wandte sich später so deutlich vom Stil des Vaters ab wie Christian, keiner war so wenig durch das väterliche Erbe belastet.

Pedalclavichord, gebaut von Johann David Gerstenberg, Geringswalde, 1760, Musikinstrumenten-Museum der Universität Leipzig – Pedalclavichorde waren im 18. Jahrhundert beliebte Übungsinstrumente von Organisten. Gerstenberg (1716–96) wirkte hauptsächlich als Orgelbauer in Geringswalde; von ihm sind zwei Orgeln in Sachsen bekannt.

Bei Emanuel in Berlin

Emanuel unterwies seinen jungen Halbbruder im Klavierspiel und in der Komposition und setzte dort an, wo sein Vater aufgehört hatte. Immerhin hatte Christian nun einen der größten Meister seines Fachs als Lehrer und es ist anzunehmen, dass er durch ihn zu einem ordentlichen Spieler ausgebildet wurde und alles Notwendige für einen späteren Musikerberuf mit auf den Weg bekam. Ein großer Virtuose scheint er allerdings nicht gewesen zu sein.

Möglicherweise wollte Emanuel, dass Christian Kantor wird. Es gibt Anzeichen dafür, dass er sich für ihn rechtzeitig nach einer entsprechenden Stelle umsah. Gewiss war Emanuel zugleich darauf bedacht, dass Christian sein eigenes Geld verdienen konnte, immerhin hatte er selbst mit seinem nicht allzu hohen Gehalt eine Familie zu versorgen. Zum Dank unterstützte der Jüngere den Älteren auch als Kopist und ging im Haushalt zur Hand – auch hier also eine Fortsetzung der Leipziger Lebensumstände.

Christian begleitete den älteren Bruder regelmäßig zu den Zusammenkünften des intellektuellen Zirkels, dem dieser angehörte, lernte die Dichter, die Philosophen und auch die Musiker kennen, mit denen Emanuel Umgang hatte. Offenbar ist Christian in diesem Rahmen auch als Cembalist aufgetreten. Der Musikschriftsteller Friedrich Wilhelm Marpurg berichtet, dass der jüngste Bachsohn sich vor Publikum »in verschiedenen Compositionen mit Beyfalle gezeiget« habe, also wahrscheinlich eigene Werke vortrug. Er führte einen vor allem in Berlin berühmten Namen und zog schon deshalb Aufmerksamkeit auf sich. Von seinen frühen Kompositionen ist aber keine so unverwechselbar und meisterhaft, dass er sich damit allein hätte einen Namen machen können.

Berlin, Stadtansicht, Stich nach Friedrich Bernhard Werner im Verlag Johann Friedrich Probst, Augsburg um 1730, Deutsche Staatsbibliothek zu Berlin, Preußischer Kulturbesitz – In Berlin existierte zur Zeit Emanuels ein lebhaftes bürgerliches Musikleben. Mit den ab 1770 stattfindenden Liebhaberkonzerten, zu deren Organisatoren der Bachschüler Agricola und der Hofmusiker Benda zählten, wurde das öffentliche Konzertwesen auf professionelle Beine gestellt.

Christians Berliner Kompositionen

Der Kompositionsunterricht bei Emanuel trug schon bald klingende Früchte: Im Nachlassverzeichnis Emanuel Bachs, 1790 von dessen Witwe Johanna Maria veröffentlicht, findet sich ein »Paket mit Compositionen [Christians], in Berlin verfertigt, ehe der Verfasser nach Italien ging«. Emanuel hatte nach Christians Fortgang also die in Berlin geschriebenen Kompositionen seines Bruders aufbewahrt. Das »Paket« enthielt fünf Cembalokonzerte (C 68–72, Nummerierung nach dem Werkverzeichnis von Ernest Warburton), ein Cellokonzert (C 77), zwei Trios (B 28–29) und drei Arien (G 30–32). Ferner besaß Emanuel noch ein Cembalokonzert »nach Tartini's Manier« (C 74) und einige andere Werke. Auch eine zum 40. Geburtstag König Friedrichs im Jahr 1752 komponierte Kantate mit dem Titel »L'Olimpe« soll Christian in Berlin geschrieben haben. Allerdings konnten bislang nur die ersten fünf genannten Konzerte für Cembalo (B-Dur, f-Moll, d-Moll, E-Dur, G-Dur) als Originalkompositionen des jüngsten Bachsohnes identifiziert werden. Sie liegen in einer autografen Partitur vor. Alle übrigen sind zweifelhaft, insbesondere die Kantate. Leider ist auch nicht zu ermitteln, ob ein Teil dieser Werke bereits in Leipzig entstanden ist oder ob sie alle unter der Ägide Emanuels komponiert wurden. In ihrem Stil jedenfalls unterscheiden sich die Cembalokonzerte erheblich von Christians späteren Gattungsbeiträgen, denn sie lehnen sich eng an die entsprechenden Vorbilder Emanuels und der Norddeutschen Schule an und sprechen noch nicht die für Christian später so typische, leichte, graziöse Sprache. Zwei der Konzerte stehen sogar in einer Molltonart, was sich später nicht wiederholen wird.

6. Notenseite des B-Dur Konzerts (»Berliner« Cembalokonzert), Bildarchiv Preußischer Kulturbesitz Berlin – Auf der 6. Seite der Partitur des B-Dur-Konzerts hat Christian zwischen der 4. und 5. Zeile von unten geschrieben: »Ich habe dieses Conc.[ert] gemacht ... ist das nicht schön?«.

Außerdem sind sie für vierstimmiges Streichorchester gesetzt und überragen alle späteren an Ausdehnung. Bei allem Talent und Geschick, das diese Werke verraten, ist der Einfluss Emanuels und seines Berliner Kreises nicht zu verkennen.

Die Glanzzeit der Berliner Oper unter Friedrich II.

Die öffentliche, repräsentative Seite des Berliner Musiklebens im 18. Jahrhundert zeigt sich exemplarisch am Bau des königlichen Opernhauses, das der Architekt Georg Wenzeslaus von Knobelsdorff nach dem Wunsch des Königs direkt nach seiner Thronbesteigung ab 1740 errichtete. Am 7. Dezember 1742 fand die feierliche Eröffnung mit einer Aufführung der Oper »Cesare e Cleopatra« von Carl Heinrich Graun statt. Der Opernbetrieb brachte neue Künstler nach Berlin: Graun hatte sich in Italien nach geeigneten Sängern umgesehen, allerdings waren sie alle nicht die besten ihres Fachs. Zusammen mit den aus Frankreich beorderten Tänzern, den Instrumentalisten und Requisiteuren bereicherten sie das musikalische Treiben. Komponisten aber zog die Berliner Oper nicht an, denn Friedrich selbst beschränkte das Repertoire auf die Opern Hasses und Grauns und damit auf einen ganz bestimmten Stil, den er als junger Kronprinz einst in Dresden kennen und schätzen gelernt hatte. Friedrichs Vorliebe für diesen Stil mochte in den 1740er Jahren noch in Mode gewesen sein, zog in Zukunft jedoch eine stilistische Erstarrung nach sich. Dabei nahm der Monarch großen Anteil an »seinen« Opernaufführungen, wählte Libretti aus, gab Anweisungen für die Ausstattung, schrieb selbst Einlagen und Textbücher, die vom Hofpoeten ins Italienische übertragen wurden. Nicht selten saß er hinter seinem Kapellmeister Graun und rief während der Musik eigene Anweisungen in die Aufführung hinein, wenn er es wieder einmal besser zu wissen meinte.

Berlin, Opernhaus von Georg Wenzeslaus von Knobelsdorff, entworfen 1740 – Das königliche Opernhaus war unter der Herrschaft Friedrichs des Großen ein Zentrum konservativen Musikgeschmacks. Hier konnte der Monarch seine persönlichen Vorlieben ausleben. Allerdings teilte das Publikum diese Vorlieben mit der Zeit immer seltener.

Von Carl Heinrich Graun, der von Friedrichs Amtsantritt im Jahr 1740 bis zu seinem Tod 1759 Königlicher Kapellmeister war, verlangte sein Amt die Komposition von insgesamt rund 30 Opere serie nach italienischem oder genauer: Hasseschem Zuschnitt. Zwei Opern von ihm wurden in der Regel pro Saison neu vorgestellt und durften mit denen Hasses auf dem Spielplan alternieren, wobei jedoch darauf geachtet wurde, dass sich ein Werk nicht öfter als viermal in einer Spielzeit wiederholte. Eine solche Spielzeit dauerte in der Regel von November bis März und sah zwei Aufführungen pro Woche vor, wenn nicht besondere Anlässe Zusatzaufführungen erforderlich machten.

Carl Heinrich Graun (1703/04–59), Stich von Valentin Daniel Preißler nach Andreas Möller, Nürnberg 1752, Deutsche Staatsbibliothek zu Berlin, Preußischer Kulturbesitz – Carl Heinrich Graun hatte als Kapellmeister die höchste Position in der Hofkapelle inne. Seine Aufgaben waren die Leitung der Aufführungen und die Komposition neuer Opern.

Františěk Benda (1709–86), Schabkunstblatt von Johann Matthias Schuster nach Joachim Martin Falbe, Deutsche Staatsbibliothek zu Berlin, Preußischer Kulturbesitz – Der Geiger Františěk Benda stand von 1733 an sein ganzes Leben im Dienste Friedrichs des Großen, wie dieser starb er 1786. 1771 wurde er Konzertmeister der Hofkapelle.

Opernvergnügen auf königlichen Befehl

Das etwa 35 Musiker starke Opernorchester bestand zu einem nicht geringen Anteil aus Mitgliedern der Hofkapelle. Es war die Aufgabe des Kapellmeisters, das Orchester vom Cembalo aus zu leiten. Deshalb brauchte Emanuel im Opernhaus keinen Dienst zu tun. Da weder Leipzig noch Frankfurt mit ihrem von der protestantischen Kirche bestimmten Musikleben ihm die Erfahrung des Musiktheaters hatten bieten können, wird er als Besucher in der Berliner Oper seinen Horizont beträchtlich erweitert haben.

Zu den Zuhörern gehörten die Mitglieder des königlichen Hofes, denen der Besuch des Opernhauses in erster Linie vorbehalten war. Der preußische König öffnete das Opernhaus aber auch für bürgerliche Zuhörer und machte ihnen dabei zur Auflage, geziemende Kleidung zu tragen. Der auf Dauer wenig attraktive Spielplan führte in späteren Jahren dazu, dass die Aufführungen immer weniger Publikum anzogen. Um wenigstens die Ränge des Hauses füllen zu können, befahl der König auch schon einmal den Offizieren seiner Armee den Besuch der Oper. In den Jahren des Siebenjährigen Krieges von 1756 bis 1763 schloss das Theater seine Pforten: Das gesamte Ensemble wurde entlassen. Erst 1764 wurde der Spielbetrieb wieder aufgenommen und man fand für den mittlerweile verstorbenen Graun in Johann Friedrich Agricola einen neuen Kapellmeister. Doch Friedrichs Interesse an der Musik ließ zu dieser Zeit schon nach und mit ihm auch der einstige Glanz der Berliner Oper. Erst gegen Ende des 18. Jahrhunderts, ist ein erneuter Aufschwung zu verzeichnen.

Die Oper: Faszination für ein ganzes Leben

Das vielseitige Leben der preußischen Residenzstadt Berlin wird auf Christian denselben Eindruck gemacht haben wie auf seine Brüder Friedemann und Emanuel, als sie aus der relativen Enge eines Kantorenhaushalts heraus ihren Dienst in den Metropolen Dresden und Berlin antraten. Emanuel, der nun die Vaterrolle für Christian übernahm, führte seinen Halbbruder in das gesellschaftliche Leben Berlins ein. Neben den Besuchen öffentlicher Konzerte hatte Christian die Möglichkeit, einer königlichen Soirée beizuwohnen und die berühmten Musiker des Königs, allen voran Johann Joachim Quantz und die Brüder Graun, Carl Heinrich und Johann Gottlieb, persönlich zu erleben. Eine andere königliche Institution fesselte seine Aufmerksamkeit jedoch noch stärker: die Oper. Für einen geborenen Bach war es schon ein ungewöhnlicher Zeitvertreib, die italienischen Bühnenwerke eines Hasse oder Graun mit solch intensiver Begeisterung anzusehen. Christian liebte das Spektakel, die Kostüme und die Dekorationen, die ihm das erst vor kurzem eröffnete Opernhaus in mondäner, repräsentativer Prachtentfaltung bieten konnte. Er pflegte Kontakt mit den italienischen Sängern des Ensembles, die Graun einst in Italien angeworben hatte: Offenbar regte sich bereits hier bei Christian bald ein größeres Interesse, nach Italien zu gehen, als die von Emanuel vorgesehene Kantorenlaufbahn einzuschlagen.

Prospekt des königlichen Opernhauses zu Berlin, Kupferstich von Johann David Schleuen d. Ä., um 1750, Staatliche Museen zu Berlin, Preußischer Kulturbesitz – Friedrich der Große wollte mit dem Bau und den Aufführungen an der Berliner Oper endlich aus dem Schatten Dresdens heraustreten, wo er in seiner Jugend prägende Opernerlebnisse gehabt hatte.

Der Traum von Italien und seiner Musik beherrschte fortan sein Denken und er setzte seinen Wunsch, in den Süden zu reisen, auch bald in die Tat um. Dieser spektakuläre Schritt ist seit jeher mit romantischen Elementen ausgeschmückt worden: Angeblich habe Christian sich in eine oder mehrere Sängerinnen des Hofensembles verliebt und sei einer von ihnen nach Italien gefolgt. Auch der genaue Zeitpunkt des Unternehmens, ob 1754 oder 1756, ist nicht genau festzustellen. Emanuel erwähnt das Jahr 1754, ein Datum, das sich durch einen Bericht in Marpurgs »Historisch-kritischen Beyträgen« stützen lässt. Der Entschluss zu diesem Aufbruch bedeutete nicht nur die Trennung von seiner Familie, er brachte für Christian als unbekannten Berufsanfänger ein völlig ungesichertes Leben in einem Land mit sich, das vermutlich nie zuvor von einem Bach betreten worden war.

Es ist anzunehmen, dass Christian nicht ohne ein konkretes Ziel vor Augen reiste. Er gelangte nach Mailand und fand im Grafen Agostino Litta einen ihm wohlgesonnenen Förderer. Um aber die Förderung und Unterstützung eines Adeligen zu erlangen,

Kostümentwürfe zu Hasses »Adriano in Siria«, zwei Federzeichnungen, 1752, Albertina Wien – Hasses Oper »Adriano in Siria« auf ein Libretto Metastasios wurde am 17. Januar 1752 uraufgeführt. Sie ist eine der zahlreichen Opere serie, die Hasse zum überragenden Opernkomponisten der Zeit werden ließen. Für Christian bedeuteten die Berliner Opernerlebnisse ein Stück Italien. Hier begann seine Vorliebe für die italienische Oper.

brauchte man in der Regel die Empfehlung eines Gleichrangigen. Einen unerfahrenen deutschen Musiker ohne jegliche Reputation würde der Conte sicherlich nicht ohne weiteres unter seine Fittiche genommen haben. Christian wird also seine Italienfahrt nicht ohne ein entsprechendes Empfehlungsschreiben unternommen haben. Welcher Adelige jedoch mit seinen Beziehungen Christians Wunsch, Italien aus eigener Anschauung kennen zu lernen, den Weg ebnete, weiß man leider nicht. Vielleicht war es Prinz Ferdinand Philipp Lobkowitz, der gemeinsam mit Carl Philipp Emanuel einmal eine Sinfonie komponiert hatte und über gute Kontakte zur wohlhabenden Familie Litta verfügte.

Nachdem er vor den Plänen seines Halbbruders und der großen Familientradition geflohen war, verlieren sich für eine kurze Zeit Christians Spuren. Was genau er in Mailand vorfand, womit er die erste Zeit in Italien verbrachte, lässt sich nicht mehr rekonstruieren.

Wieder in Halle

Nach dem Verlust des Vaters trat eine weitere Veränderung in Friedemanns Privatleben ein: Er heiratete Dorothea Elisabeth Georgi, eine aus gutem und vermögendem Hause stammende Tochter eines königlichen Steuereinnehmers. Er war damals 41 Jahre alt und hatte bis dahin offenbar allein gelebt. Nach der Hochzeit am 25. Februar 1751 zog das Ehepaar Bach in ein vom Schwiegervater erworbenes Haus in unmittelbarer Nähe der Frauenkirche in Halle. Wahrscheinlich hat Friedemann hier gefunden, was er seit dem Tod seines Vaters vermissen musste: Halt und Stütze. Die Sicherheit versprechenden Umstände einer festen, angesehenen Anstellung und die Ehe werden einen beruhigenden Einfluss auf den sensiblen Friedemann gehabt haben. Drei Kinder gingen aus dieser Verbindung hervor: Im Jahr 1752 wurde Wilhelm Adolf geboren, der jedoch schon mit zehn Monaten starb. Der zweite Sohn, Gotthilf Wilhelm, wurde noch nicht einmal zwei Jahre alt. Nur die 1757 geborene Tochter Friederica Sophia erreichte ein höheres Alter: Sie starb nach 1801.

Zu Beginn der 1750er Jahre zeigte sich Wilhelm Friedemanns gefestigte Position im Musikleben auch in einer ganz anderen Richtung: Er widmete sich der Musikschriftstellerei. Bei seinem langen Aufenthalt in Berlin 1750 hatte er Gelegenheit, mit dem Theoretiker Friedrich Wilhelm Marpurg und anderen Berliner Experten zusammenzutreffen. Auch mag er mit seinem Bruder Carl Philipp Emanuel über das diskutiert haben, was dieser 1753 in Buchform als »Versuch über die wahre Art das Clavier zu spielen« herausgab. Wahrscheinlich bedeutete dies für Friedemann Anregung und Herausforderung zugleich. Das Thema seiner Abhandlung sollte der »harmonische Dreyklang« sein. In dem schon erwähnten Lebenslauf in Marpurgs »Historisch-kritischen Beyträgen« von 1755 wird eigens auf diese Abhandlung hingewiesen: »Sein Manuscript von dem harmonischen Dreyklang ... ist fertig, und wartet auf einen annehmlichen Verleger.« Doch hat sich offenbar kein Verleger für dieses Buch gefunden, von dem zudem nicht bekannt ist, ob Friedemann es tatsächlich vollendete. Das Buch ist niemals erschienen und das Manuskript blieb bis heute verschollen.

Friedemann unterhielt freundschaftliche Beziehungen zu dem Verleger und Buchdrucker Johann Justinus Gebauer, der sich durch die Veröffentlichung sämtlicher Werke Martin Luthers einen Namen gemacht hatte und Bücher in den verschiedensten Sprachen verlegte. Auf Gebauer muss seine Musik großen Eindruck gemacht haben, da dieser für sich eine Sammlung von Manuskripten mit Cembalowerken Friedemanns angelegt hatte.

Wirklichen Ruhm erlangte Friedemann jedoch als Organist, womit er die Tradition seines Vaters fortführte. Was er dabei versäumte, spricht Johann Samuel Petri, ein Schüler Friedemanns in Halle, stellvertretend für Andere an: »Der Hallische Bach ... ist der stärkste Orgelspieler den ich je gehört habe. Nur schade ist's, daß er von seinen äußerst künstlichen und tiefsinnigen Kompositionen so sehr wenig herausgibt.« Hiermit sprach dieser Zeitgenosse eine grundlegende Schwäche Friedemanns an: Mit seinen Orgelspielkünsten hatte er mittlerweile von sich reden gemacht, insbesondere durch seine Improvisationsgabe. Doch unterzog er sich in Halle immer seltener der Mühe der Niederschrift. Dabei spielte jedoch auch eine Rolle, dass keine große Nachfrage nach Orgelwerken bestand.

Pauken und andere Instrumente, Musikinstrumenten-Museum der Universität Leipzig – Die Pauke wurde in der Barockmusik in der Regel zusammen mit Blechblasinstrumenten eingesetzt, vor allem mit Trompeten. Diese Instrumentenkombination ist in Werken zu finden, die für Festtage oder glanzvolle Feierlichkeiten gedacht waren.

Immer Ärger mit den Pauken

Friedemanns problematische Beziehung zu seinen Vorgesetzten stand in merkwürdigem Gegensatz zur gesellschaftlichen Stellung und dem Ansehen, das er in Halle genoss. Abgesehen von dem Verweis wegen der unerlaubten fünfmonatigen Abwesenheit nach dem Tod seines Vaters im Juli 1750 gab es noch weitere Konflikte. Friedemann hatte entgegen den Bestimmungen seines Vertrags kurz zuvor die im Besitz der Kirche befindlichen Pauken an das Collegium musicum der Stadt verliehen. Daraufhin drohten die Kirchenvorsteher ihm im August 1750 – als Friedemann gar nicht in Halle war – mit Entlassung. Zehn Jahre später waren wieder die Pauken Anlass für einen Zwischenfall, da das Paukenfell von einem Studenten bei einer Aufführung zerschlagen worden war. Friedemann musste trotz seiner Weigerung für die Reparaturkosten aufkommen.

Musizierende Darmstädtische Gesellschaft, Ölbild von Johann Christian Fiedler, Hessisches Landesmuseum Darmstadt – Die kunstbeflissenen und selbst musikalisch aktiven Landesherren in Darmstadt hatten mit dem Kapellmeister Christoph Graupner über 50 Jahre lang einen der angesehensten Komponisten der Zeit an der Spitze ihrer erstklassigen Kapelle gehabt, für den es nach seinem Tod adäquaten Ersatz zu finden galt.

Angebot aus Darmstadt

Durch die frei werdende Stelle des Musikdirektors in Zittau, einer kleinen Stadt im Osten Sachsens, ergab sich 1753 eine Möglichkeit für Friedemann, Halle den Rücken zu kehren. Trotz der geringen Bedeutung dieses Postens fanden sich unter den Bewerbern neben Friedemann auch sein Bruder Emanuel, die Bachschüler Johann Christoph Altnickol und Johann Ludwig Krebs. Als Probestück legte Friedemann wahrscheinlich seine Kantate »Lasset uns ablegen die Werke der Finsternis« vor. Am Ende erhielt den Posten jedoch keiner der namhaften Kandidaten, sondern der eher unbedeutende Johann Trier. Es scheint, als habe Friedemann seine ganz persönlichen »Werke der Finsternis«, seine zunehmenden Probleme mit der Kirchenobrigkeit, doch nicht ablegen können. Danach verschlechterte sich die Lage durch den Ausbruch des Siebenjährigen Krieges 1756. Bis 1762 bemühte sich Friedemann um keinen anderen Posten.

Das Stellenangebot, das Friedemann dann im Jahr 1762 unterbreitet wurde, war sehr attraktiv und ehrenvoll: Die hessischen Landgrafen mit Residenz in Darmstadt suchten einen Nachfolger für den bereits 1760 verstorbenen Kapellmeister Christoph Graupner. Landgraf Ludwig VIII. entschied sich für Friedemann aufgrund seines Ruhmes als Musiker, wie es in dem schriftlichen Angebot vom 6. Juli 1762 heißt. Friedemann hatte sich nicht von sich aus um diesen Posten bemüht. Das Amt versprach neben einer deutlich besseren Bezahlung neue Freiheiten und Ehren. Friedemann sagte diesem unerwarteten Stellenangebot also sofort zu. Dann jedoch traten Komplikationen ein: Während von hessischer Seite schon die Modalitäten des Umzugs geregelt wurden, zögerte Bach den Schritt mit einem nebensächlichen Einwand hinaus. Er wollte seinen Vertrag unbedingt noch in Halle unterzeichnen und nicht erst in Darmstadt, wie seine künftigen Arbeitgeber es verlangten. Über diesen Zwist zog sich die Angelegenheit bis zum Jahresende hin. Bach ließ den Darmstädter Hof über sein Kommen im Ungewissen und riskierte vorzeitig den Bruch mit ihm. Am Ende unterschrieb Friedemann weder den Vertrag noch siedelte er nach Darmstadt um, einzig den Titel des Darmstädter Hofkapellmeisters führte Friedemann unabhängig von dem Amt.

Eine unsichere Zukunft

Ohne erkennbaren äußeren Anlass kündigte Friedemann am 12. Mai 1764 seine Stelle in Halle mit einem äußerst knappen Schreiben, das keinerlei Begründung enthält. Wahrscheinlich war seine Unzufriedenheit mit dem Amt in den letzten Jahren so gewachsen, dass ihm ein fruchtbares Arbeiten nicht mehr möglich schien. Der älteste Bachsohn war nun ohne eine Anstellung, ohne festes Einkommen und ein neuer Posten war nicht in Sicht. Verdienstmöglichkeiten boten sich für einen Musiker in Friedemanns Situation durch die Veranstaltung eigener Konzerte, durch Unterricht und durch den Verkauf, also durch Publikation von Werken. Doch scheint er in keiner Richtung viel unternommen zu haben. Seine Schüler in Halle, darunter Friedrich Wilhelm Rust und Johann Samuel Petri, hatten Friedemanns Unterricht hauptsächlich während seiner Amtsjahre als Musikdirektor genossen. Über eigene Konzerte in den Jahren nach 1764 ist nichts bekannt. Aus dieser Zeit ist von ihm auch nur ein einziges Werk nachweisbar: das Cembalokonzert e-Moll (F 43), das er 1767 der sächsischen Kurfürstin widmete, wahrscheinlich mit der Hoffnung auf eine finanzielle oder andere Hilfestellung ihrerseits.

Wovon Friedemann in diesen Jahren lebte und wie er seine Zeit verbrachte, liegt weitgehend im Dunkeln. Im Herbst 1770 schließlich verließ er zusammen mit seiner Familie die Stadt Halle, nachdem im August ein Grundstück, das Friedemanns Frau gehörte, zur Versteigerung angeboten worden war, und ging nach Braunschweig. Vom Erlös des Grundstückes – es wurde mit 630 Talern angesetzt – konnten die Bachs vorläufig einigermaßen gut leben.

Das Darmstädter Schloss, Ansicht aus dem 18. Jahrhundert mit dem Wohnhaus des Schriftstellers Johann Heinrich Merck, Radierung um 1910 von J. v. Kulas – In Darmstadt, der Residenz der Landgrafen von Hessen-Darmstadt, sorgten die Grafen Ernst Ludwig (1667–1739) und Ludwig VIII. (1691–1768) für ein florierendes Musikleben.

Ein Revolutionär am Königshof

Emanuel, der Berliner Meister

Berlin, Schloss Charlottenburg, Hofseite, erbaut 1695–99 von J. H. Nering mit Erweiterungsbauten von Eosander von Göthe (ab 1701) und Georg Wenzeslaus von Knobelsdorff (1740–43) – Sophie Charlotte, die zweite Gattin König Friedrichs I. von Preußen, ließ Charlottenburg als Lustschloss ab 1695 erbauen. Nach ihrem Tod wurde aus der »maison de plaisance« eine Residenz. Seinen repräsentativen Staatspflichten – zu denen auch die Musik gehörte – kam Friedrich II. in Charlottenburg ebenso wie im Berliner und Potsdamer Stadtschloss nach. Wohl fühlte er sich jedoch nur in seinem »Sans-Souci«.

Gespräche im Kreise der Berliner Aufklärer

Eine willkommene Abwechslung vom Hofdienst bot sich für Emanuel durch die Zusammenkünfte intellektueller Zirkel. Das aufgeklärte, fortschrittliche Denkertum in Berlin traf sich regelmäßig in diesen Kreisen, um über Fragen der Dichtkunst, Ästhetik, Musik und Kunst zu debattieren. So gab es literarische Klubs wie den »Montagsklub« und den »Donnerstagsklub«, an deren Versammlungen Emanuel lebhaft Anteil nahm. Er war dort ein gern gesehener Gast und Gesprächsteilnehmer, dessen geistvolle Beiträge geschätzt wurden – und dies nicht allein auf musikalischem Gebiet.

Natürlich ließ sich der Hofcembalist Friedrichs des Großen in dieser Umgebung auch auf dem Klavier, hauptsächlich auf dem Clavichord, hören und fesselte sein Publikum mit ausdrucksstarken Improvisationen und Fantasien, die ihrerseits wieder Gesprächsstoff für Themen wie beispielsweise das »redende Prinzip« in der Musik boten. Auch wohlhabende Großbürger hießen Emanuel in ihren Salons willkommen.

Im Berliner Tiergarten: Am Venusbassin, dem späteren Goldfischteich, Gemälde von Philipp Hackert, um 1760, Öl auf Leinwand, Schloss Hohenzollern – In einer solchen Umgebung ließ sich mit intellektuellen Freunden gut über Kunst, Literatur und Musik debattieren.

Offenbar fühlte sich Emanuel im Kreise seiner Berliner Freunde wohl. Unter ihnen herrschte eine angenehme Atmosphäre, in der die Diskussion schöngeistiger Dinge und der Genuss der Lebensfreuden einen Vorrang vor prosaischeren Themen einnahmen. In einem Brief des Dichters Johann Wilhelm Ludwig Gleim, der zu den Hauptvertretern der Anakreontik, einer anmutig-heiteren, lebensfrohen, gesellig-graziösen Poesie, zählt, ist zu lesen: »Ramler, Leßing, Sulzer, Agricola, Krause, ..., Bach, Graun, Kurz alles, was zu den Musen und freyen Künsten gehört gesellte sich täglich zu einander, bald zu Lande, bald zu Waßer; was für ein Vergnügen war es in solcher Gesellschaft auf der Spree mit den Schwänen um die Wette zu schwimmen! Was für eine Lust, in dem Thier Garten sich mit der gantzen Gesellschaft unter tausend Mädchen zu verirren.«

Emanuel verkehrte in Berlin darüber hinaus oft im Salon der jüdischen Bankiersfamilie Itzig. Deren Tochter Sara Levi, die spätere Großtante des Komponisten Felix Mendelssohn Bartholdy, legte sich eine Sammlung mit Musik der Bachfamilie an und war zudem eine glühende Verehrerin von Emanuels Kunst. Über ihre Nachkommen kamen diese Werke später auch zu Mendelssohn. Damit stellt diese Musiksammlung unmittelbar einen Grundstock für die Bachbegeisterung des frühen 19. Jahrhunderts dar. In den 1770er Jahren wurde Sara Levi Schülerin Friedemanns in Berlin.

Musikalische Porträtmalerei

Zu Emanuels Bekanntenkreis gehörte auch Gotthold Ephraim Lessing, der spätere Verfasser von »Emilia Galotti« und »Nathan der Weise«. Lessing war als 19-Jähriger im Jahr 1748 nach Berlin gekommen und lebte dort als freier Schriftsteller, Journalist und Kritiker.

Auch Karl Wilhelm Ramler, eine der zentralen Figuren der Berliner Aufklärung, nahm an den Treffen der Intellektuellen teil. Ramler dichtete Oden und Kantaten, die recht häufig vertont wurden. Emanuel selbst schrieb Werke auf Texte Ramlers, aber auch sein jüngerer Halbbruder Friedrich setzte dessen Texte in Musik.

Johann Georg Sulzer, ein weiteres Mitglied des intellektuellen Zirkels, gab ab 1771 die »Allgemeine Theorie der schönen Künste« heraus, eine Art ästhetische Enzyklopädie. Auch mit dem Philosophen Moses Mendelssohn stand Emanuel in Kontakt. Des Weiteren pflegte er Umgang mit dem Verleger Friedrich Nicolai, der so etwas wie das organisatorische Haupt der Berliner Aufklärung war.

Den zahlreichen Bekannten setzte Emanuel musikalische Denkmäler in Form kleiner Charakterstücke für Klavier: so etwa dem Hofrat und Mediziner Dr. Georg Ernst Stahl, dem Historiker Samuel Buchholtz, dem Dichter Gleim oder dem Chemieprofessor Johann Heinrich Pott. Die Stücke haben Titel wie »La Stahl«, »La Buchholtz«, »La Gleim«, »La Pott« und wurden wegen des weiblichen Artikels früher oft für Porträts der Gattinnen dieser Herren gehalten. Aber Emanuel folgte hier nur der Gepflogenheit der französischen Cembalomusik, bei der der Artikel »la« für »la pièce pour ...« steht, also: »das Stück für ...«.

Gotthold Ephraim Lessing, Gemälde von Johann Heinrich Tischbein d. Ä., 1755/65, Öl auf Leinwand, 46 x 35 cm, Staatliche Museen zu Berlin, Preußischer Kulturbesitz (Ausschnitt) – Lessing, der die Aufklärung wie kein anderer deutscher Dichter verkörpert, kam zwar aus einem Pfarrershaushalt, übte jedoch Kritik an kirchlichen Dogmen.

Karl Wilhelm Ramler, Kupferstich von J. F. Bause, 1774, nach einem Gemälde von Anton Graff (Ausschnitt) – Ramlers bekanntestes Libretto, »Der Tod Jesu«, bildete die Grundlage für Carl Heinrich Grauns damals sehr populäres Passionsoratorium. Carl Philipp Emanuel spielte bei dessen Uraufführung im Jahr 1755 den Cembalopart.

Johann Georg Sulzer, Kupferstich von Johann Friedrich Bause, nach einem Gemälde von Anton Graff, 1774 – Seit 1747 war Sulzer Mathematiklehrer in Berlin und wurde kurz darauf an die Königliche Akademie der Wissenschaften berufen.

Christoph Friedrich Nicolai, farbige Kreidezeichnung von Anton Graff, um 1771/73, Berlin-Museum (Ausschnitt) – Nicolai gab die Zeitung »Allgemeine Deutsche Bibliothek« heraus, in der Kompositionen Emanuels besprochen wurden.

Versuch
über die wahre Art
das Clavier zu spielen
mit Exempeln
und achtzehn Probe-Stücken in sechs Sonaten
erläutert
von
Carl Philipp Emanuel Bach,
Königl. Preuß. Cammer-Musikus.

Berlin, in Verlegung des Auctoris.

Gedruckt bey dem Königl. Hof-Buchdrucker Christian Friedrich Henning.
1 7 5 3.

»Versuch über die wahre Art das Clavier zu spielen« von Carl Philipp Emanuel Bach, 1753, Titelblatt

»Versuche«: Musikalische Beiträge zur Aufklärung

Aus den Treffen des intellektuellen Zirkels gewann Emanuel viele Anregungen, darunter besonders das Vorhaben, eine theoretische Abhandlung über das Klavierspiel zu schreiben. Johann Joachim Quantz war ihm mit seinem »Versuch einer Anweisung die Flöte traversiere zu spielen« von 1752 bereits vorangegangen. Ein Jahr später veröffentlichte Emanuel seinerseits einen »Versuch über die wahre Art das Clavier zu spielen«, dem ein zweiter Teil im Jahr 1762 folgte. Zusammen mit der Schrift von Quantz und Leopold Mozarts »Versuch einer gründlichen Violinschule«, die 1756 in Augsburg erschien, ist Emanuels Werk die bedeutendste Abhandlung dieser Art im 18. Jahrhundert. Aus seinem reichen Fundus an aufführungspraktischer und pädagogischer Erfahrung schöpfend, war es sein Anliegen, eine klavieristische »Handwerkslehre« zu verfassen. An der Praxis orientiert, sollte dem interessierten Spieler ein Leitfaden an die Hand gegeben werden, mit dem neben den rein technischen Grundlagen auch ein stilsicherer und geschmackvoller Vortrag erlernt werden konnte. Offenbar füllte Emanuel mit seinen beiden Büchern eine Marktlücke, denn sie erreichten eine Auflage von je 1 000 bis 1 500 Stück, was erstaunlich hoch war und auf eine sehr weite Verbreitung schließen lässt.

Die drei »Versuche«, die Carl Philipp Emanuel Bach, Johann Joachim Quantz und Leopold Mozart etwa in der gleichen Zeit verfassten, sind auch heute noch die bekanntesten theoretischen Abhandlungen über die Musik dieser Epoche. Sie bestehen nicht allein aus technischen Hinweisen, dem Leser wird auch viel allgemeines Wissen über Musik und vor allem über die damalige Musizierpraxis vermittelt. Damit sind diese Schriften für alle, die sich heute über die authentische Interpretation der Musik dieser Epoche informieren wollen, sehr wertvolle zeitgenössische Quellen.

Versuch
einer gründlichen
Violinschule
entworfen
und mit 4. Kupfertafeln sammt einer Tabelle
versehen
von
Leopold Mozart
Hochfürstl. Salzburgischen Cammermusikus.
In Verlag des Verfassers.
Augspurg,
gedruckt bey Johann Jacob Lotter, 1756.

»Versuch einer gründlichen Violinschule« von Leopold Mozart, 1756, Titelblatt

Johann Joachim Quantzens,
Königl. Preußischen Kammermusikus,
Versuch einer Anweisung
die
Flöte traversiere
zu spielen;
mit verschiedenen,
zur Beförderung des guten Geschmackes
in der praktischen Musik
dienlichen Anmerkungen
begleitet,
und mit Exempeln erläutert.
Nebst XXIV. Kupfertafeln.
BERLIN
bey Johann Friedrich Voß. 1752.

»Versuch einer Anweisung die Flöte traversiere zu spielen« von Johann Joachim Quantz, Berlin 1752, Titelblatt

Fingersatz und Verzierungen

Im ersten Buch des »Versuchs über die wahre Art das Clavier zu spielen« behandelt Emanuel den Fingersatz sowie den richtigen Gebrauch und die Ausführung von Verzierungen. Das Kapitel »Von der Finger-Setzung« setzt die Verwendung des Daumens voraus. Das ist bemerkenswert, denn bis zur Mitte des 18. Jahrhunderts war es die Regel, ohne Einsatz des Daumens zu spielen. Emanuel aber erhebt ihn nun zum »Haupt-Finger« und erklärt:

N 1 Sonate in d-Moll (»Probestück«), 1. Satz, Exposition (Wq 63/2, H 71)

»Was man ohne ihn [den Daumen] mit steiffen und gestreckten Nerven bespringen mußte, das spielt man durch seine Hülffe anjetzo rund, deutlich, mit ganz natürlichen Spannungen [der Finger], folglich leicht.« Anhand zahlreicher Notenbeispiele gibt er Hinweise für einen korrekten und bequemen Fingersatz, der sich in seiner Ausführlichkeit von heutigen Empfehlungen unterscheidet, N1. Damit wird gleichzeitig die Phrasierung vorgegeben. Ebenfalls durch Notenbeispiele gestützt, erläutert er Verzierungen, die so genannten Manieren, wie etwa Triller, Doppelschlag und Mordent. N2

N 2 Die häufigsten Verzierungen und deren Ausführung in der Klaviermusik von C. P. E. Bach (nach Miklos Spanyi)

Über die Bedeutung des musikalischen Vortrags

Im Kapitel »Vom Vortrage« im ersten Buch seines »Versuchs über die wahre Art das Clavier zu spielen« befindet sich eine berühmte Passage, die wie keine andere Emanuels musikästhetische Vorstellungen wiedergibt. Ihr Kern ist die »Ausdrucksästhetik«, nach der der Spieler die Aufgabe hat, durch seinen Vortrag die Zuhörer emotional anzusprechen: »Indem ein Musickus nicht anders rühren kann, er sei dann selbst gerührt; so muß er nothwendig sich selbst in alle Affeckten setzen können, welche er bey seinen Zuhörern erregen will; er giebt ihnen seine Empfindungen zu verstehen und bewegt sie solchergestalt am besten zur Mit-Empfindung. Bey matten und traurigen Stellen wird er matt und traurig. Man sieht und hört es ihm an. Dieses geschieht ebenfals bey heftigen, lustigen, und anderen Arten von Gedancken, wo er sich alsdenn in diese Affeckten setzet ... Besonders aber kann ein Clavieriste vorzüglich auf allerley Art sich der Gemüther seiner Zuhörer durch Fantasien aus dem Kopfe bemeistern.«

Das freie Stegreifspiel und die schriftlich fixierte, aber ebenso improvisatorisch wirkende Fantasie waren Formen, die Emanuel mit großem Erfolg beherrschte und für sich nutzte. Denn hier konnte er seine Ausdrucksästhetik besonders gut zur Geltung bringen. Seine künstlerische Persönlichkeit wird gerade durch das Fantasieprinzip charakterisiert. Dieser Gattung widmete er sich auch theoretisch am Schluss des zweiten »Versuchs« aus dem Jahr 1762. Hinsichtlich der geeigneten Instrumente schreibt er dort: »Das Clavicord und das Fortepiano sind zu unserer Fantasie die bequemsten Instrumente.« Damit bestätigte er seine Vorliebe vor allem für das zarte Clavichord, das dem Fantasieren und der Rührung der Zuhörer seiner Meinung nach am meisten entgegenkommt.

Probestücke: Ein Musterbuch

Der Praktiker Emanuel stellte seine theoretischen Diskurse anhand von eigens komponierten Sonaten, den so genannten »Probestücken«, mustergültig vor. Insgesamt wurden 18 Stücke in dieser Form (Wq 63/1–6) als Anhang zum »Versuch« von 1753 veröffentlicht. Sie zählen zu seinen besten Klavierwerken. Diese Stücke beziehen die Anweisungen, die Emanuel in seiner Abhandlung gab, in den musikalischen Kontext ein, wie etwa die Ausführungen über den Fingersatz. Alle »Probestücke« sind reich mit Angaben zum Fingersatz ausgestattet, was in »normalen« Veröffentlichungen nicht üblich war.

N 1 »Probestück« in b-Moll, Adagio assai mesto e sostenuto (Wq 63/5, H 74)

Außerdem haben einige Sätze außergewöhnliche Überschriften wie Allegro tranquillamente oder Adagio assai mesto e sostenuto, die dem Spieler etwas über die richtige Stimmung des Vortrags vermitteln sollen, N 1. Solche genauen Vortragsanweisungen waren zu Emanuels Zeiten ebenfalls noch unüblich. Bach verband seine didaktischen Ziele aber vor allem mit einer beispiellosen Musikalität, so dass die Stücke alles andere als trockene Exemplifizierungen der Theorie sind. Sie sind gleichsam Etüden, wie auch Chopin sie geschrieben hat: geist- und kunstvoll, zugleich aber lehrreich.

Pianistenhände (Svjatoslav Richter), Foto von Erich Auerbach – Ein ausdrucksstarkes Spiel, das den Spieler und den Zuhörer gleichermaßen berührt, und eine feine Nuancierung des Anschlags werden heute von jedem Pianisten verlangt. Emanuels »Versuch über die wahre Art das Clavier zu spielen« steht am Beginn einer Entwicklung, die aus dem bloß Vortragenden einen wirklichen Interpreten macht. Der russische Pianist Svjatoslav Richter (1915–97) zählt zu den sensibelsten Pianisten des 20. Jahrhunderts. Als Interpret der Musik Emanuels ist er bedauerlicherweise nicht hervorgetreten.

Anna Amalia in den Ruinen von Pompeji, Gemälde von Johann Heinrich Wilhelm Tischbein, um 1788/90, Öl auf Leinwand, 72 x 54 cm, Schloss Tiefurt, Weimar, Stiftung Weimarer Klassik – Prinzessin Anna Amalia (1723–87), war im Gegensatz zu ihrem Bruder Friedrich II. Emanuel sehr zugetan und ernannte ihn vor seiner Abreise nach Hamburg noch zu ihrem Kapellmeister. Die musikliebende Prinzessin bewunderte und förderte auch Friedemann eine Zeit lang. Anna Amalia spielte Cembalo und Orgel, sie war Schülerin Johann Philipp Kirnbergers, der seinerseits bei Vater Bach gelernt hatte. Ihr ist es hauptsächlich zu verdanken, dass nach dem Tod Johann Sebastians in Berlin ein »Bach-Kult« um sich griff. In ihrer wertvollen Bibliothek bewahrte sie zahlreiche Musikalien der Bachfamilie auf.

Wie eine Reprise verändert werden kann

Sechs Sonaten fürs Clavier
mit veränderten Reprisen.
Ihro Königlichen Hoheit
der Prinzeßin Amalia von Preussen
unterthänigst zugeeignet,
und verfertiget
von
Carl Philipp Emanuel Bach.
Berlin, 1760.
Gedruckt und zu finden bey George Ludewig Winter.

Sechs Sonaten fürs Clavier mit veränderten Reprisen von Carl Philipp Emanuel Bach, Titelblatt der Erstausgabe, 1760, Gesellschaft der Musikfreunde Wien

Emanuels erste Veröffentlichungen in der Gattung der Cembalosonate waren die »Preußischen« und »Württembergischen« Sonaten aus den Jahren 1742 und 1744. Erst 1760 folgte der nächste Sonatendruck. Er widmete diese sechs neuen Sonaten der Schwester seines Dienstherrn, der Prinzessin Anna Amalia, die später in Friedemanns letztem Lebensjahrzehnt eine wichtige Rolle spielte. Die Sonaten erschienen im Berliner Verlag Winter und wurden nahezu alle im Jahr vor ihrer Drucklegung komponiert, ausgenommen die fünfte Sonate, die schon 1758 entstand. Der Titel dieser Werke deutet ihre Besonderheit bereits an: »Sechs Sonaten fürs Clavier mit veränderten Reprisen« (Wq 50).

Durch den Zusatz »veränderte Reprisen« erlangten sie eine gewisse musikhistorische Berühmtheit. Dieser merkwürdige Begriff hängt mit der Praxis der Verzierung zusammen, die in der Musik des 17. und 18. Jahrhunderts eine viel größere Rolle als in späteren Epochen spielte. Wenn in Musikstücken dieser Zeit ein Abschnitt wiederholt werden musste, wurde er normalerweise abgeändert. Der Ausführende nutzte die Gelegenheit, den vorgegebenen Notentext nach allen Regeln der Kunst und gemäß seinen persönlichen Fähigkeiten mit allerlei Verzierungen zu versehen. Das konnten bloße Triller oder Vorschläge sein, aber auch Abwandlungen und Ausschmückungen der melodischen Gestalt. Wichtig dabei war, dass die Basslinie und die Proportionen gewahrt blieben. In seinen Sonaten Wq 50 überlässt Emanuel die Wiederholung nicht mehr dem Gutdünken des Ausführenden, sondern verändert sie selbst, indem er jede Wiederholung, also »Reprise«, vollständig ausschreibt. In seinem theoretischen Werk, dem »Versuch über die wahre Art das Clavier zu spielen«, erläuterte er den Grund mit deutlichen Worten: »So viel Nutzen die Manieren [= Verzierungen] also stiften können, so groß ist auch der Schaden, wenn man theils schlechte Manieren wählet, theils die guten auf eine ungeschickte Art ... anbringet. Deßwegen haben diejenigen allezeit sichrer gehandelt, welche ihren Stücken die ihnen zukommenden Manieren deutlich beigefügt haben, als wenn sie ihre Sachen der Discretion ungeschickter Ausüber hätten überlassen sollen.« Auch sein Vater hatte dem Ausführenden weniger Freiheit bei der Anbringung von Verzierungen gegeben, indem er ihre Position präzise angab und sie manchmal sogar ausschrieb. In der zeitgenössischen französischen Cembalomusik etwa blieb dem Spieler dagegen weitaus mehr Eigeninitiative.

Die Strategie einer Sonate

Die Sonate a-Moll (Wq 50/3) zeigt beispielhaft wie Emanuel bei der Veränderung der Reprisen vorgeht. Der Kopfsatz dieser Sonate steht in der Sonatensatzform und basiert auf zwei Hauptmotiven: Das erste in a-Moll eröffnet die jeweiligen Satzteile, das zweite in C-Dur dient als Kontrast, obwohl es aus dem ersten Motiv hervorgeht. N 1 (1. Motiv, 2. Motiv)

Allegorie der Musik im Marmorsaal des Schlosses Sanssouci von Georg Franz Ebenhech, um 1747, Stiftung Preußische Schlösser und Gärten Berlin-Brandenburg – Auf dem Gesims des Saales musizieren pausbäckige Puttenkinder und ihre Patronin – ein Sinnbild für die Musik der Sphären.

Die Exposition des Kopfsatzes endet nach einer kleinen Schlussgruppe mit der Kadenz nach C-Dur. Eigentlich müssten hier die Wiederholungszeichen stehen und der Spieler sollte wieder an den Anfang zurückblättern. Doch Emanuel beginnt in Takt 35 die ausgeschriebene Wiederholung der Exposition. Jetzt sehen die beiden Hauptmotive des Satzes so aus: Im ersten Motiv werden die pochenden Achtel mit Sechzehntelnoten umspielt, während das zweite nun in Akkordbrechungen aufgelöst ist, N 1 (1. Motiv-Reprise, 2. Motiv-Reprise). Ein drittes Motiv findet sich in der Durchführung. Hier variiert Emanuel nicht nur die Gestalt der Hauptmotive, sondern auch das überleitende Material. Bei der »Wiederholung« lässt Emanuel aus der mit einem Doppelschlag »gewürzten«, aus kleinen Segmenten bestehenden Motivik eine kontinuierliche Sechzehntelbewegung entstehen. N 1 (3. Motiv, 3. Motiv-Reprise)

Auch die übrigen Kopfsätze der »Reprisensonaten« (Wq 50) werden in ähnlicher Form gestaltet. Doch schon in den folgenden zwei Sammlungen, die 1761 und 1763 in Berlin im Verlag Winter erschienen (Wq 51 und Wq 52), sind die gewohnten Doppelstriche mit Wiederholungszeichen wieder zu finden, nur die Sonate Wq 51/5 in F-Dur greift nochmals das Prinzip der »veränderten Reprise« auf. Die Titel beider Sammlungen, die wieder je sechs Sonaten umfassen, deuten eine enge Verbindung mit den der Prinzessin Amalia gewidmeten Sonaten an. Carl Philipp Emanuel nennt sie »Fortsetzung« und »Zweyte Fortsetzung«. Beide umfassen neben Werken der jüngsten Vergangenheit solche, die er schon weitaus früher geschrieben hatte. In diesen Sammlungen stellte Emanuel der Öffentlichkeit ausschließlich Sonaten vor, die höchsten Ansprüchen genügten, weshalb er auch älteres Material aufnahm. Dabei zeigt die hohe Anzahl an Sonaten, die ungedruckt blieben, dass Emanuel auf einen reichen Fundus zurückgreifen konnte.

N 1 Sonate in a-Moll »mit veränderter Reprise«, 1. Satz, Presto, (Wq 50/3, H 138)

Emanuels Berliner Sinfonien: Einzelgänger ihrer Zeit

Von seinen insgesamt 18 Sinfonien komponierte Emanuel neun in den Jahren zwischen 1741 und 1762 (Wq 173–181). Hinzuzuzählen ist ein Gelegenheitswerk, das er um 1750 »mit dem Fürsten Lobkowitz, aus dem Stegreife, einen Takt um den anderen componirt« hat. Mit Ausnahme der ersten Sinfonie in G-Dur (Wq 173), die schon ein Jahr nach der Regierungsübernahme Friedrichs II. entstand, datieren die Berliner Sinfonien aus der Zeit zwischen 1755 und 1762. Emanuel komponierte sie, obwohl dies nicht zu seinen Pflichten am preußischen Hof gehörte. Wahrscheinlich reizte ihn allein der Charakter dieser Gattung, der Modernität und eine neue kompositorische Entwicklung versprach. An diesen typischen, mit der neuartigen Gattung verbundenen musikalischen Möglichkeiten, dem besonderen Tonfall der Sinfonie, partizipierte Emanuel mit Erfolg. Gegenüber den in den 1770er Jahren in Hamburg geschriebenen Sinfonien stellen diese frühen jedoch keine unterentwickelte Vorstufe dar, wie bisweilen unterstellt wurde. Im Gegenteil: Emanuel präsentiert mit ihnen Werke, die sich wegen ihrer ausgeprägten Eigenarten in die Hauptströmungen der Zeit nicht so recht einordnen lassen. Waren zahlreiche Sinfonien der Jahrhundertmitte leichtgewichtige, unterhaltsame Stücke, die noch direkt vom Typ der italienischen Opernsinfonia abzuleiten sind, so sind seine Gattungsbeiträge sehr individuelle Werke. Sie verkörpern nicht den italienisch beeinflussten Galanten Stil, der bei seinem Halbbruder Johann Christian anzutreffen ist, sondern sind vielmehr Stilübungen der norddeutschen Empfindsamkeit im Orchestergenre.

Rein äußerlich blieb Emanuel bei der dreisätzigen Anlage der Opernsinfonia: Beherzt und impulsiv geben sich seine Kopfsätze, elegisch oder nachdenklich die langsamen Mittelsätze, die Finali schlagen in der Regel einen fröhlichen und unkomplizierten Ton an. Häufig verbindet Emanuel die einzelnen Sätze ohne Pausen direkt miteinander. Aber im »Innenleben« der Sätze vermeidet er stereotype Formulierungen. Zwar gehorchen seine Kopfsätze der Sonatensatzform ohne Wiederholungen, doch bieten sie ein gewisses Maß an Überraschungen. Die Themen werden kontinuierlich modifiziert – ein Erbe der barocken Fortspinnungstechnik – und der organisierte thematische Kontrast wird zugunsten von plötzlichen Affektkontrasten vermieden. Die Themen gehen auseinander hervor. Das Resultat sind strukturelle Frische und ein breites Gefühlsspektrum: so etwa im Kopfsatz, dem Allegro di molto der G-Dur-Sinfonie (Wq 180) von 1758, der mit einer lebendigen Mischung aus raschem Passagenwerk, Akkordschlägen, vibrierenden Klangflächen, barocken Sequenzen und witzigen Kurzmotiven beginnt. N 1

Mit dem nachfolgenden langsamen Satz ist das Allegro durch eine modulierende Überleitung verbunden. Das Largo lebt vom Gegensatz zwischen einem zart-melancholischen Thema und energischen Unisono-Einwürfen im Forte, die das Thema immer wieder düster kommentieren. N 2

Die bedeutungsvolle Stimmung entlädt sich im Finale, dem Allegro assai. Es atmet in seinem tänzerischen Duktus Händel'schen Geist und lässt auch in seinen Akkordsequenzen noch barocke Vorbilder durchscheinen. N 3

Bereits die erste Sinfonie (G-Dur, Wq 173) aus dem Jahr 1741 ist eine gelungene Premiere in dieser von Emanuel zuvor nicht verwendeten Gattung, die die 14 Jahre, die sie von der nächsten Sinfonie trennen, nicht als Qualitätssprung erscheinen lässt. Ihr Andante, sempre piano bringt eine gehaltvolle Melodie italienischer Art über einem pochenden Bassfundament. N 4

Diese Sinfonie ist Emanuels einzige nur für Streicher komponierte aus der Berliner Zeit, in allen übrigen verwendet er mindestens ein Hörnerpaar, dazu Oboen und Flöten.

N 1 Sinfonie in G-Dur, 1. Satz, Allegro di molto, Anfang (Wq 180, H 655)

N 2 Sinfonie in G-Dur, 2. Satz, Largo, Anfangsthema (Wq 180, H 655)

N 3 Sinfonie in G-Dur, 3. Satz, Allegro assai, Anfangsthema (Wq 180, H 655)

N 4 Sinfonie in G-Dur, 2. Satz, Andante, Anfangsthema (Wq 173, H 648)

Berliner Vokalwerke

Während seiner Berliner Tätigkeit komponierte Emanuel kaum Vokalmusik mit großer Besetzung. Da er als Cembalist am Hof Friedrichs II. angestellt war, ergab sich dafür kein Bedarf. Dennoch existieren zwei umfangreiche geistliche Werke für Solisten, Chor und Orchester aus dieser Zeit: das Magnificat (Wq 215) und die Osterkantate »Gott hat den Herrn auferwecket« (Wq 244). Bis heute ist nicht ganz geklärt, weshalb Emanuel diese Werke schrieb. In beiden Fällen könnte es sich um »Probestücke« handeln, um Musterkompositionen, die er möglicherweise im Zusammenhang mit einem Stellengesuch vorzulegen hatte. Das im Jahr 1749 entstandene Magnificat könnte mit einer Bewerbung um das Leipziger Thomaskantorat zusammenhängen: Emanuel verwendete es vielleicht als Probestück für die eventuelle Nachfolge seines Vaters. Es wäre demnach ein Stück, das er »auf Vorrat« geschrieben hat. Allerdings wurde das Magnificat in Leipzig bereits vor dem Tod Johann Sebastians aufgeführt und könnte deshalb ebenso eine Auftragskomposition sein, von der lediglich der Entstehungsanlass nicht mehr bekannt ist. Diese Vertonung des lateinischen Lobgesangs Mariens aus dem Lukasevangelium ist in Kantatenform angelegt: Die Verse des Textes sind auf mehrere Arien und Chorsätze aufgeteilt. Emanuel vereint in dieser ersten Chorkomposition stilistische Einflüsse seines Vaters mit denen Johann Adolph Hasses. Die große Besetzung mit Flöten, Oboen, Hörnern, Trompeten, Pauken und Streichern setzt einen besonders feierlichen Anlass voraus. N 1

N 1 Magnificat, 1. Satz, Anfang (Wq 215, H 772)

Osterkantate von Carl Philipp Emanuel Bach (Wq 244), Autograf der Partiturseite des 1. Satzes, 1756, Staatsbibliothek zu Berlin, Preußischer Kulturbesitz – Die Osterkantate »Gott hat den Herrn auferwecket« entstand nicht für eine Aufführung am Berliner Hof. Wenngleich unbekannt ist, wo das Werk zum ersten Mal erklungen ist, so weiß man doch, dass Johann Christoph Friedrich es in Bückeburg gespielt hat – als eines der Stücke, die er mit seinem Halbbruder austauschte.

Feierlich geht es auch in der Kantate zu, die zum Osterfest 1756 komponiert wurde; sie ist dem Magnificat vergleichbar instrumentiert. Hervorzuheben ist der zweite Satz, ein sehr ausgedehntes Accompagnato-Rezitativ, das in seiner »empfindsamen« Gestaltung, seinem Kontrast- und Harmoniereichtum für eine geistliche Kantate eher untypisch ist, aber dadurch deutlich die Handschrift Emanuels trägt. Auch die melodisch reizvolle Sopranarie »Wie freudig seh ich dir entgegen« ist ein unverwechselbares Produkt seines Berliner Stils. Seufzermotivik und Flötenklang verleihen ihr ein nachbarockes Gepräge. Dagegen ist der aufwändig instrumentierte Eingangschorsatz formal eher den Leipziger Kantaten Johann Sebastians angelehnt.

Ein schlichter vierstimmiger Choral, der auf einer Fassung Johann Sebastians (BWV 342) basiert, beschließt das wenig bekannte Werk. Auf Wunsch des Berliner Verlegers Friedrich Wilhelm Birnstiel veröffentlichte Emanuel 1765 100 Choralsätze seines Vaters, darunter auch diesen. Möglicherweise liegt der Osterkantate eine konkrete Bestellung zugrunde, vielleicht spiegelt sie auch Emanuels erneute Bemühungen um eine neue Stelle wider.

Zentrum der Liedkomposition

Mit Carl Heinrich Graun, Quantz, Agricola und anderen Berliner Komponisten machte Emanuel Berlin in der Jahrhundertmitte zu einem Zentrum der Liedkomposition und trug zur schnell wachsenden Popularität dieser Gattung unmittelbar bei. Insgesamt sind rund 300 Lieder mit Begleitung eines Tasteninstruments von Emanuel erhalten, davon die Mehrzahl auf geistliche Texte. Sie verteilen sich etwa gleichmäßig auf die Berliner und die Hamburger Schaffenszeit. Erbauliches steht neben Schäferlyrik, Trinklieder folgen auf moralische Betrachtungen. Zahlreiche Texte gehören der so genannten »Anakreontik« an, einer literarischen Richtung, die Anleihen bei der Antike machte und ansonsten an idyllischen Stimmungsbildern interessiert war.

Nach einer Reihe weltlicher Lieder für andere Veröffentlichungen gab Emanuel 1758 seine erste eigene Liedersammlung heraus, die innerhalb kurzer Zeit viele Freunde fand und Neuauflagen erforderlich machte: »Herrn Professor Gellerts Geistliche Oden und Lieder mit Melodien« (Wq 194) auf 55 Texte des Leipziger Poesie-Professors Christian Fürchtegott Gellert. Dessen pietistisch angehauchte Gedichte gefielen selbst Friedrich II., der ansonsten nur die französische Literatur gelten ließ. N 1, N 2

N 1 »Geistliche Oden und Lieder mit Melodien«, Um Ergebung in den göttlichen Willen

N 2 »Geistliche Oden und Lieder mit Melodien«, Vom Tode

Im Vorwort zu den »Gellert-Liedern« schrieb Emanuel: »Ich habe meinen Melodien die nöthige Harmonie und Manieren [Verzierungen] beygefügt. Auf diese Art habe ich sie der Willkühr eines steifen General-Baß-Spielers nicht überlaßen dürfen, und man kann sie also zugleich als Handstücke [Klavierstücke] brauchen.« Also erwog Emanuel auch einen Vortrag dieser Lieder als reine Klaviermusik ohne Gesang.

Im Jahr 1764 ließ Emanuel den »Gellert-Liedern« einen Anhang mit zwölf geistlichen Oden anderer Dichter folgen und publizierte in den Jahren 1780/81 in Hamburg eine Art Fortsetzung mit 60 Liedern auf Texte des Pastors Christoph Christian Sturm (Wq 197/198).

Die Namen Gellert und Sturm begegnen uns bald darauf bei Beethoven wieder, der die Werke Sturms bevorzugt las und selbst Lieder auf Gellert-Texte schrieb, namentlich die sechs Lieder op. 48 von 1802. Auch Haydn vertonte einige von Gellerts Texten, die er allerdings mehrstimmig setzte. Offenbar traf Gellert mit seiner Dichtung nicht allein den Nerv der Zeit, sondern inspirierte auch spätere Komponisten.

Christian Fürchtegott Gellert, Gemälde von Anton Graff, nach 1769, Öl auf Leinwand, 65,5 x 53 cm, Staatliche Museen zu Berlin, Preußischer Kulturbesitz– Berühmt wurde Gellert vor allem durch seine Gedichte und die weitverbreiteten »Geistlichen Oden und Lieder«, die 1757 publiziert wurden. Er verfasste daneben auch Romane und Schauspiele.

Aufklärung in Bückeburg

Friedrichs Oase

Bückeburg, Schloss, Frontansicht – Bückeburg war die kleine, auf der politischen Landkarte eher unbedeutende Residenz der Grafen von Schaumburg-Lippe. Johann Christoph Friedrich fand hier die erste und einzige Stelle seines Lebens: 45 Jahre war er zunächst als Hofcembalist, dann als Leiter der Kapelle tätig. Sein Engagement konnte die provinzielle Abgeschiedenheit zumindest etwas aufwerten.

Italienischer Stil in der deutschen Provinz

Bückeburg, Unteres Tor mit Brücke, Zeichnung vom F. W. Mosebach, 1876, Landesmuseum Bückeburg – Von Fürst Ernst zu Holstein-Schaumburg (1601–22) wurde Bückeburg zum Regierungssitz der Grafschaft ernannt. Noch zu Friedrichs Zeiten bestimmten die damals errichteten Bauten – wie hier eines der Stadttore – im Stil der Weserrenaissance das Stadtbild.

Da die Bückeburger Hofmusik um 1750 stark vom italienischen Stil geprägt war, kamen die ersten Jahre der Tätigkeit Friedrichs durchaus einem Italienaufenthalt gleich. Die italienische Musik beeinflusste seinen Stil ähnlich wie den seines jüngeren Bruders Christian. Dieser konnte seine Eindrücke jedoch tatsächlich in Italien selbst gewinnen, während Friedrich dieses Land niemals aus eigener Anschauung kennen lernte. Neben seiner Arbeit als Cembalist der Hofkapelle machte sich Friedrich zunächst mit dem für ihn noch ungewohnten italienischen Stil vertraut. Eigene Kompositionen sind aus dieser ersten Zeit nicht nachweisbar. Wahrscheinlich gab es für sie auch keinen Bedarf, da der Graf die Musik seines Kapellmeisters Giovanni Battista Serini und des Konzertmeisters Angelo Colonna – beides Italiener und in der Musikgeschichte von untergeordneter Bedeutung – besonders bevorzugte. Vielleicht aber musste der junge Bach auch seinen persönlichen Stil erst noch finden.

Der musikalische Geschmack eines deutschen Grafen

Graf Wilhelm wurde 1748 Regent der Grafschaft Schaumburg-Lippe und investierte umgehend in die Hofkapelle, die sein Vater zuvor finanziell und personell vernachlässigt hatte. Es war seine Absicht, den Standard dieses Orchesters in kurzer Zeit zu heben und sein Niveau an das anderer bekannter Hofkapellen anzugleichen. Dies sollte ihm gelingen. Johann Nikolaus Forkel rechnete 1782 das Bückeburger Orchester zu den führenden in Deutschland. Graf Wilhelm besetzte die Orchesterstellen neu und fand dafür in der Regel deutsche Musiker. Wegen seiner Vorliebe für alles Italienische in der Musik wählte er aber zur Leitung der Kapelle zwei Italiener: Giovanni Battista Serini wurde als Kapellmeister und Angelo Colonna als Konzertmeister engagiert. Wilhelm hatte beide offenbar anlässlich einer Italienreise in Venedig kennen gelernt und sie für seinen Hof angeworben. Das Repertoire der Kapelle bestand ausschließlich aus Kompositionen italienischer Meister. Kammermusik und Orchesterwerke wurden ebenso gespielt wie weltliche Vokalmusik, die Opern und Kammerkantaten ebenso einschloss wie italienische Oratorien. In der Anfangszeit seiner Regierungsübernahme scheint der Graf dagegen kein besonderes Interesse an kirchenmusikalischen Werken gehabt zu haben. Auch bis zu Johann Christoph Friedrichs erstem Werk dieser Art vergingen noch 20 Jahre.

Venezianisches Galakonzert, Gemälde von Francesco Guardi, 1782, Öl auf Leinwand, 67,7 x 90,5 cm, Alte Pinakothek, München – Aus der kirchlich orientierten Kantorenwelt mit ihren Kantaten, Motetten und Fugen kam Friedrich in eine Umgebung, in der der mondäne, von den meisten damaligen Fürsten favorisierte italienische Stil in hohem Kurs stand.

Wilhelm Graf zu Schaumburg-Lippe, Gemälde von Johann Georg Ziesenis (1716–76), Öl auf Leinwand, 154 x 125 cm, Schloss Bückeburg – Mit dem Regierungsantritt des Grafen Wilhelm (1748–77) nahm das Musikleben in Bückeburg einen neuen Aufschwung. Hier wirkte sich wohl der Vorbildcharakter Friedrichs des Großen aus. Zwischen dem Konzertmeister Friedrich Bach und dem Grafen herrschte ein gutes gegenseitiges Einvernehmen.

Graf Wilhelm, der aufgeklärte Despot

Seine Regentschaft trat Graf Wilhelm zu Schaumburg-Lippe 1748 im Alter von 24 Jahren an. In seiner persönlichen Erscheinung und Herrschaftsauffassung war er ein typischer Repräsentant des »aufgeklärten Absolutismus«. Dies war eine Auffassung, die in der Mitte des 18. Jahrhunderts zahlreiche deutsche Fürsten teilten: Wilhelm war in England aufgewachsen und hatte an verschiedenen europäischen Universitäten studiert. Hier war er mit dem Gedankengut der Aufklärung, ihrem Rationalismus und ihren neuartigen Vorstellungen von der Souveränität der Herrscher bekannt geworden. Wie bei seinem großen Vorbild, Friedrich II., hinterließ der Kontakt mit der Aufklärung auch bei Wilhelm seine Spuren.

Den Eindruck eines ungebrochenen Absolutismus vermittelt dagegen Herder, der später in Bückeburg wirkte. Er berichtet in einem Brief an seine Verlobte: »Übrigens herrscht hier in dem kleinen Ländchen ein solcher Despotismus ... als ich selten in den despotischsten Orten nicht gefunden.«

Graf Wilhelm war ein glühender Verehrer der Musik. Nachdem die im frühen 17. Jahrhundert einst ruhmreiche Hofmusik unter seinem Vater längere Zeit brachgelegen hatte, baute er gleich nach seinem Regierungsantritt die Kapelle neu auf. Wilhelm war jedoch nicht allein ein Kenner der Musik, er dirigierte sein Orchester sogar hin und wieder selbst und konnte auch Cembalo spielen. Auch in diesem Punkt muss Friedrich der Große in Potsdam anregend auf ihn gewirkt haben.

Gräfin Marie Eleonore, die kunstsinnige Förderin

Graf Wilhelms Musikliebe äußerte sich für Friedrich Bach in einem angenehmen Arbeitsklima. Größere Anerkennung wurde ihm jedoch von der Gattin Wilhelms, der Gräfin Marie Eleonore, zuteil, die der Graf 1765 geheiratet hatte. Sie war eine ausgesprochen sensible, feinsinnige Persönlichkeit. Herder beschreibt ihre Erscheinung mit den Bildern der Sanftmut, Liebe und »Engelsdemuth«.

Der Musik Friedrichs brachte die Gräfin Aufmerksamkeit und Verständnis in hohem Maße entgegen. Von seiner Weihnachtskantate »Die Kindheit Jesu« sprach sie einmal als »himmlische Musik« – so ganz im Stile ihrer empfindsamen Zeit. Zusammen mit einem Geschenk ließ sie Bach 1774 einen Brief übergeben, der ein großartiges Zeugnis für seine Hochschätzung am Bückeburger Hof ist: »Wohlgeborener, vielgeehrter Herr Concertmeister! Wenn Sie die überreichte Kleinigkeit so gütig aufnehmen, macht es Ihrer Denkart so viel Ehre, wie jedes musikalische Stück, womit Sie Herzen erheben und edlerer Empfindungen und Thaten fähig zu machen wissen. ... Wenn mir die Natur bessern Muth und Stimme verliehen hätte, so würde ich jetzt schon in Ihre Chöre einstimmen; – aber, was hier nicht möglich war, hoffe ich in einer bessern Welt bey dem großen Hallelujah, zu welchem Sie uns vorbereiten und so manche selige Vorempfindung geben. Aller Himmelssegen ruhe auf Ihnen und Ihrem lieben Hause! Solches wünschet aus Hochachtung und Erkenntlichkeit Marie Eleonore, Gräfin zu Schaumburg-Lippe.«

Marie Eleonore Gräfin zu Schaumburg-Lippe, geborene Gräfin zur Lippe-Biesterfeld, Gemälde von Johann Georg Ziesenis (1716–76), Öl auf Leinwand, 154 x 125 cm, Schloss Bückeburg – Gräfin Marie Eleonore war dem Gedankengut des Pietismus gegenüber sehr aufgeschlossen. Auch brachte sie Musik und Kunst sehr viel Verständnis entgegen. Besonders die Musik ihres Hofkomponisten Friedrich Bach schätzte sie außerordentlich.

Krieg und Karriere

Bei der Begeisterung des Grafen Wilhelm für die Musik der Italiener wäre Friedrich wahrscheinlich noch für unabsehbare Zeit Cembalist und einfacher »Cammer-Musikus« geblieben. Doch kamen ihm schon bald politische Umstände entgegen. Als 1756 der Siebenjährige Krieg um den Besitz Schlesiens begann, schlug sich Schaumburg-Lippe auf die Seite der Preußen und war somit direkt in den Krieg verstrickt. Bereits drei Monate vor dem preußischen Einfall in Sachsen suchten Giovanni Battista Serini und Angelo Colonna, die beiden Leiter der Bückeburger Hofkapelle, überraschend um ihre Entlassung nach. Weshalb sie Bückeburg verließen und wohin sie gingen, ist nicht bekannt. Nach ihrem Weggang verlieren sich ihre Namen spurlos in den Weiten der Musikgeschichte. Das Bückeburger Ensemble hatte also seit Mai 1756 weder einen Kapellmeister noch einen Konzertmeister. Denn der von allem Militärischen begeisterte Graf hatte in den Jahren des Krieges anderes zu tun, als sich um seine Hofmusik zu kümmern. Daher änderte er auch an der Situation an der Spitze seines Ensembles zunächst nichts. Der Graf zog auf preußisch-britischer Seite im Range eines britischen Feldmarschalls in den Krieg. Noch im letzten Kriegsjahr

Schlacht bei Leuthen am 5. Dezember 1757, Friedrich der Große mit 43 000 Mann gegen 72 000 Österreicher, Stahlstich, um 1850 – Der Siebenjährige Krieg (1757–63) war seit 1740 bereits der dritte Krieg, den Friedrich II. um den Besitz Schlesiens führte und aus dem Preußen als europäische Großmacht hervorging.

machte er sich als Organisator des portugiesischen Heeres im Auftrag des englischen Königs einen Namen. Friedrich nutzte das Vakuum und übernahm kurzerhand die Leitung des Ensembles, da keine Nachfolger für Serini und Colonna eingestellt wurden. Über einen entsprechenden Titel und das angemessene Gehalt eines Kapellmeisters konnte er nicht verfügen: Er musste sich als neuer Konzertmeister mit erheblich weniger zufrieden geben als sein Vorgänger: Mehr als 400 Taler sprangen nicht für ihn heraus, was immerhin das Doppelte seines Einstiegsgehalts als Cembalist war. Aber Emanuel in Berlin verdiente auch nicht viel mehr und Friedemann in Halle sogar noch weniger.

Johann Christoph Friedrich Bach, Zeichnung von Friedrich Rehberg (1758–1835) (Ausschnitt) – Lange Zeit galt dieses Porträt als die einzige Darstellung Johann Christoph Friedrichs überhaupt. Gegenüber dem Porträt von Matthieu (Seite 25) sehen wir den Künstler hier als gereiften Mann.

Der Familienvater

Friedrich heiratete 1755 mit 23 Jahren – früher als seine Brüder – die gleichaltrige Lucia Elisabeth Münchhausen. Sie war die Tochter eines Musikerkollegen in gräflichen Diensten und seit 1752 selbst als Sängerin am Bückeburger Hof angestellt. Lucia hatte bei Kapellmeister Serini studiert und führte ihren Beruf auch nach der Hochzeit fort, so dass sie das Gehalt ihres Mannes um ihr eigenes in Höhe von 100 Talern aufstocken konnte. Auffallend ist die Parallele zu Friedrichs Eltern: Johann Sebastian hatte mit Anna Magdalena, Friedrichs Mutter, auch eine Sängerin geheiratet, die aber ihren Beruf, im Gegensatz zu Lucia, nicht weiterführen konnte. Wie sein Vater hatte Friedrich im Vergleich zu seinen Brüdern recht viele Nachkommen. Von seinen neun Kindern aber erreichten nur drei das Erwachsenenalter: zwei Töchter, Anna Philippine Friederike (1755–1804), Christine Louise (1762–1852), und der Sohn Wilhelm Friedrich Ernst (1759–1845). Er sollte der einzige musikalische Enkel Johann Sebastians werden: 1787 wurde er Musikdirektor im westfälischen Minden und kam von dort als Lehrer der königlichen Damen und Kinder an den preußischen Hof Friedrich Wilhelms II. nach Berlin. Er war der letzte männliche Nachkomme Johann Sebastians und da er keine Söhne hatte, starb mit ihm die große Linie der Bachfamilie im Jahr 1845 aus.

Anerkannter Komponist einer kleinen Residenz

Schon im Jahr der Eheschließung, 1755, hatte der Graf dem jungen Paar ein Grundstück von zwei Morgen Größe zur eigenen Bewirtschaftung außerhalb der Stadt geschenkt. Außerdem widerfuhr dem Ehepaar Bach die Ehre, zusammen mit dem Grafen und seinen Bediensteten an dessen »Cammer-Tisch« speisen zu dürfen. Vom Grafen wird berichtet: »Sein ganzes Betragen gegen seinen berühmten Kapellmeister Bach machte nicht weniger den Verdiensten dieses Künstlers, als den Einsichten des Grafen in die Musik, Ehre.« Nach dem Ende des Krieges unterstützte er Friedrich beim Ausbau der Hofmusik in Bückeburg und stellte die nötigen Mittel bereit, um bedeutende Neuerscheinungen auswärtiger Komponisten anzuschaffen. Unter Friedrichs Leitung kamen zu den Neuerwerbungen aus der Feder italienischer Komponisten nach und nach solche von Meistern anderer Nationalität hinzu. So wurden etwa Werke Joseph Haydns oder von Vertretern der Mannheimer Schule, also Exponenten der damaligen »Moderne«, aufgeführt.

Es macht den Anschein, als sei Friedrich nach seiner Beförderung zum Konzertmeister in beruflicher Hinsicht und in seinem Privatleben ein zufriedener Mensch gewesen, der sich in seiner Stellung in Bückeburg wohl fühlte. Deshalb verwundert es, dass er sich im Jahr 1768 auf die durch den Tod Georg Philipp Telemanns vakant gewordene Stelle des Hamburger Musikdirektors bewarb. Genügte ihm der sichere Posten im beschaulichen Bückeburg nicht mehr? Die Stelle bekam jedoch sein zweifellos bekannterer Halbbruder Emanuel. Die Bewerbung Friedrichs ist in jener Zeit das einzige Zeugnis, aus dem eine latente Unzufriedenheit entnommen werden kann. Die Zuneigung der Gräfin Marie Eleonore ihm und seiner Musik gegenüber wird ihn sicherlich für manches entschädigt haben, was er in

Bückeburg vermisst haben mag. Aber die Provinzialität der Stadt Bückeburg ist nicht von der Hand zu weisen: So haftet Johann Christoph Friedrich bis heute ein wenig der Mangel an, »nur« der Bückeburger Bach zu sein.

Bückeburg, Schloss, Goldener Saal mit Prunkportal von Eckbert und Hans Wolff, Anfang 17. Jahrhundert – Unter der Regierungszeit von Fürst Ernst zu Holstein-Schaumburg wurde Anfang des 17. Jahrhunderts das Prunkportal im Goldenen Saal in der damals modernsten Form der Spätrenaissance, dem Manierismus, geschaffen. Noch 150 Jahre später dürfte Friedrich als anerkannter Komponist diesem Portal beeindruckt gegenüber gestanden sein.

Möglichkeiten und Pflichten eines höfischen Konzertmeisters

Mit der Verleihung des Titels »Concertmeister« machte der Graf 1759 Friedrichs leitende Funktion in der Kapelle amtlich. Friedrich stand nun auch offiziell dem kleinen Bückeburger Ensemble vor, das während seiner Amtszeit ungefähr 15 Instrumentalisten beschäftigte. Pauken und Trompeten scheinen in der Hofkapelle nicht vorhanden gewesen zu sein. So verwundert es nicht, dass keines seiner Orchesterwerke und – mit Ausnahme zweier Michaeliskantaten – auch kein Chorwerk mit Orchester diese Instrumente vorsieht. Der Konzertmeister und seine Musiker unterstanden dem höfischen Reglement und hatten, dem Brauch der Zeit entsprechend, stets den fürstlichen Verfügungen Folge zu leisten.

Kammermusik im Schloss, Gemälde von Pehr Hilleström, um 1779, Öl auf Leinwand, 56 x 144 cm, Nationalmuseum, Stockholm (Ausschnitt) – In einer gräflichen Verfügung des Bückeburger Hofes aus dem Jahr 1782 heißt es: »Die Musik nimmt nicht eher ihren Anfang und darf auch nicht eher damit geschlossen werden, bis solches von Uns oder Unserer Frau Gemahlin Liebden befohlen ... wird.«

Als Bestandteil des Hofzeremoniells diente die Musik auch in Bückeburg der Verherrlichung und bei Bedarf der Unterhaltung des Grafen und seiner Gemahlin. Sonntags und donnerstags hatte die Hofkapelle regelmäßig am Nachmittag anzutreten und den Grafen sowie Personen, »welche sonst bey Hofe Zutritt haben, desgleichen Fremde von stande« durch ihr Spiel zu unterhalten. Auch das Komponieren neuer Werke durch den Konzert- und Kapellmeister gehörte zur Dienstleistung.

Friedrichs Werk und Stil

Das Œuvre des »Bückeburgers« reicht von der Sinfonie über das Klavierkonzert, verschieden besetzten Kammermusikstücken und Klaviersonaten bis hin zu Kantate und Oper. Einzig das Orgelrepertoire hat er nicht bereichert. Seine Konzerte sind sämtlich für ein Tasteninstrument gedacht und in zahlreichen Kammermusikwerken ist eine obligate, also voll ausgeschriebene Stimme für Tasteninstrument vorgesehen. Gerade in den brillanten Klavierparts der Konzerte, die Friedrich für sich selbst schrieb, zeigt sich aber auch der Virtuose. Johann Nikolaus Forkel berichtet: »Er [Friedrich] soll ... nach Friedemanns Aussage unter den Brüdern der stärkste Spieler gewesen seyn, und seines Vaters Claviercompositionen am fertigsten vorgetragen haben«. An anderer Stelle schreibt er, dass Friedrich im Klavierspiel »beynahe keine Schwierigkeiten« gekannt habe. Auch soll er gerne und unter großem Beifall seiner Zuhörer improvisiert haben, wie es sich damals für einen Virtuosen gehörte. Überraschend ist es dabei jedoch, dass seine Konzerte und Sonaten durchweg nicht zu seinen originellsten Schöpfungen zählen. Der Komponist Friedrich hat sich mit seinen Vokalwerken größere Anerkennung verdient. Im Übrigen hielt er sich von Fugen und anderen polyphonen Stücken fast völlig fern, überraschend für einen Sohn Johann Sebastians. In der Kultivierung eines leichten italienischen Tonfalls, der später durch empfindsame Elemente angereichert wurde, hebt sich sein Werk aber auch von dem seiner älteren Halbbrüder signifikant ab und nähert sich eher dem seines Bruders Christian. Damit wendet sich Friedrich wie sein jüngerer Bruder von der väterlichen Tradition vollkommen ab.

»Musikalisches Vielerley« für Tasteninstrumente

Die insgesamt 16 Klaviersonaten des Bückeburger Bach, dessen ureigenste Instrumente Cembalo und Hammerklavier waren, bieten sich als Einstieg in sein Œuvre an. 1770 wurden die beiden ersten von ihnen, die Sonaten in F-Dur und C-Dur (HW XI/1 und XI/2, Nummerierung nach dem Werkverzeichnis von Hannsdieter Wohlfahrt) veröffentlicht, und zwar in einem Sammelband Emanuels unter dem Titel »Musikalisches Vielerley«. Dieser Band enthielt auch Sonaten von Friedrichs berühmtem Halbbruder und von dem Eisenacher Vetter Johann Ernst Bach. Beide Sonaten Friedrichs sind noch für Cembalo komponiert. Die später veröffentlichten Sonaten dagegen nennen zum Teil in ihren Titeln bereits das Klavier als Alternative und sind in ihrer Schreibart eher auf das modernere Instrument hin angelegt. Die beiden ersten Sonaten ähneln einander in ihrer Konzeption: Sie sind beide, wie alle Sonaten Friedrichs, nach dem Schema schnell-langsam-schnell dreisätzig angelegt, haben jeweils einen langsamen Mittelsatz in Moll und als Finale ein Rondo, dessen Thema bei jeder Wiederholung variiert wird. Die ersten Sätze gehorchen in ihrem Aufbau der Sonatensatzform und weisen einen außergewöhnlich ausgedehnten Durchführungsabschnitt auf. Gut gelungen ist das kraftvolle, repräsentative Thema der ersten Sonate in F-Dur, das seinen klassischen Einschlag nicht verleugnen kann. N 1

N 1 Sonate in F-Dur, 1. Satz, Allegro maestoso, Kopfthema (HW XI/1)

N 2 Sonate in F-Dur, 2. Satz, Andante innocentemente, Anfangsthema (HW XI/1)

Mit ihm korrespondiert eindrucksvoll das folgende Andante innocentemente in f-Moll, dessen Thema vom so genannten lombardischen Rhythmus Gebrauch macht. N 2

Diese rhythmische Figur, die auch »scotch snap« genannt wird (kurz-lang, kurz-lang), war in der Barockmusik, vor allem in der italienisch geprägten, weit verbreitet und galt als Charakterisierung des Natürlichen und Ungekünstelten. Der empfindsame Ton dieses Satzes erinnert jedenfalls an die Musik Emanuels. Beide Sonaten sind Werke des Übergangs, die in mancher Hinsicht den Sprung zur Vollkommenheit noch nicht geschafft haben, doch dem damaligen Publikumsgeschmack sehr entgegen gekommen sein dürften. Ebenfalls als Beitrag zum »Musikalischen Vielerley« verfasste Friedrich ergänzend noch einige kleine »Galanteriestücke« für Cembalo, in denen die damals modernen Tänze Menuett und Polacca, also die Polonaise, Verwendung fanden (HW XII/3–7).

Die Musikstunde, Gemälde von Jean-Honoré Fragonard, um 1770, Öl auf Leinwand, 110 x 120 cm, Musée du Louvre, Paris – Ein »Vielerley« bieten auch die möglichen Deutungen dieses Bildes: Ebenso wie eine Musikstunde könnte in diesem Bild auch eine amouröse Szene dargestellt sein, denn der Blick des Lehrers geht in eine verfängliche Richtung. Soziologisch betrachtet dokumentiert das Bild die Rolle der Frau in der Musik, denn das Klavierspiel gehörte bald zur standesgemäßen musikalischen Erziehung der sowohl adeligen als auch bürgerlichen Frau.

Leichte Sonaten für unterhaltsame Stunden

Mit einer weiteren, diesmal eigenen Sonatenveröffentlichung trat Friedrich 1785 hervor: »Sechs leichte Sonaten fürs Clavier [= Cembalo] oder Pianoforte« (HW XI/3). Sie sind der Nachfolgerin der Gräfin Marie Eleonore, Juliane, gewidmet und repräsentieren den Typ der leichten Unterhaltungsmusik, die von Spielern mit geringen manuellen Fähigkeiten ausgeführt werden konnte. In diesen Sonaten ist Friedrich ganz Kind seiner Zeit: galante Wendungen, sangbare Melodik, schmeichelnde Harmonik, oft auch ein wenig Erhabenheit, wie etwa im Andante der zweiten Sonate. N 1

Und doch besitzen Friedrichs Stücke eine ganz eigenartige Liebenswürdigkeit, so etwa im Allegro maestoso der sechsten Sonate: Der Satz hebt mit pathetischen Akkordbrechungen im Unisono an und mündet schon nach wenigen Takten in eine behagliche Melodie, als sollte der Ernst des Anfangs nicht gar so wichtig genommen werden. N 2, N 3

Friedrich zeigt sich hier ganz als Meister bezaubernder »Kleinigkeiten«. Der herausragende Virtuose verbirgt sich hinter dem scheinbar Einfachen – eine Tendenz, die sein gesamtes Klavierschaffen durchzieht.

Friedrichs »leichte Sonaten« waren offensichtlich erfolgreich, denn schon 1787 veröffentlichte er drei weitere dieser Art in seiner Sammlung »Musikalische Nebenstunden« (HW XI/4–6) und dann nochmals eine in der Fortsetzung der »Nebenstunden« im Jahr 1788 (HW XI/7). Als letzte erschienen ein Jahr später abermals »Drey leichte Sonaten« (HW XI/8), die den einmal eingeschlagenen Sonatenweg Friedrichs zum Abschluss bringen. Sie sind eine gelungene Synthese aus Einflüssen seiner Brüder Emanuel in Hamburg und Christian in London sowie »vormozartscher Mozartismen«, wie der bedeutende Musikhistoriker Jacques Handschin

Cembalo, erbaut von Ruckers, Musée d'art et d'histoire, Neuchatel – Die flämische Firma Ruckers baute im späten 16. und 17. Jahrhundert Cembali, die zu den besten und gesuchtesten ihrer Zeit gehörten. Eine stattliche Anzahl von ihnen befindet sich noch heute in Museen oder Privatbesitz.

N 1 Sonate in F-Dur, 2. Satz, Andante (HW XI/3)

N 2 Sonate in Es-Dur, 1. Satz, Allegro maestoso, Takt 1-4 (HW XI/3)

N 3 Sonate in Es-Dur, 1. Satz, Allegro maestoso, Takt 8-11 (HW XI/3)

einmal mit Bezug auf Christian Bach gesagt hat, nur mit dem Unterschied, dass Mozart selbst und die anderen Meister der Klassik zu dieser Zeit über das Stadium des »Vormozartschen« schon längst hinausgekommen waren.

Eine weitere Klaviersonate in F-Dur (HW XI/9) ist zwar dem Namen nach bekannt, aber seit Ende des Zweiten Weltkriegs verschollen. Ansonsten widmete Friedrich sich gegen Ende seines Lebens, in den Jahren 1786 und 1791, noch dem Typus der vierhändigen Sonate. Zwei Spieler, »Primo« und »Secondo«, musizieren dabei gemeinsam an einem Instrument. Dies ist eine Gattung, die durch die bürgerliche Hausmusik gegen Ende des 18. Jahrhunderts besonders beliebt wurde – auch hiermit ist Friedrich dem Publikumsgeschmack auf der Spur gewesen. Diese zwei vierhändigen Sonaten (HW XIII/1–2) unterscheiden sich aber stilistisch nicht merklich von den zweihändigen, fallen also höchstens durch ihren vollgriffigen Klang aus dem Rahmen. Schließlich komponierte Friedrich noch über 70 kleine Stücke – Menuette, Polonaisen und andere Tanzsätze, die zum größten Teil in den oben genannten »Musikalischen Nebenstunden« publiziert wurden (HW XII/8–13), sowie zwei Variationszyklen (HW XII/1–2). Der zweite von ihnen von etwa 1787 ist über die populäre Melodie »Ah, vous dirai-je, Maman« oder »Morgen kommt der Weihnachtsmann« gearbeitet und dem gleichnamigen Vorbild Mozarts nachempfunden.

Zeugen der eigenen Virtuosität: Friedrichs Klavierkonzerte

Hinsichtlich der Virtuosität hielt sich Friedrich in seinen Soloklavierwerken zurück, in den Klavierkonzerten lässt er ihr dagegen freien Lauf. Es ist anzunehmen, dass er die Konzerte für den eigenen Gebrauch komponierte, etwa für die zweimal wöchentlich am Hof stattfindenden »Cammer-Musiken«. Dem Brauch der Zeit entsprechend wurde unter »Kammermusik« nicht nur Kammermusik im heutigen Sinne verstanden, sondern jegliche zum Vergnügen des Herrschers in der »Cammer« aufgeführte Musik, also auch Werke für größere Besetzungen. Vier Konzerte haben sich erhalten: eins in E-Dur (HW II/1) aus dem Jahr 1765, zwei wahrscheinlich 1787 entstandene in D-Dur und F-Dur (HW II/2 und II/4) sowie ein letztes Konzert in Es-Dur, das von 1792 datiert (HW II/5). Das E-Dur- und F-Dur-Konzert nennen im Titel ausdrücklich das Cembalo als Soloinstrument, die beiden anderen lassen dem Interpreten die Wahl zwischen Cembalo und Hammerklavier. Das erste Konzert ist von den übrigen aber nicht allein durch einen Zeitraum von 20 Jahren und die zwischenzeitliche Entwicklung des Instrumentariums getrennt, es liegen auch stilistische Welten dazwischen. In seiner Musiksprache entfernt sich Friedrich bei diesem ersten Konzert kaum von den Modellen Emanuels aus dessen Berliner Zeit.

Den drei späten Konzerten hört man dagegen an, dass Friedrich inzwischen die Musik seines Bruders Christian und wahrscheinlich auch die zeitgenössischen Schöpfungen der Wiener Klassik kennen gelernt hatte. Das schlägt sich in der formalen Konzeption nieder, indem Friedrich das starre Nebeneinander von Tutti und Solo zugunsten organischerer Durcharbeitung und mehr Dialog zwischen Klavier und Orchester aufgibt.

Überraschend ist die Nähe des Kopfthemas des Es-Dur-Konzerts (1792) zu dem von Mozarts »Haffner«-Sinfonie (KV 385) aus dem Jahr 1782, N1. Das Es-Dur-Konzert stößt in seiner Modernität überhaupt am weitesten von allen Konzerten Friedrichs vor, allein von seinen Proportionen her ist es ein ausgewachsenes, »sinfonisches« Werk. Allerdings gibt Friedrich ihm den antiquierten Titel eines »Concerto grosso«, der mit dem Charakter der Musik und vor allem mit ihrer Entstehungszeit nichts zu tun hat. Herzstück des Konzerts ist der innige zweite Satz, »Romanza« überschrieben, dessen Gehalt bereits die frühe Romantik erahnen lässt. Ein von Mozart entlehntes Verfahren ist indes der erste Einsatz des Solisten im Kopfsatz: Das Klavier setzt im Anschluss an die ausführliche Orchesterexposition mit einer thematisch freien Fantasie ein, ehe es zum Hauptthema übergeht.

N1 W. A. Mozart: »Haffner«-Sinfonie, 1. Satz, Allegro con spirito, Kopfthema (KV 385)

Klavierkonzert Es-Dur HWII/5 von Johann Christoph Friedrich Bach, Autograf der Bratschen-Stimme, Deutsche Staatsbibliothek zu Berlin, Preußischer Kulturbesitz – Das Klavierkonzert in Es-Dur aus dem Jahr 1792 ist sicherlich das bedeutendste Konzert, das Friedrich verfasst hat. Den Galanten Stil und auch die Empfindsamkeit hat er mit diesem Werk bereits überwunden. In dieser Stimme ist Friedrichs klare und gut lesbare Handschrift deutlich erkennbar.

Johann Gottfried Herder, Gemälde von Anton Graff (1736–1813), Halberstadt, Gleimhaus (Ausschnitt) – Die kurze Zeit, die Herder am Bückeburger Hof verbrachte, waren für ihn selbst nicht mehr als eine Übergangsstation: Nach fünf Jahren rief sein Freund Goethe ihn nach Weimar, wo Herder die Stelle des Generalsuperintendenten annahm. Ein besonderes Interesse Herders galt dem Volkslied, in dem er eine natürliche Poesie zu finden glaubte.

Herder kommt nach Bückeburg

Johann Gottfried Herder (1744–1803) wurde im Mai 1771 als Mitglied des Konsistoriums und als Hofprediger nach Bückeburg berufen. Als Philosoph und Dichter war Herder ein wichtiger Vertreter einer Geistesrichtung, die etwa zwischen 1770 und 1780 die deutsche Literatur und indirekt auch die Musik bestimmte: des Sturm und Drang. Herder hatte sich mit den neuen Ideen schon früh auseinander gesetzt: Freiheit in politischer, ethischer und ästhetischer Hinsicht, Gleichberechtigung der Menschen, Individualismus und eine Absage an die bloße Vernunft. In Königsberg absolvierte Herder ein Theologiestudium, das ihm zunächst eine Predigerstelle in Riga einbrachte. Anlässlich einer Reise nach Frankreich verfasste er das »Journal meiner Reise vom Jahre 1769«, das in seinem hymnisch-rhapsodischen Stil zu den ersten Dokumenten des Sturm und Drang zählt. Unter dem Titel »Von deutscher Art und Kunst« gab Herder 1773 von Bückeburg aus eine Sammlung von Aufsätzen heraus, darunter auch Goethes Schrift »Von deutscher Baukunst«. Diese Sammlung wurde als »Geburtsurkunde des Sturm und Drang« bezeichnet. Überhaupt waren Herders Jahre in Bückeburg als Hofprediger eine Zeit schöpferisch-innovativer Ideen, in denen er sich mit der Weltanschauung der Aufklärung, ihrem bloßen Rationalismus, auseinander setzte. Mit Gräfin Marie Eleonore kam er von Anfang an gut zurecht, zu dem Grafen hielt er jedoch Distanz. Herder sah in ihm in erster Linie einen Despoten, während er die Geisteshaltung der Gräfin schätzte. Auch zwischen Konzertmeister und Hofprediger scheint der Kontakt sehr gut, wenn nicht sogar freundschaftlich gewesen zu sein. Herder und seine Frau Caroline haben vermutlich häufig an Aufführungen der Kapelle teilgenommen und auch privat bei den Bachs zu Hause verkehrt.

Für den Hof war Herder vor allem als intellektuelle Persönlichkeit von Bedeutung. Der Graf mag in ihm einen Ersatz für den Philosophen Thomas Abbt gesehen haben, der von 1765 bis zu seinem plötzlichen Tod im Jahr darauf in Bückeburg gelebt hatte. Für den Komponisten Friedrich war Herder jedoch als Dichter eine Herausforderung und Bereicherung. Nicht weniger als neun Oratorien, Kantaten und sogar Opern hat Herder in seiner fünfjährigen Bückeburger Tätigkeit verfasst, die von Friedrich in Musik gesetzt wurden.

Die Räuber.
Ein Schauspiel
von fünf Akten,
herausgegeben
von
Friderich Schiller.
Zwote verbesserte Auflage.
Frankfurt und Leipzig,
bei Tobias Löffler.
1782.

»Die Räuber« von Friedrich Schiller, Titelblatt der 2. Ausgabe mit dem Motto »In Tyrannos«, 1782 – Goethes »Götz von Berlichingen« und Schillers »Räuber« verkörpern exemplarisch das Freiheitsdenken dieser Generation, ihre Auflehnung gegen Tyrannei im Verbund mit einer pathetischen Grundstimmung. Herder hat sich nicht so sehr als Dichter mit diesen Themen auseinandergesetzt, sondern vielmehr als Denker. Seine Schriften sind philosophische, aber auch sprachmächtige Abhandlungen zu grundsätzlichen Themen der Zeit.

Sturm und Drang in der Musik?

Herder setzte an die Stelle des Rationalismus die Größen Natürlichkeit und Empfindungswelt, eine ähnliche Entwicklung, wie sie auch in der Musik der Zeit festgestellt werden kann. Dennoch wird mit dem Begriff des Sturm und Drang in der Musik ein anderer Typus bezeichnet, der vielleicht eher den dichterischen Äußerungen des frühen Schiller entspricht, also der Typus des emotional Aufgewühlten, Schroffen und Wilden, der eine kleine Anzahl Orchesterwerke der 1760er und 1770er Jahre kennzeichnet. Hier steht der Begriff für jugendliches Ungestüm. Bei Herder offenbart er wohl stärker seine anti-rationalistische Komponente.

Es ist insgesamt jedoch problematisch, den literaturhistorischen Begriff »Sturm und Drang« auf die gleichzeitige Musik zu übertragen. Kein Komponist hat explizit Inhalte in seiner Musik ausdrücken wollen, die denen des literarischen Sturm und Drang entsprechen. Und nur auf relativ wenige Werke ließe sich der Begriff überhaupt anwenden. Ein besonders bekanntes davon ist Mozarts Sinfonie in g-Moll KV 183 aus dem Jahr 1773. In diesem sehr leidenschaftlichen Werk spielen erregte Phrasen, Unisono-Passagen und plötzliche Kontraste eine wichtige Rolle. Aber diese stilistischen Merkmale gab es bereits in der Oper der Barockzeit und sollte es in späteren Epochen ebenfalls wieder geben.

Herders Text und Bachs Komposition: Musik für familiäre Anlässe

Aus der Zusammenarbeit Friedrichs mit Herder gingen einige Chorwerke hervor, obwohl geistliche Vokalkompositionen in Bückeburg nur selten aufgeführt wurden. In der Regel waren sie an bestimmte Anlässe des fürstlichen Hauses gebunden. Graf Wilhelm stand der Religion skeptisch gegenüber, so dass schlichtweg kein Bedarf bestand. Eine Ausnahme bot sich durch den »Frieden von Hubertusburg«, der 1763 den Siebenjährigen Krieg beendete. Zu diesem Anlass komponierte Friedrich eine heute verschollene Kantate, sein erstes kirchenmusikalisches Werk überhaupt. Danach versuchte er sich an einem Oratorium über den seinerzeit verbreiteten und mehrfach vertonten Passionstext »Der Tod Jesu« von Carl Wilhelm Ramler (HW XIV/1; 1769). Friedrichs Nähe zur bedeutendsten Vertonung dieses Librettos von Carl Heinrich Graun aus dem Jahr 1755 ist unverkennbar. Zur Geburt der gräflichen Tochter Ämilia Eleonore Wilhelmina steuerte Friedrich 1771 eine weitere Kantate bei. Sie wurde jedoch am Hofe als deplatziert empfunden, weil statt des erhofften männlichen Erben eine Tochter zur Welt kam. Das Schicksal dieser Kantate ist deswegen auch unklar. Ähnliche Anlässe wie Geburten oder Todesfälle in der Familie des Grafen erforderten vom Kapellmeister auch später noch die obligatorischen musikalischen Beiträge.

Anders sah es bei den aus der Zusammenarbeit mit Herder hervorgegangenen Kompositionen aus. An die Stelle geistlicher Gelegenheitswerke trat jetzt die Beschäftigung mit oratorischen Werken. Den Anfang machte allerdings noch einmal ein Werk mit einem konkreten Bezugspunkt: Herders Dichtung »Die Auferweckung Lazarus«, die dem Tod des Zwillingsbruders von Marie Eleonore am 23. April 1772 ihre Entstehung verdankte und anschließend von Friedrich vertont wurde (HW XIV/3). Herder überreichte seine Texte der Gräfin zunächst als bloße geistliche Poesie. Nachträglich, aber allem Anschein nach auf ihren ausdrücklichen Wunsch hin, übernahm Friedrich dann die musikalische Umsetzung. Das nächste Oratorium dieser Art war »Die Kindheit Jesu« (HW XIV/2), dem Herder den vielsagenden Untertitel »biblisches Gemählde« gab. Der Dichter machte seinen Text gleich zwei Frauen zum Weihnachtsfest 1772 zum Geschenk: Er schickte ihn seiner Verlobten Caroline Flachsland nach Darmstadt und überreichte ihn zusätzlich der Gräfin Eleonore. Schon kurz darauf muss Friedrich mit der Komposition begonnen haben, denn die erste Aufführung fand am 11. Februar 1773 in Bückeburg statt.

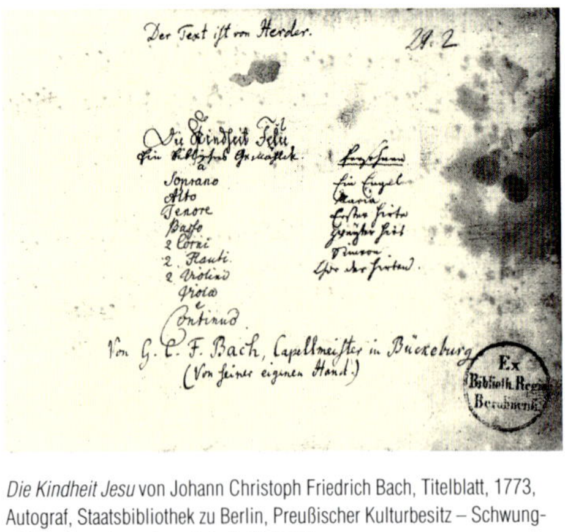

Die Kindheit Jesu von Johann Christoph Friedrich Bach, Titelblatt, 1773, Autograf, Staatsbibliothek zu Berlin, Preußischer Kulturbesitz – Schwungvolle Lettern zieren das originale Titelblatt.

Die Auferweckung des Lazarus, Gemälde von Johann Zick (1702–62), Konstanz, Rosengartenmuseum – Der entscheidende Moment: Der tote Lazarus wird von Jesus mit einer machtvollen, dramatischen Geste zum Leben wiedererweckt. Nach dem Tod ihres Zwillingsbruders Ferdinand Johann Benjamin suchte Gräfin Eleonore Trost in dieser Erzählung und regte Herder zu seiner Dichtung an.

Anbetung der Hirten, Gemälde von Anton Raphael Mengs, 1770, Öl auf Holz, 256 x 190 cm, Museo del Prado, Madrid – Ein zentraler Moment der Weihnachtsgeschichte ist die Anbetung des Jesuskindes durch die Hirten, die vom Feld bei Bethlehem zur Krippe kommen. In Friedrichs Oratorium haben die Hirten eine wichtige Funktion: Sie führen den Zuhörer, der sich mit ihnen identifizieren kann, direkt an die Handlung heran.

»Die Kindheit Jesu«: Gedichtet und vertont

Das Oratorium »Die Kindheit Jesu« (HW XIV/2), von Herder gedichtet und von Friedrich vertont, beschränkt sich inhaltlich auf zwei Themenkreise des Weihnachtsfestes. Den Hintergrund bildete für den Theologen Herder selbstverständlich der Text des Evangeliums, den er mit eigenen Worten paraphrasiert: Am Anfang steht die Verkündigung der Engel an die Hirten auf dem Feld bei Bethlehem. Es folgt eine Krippenszene: Die herbeigeeilten Hirten finden Maria vor, die ihrem Neugeborenen ein Wiegenlied singt. Für den Schlussabschnitt zieht Herder die Darbringung des Jesuskindes im Tempel und seine Beschneidung heran, einschließlich der Weissagung des greisen Simeon – auch dies ein unverzichtbares Element der Weihnachtsgeschichte. Die zwei inhaltlichen Stationen werden in einen dramatischen Ablauf gebracht und miteinander verbunden. Sie bleiben nicht als eigenständige Tableaus unvermittelt nebeneinander stehen, wie es liturgisch eigentlich erforderlich wäre. Aber das Augenmerk von Dichter und Komponist richtet sich nicht so sehr auf liturgische Brauchbarkeit als vielmehr auf eine subjektiv anrührende Erzählung. Beschaulichkeit und Gang der Handlung werden auf eigenständige und einleuchtende Weise miteinander verknüpft. Schon der erste Abschnitt, die Verkündigung an die Hirten, ist in seiner Konzeption originell: Ohne eine Ouvertüre oder einen anderen markanten Eröffnungssatz, etwa einen Chor, setzt unvermittelt die Handlung ein. Dies ist eine Parallele zu dem ersten Oratorium »Die Auferweckung Lazarus«. Ein Engel kündigt in einem kurzen Rezitativ die Geburt Jesu an, dann setzt ein Instrumentalsatz ein, der als »Himmlische Musik« betitelt ist, N1. In der Partitur liest man dazu die Anmerkung »fernher, ohne Worte«. Die »Himmlische Musik«, unterbrochen von Rezitativen der Hirten, wiederholt sich dreimal. Jedesmal vergrößert sich die Lautstärke.

N1 »Die Kindheit Jesu«, Himmlische Musik, Andante, Streicher (HW XIV/2)

Beim ersten Erklingen der Himmelsmusik spielen die Streicher allein und »con sordini«, also mit Dämpfern, dann entfallen die Dämpfer. Daraufhin treten Flöten und Fagotte hinzu. Der vierte Auftritt der Himmelsmusik bildet den Höhepunkt: Vierstimmiger Chor und volles Orchester musizieren den Satz nun mit dem Text des Gloria. Hier findet ein auskomponiertes Näherrücken der Himmelsmusik statt, das Räumlichkeit suggeriert; Herder hatte dies genau vorgeschrieben. Zwischen den einzelnen Abschnitten dieser Himmelsmusik, die mit dem Chor der Engel assoziiert wird, stehen die Rezitative der Hirten, welche staunend und überwältigt die Botschaft des Engels kommentieren. Vor lauter Staunen stammeln sie nur Wortfetzen und wiederholen sich gegenseitig die Engelsworte.

Im Zentrum des Oratoriums steht die einzige Arie. Maria, laut Partitur »frohwehmütig« über die Krippe gebeugt, singt mit ihrem »Schlummre sanft in deiner Krippe« den Knaben in den Schlaf. Die Arie ist ein pastorales Altsolo in Da-Capo-Form, Tempo Allegretto, mit milder Melodik ohne harte Kontraste und bar jeglicher Dramatik – ein Moment des beschaulichen Innehaltens, auch für die Hirten, die gerade vom Feld herbeigeeilt sind. N 2

Anschließend berichtet Maria ihnen in eng an das Evangelium angelehnter Abfolge, wie sich die Empfängnis des Jesuskindes zugetragen hat. Diese rezitativische Erzählung ist szenisch gedacht: Sie setzt nach der Unterbrechung durch die Arie die Handlung mit den Hirten fort. Ein vierstimmiges Hirtenlied ohne Instrumente, kombiniert mit sechs Takten instrumentaler Hirtenmusik, beschließt diesen Abschnitt.

Den klassischen Text der folgenden Beschneidungsszene im Tempel, das »Nunc dimittis« (»Nun läßt Du, Herr, Deinen Diener in Frieden ziehen«) des Simeon, vertont Friedrich mittels eines Choralsatzes. Er zieht die gleiche Melodie heran, die auch sein Vater in seiner Kantate »Erfreute Zeit im neuen Bunde« (BWV 83) für die Worte des Simeon verwendet hatte. Der Choral ist als Bass-Solo gesetzt, das in dem Moment rezitativische Züge annimmt, als Simeon in Jesus den verheißenen Retter erblickt, Maria sein Wirken und seinen Tod prophezeit. N 3

Erstaunlicherweise unterlegt Friedrich dieses Rezitativ mit den punktierten Streicherakkorden der Französischen Ouvertüre, als sei die Weissagung Simeons der eigentliche Auftakt für das weitere Wirken des Jesuskindes. Simeon setzt seinen Choral fort, dankbar dafür, dass er den Retter der Welt noch sehen durfte, wie Gott es ihm versprochen hatte. Nun kann er in Frieden sterben. Ein ausgedehnter Schlusschor fasst inhaltlich das Geschehen dieses gut halbstündigen Oratoriums noch einmal zusammen. Es ist vielleicht Friedrich Bachs größte Leistung auf dem Gebiet der geistlichen Musik, formal originell, erzählerisch stringent und musikalisch einfallsreich, die heute leider im Konzertrepertoire fast vollkommen vergessen ist.

N 2 »Die Kindheit Jesu«, Arie der Maria (HW XIV/2)

N 3 »Die Kindheit Jesu«, Simeons Choral-Solo (HW XIV/2)

Simeon im Tempel, Gemälde von Marquard Wocher, 1796, Aquarell auf Papier, 28 x 33 cm, Galerie Koller, Zürich – Dem greisen Simeon wurde vorhergesagt, dass er den Messias noch würde sehen können. Als das Jesuskind zur Beschneidung in den Tempel gebracht wird, sieht Simeon die Prophezeiung erfüllt.

Der Schwur der Horatier, Gemälde von Jacques-Louis David, 1784, Öl auf Leinwand, 330 x 427cm, Musée du Louvre, Paris – Dieses klassizistische Gemälde machte David berühmt. Um sich mit der Formensprache der Antike vertraut zu machen, ging der Maler nach Rom. In der bewusst nüchternen Komposition ist die barocke Tradition überwunden, Betrachter lobten die »antike Simplizität«. Gleiche Ideale schwebten auch Herder vor, als er seine Opernstoffe schrieb.

»Brutus« in Bückeburg

Mit Beginn der 1770er Jahre, also zeitgleich mit dem Zusammentreffen mit Herder, setzte bei Friedrich eine intensive Auseinandersetzung mit der Vokalmusik ein. In den Jahren 1772/73 folgten zwei Oratorien, »Lazarus« und »Kindheit Jesu«, aufeinander, zu denen sich im gleichen Zeitraum noch eine Pfingstkantate auf einen Text Herders gesellte (HW XIV/4), deren Musik leider verschollen ist. Den ehrgeizigsten Plan stellen jedoch zwei dramatische Werke dar. Das erste von ihnen trägt den Titel »Brutus« und war laut Herder »Ein Drama zur Musik«. Im Jahr 1774 erschien auch ein Textdruck des »Brutus« mit der Angabe: »In Musik gesetzt von dem Concertmeister Bach zu Bückeburg«, doch hat sich von Friedrichs Komposition keine Note erhalten. Die Oper »Brutus« wurde jedenfalls in Bückeburg mehrmals aufgeführt, das erste Mal am 27. Februar 1774. Herder schwebte hier eine neue Form des Musikdramas vor, schon 1769 in Paris hatte er erste Ideen hierzu niedergeschrieben. Die Elemente der zeitgenössischen italienischen Oper – die verwickelte Handlung, die Virtuosität um ihrer selbst willen, die aufwändigen Kostüme und Dekorationen – wollte er durch größere Einheitlichkeit, Verinnerlichung und glaubhafte Empfindung ersetzen. Als er seine Dichtung im Januar 1774 dem Grafen überreichte, lobte dieser daran »römisches Gefühl«, »Shakespeares Geist« und »deutsche Stärke«.

Mit der Musik Bachs aber zeigte sich Herder unzufrieden, da sie seine Postulate eines neuen Opernstils offenbar nicht vollständig nachvollzog. Im November 1774 sandte der Dichter den Text an Christoph Willibald Gluck, den großen Opernreformator seiner Zeit. Es hat sich keine Antwort Glucks erhalten, auch schlugen Herders Bemühungen um eine nochmalige Komposition des »Brutus« fehl. Das andere dramatische und ebenfalls in seiner Musik verlorene Werk von 1774 war »Philoktetes«, eine Folge von »Scenen mit Gesang«. Es ist größtenteils in Form eines »Duodramas« gehalten, also im Stil einer Kantate für zwei Solisten, verwendet aber auch den Chor. Die Musik Friedrichs hierzu wird allein in einem Brief Herders aus dem Jahr 1775 erwähnt. Ein weiteres Duodrama Friedrichs, »Mosis Mutter und ihre Tochter« (HWXVII/3), geschrieben 1785 auf einen Text von H. S. C. Stille, ist nur fragmentarisch überliefert.

Ein Hort des Pietismus: Geistliche Sololieder

Eine interessante Randgruppe in Friedrichs Vokalschaffen bilden die geistlichen Sololieder. Sie sind allesamt auf Texte des Kopenhagener Pastors Balthasar Münter geschrieben. Fünf Lieder erschienen im Jahr 1773 in einer Sammlung von Münter-Liedern aus der Feder verschiedener Komponisten. Münter regte daraufhin Friedrich an, eine zweite Sammlung mit 50 Liedern ganz allein zu vertonen, die dann 1774 erschien. Aus diesen Liedern spricht eine schlichte Frömmigkeit, die in der Einfachheit und Natürlichkeit der Kompositionen ihre Entsprechung findet. Diese Werke waren nicht für Aufführungen in der Kirche gedacht, sondern für die pietistische Andacht. Johann Christoph Friedrich präsentiert sich in diesen Liedern als Gestalter eines ursprünglichen, nicht rational verarbeiteten Glaubenserlebnisses.

Friedrichs weltliche Kantatenwerke

Gelungene Muster der deutschen weltlichen, ihrem Inhalt nach klassizistischen Kantate sind »Ino« und »Pygmalion« (HW XVIII/4–5), beide nach Texten des Dichters Carl Wilhelm Ramler und für Solostimme, also für Sopran und Alt oder Bass, und Streicher. »Ino« erzählt die Geschichte von der verzweifelten Flucht der Titelheldin vor ihrem Gatten Athamas, der im Wahnsinn bereits ihren ersten Sohn getötet hat. Nun verfolgt er Ino und Melikertes, den anderen Sohn, um auch sie zu ermorden. Ino weiß sich in ihrer Not nur durch einen beherzten Sprung ins Meer zu retten, wo sie mit Melikertes von den Meeresgöttern und Neptun höchstpersönlich aufgenommen wird. Neptun erhebt Ino kurzerhand zu einer Meeresgottheit. Friedrich schildert dies in einer Folge von sieben Sätzen mit nur zwei Arien, die umso ausgedehnter sind.

Den Hauptanteil bilden dagegen kontrastreiche und affektgeladene Rezitative. Sie sind viel besser als die Arien dazu geeignet, den vielfältigen Situations- und Stimmungswechseln gerecht zu werden. Friedrich gelingt hier eine dramatische Wiedergabe der Vorlage, die sich ohne weiteres mit der bekannten Fassung desselben Textes von Georg Philipp Telemann messen kann. Anschaulich zeichnet Friedrich die Handlung nach. Fallende Skalen in den Streichern illustrieren Inos Sprung ins Meer, dann verwandelt sich die Szene: Ino fragt sich: »Wo bin ich? O Himmel! Ich atme noch Leben?« und die Streicher antworten ihr durch eine wiegende Bewegung, die die Wellen des Meeres darstellt. Friedrichs Tonsprache, vor allem in der Schluss-Arie »Tönt in meinen Lobgesang« mit dem lombardischen Rhythmus im Thema, zeigt, wie er sich die Vorboten des klassischen Stils aneignet, wenngleich immer noch empfindsame Wendungen überwiegen. In stilistischer Hinsicht hinkt er in diesem 1786 publizierten »Monodrama« dem aktuellen Zeitstil etwas hinterher, was aber keinesfalls die hohe Qualität der Synthese aus Text und Musik beeinträchtigt.

»Pygmalion«, die andere Solokantate, greift ebenfalls einen Stoff der Antike auf, diesmal aus Ovids »Metamorphosen«. Wie in der Kantate »Ino« bildet auch hier die Folge der Rezitative und ihre an den Stimmungen der Worte orientierte aufgelockerte Form den Hauptanteil. Die erste Arie, »Ihr Götter, welche Phantasein [sic]«, in der Pygmalion an seinem eigenen Verstand zweifelt, ist ein gelungenes Abbild der wahnhaft erscheinenden Gelüste des Titelhelden.

Die kurze Kantate »Die Amerikanerin« (HW XVIII/3) nach einem Text von Heinrich Wilhelm von Gerstenberg ist, trotz ihrer offenbar weiten Verbreitung, vom Dramatischen her nicht so gelungen wie die Ramler-Kantaten. Der Text hat mit Amerika recht wenig zu tun. Ursprünglich hatte die Kantate den Titel »Lied eines Mohren« und die Protagonistin hieß Saide. Der Arientext erinnert an einer Stelle sogar an das Hohelied Salomos. Friedrich beabsichtigte mit dem Stück offensichtlich eine Reverenz vor den Vereinigten Staaten von Amerika, weil diese im Jahr der Drucklegung der Kantate, 1776, ihre Unabhängigkeit von England erklärten. Die Handlung der Kantate klingt für heutige Ohren etwas überspannt: Ein junger Mann, der seine Geliebte erwartet, malt sich die Gefahren aus, die ihr begegnen könnten. Offenbar glaubt er nicht an eine glückliche Ankunft und sehnt am Ende seinen eigenen Tod herbei.

Pygmalion und Galatea, Gemälde von Jean-Léon Gérome (1824–1904), Öl auf Leinwand, 94 x 74 cm, Whitford & Hughes, London – Die Kantate »Pygmalion« erzählt die Geschichte des Bildhauers Pygmalion. Dieser verliebt sich in eine von ihm geschaffene Marmorstatue und fleht daraufhin die Liebesgöttin Aphrodite an, dem Bildnis Leben einzuhauchen. Aphrodite erfüllt seinen Wunsch, aber erst, nachdem Pygmalion sie mit dem Vorwurf, dazu nicht fähig zu sein, herausgefordert hatte. Schließlich erwacht die Statue mit dem Namen Elise langsam zum Leben. Ein ehrerbietiger Dankgesang an die Göttin rundet die Erfüllung von Pygmalions Wünschen ganz nach dem empfindsamen Geschmack ab.

Herder verlässt Bückeburg

In der Zusammenarbeit mit Herder fand Friedrich zu einem eigenständigen und selbstbewussten Stil in der Vokalmusik. Die gemeinsame Tätigkeit beflügelte seine Arbeit und machte die Abgeschiedenheit des Bückeburger Hofes durch die Inspiration des großen Dichters und Gelehrten wieder wett. Deshalb bedeutete es für Friedrich einen schmerzhaften Verlust, als Herder 1776 Bückeburg verließ. Goethe, den der Dichter schon vor Jahren getroffen hatte, veranlasste seine Berufung zum Generalsuperintendenten in Weimar und bat ihn nun zu kommen. Herder nahm diese Einladung bereitwillig an, denn ihm war der Aufenthalt in Bückeburg von Anfang an wie ein Exil erschienen. Mit Herders Fortgang endete für Friedrich die Zeit, in der er sich erfolgreich der Vokalmusik zuwandte. Zwar komponierte er auch später noch Musik dieser Art, zum Beispiel die Kantate »Ino« (um 1784), doch war der Ansporn vergleichsweise geringer geworden.

Schloss Bückeburg, Stich, um 1800, Landesmuseum Bückeburg – Das Schloss in Bückeburg entstand aus einer alten Wasserburg: Die Ansicht der Rückseite des Baus mit einem Teil der großen Parkanlage, die das Schloss umgibt, vermittelt eine idyllische, aber auch von der Welt abgeschiedene Stimmung.

Das gräfliche Ehepaar stirbt

Kurz vor Herders Abreise verstarb Gräfin Marie Eleonore im Alter von nur 33 Jahren. Die Gräfin, die sich für Friedrichs Musik aufgeschlossen gezeigt und ihren Konzertmeister hoch geschätzt hatte, war für den Komponisten und auch für Herder die wichtigste Bezugsperson am Hof gewesen. Vielleicht war sie sogar durch ihren Kunstverstand ein entscheidender Ansporn gewesen.

Das Jahr 1776 beraubte Friedrich somit zweier für seinen Werdegang wichtiger Personen. Doch dabei blieb es nicht: Schon am 10. September 1777 verstarb auch der Graf selbst. Nahezu drei Jahrzehnte hatte Friedrich in seinem Dienst gestanden und sein Vertrauen und seine Unterstützung beim Auf- und Ausbau der Hofmusik genossen. Die Jahre 1776/77 bedeuteten also einen tiefen Einschnitt und waren der Endpunkt einer fruchtbaren und allem Anschein nach glücklichen Zeitspanne in Friedrichs Bückeburger Leben. Graf Wilhelms Nachfolger wurde sein Vetter Philipp Ernst aus der Nebenlinie Schaumburg-Lippe-Allverdissen, da Wilhelm keine männlichen Nachkommen hatte. Philipp Ernst, der für die Kunst nicht viel übrig hatte, kürzte sofort den Etat für die Hofmusik, weil er Schulden im Staatshaushalt seines Vorgängers auszugleichen hatte. Das geistige Klima, das noch wenige Jahre zuvor im Zusammenwirken von Graf, Gräfin und Hofprediger Herder geherrscht hatte, setzte sich offenbar unter dem neuen Fürsten nicht fort. Einzig Gräfin Juliane, die Gattin Philipp Ernsts, war der Musik gegenüber aufgeschlossen. Wie ihre Vorgängerin war Juliane eine feinsinnige Kunstfreundin, die gerne selbst musizierte. Nachdem ihr Gatte 1787 verstorben war und sie die Regierung für ihren minderjährigen Sohn übernommen hatte, rückte sie vom strengen Absolutismus des Hofes ab. Damit war auch eine stärkere Förderung der Hofmusik verbunden. Sie nahm sogar regelmäßigen Klavierunterricht bei ihrem Konzertmeister und beteiligte sich als Sängerin an Oratorienaufführungen. Ihr widmete Friedrich seine sechs »leichten Sonaten« für Klavier von 1785 (HW XI/3).

Juliane Gräfin zu Schaumburg-Lippe, geborene Prinzessin zu Hessen-Philippsthal, Gemälde von Johann Heinrich Tischbein d. Ä. (1722–89), Öl auf Leinwand, 235 x 144 cm, Schloss Bückeburg

Eine Studienreise für Wilhelm Friedrich Ernst

Im April 1778 reiste Friedrich für drei Monate nach London. Dies war die einzige größere Reise, die er je unternahm. Ihr Zweck war die musikalische Ausbildung seines Sohnes Wilhelm Friedrich Ernst. Dieser war mittlerweile 19 Jahre alt und zeigte Talent. Friedrich war sich bewusst, dass der Bückeburger Hof nicht die richtige Umgebung war, um in seinem Metier weiterzukommen. Also beschloss er, seinen Sohn in die Obhut seines Bruders Johann Christian zu geben, damit er das musikalische Leben einer Weltstadt aus eigener Anschauung kennen lernen konnte. Doch die Reise hinterließ auch bei Friedrich selbst Spuren.

Vater und Sohn machten auf ihrer gemeinsamen Fahrt zunächst bei Carl Philipp Emanuel Station, der seit 1768 in Hamburg lebte. Zwischen Friedrich und seinem Halbbruder hatte sich seit etwa 1770 ein reger brieflicher Kontakt entwickelt, der ebenso den gegenseitigen Austausch von Werken einschloss. So veröffentlichte Emanuel Sonaten und Stücke für Cembalo oder Hammerklavier aus Friedrichs Feder in seiner Sammlung »Musikalisches Vielerley«. Friedrich besaß dagegen zum Beispiel die Originalpartitur von Emanuels Kantate »Gott hat den Herrn auferweckt«. Die Brüder berieten sich gegenseitig bei der Lösung von musikalischen Problemen. Doch scheint eher Friedrich der Empfangende und Emanuel der Gebende gewesen zu sein. Gerade die religiöse Vokalmusik und die Klaviermusik Friedrichs nach 1770 tragen gewisse Züge von Emanuels

Jungfernstieg um 1795, Aquatinta von Sherl/Moras-ses, Museum für Hamburgische Geschichte – Die weltoffene und liberale Handelsstadt Hamburg muss für Johann Christoph Friedrich und seinen Sohn Wilhelm Friedrich Ernst einen »Kulturschock« bedeutet haben. Beide waren zuvor noch nie in einer Großstadt diesen Ausmaßes und mit einem solch reichhaltigen Kulturleben gewesen.

Stil, während eine umgekehrte Beeinflussung kaum nachzuweisen ist. Über den Bruder kam Friedrich auch mit dessen literarischen Bekannten, etwa Lessing, Klopstock und Gerstenberg, in Kontakt. Gerstenberg richtete 1773 einige Anfragen bezüglich musikalischer Sachverhalte an den Bückeburger Bach, die dieser auch beantwortete. Friedrichs erfolgreichstes gedrucktes Werk, die Kantate »Die Amerikanerin«, ist die Vertonung eines Gerstenberg-Textes. Im Jahr 1778 verweilten die beiden Reisenden aus Bückeburg für einige Zeit in Hamburg und genossen den persönlichen Kontakt des berühmten Bruders und Onkels. Wilhelm Friedrich Ernst gab dort auch eine öffentliche Kostprobe seines Könnens auf dem Klavier. London aber, ihr eigentliches Ziel, sollte sich für beide als viel bedeutsamer erweisen.

Nach dem Aufenthalt in Hamburg setzten sie nach England über. Friedrichs Bruder Johann Christian lebte damals schon seit rund 16 Jahren in London und stand zu dieser Zeit im Zenit seines Ruhmes. Im Gegensatz zu seinem Hamburger Halbbruder, der den norddeutschen Stil der Empfindsamkeit repräsentiert, verkörperte Christian die unter italienischem Einfluss stehende galante Musiksprache, die den jungen Mozart unmittelbar beeinflusste.

Als die Bückeburger in London ankamen, konnten sie Christians neueste Oper, »La Clemenza di Scipione«, miterleben, eine Oper des italienischen Stils, die Herder vermutlich kategorisch abgelehnt hätte. Sie konnten das Londoner Konzert- und Opernleben kennen lernen, Aufführungen an den verschiedensten Orten beiwohnen, vor allem aber die Bekanntschaft mit der Musik des herrschenden modernen Stils machen: die Musik Christians selbst, aber auch die von Haydn und Mozart. Hierfür benötigten die Bückeburger den Umweg über

London, Covent Garden Theatre, aquarellierter Kupferstich von A. W. N. Pugin nach einer Zeichnung von Thomas Rowlandson, 1808, Victoria and Albert Museum, London – Covent Garden war Mitte des 18. Jahrhunderts ein Zentrum der englischen Nationaloper. In der Nacht zum 19. September 1808 legte ein Brand das Theater in Schutt und Asche. Im Jahr darauf wurde es bereits wieder eröffnet.

London. Friedrich machte eine weitere Entdeckung: Von der Begeisterung seines jüngeren Bruders für das Hammerklavier angesteckt, ließ auch er sich von dem neuen Instrument beeindrucken. Für ihn, der aus Bückeburg lediglich das Cembalo kannte und vielleicht auch das Clavichord, mussten die Möglichkeiten des Hammerklaviers ganz neue Welten erschließen. Also erwarb Friedrich einen Hammerflügel für Bückeburg und komponierte fortan seine Klaviermusik für dieses Instrument – auch wenn im Titel noch das Cembalo erscheint. Während er seinen Sohn in London zurückließ – Wilhelm Friedrich Ernst blieb bis zum Tod des Onkels im Jahr 1782 dort –, nahm Friedrich neben dem Flügel auch neue Erfahrungen mit.

Das Erlebnis London: Nachklang und Nachwirken

Von seiner Reise brachte Friedrich Anregungen mit, die für Bückeburg Neuland bedeuteten. Während sich in den europäischen Musikzentren wie Wien, Paris und London der klassische Stil schon etabliert hatte, blieb Norddeutschland noch größtenteils dem Stil »zwischen den Epochen« verpflichtet.

Friedrich eignete sich dieses Neue an, weil er erkannte, dass dies die zukunftsweisende Musiksprache war und er somit Anschluss an die modernen Strömungen der Zeit finden konnte. Sein Personalstil veränderte sich nach dem Londonbesuch, der in seinem Schaffen eine Zäsur setzte. Lassen sich »vor London« noch Einflüsse Emanuels in seinen Werken finden, so stehen die »nach London« geschriebenen Kompositionen eindeutig in der Linie des Bruders Christian. An dieser stilistischen Wende ist gleichzeitig jedoch abzulesen, dass er sich eines eigenen, ganz persönlichen Stils nicht so sicher war. Statt sich langsam und kontinuierlich weiter zu entwickeln, reagierte er direkt auf die in London empfangenen Einflüsse. Es wäre jedoch ungerecht, ihn deswegen als »rezeptiven« Komponisten zu bezeichnen, wie ihn sein Biograf Hannsdieter Wohlfarth charakterisiert. Hier muss auch die provinzielle Lage Bückeburgs berücksichtigt werden, die ihn an einer ausreichenden Auseinandersetzung mit dem neuen Stil gehindert hatte und nun Nachholbedarf entstehen ließ.

Die Gattungen, denen sich Friedrich infolge der Londonreise verstärkt zuwandte, sind typisch »klassische« Gattungen: Sinfonien, Klavierkonzerte, Sonaten und kleinere Stücke für Klavier. Nur das Streichquartett, ebenfalls eine klassische Gattung par excellence, bedachte er nicht mit eigenen Beiträgen. Das wirft ein bezeichnendes Licht auf die Funktion des neuen Stils für Friedrich: Das Streichquartett entwickelte sich, besonders unter den Händen Haydns, zur anspruchsvollsten Instrumentalgattung überhaupt. Es wurde zum Experimentierfeld und zur größten Herausforderung für Komponisten. Doch hinter einem Teil von Friedrichs Musik, besonders der Klaviermusik, steckt eine gänzlich andere Intention. Seine Sonaten, technisch einfach auszuführen und im unterhaltenden Tonfall geschrieben, orientieren sich an den Bedürfnissen der »Liebhaber«, jener Musikfreunde, denen es nicht um die hohe Gelehrsamkeit ging. Sinfonien und Klavierkonzerte besaßen ohnehin zu dieser Zeit noch nicht den Status tiefsinniger Kunst, der ihnen erst durch den späten Mozart und Beethoven zukam. Friedrich adaptierte den klassischen Tonfall also vor allem seiner Modernität und seiner unterhaltsamen Eigenschaften wegen. Er war nicht wie die Wiener Meister an seiner Sublimierung und Vertiefung interessiert. Hierin zeigt er sich als gelehriger Schüler seines jüngeren Bruders in London. Die Schlichtheit, Durchsichtigkeit und Eingängigkeit vieler seiner Werke nach 1778 müssen unter diesem Gesichtspunkt gesehen werden. Dennoch führte Friedrich auch große Werke der Wiener Klassiker in Bückeburg auf, wie etwa Mozarts Singspiel »Die Entführung aus dem Serail« (KV 384). Daneben erklangen Sinfonien Haydns, die die modernsten und tiefgründigsten ihrer Zeit waren, und auch die Oper »Iphigénie en Tauride« des Reformators Gluck.

Auch auf diese Weise öffnete Friedrichs Begeisterung für das Neue der Musikpflege Bückeburgs unbekannte Horizonte.

Das Konzert, Kupferstich von Daniel Chodowiecki, 1785 – Die Kammermusik, zu verstehen als Musik, die in der fürstlichen Kammer aufgeführt wurde und jede Art der Instrumentalmusik sein konnte, vom vielstimmigen Konzert bis hin zur unbegleiteten Lautensonate, diente vor allem der Unterhaltung der Aristokratie. Chodowieckis Stich gibt von einer solchen Kammermusik und dem ihr eigenen Rahmen einen hervorragenden Eindruck. Doch hatten sich um 1785 bereits auch öffentliche Konzertreihen in allen größeren Städten etabliert, die von jedem besucht werden konnten, der eine Eintrittskarte gekauft hatte.

HAMBURGUM
Hamburg

Hamburgs weltoffene Musikszene

Emanuels musikalische Autorität

Hamburg, Stadtansicht, kolorierter Kupferstich von Johann Georg Ringlin nach Friedrich Bernhard Werner, um 1750 – Im Laufe des 17. Jahrhunderts entwickelte sich Hamburg zur führenden Handelsstadt Norddeutschlands. Davon blieb auch das Musikleben nicht unberührt. Besonders unter dem Musikdirektor Thomas Selle (im Amt 1637–63) und unter einem seiner späteren Nachfolger Telemann (im Amt 1721–67) erreichte es einen hohen Standard.

Abschied vom Berliner Hof

Trotz des Siebenjährigen Krieges, der das Musikleben am Hof Friedrichs II. stark in Mitleidenschaft zog, war Emanuel als Komponist tätig wie selten zuvor. Zu Beginn der 1760er Jahre veröffentlichte er mehrere Sammlungen von Klaviersonaten und -stücken und beteiligte sich auch an den von dem Verleger Friedrich Wilhelm Birnstiel periodisch herausgegebenen Sammelbänden wie »Musicalisches Allerley von verschiedenen Tonkünstlern«. Im Jahr 1762 erschienen Lieder von ihm unter dem Titel »Oden mit Melodien« (Wq 199). Um diese Zeit hatte er sich längst einen sehr guten und weit über die Grenzen Preußens hinaus reichenden Ruf als Komponist und Klaviervirtuose erworben. Durch den »Versuch«, dessen zweiter Teil ebenfalls 1762 veröffentlicht wurde, war er zudem zu einer Autorität auf dem Gebiet des Klavierspiels avanciert. Dennoch wurde seine in der Musikwelt mittlerweile errungene Stellung durch den König nicht honoriert, der aus dem Krieg als früh gealterter Mann zurückkehrte und von sich sagte: »Alle Tage verliere ich einen Zahn und bin halb lahm vor Gicht.«

Nach dem Krieg weigerte sich König Friedrich, seine Hofangestellten und Musiker für die finanziellen Verluste während des Krieges zu entschädigen. Das Geld hatte nur ein Viertel des ursprünglichen Wertes. Außerdem verlor der Monarch zunehmend das Interesse an der Musik und vernachlässigte die musikalischen Veranstaltungen. Auch was die künstlerische Herausforderung betrifft, konnte der preußische Hof einem angesehenen Musiker vom Range Emanuels, den seine Zeitgenossen mehr und mehr für »den« Bach schlechthin hielten, nichts mehr bieten. So begann er, sich nach einer neuen Stelle umzusehen.

Der Weg nach Hamburg

Durch den Tod Georg Philipp Telemanns ergab sich für den 53-jährigen Emanuel eine hervorragende Gelegenheit, Berlin zu verlassen. Zusammen mit seinem Halbbruder Friedrich, den Komponisten Hermann Friedrich Raupach und Johann Heinrich Rolle bewarb er sich im Sommer 1767 um das Amt des Hamburger Musikdirektors. Die Entscheidung zog sich fünf Monate hin, doch dann fiel die Wahl schließlich auf den Berliner Bach. Ihm kam offenbar zugute, dass der Amtsvorgänger sein Pate gewesen war. Telemann hatte Emanuel mit gutem Gewissen als Nachfolger empfehlen können. König Friedrich sperrte sich zunächst gegen das Vorhaben seines Kammercembalisten und verweigerte seine Einwilligung, als Emanuel um Entlassung nachsuchte. Es dauerte noch gut drei Monate, bis dieser nach Hamburg ziehen und dort im März 1768 seinen neuen Posten antreten konnte.

Der König war in den Jahren nach dem Krieg in schlechter Verfassung, er hatte sich mit Voltaire entzweit und seinen Lieblingsneffen Prinz Heinrich verloren. Offenbar war sich Friedrich der Qualitäten Emanuels doch stärker bewusst, als die kühle Beziehung zwischen beiden, die mäßige Bezahlung und das subalterne Dienstverhältnis ahnen ließen.

Die Schwester des Königs, Prinzessin Anna Amalia, die Emanuels Musik mehr Verständnis entgegenbrachte als ihr Bruder, ernannte ihn vor seiner Abreise noch zu ihrem Kapellmeister – ein schöner Ehrentitel, der vielleicht als Antwort auf die der Prinzessin im Jahr 1760 gewidmeten Klaviersonaten (Wq 50) zu verstehen ist. In seinen 30 Dienstjahren hatte Emanuel so manches seitens des Preußenkönigs erdulden müssen.

Friedrich II. zu Pferde, Kupferstich von Daniel Berger nach Chodowiecki, 1777 – Friedrichs unerhörtes Glück im Siebenjährigen Krieg, der für ihn militärisch schon verloren schien, aber durch Russlands Ausscheiden aus der gegnerischen Koalition doch noch glimpflich verlief, trug sehr zu seiner Idealisierung durch spätere Generationen bei. Friedrich erhielt den Beinamen »der Große« und wurde zum Übervater, zum »alten Fritz«.

Hamburg, die weltoffene Stadt

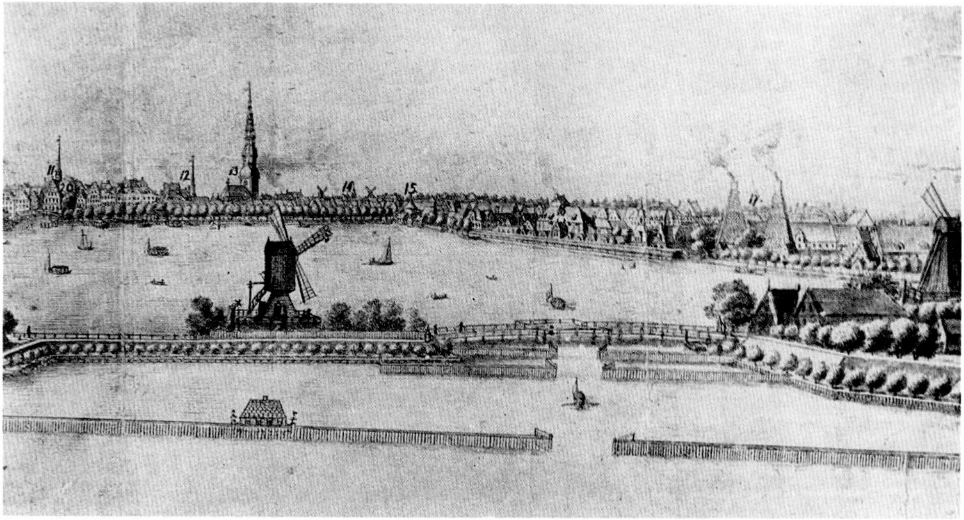

Hamburg, Stadtansicht, Stich, 1727 – Handel und Schiff-Fahrt sowie die Stellung als freie Handelsstadt bescherten Hamburg wirtschaftliche Prosperität und daraus resultierten ideale Bedingungen für das kulturelle Leben.

Emanuel kam, etwas überspitzt formuliert, aus dem absolutistisch regierten Berlin in das geradezu demokratisch eingestellte Hamburg, also von einem Extrem ins andere. Zumindest begab er sich in der Hansestadt nicht mehr unter das Regime eines einzelnen Monarchen und konnte der Hofetikette und den königlichen Launen entfliehen. Die Stadt wurde von einem Senat verwaltet, dessen Mitglieder von den Bürgern gewählt wurden. Die Teilnahme am politischen Leben war jedoch an bestimmte Besitzverhältnisse gebunden: Es herrschte also eine Art Plutokratie. Der einfache Bürger hatte hier ebensowenig mitzubestimmen wie in Berlin. Und dennoch war Hamburg eine ungleich weltoffenere Stadt.

Als wichtigster Hafen Deutschlands und führender Warenumschlagplatz profitierte Hamburg von den Begleiterscheinungen des Handels, der Rührigkeit, Dynamik und Weltläufigkeit der Kaufleute und vom Kontakt mit fremden Kulturen. Die Stadt war das »Tor zur Welt« und eine internationale Metropole, die nicht nur Handelsverträge mit den Niederlanden, England und Frankreich abschließen konnte, sondern auch ihre Verbindungen nach Übersee auszudehnen wusste. Die freie

Handelsstadt hegte gewisse Sympathien gegenüber dem Unabhängigkeitskampf der Vereinigten Staaten von Amerika. Über die Verbindungen zu Frankreich und England hielten französische und englische Literatur und Philosophie Einzug und der lebhafte Austausch von Nachrichten aus aller Welt führte zur Ausbildung einer vielfältigen Presselandschaft, zu der auch das musikalische Zeitschriftenwesen zählte, worin Hamburg führend war.

Von 1678 bis 1738 gab es am Gänsemarkt das erste bürgerliche Opernhaus, das sich anfangs gegen die Opposition der Kirche zu behaupten hatte und später seine Tore schließen musste, weil sich das Publikum von der Opera seria des alten Stils abwandte. Immerhin wurde Hamburg mit diesem Theater zu einem Zentrum der barocken Opernpflege in Deutschland. Nach der Jahrhundertmitte blühte die Oper in Hamburg mit Werken von Christoph Willibald Gluck und Wolfgang Amadé Mozart wieder auf, jedoch nur als Bestandteil des von Friedrich Ludwig Schröder ab 1771 erfolgreich geführten Schauspiels. Von großer Bedeutung war in Hamburg auch das öffentliche Konzertwesen. Schon im 17. Jahrhundert organisierte der Schütz-Schüler und Organist Matthias Weckman mit seinem neu gegründeten Collegium musicum Konzerte im Refektorium der damaligen Kathedrale, die wöchentlich stattfanden und an denen die führenden Musiker der Stadt teilnahmen. Durch die Initiative wohlhabender Bürger etablierte sich diese Art der musikalischen Unterhaltung. An zahlreichen verschiedenen Orten der Stadt wurden Konzerte gegeben, so auch im Drillhaus, wo sie unter Georg Philipp Telemanns Leitung seit 1722 regelmäßig stattfanden oder im 1761 neu eröffneten Konzertsaal auf dem Kamp. Daneben bildete die Kirchenmusik einen wesentlichen Teil des Musiklebens in Hamburg. Und für Emanuel war dies zunächst einmal auch der wichtigste Teil seiner Hamburger Aktivitäten, denn als Kirchenmusiker wurde er hier angestellt.

Das Opernhaus am Gänsemarkt, Detail der Stadtansicht von 1727 – Die Barockoper blühte im Theater am Gänsemarkt. Vom Ruhm des Hauses wurde auch der junge Georg Friedrich Händel angezogen, der von 1703 bis 1706 als Geiger und Cembalist im Opernorchester spielte und hier seine ersten Opern komponierte.

Telemann, Emanuels Vorgänger in Hamburg

Die Hansestadt Hamburg zählte im 18. Jahrhundert zu den großen Musikmetropolen Deutschlands. Seit 1721 wirkte dort als Kantor des Johanneums, eines städtischen Gymnasiums, und als Musikdirektor der fünf Hauptkirchen der Stadt der wohl berühmteste Komponist des Landes, Georg Philipp Telemann. Der 40-jährige Telemann hatte zur Zeit seines Amtsantritts bereits eine erfolgreiche Karriere hinter sich. Nach Studienjahren in Leipzig, wo er sich schon bald mehr mit der Musik als mit der Jurisprudenz beschäftigte, dann Leiter der Leipziger Oper wurde und obendrein ein studentisches Collegium musicum gründete, ging er 1705 als Kapellmeister an den Hof des Grafen Erdmann von Promnitz in Sorau (Niederlausitz). Im Jahr darauf wechselte er an die herzogliche Hofkapelle zu Eisenach. Dort hatte er Gelegenheit, den im nahen Weimar tätigen Johann Sebastian Bach kennen zu lernen, mit dem er offenbar häufiger zusammen musizierte. Als Telemann 1712 die Stelle des Musikdirektors in Frankfurt am Main annahm, blieb die Verbindung mit Vater Bach bestehen und Telemann übernahm die Patenschaft für dessen Sohn Emanuel. Seine offiziellen Pflichten in Frankfurt umfassten vor allem die Leitung und Komposition von Kirchenmusik, doch ermöglichte sein städtisches Amt ihm auch einen verstärkten Einsatz für das öffentliche Konzertwesen. Dies hielt er aufrecht, als er vom Rat der Stadt Hamburg zum Nachfolger Joachim Gerstenbüttels, des vormaligen Musikdirektors, berufen wurde. Telemanns Verpflichtungen in Hamburg waren immens: So hatte er etwa für jeden Sonntag zwei neue Kantaten zu liefern. Dazu mussten Feierlichkeiten der Bürgerschaft zusätzlich mit entsprechender Musik umrahmt werden. Er arbeitete als künstlerischer Leiter der Oper und hatte Musikunterricht am Johanneum zu geben. Die Höfe von Bayreuth und Eisenach, deren »Maître de Chapelle« er war, forderten neue Kompositionen. Darüber hinaus erwies sich Telemann als tüchtiger Geschäftsmann, der seine Kompositionen im Selbstverlag herausgab und sogar eigenhändig die Noten stach. Eine recht große Anzahl seiner Kompositionen, wie etwa die Kantatenjahrgänge mit dem Titel »Harmonischer Gottes-Dienst« und die berühmte »Musique de Table«, war überall weit verbreitet. Telemann komponierte nicht nur ein ungeheures Quantum an Musik aller Gattungen, es gelang ihm auch, seine Schöpfungen erfolgreich den Musikliebhabern seiner Zeit nahe zu bringen. Auch im Ausland feierte man den Hamburger Musikdirektor. Als er 1737 nach Paris reiste, musste er feststellen, dass dort bereits wegen der großen Nachfrage eine Folge von Quartetten ohne seine Erlaubnis nachgedruckt worden war. Überhaupt wurde Telemann in der Seine-Metropole von den Musikliebhabern ein begeisterter Empfang bereitet, wie ihn kaum je ein Ausländer genießen konnte.

Georg Philipp Telemann (1681–1767), Stich von Valentin Daniel Preißler nach L. M. Schneider, 1750, Schabkunst, 346 x 212 mm – Telemann war ein Komponist, dem die Schaffung neuer Werke leicht von der Hand ging. Er besaß eine ungeheure Schaffenskraft: Er schrieb weit über 1000 Kantaten und zwischen den Jahren 1722 und 1767 jährlich eine neue Passion. Hinzu kamen Oratorien, Opern, Lieder, mehrere hundert Orchestersuiten, Hunderte Kammermusikwerke, Dutzende von Konzerten und andere Stücke.

Dienstliche Verpflichtungen

Von seinem Vorgänger Telemann übernahm Emanuel in Hamburg die typischen Aufgaben eines protestantischen Kantors und Musikdirektors: Er hatte die Leitung der Musik an den fünf Hamburger Hauptkirchen – St. Nikolai, St. Katharinen, St. Jakobi, St. Petri, St. Michaelis – inne und war verpflichtet, im Johanneum den oberen Klassen Unterricht in Musik und anderen Fächern zu erteilen. Allerdings konnte Emanuel wie sein Vorgänger durchsetzen, sich dauerhaft vom Unterricht in den nicht-musikalischen Fächern zu befreien. Ein Assistent ging ihm in den anderen Unterrichtsstunden zur Hand. An den fünf Kirchen hatte Emanuel mehr als 200 Aufführungen von Kirchenmusik im Jahr zu leiten, wobei es schon einmal zu zehn Passionen innerhalb von 13 Tagen kommen konnte! Feierliche Anlässe kirchlicher und städtischer Art, etwa Begräbnisse, Einführungen neuer Geistlicher, Geburtstage von prominenten Bürgern, Trauungen und Schulfeste erforderten zusätzlich Musik, die der Musikdirektor bereitzustellen hatte. Emanuel scheint sich, je mehr er auch das Konzertwesen in die Hand nahm, innerlich diesem Bereich zugewandt und seine kirchlichen Dienste lediglich als Pflichterfüllung betrachtet zu haben. Zum Komponieren und Dirigieren kam für ihn schließlich noch der administrative Bereich hinzu: Als Musikdirektor hatte Emanuel die Honorare an die Ausführenden und Kopisten zu zahlen, hatte sich um Einstellungen zu kümmern und die Ausgaben für seinen Bereich zu überwachen, eine Bürde, die ihm offenbar leicht von der Hand ging. Für alle seine Aufgaben wurde er entsprechend großzügig entlohnt. Er bezog ein jährliches Grundgehalt von 1200 Talern, zu

Hamburg, Michaeliskirche, Stich im Verlag von Peter Schenk, Amsterdam, um 1700, Museum für Hamburgische Geschichte – Emanuels neues Amt glich in seiner sozialen Stellung und in den Aufgaben der Position seines Vaters.

dem noch Zuschüsse und Honorare für außerplanmäßige Aufführungen hinzukamen. Die Einkünfte, die Carl Philipp Emanuel aus seinen Publikationen und Konzerten bezog, müssen zu seinem Einkommen hinzugerechnet werden.

Rechts: *Hamburg,* Jakobinerkirche, Stich im Verlag von Peter Schenk, Amsterdam um 1700, Museum für Hamburgische Geschichte – Um sein äußerst umfangreiches Arbeitspensum bewältigen zu können, griff Emanuel Bach häufig auf Werke Telemanns oder seines Vaters zurück. Doch schrieb er auch zahlreiche Kantaten, Passionen und andere Gelegenheitswerke selbst und begab sich damit auf ein Gebiet, das er fast sein ganzes Leben zuvor nicht betreten hatte.

Links: *Hamburg,* Katharinenkirche, Stich im Verlag von Peter Schenk, Amsterdam um 1700, Museum für Hamburgische Geschichte – Am 19. April 1768 wurde Emanuel in der Katharinenkirche feierlich in sein Amt eingeführt. Pastor Johann Melchior Goeze, der in einer zeitgenössischen Schrift als »Kanzelredner von Feuer und Kraft, ... , unermüdlicher Widersacher jeder Neuerung und aller Neuerer ...« bezeichnet wird, hielt den Festvortrag in lateinischer Sprache. Auf Goezes Rede »De harmonia coelesti«, zu Deutsch: »Über die himmlische Harmonie«, antwortete auch Emanuel auf Lateinisch: »De nobilissimo artis musicae fine«, also »Über den edelsten Zweck der musikalischen Kunst«. Goeze, dem als Senior des Geistlichen Ministeriums die Aufgabe der Einführung zugefallen war, war ein Dogmatiker, der den aufklärerischen und freidenkerischen Tendenzen der Hansestadt erbittert gegenüberstand.

Die Aufklärung

Auf die Frage »Was ist Aufklärung?« gab der Königsberger Philosoph Immanuel Kant in der Dezemberausgabe der Berlinischen Monatsschrift von 1784 eine geradezu klassische Antwort: »Aufklärung ist der Ausgang des Menschen aus seiner selbstverschuldeten Unmündigkeit. Unmündigkeit ist das Unvermögen, sich seines Verstandes ohne Leitung eines anderen zu bedienen. Selbstverschuldet ist diese Unmündigkeit, wenn die Ursache derselben nicht am Mangel des Verstandes, sondern der Entschließung und des Mutes liegt, sich seiner ohne Leitung eines anderen zu bedienen. Sapere aude! [»Wage zu schmecken!«] Habe Mut, dich deines eigenen Verstandes zu bedienen! ist also der Wahlspruch der Aufklärung.« Kant rief seine Zeitgenossen auf,

Innensicht einer Loge, Ölbild, anonym, um 1790, Historisches Museum der Stadt Wien – Die Freimaurer, die sich in Logen organisierten, waren die bekannteste Geheimgesellschaft im 18. Jahrhundert. Wer sich für aufgeklärt hielt, war oft Mitglied einer solchen Geheimgesellschaft. Mozart – möglicherweise rechts unten zu sehen – und Haydn waren Mitglieder der Freimaurer. Die »Zauberflöte« ist das berühmteste Werk, das Ideen der Freimaurerei verarbeitet.

Immanuel Kant (1724–1804), Zeichnung von Hans Schnorr von Carolsfeld, 1789, Kupferstichkabinett, Staatliche Kunstsammlungen, Dresden

alle Lebensbereiche, seien es Religion und Kirche, Staat und Gesellschaft, Philosophie und Wissenschaft, durch die Vernunft einer Prüfung zu unterziehen. Die Aufklärer sahen in der Vernunft die letzte Instanz allen menschlichen Tuns und Denkens. Ihr Werkzeug war die Kritik. Ziel war die Befreiung des Menschen aus unterdrückenden Zwängen. Dies wurde im 18. Jahrhundert vor allem auf zwei Bereiche bezogen: Kirche und Staat. Die religiöse Denkweise, basierend auf dem Begriff der Offenbarung und vom Gläubigen vor allem Vertrauen und Hingabe fordernd, stand dem Rationalismus fern. Kant übte Kritik an der Religion, durch die der Mensch fremdbestimmt werde. Auch wies er auf die Begrenztheit des menschlichen Erkenntnisvermögens hin und folgerte daraus, dass der Mensch das Übernatürliche, also Gott, nicht erkennen könne. Indem die Aufklärer auch die Religion der kritischen Vernunft unterwarfen, mussten sie den Weg entweder zur völligen Abschaffung oder zur Neubewertung gehen.

Auf politischer Ebene brachte die Aufklärung den Begriff des Naturrechts hervor, das jedem Menschen unveräußerliche Rechte garantierte. In der Staatstheorie kam die Definition der Gewaltenteilung als Grundlage einer demokratischen Regierungsform auf. Beides wirkte als Angriff auf den übermächtigen Staat des Absolutismus, in dem der Herrscher keinen Gesetzen unterworfen war. Ereignisse wie die Unabhängigkeitserklärung der amerikanischen und die Französische Revolution sind also unmittelbare Ergebnisse aufklärerischen Denkens.

In Geheimgesellschaften konnten aufklärerisch Gesinnte vom Staat unbeobachtet wirken. Zu ihnen gehörten die Freimaurerlogen, die seit 1737 auch in Deutschland aktiv waren. Ihre Mitglieder versuchten in diesen Logen ein humanistisches Ethos und ein Bildungsideal zu verwirklichen, die stark vom aufklärerischen Denken geprägt waren. Hier debattierte man über religiöse, philosophische und politische Themen, die andernorts verboten waren. Besondere Zeremonien umgaben diese Geheimgesellschaften mit einem exotischen Reiz. Wer aufgenommen werden wollte, musste erst bestimmte Prüfungen ablegen. Je nach dem Grad der »Erleuchtung« hatte jedes Mitglied einen bestimmten Platz in der internen Rangordnung. Hier wurde eine Gegenwelt geschaffen, in der die Prinzipien der Aufklärung idealtypisch zum Zuge kamen.

Kontroverse über die Aufklärung in Hamburg

Der Hamburger Theologe Hermann Samuel Reimarus, Vater eines mit Emanuel befreundeten Arztes, suchte nach einem Weg zwischen der Radikalität vor allem französischer Kirchengegner und der strengen Orthodoxie des Hamburger Pastors Goeze. Erfolgreich war seine Schrift »Die vornehmsten Wahrheiten der natürlichen Religion« aus dem Jahr 1754, in der er eine Art »Vernunftsreligion« postulierte, in der Gott seinen festen Platz hatte, aber die Offenbarung nicht mehr vorkam.

In Klubs und Zirkeln debattierten Intellektuelle über philosophische, politische oder ästhetische Probleme und im aufblühenden Zeitschriftenwesen setzte sich die Diskussion in schriftlicher Form fort. Nicht umsonst wurde diese Epoche auch das »tintenklecksende Säkulum« genannt. War die öffentliche Meinungsbildung auf diesem Wege vor allem gegen Ende des Jahrhunderts in Deutschland weit fortgeschritten, so ist das Phänomen der Aufklärung hier insgesamt doch anders gelagert als in Frankreich und England. Nicht nur, dass sich das rationalistische Denken erst später bemerkbar machte, die deutsche Aufklärung war auch weniger radikal als etwa die französische: Nihilismus und Materialismus, also die Verneinung von Lebenssinn und ideellen Werten, waren nicht ausgeprägt. Und doch konnte ein Aufklärer wie Lessing durch seine an der Vernunft orientierten Gedanken über die Religion die Hamburger Orthodoxie in Person Goezes unversöhnlich gegen sich aufbringen. Es ist charakteristisch, dass Goeze sofort um den Bestand der religiösen und staatlichen Ordnung fürchtete, weil aufgeklärtes Denken für ihn »Rebellion« war. Die von der Aufklärung beeinflussten Hamburger, vor allem die jüngere Generation, wandten sich jedoch zunehmend von der Orthodoxie ab. Durch seine Verbindung mit dem liberalen Geistlichen Sturm gab Emanuel übrigens zu erkennen, dass er selbst – obwohl im Dienst der Kirche – der fortschrittlichen Richtung nahe stand. Im Kreis seiner diskutierenden intellektuellen Bekannten, wo die Debatten der Berliner Jahre fortgeführt wurden, gab er sich als Teilnehmer des geistigen Lebens der Aufklärung zu erkennen.

Während Emanuel mit Pastor Goeze keinen nennenswerten Umgang pflegte, stand er mit dessen Kollegen, dem Pastor an St. Petri, Christoph Christian Sturm, in gutem Kontakt. Sturm war einer der Geistlichen, die aufklärerischen Ideen zugeneigt waren und Nächstenliebe über Dogmen stellten. Der populäre Pastor Sturm dichtete auch selbst. Emanuel vertonte in zwei Sammlungen 60 von dessen Liedern und veröffentlichte sie in den Jahren 1780 und 1781 (Wq 197/198).

Diese Lieder stehen in stilistischem und inhaltlichem Zusammenhang mit den Gellert-Liedern, die Emanuel rund 20 Jahre früher komponiert hatte.

Carl Philipp Emanuel Bach, Pastor Sturm und der Künstler Andreas Stöttrup, Zeichnung von Andreas Stöttrup, 1784, Hamburger Kunsthalle – Emanuel im Gespräch mit dem befreundeten Pastor Sturm, während der Maler die Szene in Emanuels Haus festhält. Die Gemälde im Hintergrund zeigen, dass der Bachsohn seinen Kunstverstand auch auf andere Bereiche ausdehnte, schließlich hatte er einen Maler als Sohn. Porträts von über 150 berühmten Musikern schmückten die Wände in Emanuels Haus.

Oratorien für den Konzertsaal

Die kirchliche Chormusik, eingebunden in Liturgie und Zeremoniell, war für den soeben ernannten Hamburger Musikdirektor Emanuel Neuland. Er hatte diese Musik von Amts wegen zu schreiben und aufzuführen, behalf sich aber häufig mit dem Rückgriff auf bestehendes Repertoire oder setzte aus verschiedenen Stücken kurzerhand Neues zusammen. Mit größerer Begeisterung wandte sich Emanuel dagegen den Chorwerken zu, die er im Rahmen öffentlicher Konzerte aufführen konnte. Dem Trend der Zeit entsprechend, wurde bisher hauptsächlich der Kirche vorbehaltene Musik nun in den Konzertsaal verlegt, vor allem die Gattung des Oratoriums. Emanuels Oratorien »Die Israeliten in der Wüste« (Wq 238) und »Auferstehung und Himmelfahrt Jesu« (Wq 240) waren beide für konzertante Wiedergaben vorgesehen. Er schrieb sie nicht zu einem bestimmten Anlass und musste somit keine Rücksichten auf die Fähigkeiten der Ausführenden nehmen.

Dem 1768/69 komponierten Oratorium »Die Israeliten in der Wüste«, stellte Emanuel die Bemerkung voran, dass das Stück »nicht just bei einer Art von Feyerlichkeit, sondern zu allen Zeiten, in und außer der Kirche« gespielt werden könne. Emanuel vertonte den alttestamentlichen Stoff auf eine sehr direkte und subjektiv fesselnde Weise, die sich an ein breites Publikum wendet. Er stellt dabei die Erbaulichkeit des Sujets, das sich eher in poetischen Reflexionen als in stringenter Dramatik entfaltet, in den Vordergrund und setzt zu diesem Zweck statt des gelehrten Kontrapunkts anrührende Harmonien und Melodien ein. Der zeitgenössische Komponist und Musikschriftsteller Johann Friedrich

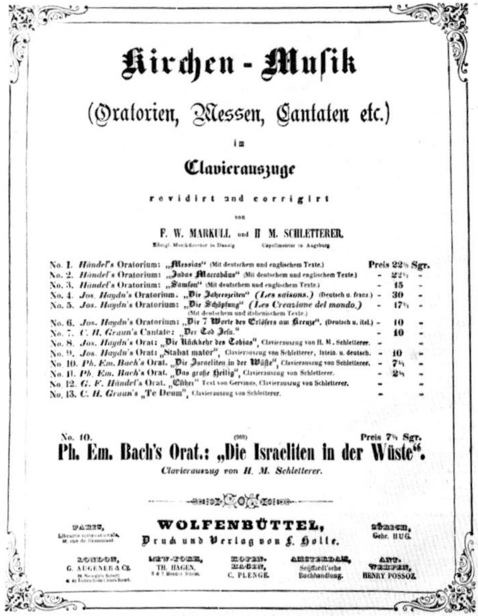

Kirchen-Musik

(Oratorien, Messen, Cantaten etc.)

im

Clavierauszuge

revidirt und corrigirt

von

F. W. MARKULL und H. M. SCHLETTERER.

No. 1.	Händel's Oratorium: „Messias" (Mit deutschem und englischem Texte.)	Preis 22½	Sgr.
No. 2.	Händel's Oratorium: „Judas Maccabäus" (Mit deutschem und englischem Texte.)	- 22½	-
No. 3.	Händel's Oratorium: „Samson" (Mit deutschem und englischem Texte.)	- 15	-
No. 4.	Jos. Haydn's Oratorium. „Die Jahreszeiten" (Les saisons.) (Deutsch u. franz.)	- 30	-
No. 5.	Jos. Haydn's Oratorium: „Die Schöpfung" (Les Creazione del mondo.) (Mit deutschem und italienischem Texte.)	- 17½	-
No. 6.	Jos. Haydn's Oratorium: „Die 7 Worte des Erlösers am Kreuze". (Deutsch u. ital.)	- 10	-
No. 7.	C. H. Graun's Cantate: „Der Tod Jesu."	- 10	-
No. 8.	Jos. Haydn's Orat: „Die Rückkehr des Tobias", Clavierauszug von H. M. Schletterer.	-	-
No. 9.	Jos. Haydn's Orat: „Stabat mater", Clavierauszug von Schletterer, latein. u. deutsch.	- 10	-
No. 10.	Ph. Em. Bach's Orat. „Die Israeliten in der Wüste", Clavierauszug von Schletterer.	- 7½	-
No. 11.	Ph. Em. Bach's Orat. „Das große Heilig", Clavierauszug von Schletterer.	- 2½	-
No. 12.	G. F. Händel's Orat. „Esther" Text von Gervinus, Clavierauszug von Schletterer.	-	-
No. 13.	C. H. Graun's „Te Deum", Clavierauszug von Schletterer.	-	-

No. 10. (965) Preis 7½ Sgr.

Ph. Em. Bach's Orat.: „Die Israeliten in der Wüste".

Clavierauszug von H. M. Schletterer.

WOLFENBÜTTEL,

Druck und Verlag von L. Holle.

PARIS, Librairie internationale. — BREMEN, Gebr. HUG.

LONDON, G. AUGENER & Co. — NEW-YORK, TH. HAGEN. — KOPENHAGEN, C. PLENGE. — AMSTERDAM, Seyffardt'sche Buchhandlung. — ANTWERPEN, HENRY POSSOZ.

Die Israeliten in der Wüste, Oratorium von Carl Philipp Emanuel Bach, Titelblatt des Klavierauszugs von H. M. Schletterer, 19. Jahrhundert, Klosterbibliothek Einsiedeln, Musikbibliothek – Ein Charakteristikum der »Israeliten« ist die konfessionelle Indifferenz. Das Werk ist in seiner Aussage weder katholisch noch protestantisch ausgerichtet, was für seine Entstehungszeit noch keineswegs selbstverständlich war.

Reichardt, der das Werk schätzte, bemerkte dazu: »Ich erstaunte selbst darüber, wie sich dieser grosse Mann so sehr von seiner gewöhnlichen Höhe – die ihm so natürlich ist, wie dem Adler der Flug nahe bey der Sonne – hatte herablassen, und einen leichten uns armen Erdensöhnen so faßlichen Gesang singen können.« Ein größeres Maß an Allgemeinverständlichkeit bedeutet aber nicht unbedingt einen Nachteil für das Werk. Mehrere Nummern aus dem Oratorium »Die Israeliten« bestätigen dies, wie etwa die so tief empfundene, ungekünstelte Klage des Moses »Gott, sieh dein Volk im Staube liegen«, in der Emanuel zum Ideal erhabener Aufrichtigkeit, wie es gewöhnlich erst den großen Werken der Klassik zugesprochen wird, vordringt, N 1. Ein anderes Beispiel hierfür ist das bildhafte, suggestive Lamento des Eröffnungschors »Die Zunge klebt am dürren Gaum«, dem keine Ouvertüre vorangeht und dessen Wirkung um so unmittelbarer ist. N 2

Da die »Israeliten in der Wüste« beim Publikum gut ankamen und auch außerhalb Hamburgs aufgeführt wurden, entschloss sich Emanuel, das Oratorium 1775 drucken zu lassen. Auch das drei Jahre später im Konzertsaal auf dem Kamp uraufgeführte Oratorium »Auferstehung und Himmelfahrt Jesu« nach dem mehrfach vertonten Libretto Carl Wilhelm Ramlers wurde 1787 bei Breitkopf in Leipzig herausgegeben. Dieses Oratorium ist ähnlich auf Rührung und Erbauung des Gemüts gerichtet wie die »Israeliten«. In der Vermeidung einer sich entwickelnden Handlung zugunsten einer lyrischen Schilderung geht die »Auferstehung« jedoch noch über das erste Oratorium hinaus. Damit verkörpert das Werk geradezu einen Idealtyp der damaligen Zeit. Emanuel traf mit ihm den Nerv seiner Zuhörerschaft. Selbst in Wien kamen Aufführungen zustande: Während der Fastenzeit des Jahres 1788 wurde die »Auferstehung« dreimal gegeben, dirigiert von Wolfgang Amadé Mozart. »Diese Ramlersche Cantate ist zwar von mir«, schrieb Emanuel an Breitkopf, »doch kann ich ohne närrische Eigenliebe behaupten, daß sie von meinen Meisterstücken ein beträchtliches mit ist, woraus junge Componisten etwas lernen können.«

N 1 »Die Israeliten in der Wüste«, Arie des Moses (Wq 238, H 775)

N 2 »Die Israeliten in der Wüste«, Eingangschor (Wq 238, H 775)

Öffentliches Konzertleben in Hamburg

Unmittelbar nach seinem Amtsantritt setzte Emanuels Engagement für das öffentliche Konzertwesen ein. Schon im April 1768 wird in der Zeitung das erste Konzert des neuen Musikdirektors mit Klavierkonzerten und Liedern für den 28. April im Drillhaus angekündigt. Damit war der Anfang für eine Reihe von Subskriptionskonzerten gemacht, die Emanuel schon für die kommende Saison plante. Beginnend mit dem 31. Oktober fanden im Winter 1768/69 20 Konzerte statt. Der bevorzugte Termin war der frühe Montagabend, wobei die Konzerte eine Länge von bis zu drei Stunden hatten. Über viele Jahre setzte Emanuel diese Abonnementskonzerte fort, in denen er als Dirigent und Solist auftrat und für die Organisation verantwortlich war. Emanuel trug dabei auch das finanzielle Risiko, doch scheint er Unternehmer genug gewesen zu sein, um auf diesem Feld mit dem nötigen Geschick lavieren zu können. Noch einige Jahre nach Einstellung der Konzertreihe heißt es in einer zeitgenössischen Quelle, Cramers »Magazin der Musik«, dass diese Konzerte die »besten und frequentesten« gewesen seien. Dass Emanuel seine Konzertreihe 1782 trotz ihres Erfolgs aufgab, wird seinem Weitblick zu verdanken sein. Er bemerkte anscheinend rechtzeitig ein Nachlassen des Publikumsinteresses und zog rechtzeitig seine Konsequenzen. Einzelne Konzerte gab Emanuel weiterhin. Zu den bedeutendsten Instrumentalwerken, die innerhalb dieser Veranstaltungen gespielt wurden, zählen Emanuels Orchestersinfonien mit zwölf obligaten Stimmen (Wq 183). Der »Hamburgische unpartheyische Correspondent« schrieb am 19. August 1776 dazu: »Vorgestern probirte Herr Kapellmeister Bach im Concert-Saal auf dem Kamp 4 neue von ihm verfertigte große Sinfonien. Das Orchester war dabey so zahlreich, als es vielleicht lange nicht in Hamburg gewesen. Es bestand aus einigen 40 Personen von unsern Hamburgischen Tonkünstlern, und einigen wenigen Liebhabern ...«. So boten die Konzerte auch für Emanuels Orchesterwerke den geeigneten Rahmen. Hinzu kam die hohe Qualität der engagierten Musiker, die Emanuels Werke sicherlich zur vollen Zufriedenheit des Komponisten wiedergegeben haben.

Die von Emanuel veranstalteten Konzerte beschränkten sich keineswegs nur auf Instrumentalmusik. Auch eigene Vokalwerke standen auf dem Programm; zu ihnen zählte zum Beispiel der seinerzeit berühmte Doppelchor »Heilig« (Wq 217). N1

Im Zeitalter der Aufklärung koppelten sich großangelegte Werke geistlichen Inhalts von der Kirche ab. Emanuels »Israeliten« und »Auferstehung und Himmelfahrt« sind Werke, die nicht mehr speziell

N1 »Heilig«, Chor der Engel, Satzbeginn (Wq 217, H 778)

auf den kirchlichen Kontext bezogen sind. Beide Oratorien waren inhaltlich und formal als attraktive Bestandteile von öffentlichen Konzerten angelegt und wurden als solche von ihm auch aufgeführt.

Darüber hinaus brachte Emanuel dem Hamburger Publikum zahlreiche Vokalwerke der führenden Komponisten nahe: so etwa Georg Friedrich Händels »Messias«, der am 21. Mai 1772 im Rahmen einer Konzerttournee unter Leitung des englischen Komponisten Michael Arne in Hamburg und damit erstmals in ganz Deutschland öffentlich erklang. Der Erfolg des »Messias« war derart beeindruckend, dass Emanuel in späteren Jahren dieses Oratorium seinerseits zur Aufführung brachte und damit zu einem Wiederentdecker Händels wurde. Neben sakralen Werken von Georg Philipp Telemann, Niccolò Jommelli und Carl Heinrich Graun dienten Emanuels Konzerte aber auch als Podium für Opern, wie etwa »Orfeo ed Euridice« von Christoph Willibald Gluck oder Werke von Johann Adolf Hasse und Antonio Salieri. Emanuel setzte sich außerdem für ein weniger bekanntes Repertoire ein und stellte den Musikfreunden ein Werk wie die »h-Moll-Messe« seines Vaters vor. Dies war riskant, aber letztlich doch erfolgreich. Der »Hamburger unpartheyische Correspondent« vom 11. April 1786 lobte das Credo dieser Messe, »welches eins der vortrefflichsten musikalischen Stücke ist, die je gehört worden«.

Ein Sängerchor, Radierung von William Hogarth (1697–1764), aus der Serie: Four Groups of Heads, The British Museum, London – Hogarth nutzte den Anlass einer Oratorienaufführung für eine interessante, sehr ironische Studie verschiedener Köpfe. Offenbar ging es nicht immer so ordentlich zu, wie man es sich vorstellt. Alle sind mit Ernst bei der Sache, aber keiner achtet auf den anderen, schon gar nicht auf den Dirigenten.

Geistiges Umfeld: Emanuels Freunde und Bekannte

Der reisende Musikschriftsteller Charles Burney stattete der Stadt Hamburg nicht zuletzt wegen Carl Philipp Emanuel einen Besuch ab. Burney traf sich im Oktober 1772 mit ihm und schilderte später diese Begegnung in lebendigen Worten. Demnach führte der Komponist den Engländer zuerst in sein Musikzimmer, wo er ihm seine Gemäldesammlung mit 150 Porträts großer Musiker und anderer Persönlichkeiten zeigte. »Nachdem ich solche besehen hatte, war Herr Bach so verbindlich, sich an sein Lieblingsinstrument, ein Silbermannisches Clavier [wohl ein Clavichord] zu setzen, auf welchem er drey oder viere von seinen besten und schweresten Kompositions, mit der Delikatesse, mit der Precision und mit den Feur spielte, wegen welcher er unter seinen Landsleuten mit Recht so berühmt ist. ... Nach der

Heinrich Wilhelm von Gerstenberg, Kupferstich von Schreyer, 1777, Österreichische Nationalbibliothek Wien – Als Vertreter des norddeutschen Sturm und Drang verfasste Gerstenberg Dramen, in denen das Thema der Tyrannenwillkür verarbeitet wird.

Friedrich Gottlieb Klopstock, Gemälde von Anton Hickel, 1798, Staats- und Universitätsbibliothek Carl von Ossietzky, Hamburg – Schon als Schüler wollte Klopstock ein großes Epos schreiben, das mit Homer verglichen werden könne, um damit den Rang der deutschen Dichtung anzuheben.

Mahlzeit ... erhielt ichs von ihm, daß er sich abermals ans Clavier setzte; und er spielte, ohne daß er lange dazwischen aufhörte, fast bis um Eilf Uhr des Abends. Während dieser Zeit gerieth er dergestalt in Feuer und wahre Begeisterung, daß er nicht nur spielte, sondern die Miene eines ausser sich Entzückten bekam.« Emanuel machte Burney bei dieser Gelegenheit nicht nur mit eigenen, sondern auch mit Werken seines Vaters bekannt.

Wie in Berlin, so waren auch in Hamburg Dichter und Gelehrte Emanuels Freunde. Etwa Lessing, den er aus früheren Zeiten schon kannte und jetzt erneut traf. 1770 zog Friedrich Gottlieb Klopstock, der Verfasser des Epos »Der Messias«, in die Hansestadt und kam mit Emanuel in Kontakt. Auch Heinrich Wilhelm Gerstenberg, Matthias Claudius und Johann Heinrich Voß, der Hauptvertreter des »Göttinger Hainbunds«, einer von Klopstock inspirierten und dem Sturm und Drang nahe stehenden Dichtervereinigung, schlossen mit Emanuel Bekanntschaft. Zum Teil beschränkte sich die Verbindung auf den Briefwechsel, wie etwa im Fall von Carl Wilhelm Ramler.

Besonders nahe stand Bach dem Mathematikprofessor Johann Georg Büsch, der in derselben Straße wohnte. Büsch veranstaltete häufig Gesellschaften, bei denen musiziert wurde; hier erklangen die Streichersinfonien Wq 182 zum ersten Mal. Der Historiker Christoph Daniel Ebeling und der Arzt Johann Albert Heinrich Reimarus empfingen den Musikdirektor bei sich, ebenso der Verleger Johann Joachim Christoph Bode. Als der französische Aufklärer und Schriftsteller Denis Diderot 1774 in Hamburg weilte, bemühte auch er sich umgehend um Emanuels Bekanntschaft und erbat einige Klaviersonaten für seine Tochter. Baron van Swieten, der durch seine vielseitigen Aktivitäten das Wiener Musikleben nachhaltig prägte, kam eigens aus Berlin, um Emanuel den Auftrag zur Komposition von sechs Streichersinfonien zu erteilen. Für die Verbreitung seiner Musik in Österreich ist der Baron ohnehin eine Schlüsselfigur, durch ihn wurde Mozart auf Emanuels Werke aufmerksam. Selbst bei Beethoven finden sich noch Spuren der durch Swieten vermittelten Kenntnis der Musik Johann Sebastian und Carl Philipp Emanuel Bachs.

Gottfried van Swieten, Stich von Johann Ernst Mansfeld (1738–96), Österreichische Nationalbibliothek, Wien (Ausschnitt) – Für die Vermittlung »Alter Musik«, also der Musik früherer Epochen, an seine Zeitgenossen war der Baron van Swieten im Wien der 1780er Jahren die wichtigste Adresse. Er ließ Musik von Bach, Händel und anderen Barockkomponisten aufführen und hielt dadurch ihre Musik zumindest für eine kleine Schar von Kennern lebendig.

Konzerte als musikalische Formexperimente

Gegen Ende seiner Dienstzeit in Berlin komponierte Emanuel 15 Werke für ein oder zwei Cembali und Orchester, die er Sonatinen nannte und die als experimentelle Varianten seiner Konzerte gelten können (Wq 96–110; revidierte Versionen sind hier mitgezählt). Die Sonatinen zeichnen sich dadurch aus, dass sie neben den Streichern auch Bläser erfordern, zumeist Hörner und Flöten, in einem Fall (Wq 109; 1762) aber zusätzlich auch Oboen, Trompeten und Pauken. Die Sätze dieser Sonatinen – Wq 109 hat deren acht – stehen jeweils in derselben Tonart. Damit weichen sie vom dreisätzigen Konzerttypus ab, der eine abweichende Tonart für den Mittelsatz vorsieht. Die Sonatinen sind also formal der Suite zuzuordnen, was durch ihren meist unbeschwerten Divertimento-Charakter ergänzt wird. Im norddeutschen Umfeld sind diese formal ungewöhnlichen, von ihrem Gehalt her aber eher herkömmlichen Werke einzigartig. Unklar ist, ob es Emanuel um ein reines Formexperiment ging oder ob es andere Gründe gab, vom üblichen Konzertschema abzuweichen und für das solistische Cembalo neue Wege zu finden.

Formal experimentierfreudig zeigt sich Emanuel auch in einer Gruppe von sechs Cembalokonzerten, die er 1771 komponierte und im Folgejahr in Hamburg veröffentlichte.

Die Konzerte Wq 43 greifen einmal den von den Sinfonien bekannten Zug auf, die Sätze ohne Unterbrechung aufeinander folgen zu lassen. Daneben zeichnen sie sich durch eine erstaunliche Knappheit aus: Nur eines von ihnen, das zweite in D-Dur, erreicht die für Emanuel übliche Länge. In seiner Autobiografie führte er sie als »6 leichte Flügelconcerte mit Begleitung« an, was vielleicht eher ein Verkaufsargument als eine wirkliche Einschätzung ihrer Anforderungen ist, denn die Konzerte sind für Dilettanten ungeeignet. Interessant ist, wie Emanuel nach neuen formalen Lösungen sucht, was diese Konzerte aus seinem umfangreichen Schaffen heraushebt, andererseits aber eine gewisse Nähe zu den Berliner Sonatinen herstellt. Ungewöhnlich etwa ist es, wenn im zweiten Konzert in D-Dur das Orchesterritornell des ersten Satzes, ein Allegro di molto, durch ein plötzliches, flüchtiges Andante des Cembalos unterbrochen wird, was sich später im Satz wiederholt. N 1

Ungewöhnlich ist auch, dass das vierte Konzert in c-Moll vier Sätze besitzt, deren dritter ein Tempo di Minuetto ist, ein Satztyp, der nicht zu einem Konzert gehört, sondern typisch für die süddeutsch-österreichische Sinfonie ist. Der vierte Satz greift dann die Thematik des Kopfsatzes wieder auf und schließt den Kreis.

N 1 Konzert für Cembalo in D-Dur, 1. Satz, Andante-Episode (Wq 43/2, H 472)

Ein Stück Musikgeschichte: Das Doppelkonzert

Die Besetzung der Solostimmen von Emanuels letztem Konzert – das Doppelkonzert für Cembalo, Hammerklavier und Orchester in Es-Dur (Wq 47) aus dem Jahr 1788 – hält geradezu ein Stück Musikgeschichte fest. Gegen Ende des 18. Jahrhunderts waren immer noch beide Tasteninstrumente in Gebrauch und das Cembalo noch nicht von der Bildfläche verschwunden. In Emanuels Konzert begegnen sich zwei Epochen: die alte des Cembalos und die moderne des Klaviers.

Bereits der Franzose Jean-François Tapray setzte Cembalo und Hammerflügel gemeinsam als Soloinstrumente in seinen »Symphonies concertantes« ein und nutzte den klanglichen Effekt der Gegenüberstellung, doch haben seine Kompositionen musikalisch ansonsten nicht viel zu bieten. Ganz anders verhält es sich bei Emanuel: Sein Doppelkonzert lässt sich nicht auf die klangliche Ebene reduzieren. Es ist eines seiner besten Instrumentalwerke überhaupt und besticht durch köstlichen Esprit. Emanuel liebte das Hammerklavier nicht besonders und hat ansonsten auch kein Konzert für dieses Instrument geschrieben, aber er war sich der neuen Rolle des Klaviers durchaus bewusst. In diesem Doppelkonzert nun behandelt er die beiden Soloinstrumente fast gleichberechtigt und lässt sie einen kleinen Wettstreit miteinander ausfechten: Zuerst antworten sie einander, dann trägt jeder seine eigenen Gedanken vor. N 2

Der konzertante »Streit« endet bei Bach am Ende zwar unentschieden, doch hatte das Hammerklavier zu dieser Zeit seinen Siegeszug schon angetreten, der das Cembalo bald aus der Musikgeschichte verdrängen sollte.

N 2 Doppelkonzert für Cembalo, Hammerklavier und Orchester in Es-Dur, 1. Satz, Allegro di molto, gemeinsames, zweiteiliges Thema der Soloinstrumente (Wq 47, H 479)

Ein Bach in Italien

Christian, der Opernkomponist

Die Piazza Navona in Rom, Gemälde von Antonio Canal, um 1764/60, Hospital Tavera, Toledo – Die Piazza Navona, einer der größten Plätze Roms, geht auf eine Arena des Kaisers Domitian (1. Jh. n. Chr.) zurück. In den Rängen des Stadions wurden im Laufe der Jahrhunderte Kirchen und Wohnhäuser errichtet. Als Stätte für Wettkämpfe wurde die Piazza Navona noch lange Zeit genutzt.

Innenansicht des Teatro Regio am Eröffnungsabend, Gemälde von Pietro Domenico Olivero, 1740, Museo Civico d'Arte Antica, Museo Civico, Turin – Im Teatro Regio in Turin wurden Werke der größten Opernkomponisten der damaligen Zeit aufgeführt. 1760 wandte sich die Leitung des Hauses mit einem Auftrag an einen jungen, noch relativ unbekannten, auf dem Gebiet der Oper ganz unerfahrenen Komponisten: Johann Christian Bach.

Italien: Hochburg der Opern- und Kirchenmusik

Für einen an der Oper interessierten Musiker war Italien das »gelobte Land«. Schon seit der Renaissance kamen Musiker aus den Ländern nördlich der Alpen hierher, spielten in fürstlichen Kapellen und bestimmten das Musikleben nachhaltig mit. Heinrich Schütz, der bedeutendste protestantische Kirchenmusiker vor Johann Sebastian Bach ist zu Beginn des 17. Jahrhunderts einige Jahre Schüler von Giovanni Gabrieli in Venedig gewesen. Händel ging mit 20 Jahren nach Italien, um entscheidende Erfahrungen vor allem auf dem Gebiet der Oper zu sammeln. Der aus der Nähe Hamburgs stammende Johann Adolf Hasse feierte als einer der führenden Meister der Opera seria seine Erfolge auf italienischen Bühnen. Auch der junge Mozart reiste in das Land südlich der Alpen, um eine musikalische Bildungsreise zu unternehmen. Die höheren Weihen auf dem Gebiet des Musiktheaters galt es dort zu erlangen und möglicherweise sogar einen der begehrten Aufträge, für ein Opernhaus eine Oper komponieren zu können.

Zentren des Musiktheaters in Italien waren um die Mitte des 18. Jahrhunderts die Städte Venedig, Mailand und Neapel. Häuser wie das Regio Ducal Teatro in Mailand, die Opernhäuser von S. Giovanni Grisostomo, S. Cassiano oder S. Samuele in Venedig, S. Carlo oder S. Bartolomeo in Neapel – um nur einige bekannte zu nennen –, brachten die Werke Hasses, Jommellis, Galuppis und anderer in aufregenden Dekorationen und Effekten und vor allem mit den Gesangsstars der Epoche heraus: Die Oper war stets ein gesellschaftliches Ereignis ersten Ranges.

Das päpstliche Rom steht daneben für eine weitere Vorbildfunktion der italienischen Musik: Wer katholische Kirchenmusik komponierte, fand hier seine Vorbilder. Rom identifizierte man vor allem mit dem strengen polyphonen Stil eines Giovanni Pierluigi da Palestrina, jenes überragenden Komponisten der Renaissance. Aber neben dem »Palestrina-Stil« erklangen in den Kirchen auch Werke, deren Tonfall leicht und »weltlich« war und deren Melodien die Gottesdienstbesucher, die am vorigen Abend vielleicht noch im Opernhaus gewesen waren, unfehlbar an die Arien der Opernbühne erinnern mussten. Nicht zu vergessen die Instrumentalvirtuosen und -komponisten wie etwa Antonio Vivaldi, Giovanni Battista Sammartini oder Giuseppe Tartini, deren Sonaten und Konzerte Christian Bach sicherlich kennen gelernt hat. Ihre Musik wird ihn ebenso stark beeinflusst haben wie alles andere, was er in seinen acht italienischen Jahren aufnahm.

Konzert in einem venezianischen Palazzo, Gemälde eines unbekannten Meisters, 18. Jahrhundert, Casa Goldoni Venedig – Venedig war seit der Renaissance eines der Zentren der italienischen Musik.

Die Sängerempore in San Marco, Venedig, Zeichnung von Antonio Canal, 1766, Kunsthalle Hamburg – Die Basilika von San Marco, Privatkapelle der Dogen und Hauptkirche des venezianischen Staates, war für den Prunk ihrer Kirchenmusik bekannt. Verschiedene, im Kirchenraum verteilte Sängeremporen ermöglichten ein gleichzeitiges Musizieren von mehreren dort aufgestellten Sänger- und Instrumentalchören, die so genannte »Mehrchörigkeit«. Hier wurde der Raum als eigenes Element in die Kompositionen einbezogen. Die Mehrchörigkeit wurde besonders im Frühbarock gepflegt.

Lehrjahre in Italien

Begeistert von der Oper kam Christian 1754 als Lehrling nach Italien. Vielleicht hatte er auch schon erste Sprachkenntnisse erworben. Er war bestrebt, im führenden Musikland eine Ausbildung zu erhalten, die ihn von der Kantorentradition seiner Familie befreite und nannte sich fortan Giovanni Christiano. Was in den ersten zweieinhalb bis drei Jahren mit ihm in Italien geschah, geht aus den Quellen allerdings nicht hervor, es lässt sich nur aus späteren Zeugnissen erschließen. Streng genommen ist es nicht einmal klar, ob Christian wirklich sofort nach Mailand zu seinem Förderer Conte Litta reiste oder ob er nicht zunächst ein anderes Ziel hatte. Ab Januar 1757 existieren Briefe von ihm, aus denen hervorgeht, dass Christian schon länger ein Protegé des Mailänder Grafen war. Beide Männer hatten jedenfalls auch ein freundschaftliches Verhältnis zueinander.

Litta war nur wenige Jahre älter als Christian und schätzte dessen Fähigkeiten als Musiker hoch ein. Er unterstützte ihn vor allem finanziell, verschaffte ihm Arbeit, achtete aber ebenso auf die sorgfältige Ausbildung und das berufliche Fortkommen seines Schützlings. Dazu gehörte besonders der Unterricht beim Bologneser Padre Martini, dem europaweit berühmten Musiktheoretiker. Padre Giovanni Battista Martini, eine Autorität auf dem Gebiet des Kirchenstils und der kontrapunktischen Satzlehre und dazu noch ein fleißiger Komponist, zog seine mehr als 100 Schüler von weither an: zu ihnen zählten Wolfgang Amadé Mozart und der berühmte Opernkomponist Niccolò Jommelli. Trotz seiner Vorliebe für die Oper war Christian auch daran interessiert, das rechte Handwerk in der Kirchenmusik zu erlernen.

Ein katholischer Bach!

Die ersten Jahre in Italien widmete Christian der Komposition lateinischer Kirchenmusik – bei einem Lehrer wie Padre Martini nicht verwunderlich. Ab 1757 sind erste Werke dieser Art nachweisbar, die ihn schon als fertigen Schüler zeigen.

Gewiss schrieb Christian seine katholischen Kirchenstücke nicht nur zu Lernzwecken, denn die Liturgie brauchte stets Material zur Untermalung der gottesdienstlichen Handlungen. Seine Werke zur lateinischen Totenmesse, Requiem, Kyrie und Dies irae (E 11/12), 1757 komponiert, wurden im Sommer darauf offenbar in einem öffentlichen Konzert in der Mailänder Franziskaner-Kirche aufgeführt. Sie brachten dem jungen Komponisten großen Beifall ein.

Schon die frühesten Werke des Jahres 1757 (drei Lektionen für das Totenamt und ein Invitatorium; E 6–10) beendete Christian mit einem Lobspruch der Gottesmutter: »Laus Deo ac Beatae Mariae Virginis«. So etwas schrieb aber kein Protestant. Schon bald nach seiner Ankunft in Italien scheint Christian von der Konfession seiner Vorfahren zu der seiner italienischen Mentoren gewechselt zu haben, ein Schritt, den Emanuel ihm immer übel genommen hat. Der ältere Halbbruder dachte dabei vor allem an den Urahn Veit Bach, der einst aus konfessionellen Gründen seine Heimat verlassen und sich nicht der herrschenden Religion gebeugt hatte. Die katholische Einstellung machte Christian in Italien das Leben jedoch leichter, zumal er offenbar konfessionellen Spitzfindigkeiten nie großes Gewicht beigemessen hat. Ein revolutionärer Entschluss bleibt es dennoch für ein Mitglied der Bachfamilie – ebenso revolutionär wie der Weg nach Italien selbst.

Musikalische Kunstwerke für die katholische Kirche

Die katholische Kirchenmusik ist in Christians Schaffen eine Folge seines Italienaufenthalts und ohne den Unterricht bei Padre Martini nicht denkbar. Zwischen 1757 und 1762 entstand eine Reihe von Kompositionen zu lateinischen Texten, die zu jeweils verschiedenen liturgischen Anlässen gehören. Einzelsätze aus dem Messordinarium wie Kyrie, Gloria und Credo stehen neben Psalmvertonungen wie Confitebor und Dixit Dominus oder Stücken der Marienverehrung wie dem Magnificat und Salve Regina. Nur zwei Werke greifen nicht auf eine liturgische Textvorlage zurück, sondern sind nach frei gedichteten lateinischen Texten komponiert: die Motetten »Si nocte tenebrosa« (F 4) und »Larvae tremendae« (F 3). Im Sprachgebrauch der Zeit wurde mit Motette eine solistische Komposition nach Art einer Kantate bezeichnet, hier für Tenor oder Sopran und Orchester, der kein kanonisierter Text der Liturgie zugrunde liegt. Von ihrem Stil her repräsentieren die Motetten dagegen eher den modernen Gesangsstil der Oper.

Dies trifft auch auf die Solosätze der großen mehrteiligen Psalmvertonungen Christians zu. Die Psalmen, etwa Dixit Dominus (Psalm 110; E 15), Laudate Pueri Dominum (Psalm 113; E 19) und Beatus Vir (Psalm 112; E 17), nähern sich in der italienischen Kirchenmusik dieser Zeit formal der Kantate. Die einzelnen Psalmverse sind jeweils einzelnen Gesangsnummern zugeordnet: je nach Besetzung abwechselnd dem Chor und den Solisten. Ihren Platz hatten die Psalmen wie auch das Magnificat, der Lobgesang Mariens nach dem Lukas-Evangelium, in der Vesper. Derartige Stücke schrieb Christian vorwiegend im Jahr 1758. Einem Brief vom März 1758 an Padre Martini ist zu entnehmen, dass sie auch als Studienobjekte dienten, denn in diesem Brief erwähnt er ein Magnificat in C-Dur (E 21) mit der feierlichen Besetzung Doppelchor, also zwei mal vier Stimmen, Trompeten und Streicher, das er dem Padre zur Begutachtung schickte.

Padre Martini legte dem jungen Bach auch nahe, die Werke Palestrinas zu studieren, also sich mit dem polyphonen »stile antico« vertraut zu machen. Merkmale dieses Stils finden sich bereits in den Requiem-Sätzen, etwa der Doppelfuge des Kyrie oder dem altertümlichen Alla-breve-Takt des Introitus (E 11). Jedoch hat Christian nie ein Kirchenstück ohne Orchesterbegleitung, also »a capella«, geschrieben. Namentlich die großartigen doppelchörigen Chorpartien machen jedoch deutlich, dass er seine Lektionen bei Martini gut gelernt hatte. Sie offenbaren gediegene Satzkunst, in der gleichermaßen das Erbe des Vaters wiederzufinden ist. Das Te Deum in D-Dur von 1758 für Doppelchor, Oboen, Hörner, Trompeten, Pauken und Streicher (E 27) ist ein ebenso monumentales wie solides

N 1 W. A. Mozart: »Exsultate, jubilate«, Motette für Sopran, Alleluja-Arie (K 165)

Werk, das Daniel Schubart zu dem Lobspruch hinriss, es sei »eines der schönsten, die wir in Europa haben«. Das Werk endet mit einem kontrapunktisch ineinander verwobenen »Non confundar in eternum«.

Christians Kirchenmusik wird aber nicht nur durch die kontrapunktischen Künste charakterisiert, sondern insbesondere durch den opernhaft-weltlichen, melodiösen Tonfall, der besonders die Solosätze kennzeichnet. Hier befindet er sich – wie die meisten seiner kirchenmusikalisch tätigen Zeitgenossen – in der Nähe der Oper. Ein solches auch heute noch sehr bekanntes, opernhaft anmutendes Kirchenstück ist Mozarts Motette »Exsultate, jubilate« (KV 165), die für den Kastraten Venanzio Rauzzini komponiert wurde. N 1

Im Laufe der Zeit rief dieser opernhafte Stil Kritik hervor, was im 19. Jahrhundert zu einem fast vollständigen Vergessen dieser Art katholischer Kirchenmusik führte.

Requiem von Johann Christian Bach, Doppelfuge des Kyrie, Abschrift aus dem 18. Jahrhundert, Klosterbibliothek Einsiedeln, Musikbibliothek – Christian vertonte nicht alle Teile der liturgischen Requiem-Messe. Er beschränkte sich auf den Introitus »Requiem aeternam«, das Kyrie (beide in F-Dur; E 11) und die Sequenz »Dies irae« (c-Moll, E 12). Das »Dies irae« zählt zu den bekanntesten und effektvollsten Kirchenwerken des Bachsohnes. Die 1757 komponierten Stücke verlangen eine große Besetzung: Doppelchor und Orchester mit Oboen, Hörnern, Streichern und Basso continuo. Mit ihnen machte Christian auch öffentlich auf sein Können aufmerksam.

Schicksalswende: Die Geburt eines Opernkomponisten

Um 1760 scheint »Giovanni Bach« ein gefragter Musiker geworden zu sein. Im gleichen Jahr starb am 29. Februar seine Mutter Anna Magdalena in Leipzig. Ob Christian von dieser Nachricht durch seine Familienangehörigen in Kenntnis gesetzt wurde, ist unklar. Wahrscheinlich wusste man gar nicht genau, wo er sich aufhielt. In Deutschland tobte der Siebenjährige Krieg und die Wege über die Alpen waren beschwerlich. Der Sommer 1760 brachte schließlich noch eine andere wichtige Entscheidung für Christian: Kurz vor seiner Nominierung zum zweiten Mailänder Domorganisten erteilte das Teatro Regio in Turin ihm den Auftrag für eine Oper, die in der kommenden Karnevalssaison aufgeführt werden sollte. Warum die Turiner Opernleitung ihm den Auftrag gab, nachdem der zunächst vorgesehene Hasse ablehnte, muss offen bleiben. Jedenfalls hätte man einem völlig unbekannten und unerfahrenen Komponisten sicher keine neue Oper anvertraut: Misserfolge waren schließlich kostspielig. Am 26. Dezember 1760 ging Christians Oper »Artaserse« (G 1), nach einem Text des berühmten Librettisten Pietro Metastasio, in Turin erstmals über die Bühne, wobei der Kastrat Gaetano Guadagni, einer der größten Sänger seiner Zeit, mitwirkte. Zwar schweigen sich die Quellen über den Erfolg von Christians erster Oper aus, doch muss er recht groß gewesen sein. Denn bereits im nächsten Jahr bekam er aus Neapel einen neuen Auftrag für zwei Opern. Damit hatte sich Christian innerhalb von anderthalb Jahren mit drei erfolgreichen Bühnenwerken Zugang zur Welt der Oper verschafft. Aber dafür verwaiste in der Zwischenzeit seine Orgelbank in Mailand, schließlich war Christian ja offiziell seit Juni 1760 zu einem der beiden Domorganisten ernannt worden. Conte Litta, in dessen Diensten Christian offenbar noch immer stand, zeigte sich zudem nicht erfreut über seine außerhalb Mailands errungenen Erfolge. Im April 1762 kehrte der Bachsohn als gemachter Opernkomponist aus Neapel zurück. Aber die Welt war für ihn nun nicht mehr die gleiche wie vor seiner Abreise.

Teatro San Carlo in Neapel, Gemälde, 1. Hälfte 19. Jahrhundert, Theaterwissenschaftliche Sammlung der Universität Köln – Nach seinem Erfolg in Turin wurde das führende Opernhaus Europas, das San Carlo in Neapel, auf Christian Bach aufmerksam und ließ ihn zwei Opern schreiben: »Catone in Utica« (G 2) und »Alessandro nell'Indie« (G 3), wiederum zwei Metastasio-Libretti. Im November 1761 und Januar 1762 fanden die Uraufführungen beider Opern in Neapel statt. In beiden sang der Rheinländer Anton Raaff, gefeierter Tenor und noch von Mozart hoch geschätzt, die Titelpartien.

Melodien und Spektakel

In seinen Opern zeigte sich Christian nicht als ein Revolutionär der Gattung, sondern als Bewahrer von Traditionen. Er präsentierte dem Publikum wunderschöne, melodiöse Arien für die Gesangsstars. Auf optische Sensationen und beeindruckende Dekorationen brauchten die Besucher seiner Opern ebenfalls nicht zu verzichten. Eine wirkliche Neuerung seiner Opernpartituren war eine reichhaltige Bläserbesetzung, die das bei seinen italienischen Zeitgenossen Übliche überstieg: Flöten, Oboen, Hörner, Fagotte und sogar Klarinetten fügte Christian dem Orchester hinzu. »Artaserse« und »Catone in Utica« (G 2) fanden zwar Anklang beim Publikum, wurden aber nicht sehr häufig gespielt. Die zweite neapolitanische Oper Christians, »Alessandro nell' Indie« (G 3), brachte es nur auf insgesamt drei Inszenierungen. Der Tag ihrer Uraufführung – der 20. Januar 1762 – war gleichzeitig der 46. Geburtstag des spanischen Königs Karl III., zu dessen Ehren Christian auch seine Geburtstagskantate für zwei Soprane, Tenor, Chor und Orchester (G 11) aufführte. »Alessandro« bot dem festlichen Anlass entsprechend ein Thema fürstlicher Gnade und Milde, das mit viel bühnentechnischem Aufwand ausgestattet wurde: Zwei Schlachten, der Einsturz einer Brücke, Schiffe und brennende Scheiterhaufen

Bühnenbildentwurf für ein Inferno, Stich von Stefano della Bella nach einer Zeichnung von Lodovico Ottavio Burnacini, Wien, um 1666, Theaterwissenschaftliche Sammlung der Universität Köln – Die Oper der Barockzeit sorgte für aufwändige Dekorationen und technische Effekte – auch Christian baute auf solche Inszenierungen.

sorgten für optische Sensationen. Mit der Tenorarie »Non sò d'onde viene« aus dem dritten Akt komponierte Christian zudem ein echtes Erfolgsstück, dessen Berühmt-heit ihn veranlasste, es später in London weiter zu verwerten. N 1

Wie aus einem Brief von 1778 hervorgeht, kannte Mozart diese Arie recht gut und schwärmte von ihrer Schönheit. Ansonsten zeigt sich Christian aber auch in dieser Oper nicht als dramatisches Talent, da er die Anmut seiner Melodien auch dort ungehindert fließen lässt, wo sie eigentlich fehl am Platze ist.

N 1 Arie des Alessandro aus der Oper »Alessandro nell' Indie« (Text: Metastasio)

Musik für London
Christians Karriere auf dem Höhepunkt

Westminster Bridge in London mit der Lord Mayor's Prozession auf der Themse, Gemälde von Giovanni Antonio Canal (1697–1768), Öl auf Leinwand, 95,75 x 127,5 cm, Yale Center for British Art, Paul Mellon Collection, USA – In der zweiten Hälfte des 18. Jahrhunderts entwickelte sich London zur führenden europäischen Musikstadt neben Paris. Durch ein expandierendes Konzert- und Verlagswesen, Neuerungen im Instrumentenbau und eine gute Auftragslage wurden zahlreiche Musiker angezogen. Nach dem Ausbruch der Französischen Revolution 1789, die das Musikleben in Paris stark beeinträchtigte, wurde London die Musikmetropole Europas schlechthin.

»A Saxon master of music«

Christian war noch nicht lange von Neapel nach Mailand zurückgekehrt, da erhielt er vom Londoner King's Theatre den Auftrag, für die kommende Saison zwei Opern zu komponieren. So bat er am 27. Mai 1762 beim Mailänder Domkapitel schriftlich um ein Jahr Urlaub, um dem Auftrag in England nachkommen zu können. Offenbar war dem jungen Komponisten der Ruhm, den er in Neapel errungen hatte, ins ferne London vorausgeeilt. Bereits seit 1761 war die Leitung des King's Theatre auf der Suche nach einem neuen Hauskomponisten und Kapellmeister gewesen. Christian nahm nun die Herausforderung an, plante zunächst aber, nach einem Jahr wieder an die Mailänder Orgelbank zurückzukehren.

Das King's Theatre am Haymarket widmete sich der italienischen Oper und war im Londoner Gesellschaftsleben ein wichtiges Zentrum. Händels frühe Opern und Oratorien standen hier auf dem Spielplan, bevor dieser zum konkurrierenden Covent Garden wechselte. Wie im liberalen London üblich,

Das King's Theatre, Stich, um 1780 – Das King's Theatre am Haymarket war die Bühne, auf der alle Londoner Opern Johann Christians zum ersten Mal erklangen. Er war viele Jahre als Komponist mit diesem Haus verbunden.

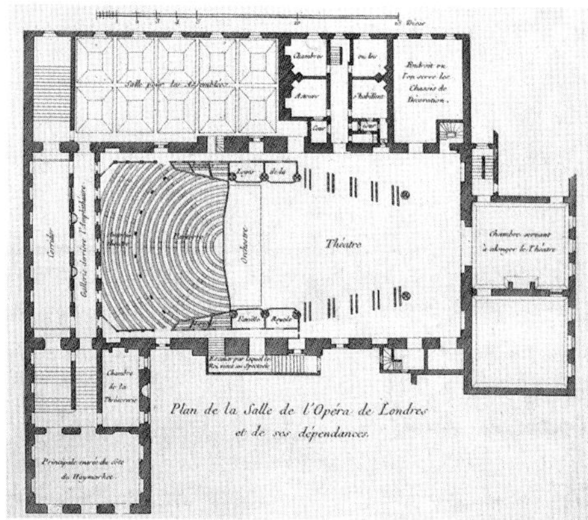

Grundriss des King's Theaters in London, Stich aus »Paralleles de plans de plus belles salles ...« (1744) von G. Dumont, The British Library London – Das aufsteigende, halbrunde Parterre des King's Theatre mit den ebenfalls halbrund angeordneten Galerien darüber erinnert an ein römisches Amphitheater. Auffällig ist die geringe Anzahl von Logen, die nur im vorderen Teil des Zuschauerraums zu finden sind. Seitlich neben dem Orchester hatte die königliche Familie in den geräumigen Logen ihren Platz. Ende des 18. Jahrhunderts wurde das Haus umgebaut und mit dem üblichen Logenkranz über dem Parterre umgeben.

so lag auch die Leitung des King's in den Händen freier Unternehmer, und zwar in denen der italienischen Sängerin Colomba Mattei, die das Haus im Jahr 1759 übernommen und gemeinsam mit ihrem Gatten dessen Wiederaufschwung in die Wege geleitet hatte. Sie verlangten von Christian zunächst nur die Produktion von Pasticcios, jenen aus Beiträgen verschiedener Komponisten zusammengestellten »Flickopern«: »Il Tutore e la Pupilla«, zu der er die Ouvertüre beisteuerte, danach folgte »Astarto, rè di Tiro« und im Jahr 1763 kam als nächstes das Pasticcio »La Cascina« heraus.

Pasticcios waren natürlich für Christian keine geeignete Herausforderung. Mit Matteis Einwilligung ging er bald daran, eine vollständige Oper zu komponieren, für die er ursprünglich den Auftrag erhalten hatte. Das Libretto mit dem Titel »Orione« (G 4) schrieb Giovanni Gualberto Bottarelli und die italienische Sängerin Anna Lucia de Amicis hatte die weibliche Hauptrolle. Christian war von ihr nicht weniger fasziniert als das Publikum, entschädigte sie ihn doch für das ansonsten eher durchschnittliche Ensemble dieses Theaters. Bachs neue Oper ging am 19. Februar 1763 erstmals über die Bühne und war von Anfang an ein durchschlagender Erfolg. Sie wurde oft wiederholt und fand erst im Mai in Christians zweiter Oper für London, »Zanaida« (G 5), eine Nachfolgerin. Im Laufe der Saison hatten sich der Hauskomponist Bach und die Primadonna de Amicis zu den Attraktionen des King's Theatre entwickelt. Doch fand die glückliche Zusammenarbeit keine Fortsetzung: Seit dem Frühjahr zeichnete sich ein Wechsel des Theatermanagements ab, der nach Ablauf der Spielzeit dazu führte, dass Signora Mattei die Leitung des Theaters niederlegte. Obwohl insbesondere Christians neue Opern dem Theater großes Ansehen verschafft hatten, verlängerten die

Anna Lucia de Amicis, Porträt, um 1760, Museo Teatrale alla Scala, Mailand – Die Sopranistin Anna Lucia de Amicis (1733–1816) stammte aus Neapel. Seit 1754 trat sie in verschiedenen europäischen Städten in komischen Opern auf. In Christians »Orione« übernahm sie erstmals eine ernste Rolle.

neuen Impresarii, unter ihnen der Komponist Felice Giardini, seinen Vertrag nicht. Ebenso erging es der gefeierten de Amicis, die kurzerhand aus London abreiste. Gleiches hätte auch Christian nun tun können. Schließlich war er nominell noch immer Organist in Mailand und hatte lediglich Urlaub von seinem Posten genommen – aber er blieb dennoch in London.

Das Londoner Musikleben

Als Christian die ersten Kompositionsaufträge für das King's Theatre erhielt, war die beherrschende Gestalt des englischen Musiklebens, Georg Friedrich Händel, gerade drei Jahre tot. Durch sein musikalisches Genie, aber auch durch seine Geschäftstüchtigkeit und sein Selbstbewusstsein war es Händel gelungen, sich seit 1712, als er sich endgültig in London niedergelassen hatte, im musikalischen Konkurrenzkampf zu behaupten.

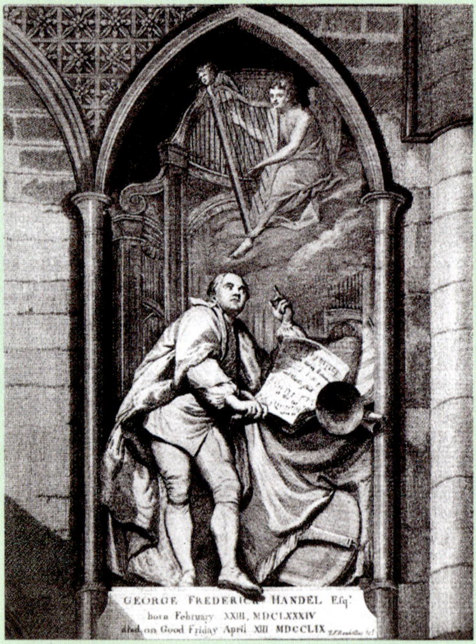

Händel-Denkmal in Westminster Abbey, London, Kupferstich von E. Hanac nach der Skulptur von Louis François Roubliac – Das Händel-Denkmal zeigt den Rang, den der Komponist nach seinem Tod in England einnahm: Er galt als nationale, musikalische Institution.

London war im 18. Jahrhundert die bevölkerungsreichste und wohlhabendste Stadt in Europa. Entsprechend vielfältige Möglichkeiten eröffneten sich für das Musikleben. Mehrere Veranstalter von Opernaufführungen kämpften um die Gunst der Zuschauer und Geldgeber. In den Kirchen, in Adelspalästen, öffentlichen Konzerten und nicht zuletzt am Königshof wurde musiziert – ein breit gefächertes Angebot, das aber auch zahlreiche Konkurrenten auf den Plan rief. Die größten Attraktionen bot die italienische Oper, die erst um 1710 die Londoner Bühnen in der Originalsprache zu erobern begonnen hatte. Händel war an ihrer Etablierung maßgeblich beteiligt. Auch die größten Gesangsstars der Epoche, die Kastraten, kamen erst Anfang des 18. Jahrhunderts nach London. Händels Opern und Oratorien standen viele Jahre im Mittelpunkt des gesellschaftlichen Interesses. Über 30 seiner Opern und Pasticci wurden im King's Theatre aufgeführt, darunter viele erfolgreiche und hervorragende Werke wie »Radamisto«, »Ottone« und »Giulio Cesare«. Er war musikalischer Leiter der vom König und durch engagierte Adelige ins Leben gerufenen »Royal Academy of Music«, die sich seit ihrer Gründung 1720 der Pflege der italienischen Oper in London verschrieben hatte.

Doch der größte Opernerfolg der Zeit war die »Beggar's Opera« seines Landsmanns Johann Christoph Pepusch, die im Jahr 1728 im Lincoln's Inn Theatre herausgekommen war. Sie stellte alle Attraktionen der »Academy« in den Schatten und trug so dazu bei, dass diese im Juni 1728 die Türen schloss. Die »Beggar's Opera« war eine vollkommene Antithese zu den traditionellen Opernstoffen und parodierte diese. Aber es gab auch noch eine dritte

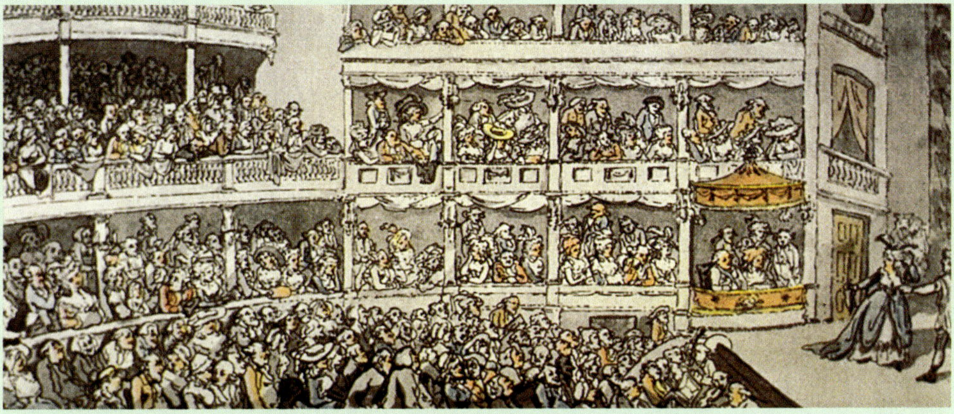

Covent Garden, London, Innenraum des ersten Theaters, kolorierte Aquatinta von Thomas Rowlandson, 1786 – Das Grundstück, auf dem Covent Garden erbaut wurde, war früher im Besitz einer katholischen Kirchengemeinde gewesen, daher stammt der Name (»Convent Garden«).

»Benefit Ticket« mit einer Szene aus der Beggar's Opera von Johann Christoph Pepusch, Zeichnung von William Hogarth – In der »Beggar's Opera« standen ganz alltägliche Menschen im Mittelpunkt, nicht mehr die Helden, Könige und Prinzessinnen der italienischen Oper.

Konkurrenz für Händel in London: Lincoln's Inn wurde bald zum Haus der »Opera of the Nobility«, einer Gesellschaft unter Führung des Prince of Wales, die mit der königlichen »Academy« und so auch direkt mit Händel rivalisierte.

Händel selbst wechselte 1734 zum Covent Garden, das der Betreiber des Lincoln's Inn, John Rich, zwei Jahre zuvor erbaut hatte. Hier brachte er nicht allein einige seiner späten Opern heraus; auch Oratorien, die immer stärker sein Interesse beanspruchten, fanden hier einen Platz. Covent Garden widmete sich in der zweiten Hälfte des 18. Jahrhunderts zunehmend dem Singspiel, wobei nach dem Erfolg der »Beggar's Opera« die englische Sprache in den Mittelpunkt rückte. Händels Weg führte nach seiner letzten italienischen Oper »Deidamia« aus dem Jahr 1741 zum ebenfalls englischsprachigen Oratorium.

Internationale Stars und Komponisten

Karikatur auf die Sänger Senesino, Francesca Cuzzoni und Berenstadt, zeitgenössischer Kupferstich – Die Kastraten waren neben den Primadonnen Mittelpunkt des Opernbetriebs in London und als solche auch häufig dem karikierenden Spott ausgesetzt. Der Sänger links, Francesco Bernardi, genannt Senesino, sang zahlreiche Rollen in Händelopern.

Im Londoner Musikleben spielten die italienischen Gesangs-»Stars« eine wichtige Rolle: Kastraten wie Farinelli, Senesino, Carestini und Primadonnen wie Francesca Cuzzoni oder Margherita Durastanti prägten das Geschehen auf der Bühne. Ebenso bedeutsam waren die italienischen Komponisten, etwa Francesco Geminiani, Giovanni Bononcini, Nicola Porpora oder Giovanni Battista Sammartini.

Von den deutschen Musikern in London ist neben Händel der Komponist der »Beggar's Opera«, Johann Christoph Pepusch, die markanteste Gestalt, bevor mit Christian Bach und Carl Friedrich Abel erneut zwei Deutsche das Musikleben maßgeblich beeinflussten.

Aus heutiger Sicht scheinen englische Komponisten in dieser Zeit eine eher untergeordnete Rolle gespielt zu haben. Doch dieser Eindruck täuscht und resultiert nur aus einer verzerrten historischen Perspektive. Zu den besten englischen Komponisten zählt der Londoner William Boyce, der als Organist an verschiedenen Kirchen seiner Geburtsstadt tätig war, beim »Three Choirs Festival«, einem jährlich stattfindenden Chorfest, dirigierte und als einer der Organisten der Chapel Royal und »Master of the King's Musick« in engem Kontakt zum Königshaus stand. Er komponierte eine beachtliche Anzahl Kirchenmusik und zahlreiche weltliche Vokalwerke. Sein Amt bei Hofe verlangte von ihm regelmäßig Neujahrs- und Geburtstagsoden, doch war Boyce mit seinen Bühnenwerken und Instrumentalkompositionen erfolgreicher. Zwischen 1749 und 1757 schrieb er für das Drury Lane Theatre, wurde in seiner Arbeit jedoch durch seine zunehmende Taubheit behindert.

Eine andere bemerkenswerte Persönlichkeit des englischen Musiklebens war Thomas Augustine Arne – Boyces Vorgänger am Drury Lane Theatre. Arne war viele Jahre als Komponist für dieses Theater tätig, wo er bald drei Dutzend Bühnenwerke der unterschiedlichsten Gattungen aufführte. Er stammte ebenfalls aus London und konzentrierte sich in seinem Metier vor allem auf die Bühne. Neben Arrangements in Shakespeare-Inszenierungen und Singspielen im englischen Stil, deren Libretti von englischen Autoren stammten, bearbeitete Arne selbst auch einen Text des italienischen Librettisten Metastasio und brachte 1762 die Opera seria »Artaxerxes« in englischer Sprache im Covent Garden heraus. Als Komponist des populären Liedes »Rule Britannia« ist Arne bis heute ein Begriff; seine Cembalokonzerte, die als »Six Favourite Concertos« um 1787 postum erschienen, sind beachtliche Beiträge zu dieser Gattung.

Der englische Geiger Thomas Linley d. J. vertritt bereits die Stilstufe Christian Bachs. Linley, in Bath im selben Jahr wie Mozart geboren und wie dieser ein frühreifes Wunderkind, starb bereits im Alter von 22 Jahren. Er trat mit sieben Jahren als Violinsolist auf, nahm Unterricht bei Boyce und ging für drei Jahre zum Violinstudium nach Florenz, wo er 1770 auch Mozart traf. Nach England zurückgekehrt, konzertierte er in Bath und übernahm nach einem Umzug der Familie nach London die Konzertmeisterstelle im Drury Lane Theatre.

Ein weiterer Engländer, der das Londoner Musikleben prägte, war James Hook, ein Pionier des Hammerklaviers, der etwa zeitgleich mit Christian dieses Instrument populär machte. Hook kam Anfang der 1760er Jahre nach London, wo er sich als Organist und erfolgreicher Komponist für Theater und Vergnügungsparks etablierte.

William Boyce (1711–79), Kupferstich von I. K. Sherwin, British Library, London – Boyce sammelte und veröffentlichte auch Musik früherer Generationen, etwa die »Cathedral Music« in drei Bänden, die Musik aus drei Jahrhunderten umfasste.

Thomas Linley d. J. (1756–78), Gemälde von Thomas Gainsborough, um 1771, Öl auf Leinwand, 75,9 x 63,5 cm, Dulwich Picture Library, London – Linleys Werke verraten Inspiration und gediegenes Können, sie sind dem von Christian Bach in London heimisch gemachten klassischen Stil verwandt.

Opern auf italienische Art

Seinen ersten Opernerfolg in England landete Christian mit dem am 19. Februar 1763 im King's Theatre uraufgeführten »Orione« (G 4). Jeder Kenner, so der reisende Musikschriftsteller Charles Burney, habe die Offenbarung des Genies des Komponisten in diesem Stück wahrnehmen können. Dem Schriftsteller fiel auf, dass Christian recht wenige Da-Capo-Arien verwendet hatte, dafür aber einen delikaten Orchestersatz schrieb und erstmalig in einem englischen Opernorchester Klarinetten einsetzte. Die geschickte Instrumentierung der Oper ließ manche Arie stärker als Instrumentalstück denn als Gesangsmusik wirken, so Burney weiter. In der Londoner Zeitung »Public Advertiser« wurde sogar eigens auf die großen Chornummern hingewiesen. Offenbar war die Ausstattung der Oper ebenfalls außergewöhnlich reichhaltig, denn der »Public Advertiser« erwähnte auch, dass einige Künstler über die normale Besetzung hinaus engagiert worden seien.

Ferner wählte der Komponist einen nur selten vertonten mythologischen Stoff, der vom Librettisten des King's Theatre, Giovanni Gualberto Bottarelli, gedichtet wurde: Der Halbgott Orione, ein Sohn des Merkur, gerät in Konflikt mit der Göttin Diana. Weil er sich dem Willen der Göttin nicht fügen will, tötet sie ihn. Oriones Geliebte Candiope möchte sich daraufhin nach Oriones Tod das Leben nehmen, doch Merkur hindert sie daran. Er nimmt Candiope stattdessen mit in die Unterwelt, wo sie Orione finden, der sich mittlerweile dem Willen der Götter unterworfen hat und allem Irdischen entsagt. Am Ende beschließen die Götter, Orione fortan als leuchtenden Stern ans Firmament zu versetzen – und da ist er bis heute geblieben.

Die Saison 1764/65 brachte für Johann Christian Bach ein erneutes Engagement am King's Theatre, das mit der Aufführung seiner neuen Oper »Adriano in Siria« (G 6) am 26. Januar 1765 gekrönt wurde. Der Publikumsandrang war außergewöhnlich groß. Christians Ruhm und auch der Auftritt des berühmten Kastraten Giovanni Manzuoli wirkten geradezu magnetisch auf die Londoner Opernliebhaber. Doch den großen Erwartungen des Publikums folgte eine ebenso große Ernüchterung. Burney berichtet, dass die Zuschauer das Theater enttäuscht verlassen hätten. Die Oper wurde zwar noch siebenmal zur Aufführung gebracht, doch hatten die nachträglich separat publizierten Arien einen weitaus größeren Erfolg als das gesamte Werk.

Für das King's Theatre schrieb Christian im Jahr 1767 seine vierte Oper: »Carattaco« (G 7). Trotz des italienischen Titels und Librettos der Oper wird ein Stoff aus der englischen Geschichte behandelt: eine Erzählung vom Freiheitskampf der alten Briten gegen die römische Besatzung. Den Engländern mag diese Möglichkeit der Identifikation mit ihrer eigenen Vergangenheit besser gefallen haben als die Sujets aus der griechisch-römischen Mythologie und Geschichte. Jedenfalls schlug »Carattaco« weitaus besser ein als alles, was das King's Theatre in der vorigen Saison auf die Bühne gebracht hatte. Vor allem aufgrund der großartigen Chorszenen zog die Kritik den unausweichlichen Vergleich mit Georg Friedrich Händels Opern und konstatierte in den Arien »the noblest Style of Music« – beides Bemerkungen, die im damaligen London herausragende Auszeichnungen bedeuteten. Das Königspaar ordnete weitere Wiederholungen der Oper an – auch dies ein großes Lob – und der kaum fünf Jahre alte Prince of Wales ehrte eine der Aufführungen sogar durch seine Anwesenheit.

Das King's Theatre am Haymarket, Bühne, Zeichnung, um 1750 – So könnte eine Szene in einer der Opern Christians für das King's Theatre ausgesehen haben: Eine antikisierende Architektur für den Hintergrund der antiken mythologischen und historischen Themen.

Die Gunst der Königin

Nach Ablauf der Spielzeit 1762/63 hatte das King's Theatre Christians Vertrag zunächst nicht mehr verlängert. Mittlerweile war auch sein Urlaub abgelaufen, den er vor einem Jahr in Mailand genommen hatte, um dem Londoner Auftrag nachkommen zu können. Doch waren dies keine Gründe für ihn, London zu verlassen. In einem Brief vom 1. Juli 1763 an seinen Lehrer Padre Martini erklärt er, dass der König und die Königin ihn bewogen hätten, in London zu bleiben. Die Gattin König Georgs III., Sophie-Charlotte von Mecklenburg-Strelitz, war

Königin Sophie-Charlotte von England, geb. Prinzessin von Mecklenburg-Strelitz mit ihren ältesten Söhnen, Gemälde von Johann Zoffany, um 1765 – Königin Sophie-Charlotte schätzte Christian besonders und band ihn durch offizielle Aufgaben an den Hof.

eine Deutsche. Sie hatte mit knapp 20 Jahren im August 1761 den englischen König George III. geheiratet. Von Haus aus musikalisch, hat sie in ihrer Jugend in Deutschland vermutlich von Emanuel Bach Unterricht im Klavierspiel erhalten, denn dieser reiste mit anderen Berliner Kollegen häufiger nach Strelitz. Möglicherweise hatte sie damals bereits den jungen Christian kennen gelernt, der seinen Halbbruder auf diesen Reisen begleitet haben könnte. Jedenfalls hegte die Königin für Christian große Sympathie und ernannte ihn zu ihrem Musikmeister, also einer Art königlichem Hauslehrer für Musik. Damit stand Christian in königlichen Diensten und war verpflichtet, dem Herrscherpaar Musikunterricht zu erteilen und als Begleiter zur Verfügung zu stehen. Später übernahm er zugleich den Unterricht der Prinzen. Dadurch war Christian eng mit der Königsfamilie verbunden. Bis zu seinem Lebensende verblieb er in Sophie-Charlottes Diensten. Schon am 15. Dezember 1763 erteilte der König ihm auf seinen Wunsch hin ein Druckprivileg, das Raubdrucke seiner Kompositionen verbot und die Werke unter den besonderen Schutz des Königs stellte. Auch dies war ein großes Entgegenkommen. Es zeigt darüber hinaus, dass Christians Werke schon so populär waren, dass er jederzeit mit Piraterie zu rechnen hatte, die seinen finanziellen Erfolg geschmälert hätte.

Christian zog trotz seiner neuen Dienstverpflichtung nach dem Ende der ersten Opernsaison nicht an den Hof. Er bezog eine neue Wohnung in Soho, Meard's Street, einer gepflegten, ruhigen Wohngegend in Londons Norden, gemeinsam mit dem Gambenvirtuosen Carl Friedrich Abel, der seit 1759 in London lebte und Christian von Leipzig her noch gut kannte. Die Verbindung mit dem Königshaus brachte Christian großes Prestige ein und zudem wertvolle Kontakte zu den führenden Gesellschaftsschichten. Nachdem das King's Theatre erneut seine Direktion gewechselt hatte, war Christian wieder als Komponist gefragt: Mit »Ezio« wurde die neue Saison im November 1764 eröffnet, ein Pasticcio, in dem Christian seine berühmte Arie »Non sò, d'onde viene« aus »Alessandro« unterbringen konnte.

König Georg III. von England in seiner Krönungsrobe, Gemälde von Allan Ramsay (1713–84), Öl auf Leinwand, 130,8 x 102 cm, Privatsammlung – Der König hatte ein offizielles Orchester, die »King's Band«. Doch Christian musizierte in erster Linie in der privaten »Chamber Band« der Königin, die innerhalb der »Queen's Band« einen besonderen Rang einnahm.

Leichtigkeit und Eleganz in Christians Cembalokonzerten

In der formalen Anlage und in ihrem Gehalt setzen sich Christians Cembalokonzerte deutlich vom Konzerttyp des Spätbarock ab, wie er bei Emanuel, Friedemann und anderen »Norddeutschen« um diese Zeit noch zu finden war. Aber auch für England gibt er mit seinen Werken eine neue Richtung an. Bis zu Christians Eintreffen war dort noch der von Händel geprägte Barockstil in Mode. Von dessen Orgelkonzerten unterscheiden sich Christians sechs Cembalokonzerte op. 1 (C 49–54), die er am 17. März 1763 veröffentlichte, noch stärker als die entsprechenden Werke seiner Brüder.

Einige Cembalokonzerte hatte Christian bereits in Berlin unter der Aufsicht seines Bruders Emanuel komponiert. Herrscht in diesen Werken noch der tiefgründige norddeutsche Stil vor, atmen die neuen Konzerte grazile Leichtigkeit und Eleganz. Der geringe technische Anspruch, den diese Konzerte stellen, ist sehr typisch für sie. Zudem konnte Christian durch die leichte Ausführbarkeit eine recht große Käuferschicht von Laien ansprechen. Dazu passt auch die sparsame Instrumentation, die gegenüber den Berliner Konzerten auf zwei Violin- und eine Cellostimme reduziert ist. Im Prinzip können die Begleitstimmen auch solistisch ausgeführt werden, so dass zur Aufführung nicht mehr als vier Musiker benötigt werden. Bis auf das vierte (G-Dur) und sechste (D-Dur) Konzert sind diese Werke zweisätzig. Meist folgt auf einen mittelschnellen Satz ein Menuett in der gleichen Tonart. Dies ist eine Anlage, die Christian auch in späteren Klavierkonzerten häufig wählt. Die beiden dreisätzigen Konzerte mit der Tempofolge schnell-langsam-schnell tragen die Bezeichnung »Concerto o Sinfonia«, da ihre Anlage typisch für die Sinfonie oder Ouvertüre war.

N 1 Konzert für Cembalo in Es-Dur, 1. Satz, Allegro di molto, Hauptthema (op. 7/5)

N 2 Konzert für Cembalo in Es-Dur, 2. Satz, Soloeinsatz (op. 7/5)

Fraglich bleibt allerdings, ob er alle sechs Konzerte erst in England geschrieben hat, wie manche Forscher vermuten. Stilistisch jedenfalls sind Christians Konzerte ohne den Einfluss italienischer Komponisten, etwa Giovanni Battista Sammartinis, eigentlich nicht denkbar. Nur das Finale des sechsten Konzerts, eine Variationenfolge über »God save the King«, dürfte Christian mit großer Wahrscheinlichkeit tatsächlich erst in England geschrieben haben. Damit zeigte er seine Reverenz vor dem Herrscherpaar.

In den beiden späteren Sammlungen – op. 7 (C 55–60) und op. 13 (C 62–67) – ist besonders die alternative Besetzungsmöglichkeit mit Cembalo oder Hammerklavier bemerkenswert. Mittlerweile konnte man in England leichter moderne Hammerklaviere erwerben als noch vor einigen Jahren, so dass Christian gegenüber seinem ersten Opus jetzt die Besetzungsalternative im Titel angab. Diese erste Sammlung ist nur für das Cembalo als Soloinstrument gedacht. Auch die Proportionen haben in den späteren Veröffentlichungen neue, ausladendere, fast »sinfonische« Dimensionen bekommen, was besonders für op. 13 gilt.

Unter den sechs Konzerten op. 7, die im Jahr 1770 in London veröffentlicht wurden, befinden sich zwei, die Christian jedoch offenbar für Cembalo konzipierte. Es sind erstaunlicherweise die beiden einzigen mit drei Sätzen, das fünfte in Es-Dur und das sechste in G-Dur. Der Solopart ist hier noch ganz auf das Cembalo zugeschnitten und dynamische Angaben sind sehr selten (Konzert Nr. 5) oder fehlen ganz (Konzert Nr. 6). Das Schema von vier zweisätzigen und zwei dreisätzigen Konzerten je Opus behielt Christian im Übrigen in jeder Sammlung bei. Das fünfte Konzert ist insbesondere von seiner Formgestaltung her allerdings ein recht modernes Werk. Dem ersten Satz, einem Allegro di molto, liegt die klassische Sonatensatzstruktur zugrunde. Solist und Orchester treten in diesem Satz in einen gegenseitigen Dialog ein, statt sich wie in der barocken Ritornellform als unabhängige Partner gegenüberzustehen. Somit ist hier der Schritt zur Klassik bereits vollzogen. Bemerkenswert ist Christians Es-Dur-Konzert aber gleichzeitig durch seine glücklichen musikalischen Einfälle. Ein gefühlvolles und leise einsetzendes Hauptthema steht am Beginn des Allegro di molto. N 1

Der Mittelsatz ist einer jener ausdrucksstarken Andante-Sätze in Moll, die Christian gelegentlich als Kontrast zu der sonst überwiegend leichten Dur-Stimmung einsetzte. Ein Hauch von Melancholie liegt über der Melodie, die das Cembalo vom Orchester übernimmt. N 2

Mit op. 7 Nr. 2 liegt ein prächtig-repräsentatives Werk vor. Christian hat dieses Konzert anscheinend öffentlich als Einlage zu seinem Oratorium »Gioas, re di Giuda« (D 1) auf der Orgel vorgetragen. Bei diesem Versuch, den großen Händel zu imitieren, der seine Orgelkonzerte ebenfalls zwischen den Akten seiner Oratorien spielte, fiel Christian beim Londoner Publikum durch. Die große Geste dieses Konzerts ist jedoch so beeindruckend, dass gezweifelt werden muss, ob hierfür die Komposition selbst verantwortlich gewesen ist.

Die beiden dreisätzigen Konzerte des op. 13, Nr. 2 und Nr. 4, warten mit einer Besonderheit auf: Jedes von ihnen beinhaltet einen Variationssatz über eine populäre schottische Melodie und ist somit eine Verbeugung vor dem Publikum, das sich für solche volkstümlichen Anklänge begeisterte. Abgesehen von diesen auffallenden Zügen ist Christians op. 13, das 1777 als »Third Sett of six Concertos« veröffentlicht wurde, eine erlesene, im klassischen Geist geschriebene Sammlung.

Das Hammerklavier und seine Virtuosen in London

Muzio Clementi (1752–1832), Kupferstich von Edward Scriven (gest.1841), undatiert – Der aus Rom stammende Clementi gründete in London einen Verlag und eine Klavierbaufirma. Er schrieb zahlreiche Sonaten und andere Werke für Klavier.

Johann Ladislaus Dussek (1760–1812), Lithografie von Alfred Lemoine, aus: Amedee Mereaux, Les Clavecinistes de 1637 à 1790, Paris 1867 – Der Böhme Dussek lebte rund zehn Jahre in London. Er regte den Klavierfabrikanten Broadwood an, die Klaviatur auf sechs Oktaven auszudehnen.

Christian gehörte zu den ersten Komponisten in England, die sich dem Hammerklavier zuwandten. Während seine Brüder in dieser Frage eher konservativ eingestellt waren, muss Christian als Pionier des Pianoforte angesehen werden. Am 2. Juni 1768 trat er in einem öffentlichen Konzert zum ersten Mal solistisch mit diesem Instrument auf. Das Konzert fand statt »at the Large Room, Thatch'd House, St. James's Street« und war eigentlich ein Benefizkonzert für den deutschen Oboisten Johann Christian Fischer. In der Programmfolge erscheint gegen Ende das »Solo on the Piano Forte by Mr. Bach«. Es könnte durchaus ein Werk aus seiner Sonatensammlung op. 5 gewesen sein, das er dort spielte. Lange Zeit galt dieser Auftritt als der erste überhaupt in England, bei dem öffentlich ein Hammerklavier eingesetzt wurde. Mittlerweile ist aber bekannt, dass der englische Organist und Komponist James Hook bereits am 26. März 1768 auf dem modernen Instrument konzertierte.

Mit den Fortschritten im Klavierbau ging die Weiterentwicklung der pianistischen Techniken Hand in Hand. In den nächsten zwei Jahrzehnten wurde in London ein besonders progressiver Kompositionsstil in der Klaviermusik entwickelt, der als »London Pianoforte School« bekannt ist. Pianisten wie Muzio Clementi und Johann Ladislaus Dussek, die sich in London niedergelassen hatten, schrieben sehr effektvolle und technisch anspruchsvolle Werke, die selbst Beethoven beeinflussten.

Klavierbauer aus Deutschland

Der deutschstämmige Cembalobauer Johannes Zumpe, im Zuge des Siebenjährigen Krieges aus Deutschland emigriert, eröffnete 1761 sein eigenes Geschäft in London und experimentierte schon kurz darauf mit dem Bau von Klavieren. Das älteste erhaltene Zumpe-Klavier datiert von 1766 und stammt damit aus demselben Jahr, in dem Christian seine Sonaten op. 5 veröffentlichte. Christian selbst besaß und spielte die Instrumente Zumpes, so auch vermutlich beim besagten Auftritt am 2. Juni 1768. Als tonangebender Musiker gelang es ihm, die Popularität dieser Klaviere zu steigern und sie »hoffähig« zu machen.

Die frühen Klaviere besaßen noch die horizontale Kastenform und die rechtwinklig zur Tastatur gespannten Saiten des Clavichords, daher ihr Name »Tafelklavier« (engl. »Square piano«). Auch ihr Klang hatte noch viel mit dem des Clavichords gemein, war aber kräftiger und strahlender. Anders wäre es nicht möglich gewesen, mit einem solchen Tafelklavier in der Öffentlichkeit aufzutreten. Die Technik wurde aber bald schon weiterentwickelt und die Form den großen Cembali angeglichen. Gegen Ende des 18. Jahrhunderts waren die »Grand Pianos«, in der Form unseres heutigen Flügels, aus der Londoner Werkstatt Broadwood in ganz Europa bekannt und gesucht. Dies war eine Entwicklung, zu deren maßgeblichen Initiatoren Christian Bach gerechnet werden muss.

Tafelklavier von Johannes Zumpe, 1767, Victoria and Albert Museum, London – Die frühen Tafelklaviere ähneln noch stark dem Clavichord. Ihr Klang hat noch nicht die Fülle und Charakteristik späterer Hammerklaviere. Die englischen Klaviere erreichten bald eine in ganz Europa begehrte Qualität.

Akrobatik auf den Tasten

Johann Christian schrieb wie sein Bruder Christoph Friedrich auch eine Reihe von Sonaten, die von ihrem technischen und kompositorischen Anspruch her an interessierte Laien gerichtet sind. Seine Sonaten zeichnen sich durch einen filigranen, meist zweistimmigen Satz und durch eine begrenzte Virtuosität aus. Sie haben die Tendenz, weniger die Gefühlswelt des Publikums in Aufruhr zu versetzen, als angenehmen Zeitvertreib zu bieten. Wie populär Christian als Komponist damals war, zeigt sich auch an den ihm zugeschriebenen, aber vermutlich unechten Werken, deren Anzahl die der originalen bei weitem übersteigt. Christians markantester Beitrag zur Klaviermusik sind die beiden gedruckten Sonatensammlungen op. 5 (A 1–6) und op. 17 (A 7–12) mit je sechs Werken.

Mit diesen Sonaten trat er als Pionier auf dem Pianoforte hervor. Im gedruckten Titel von op. 5 wurde es erstmals neben dem Cembalo genannt. Die Sonaten op. 5 sind besonders auch deswegen interessant, weil der 16-jährige Mozart später drei von ihnen als Verbeugung vor Christians Schaffen zu Konzerten für Cembalo und Streicher umarbeitete.

Die sechste Sonate in c-Moll wirkt gegenüber den anderen Sonaten auffällig altertümlich. Ihre drei Sätze bestehen aus einem Präludium (Grave) mit anschließender Doppelfuge (Allegro moderato) und angehängter kleiner Gavotte en rondeau (Allegretto) – von der Satzfolge her also ein barockes Modell. Das ambitionierte Fugenthema leitet einen kunstfertigen kontrapunktischen Satz ein, der in Christians Schaffen einzigartig ist, N 1. Ganz anders präsentiert sich die zweite Sonate in D-Dur: Sie ist ein attraktives, glänzendes Vortragsstück. Nicht umsonst gehört sie zu denjenigen, die Mozart als Konzert arrangierte. Ihr Allegro di molto setzt wie eine Sinfonie mit Aufmerksamkeit erheischenden Akkordschlägen ein, N 2. Ein zartes gesangliches Seitenthema stellt den nötigen Kontrast her, N 3. Bemerkenswert ist die voll ausgebildete Sonatensatzform dieses Stückes.

Die fünfte Sonate in E-Dur ist die technisch anspruchsvollste dieser Sammlung und setzt einen

N 1 Sonate in c-Moll, 2. Satz, Allegro moderato, Beginn der Fuge op. 5/6

gut ausgebildeten Spieler voraus, während die einleitende B-Dur-Sonate ebenso von wenig gewandten Musikliebhabern aufgeführt werden kann. Oft ist in Sammlungen dieser Zeit die einfachste Sonate zu Beginn zu finden. Möglicherweise sollte dadurch eine breitere Käuferschicht angelockt werden.

Auch die Sonaten op. 17 beginnen mit dem am leichtesten zu spielenden Werk. Um 1779 veröffentlicht, wiederholt Christian in seiner zweiten Sonatensammlung das Schema der ersten, lässt zwei- und dreisätzige Sonaten miteinander abwechseln, steigert die technischen Anforderungen im Verlauf der sechs Werke und begeistert durch grazilen Klaviersatz und melodischen Zauber.

Eine herausragende Stellung nehmen die vier Sonaten für zwei Spieler ein. Diese jeweils zweisätzigen »Duette« finden sich zusammen mit Sonaten für ein Klavier mit Begleitung von Violine oder Violine/ Violoncello in den Sammlungen op. 15 und op. 18 von 1778 und 1781. Sie sind entweder für zwei Cembali oder Cembalo/Pianoforte vierhändig vorgesehen – eine seinerzeit beim Publikum beliebte und noch ganz neue Gattung der Hausmusik.

Titelblatt der Sonatensammlung »Six Sonates pour le clavecin« (op. 5) von Johann Christian Bach, Erstdruck London 1766, Conservatoire Royal, Brüssel – Die Klaviersonaten op. 5, die Christian im Jahr 1766 veröffentlichte und die von Mozart wahrscheinlich schon im Manuskript mit nach Salzburg genommen wurden, spielen eine besondere Rolle im englischen Musikleben: Dieser Druck ist der erste in London publizierte überhaupt, der das Pianoforte im Titel erwähnt.

N 2 Sonate in D-Dur, 1. Satz, Allegro di molto, Kopfthema op. 5/2

N 3 Sonate in D-Dur, 1. Satz, Allegro di molto, Seitenthema op. 5/2

Mozart: Ein Wunderkind besucht London

London war eine wichtige Station auf einer denkwürdigen Tournee: der Europareise der Familie Mozart. Vater Leopold unternahm sie mit seinen Kindern vor allem mit dem Ziel, das Wunderkind Wolfgang dem Publikum in allen bedeutenden Städten gebührend vorzustellen. Im Juni 1763 brach er mit Wolfgang und dessen Schwester Maria Anna, Nannerl genannt, nach Paris auf, wo die Familie im November ankam, Konzerte gab und auch vor König Louis XV. auftrat. Im April 1764 ging es in die nächste musikalische Hauptstadt: Die Mozarts trafen Ende des Monats in London ein und schon zwei Tage später wurden sie vom Königspaar im Buckingham Palace empfangen.

Offenbar eilte dem jungen Mozart bereits der Ruf voraus, auf den Leopold hingearbeitet hatte. Von Wolfgangs wunderbaren Fähigkeiten auf dem Klavier und in der Komposition verbreiteten sich rasch sensationelle Gerüchte – zweifellos manches auch aufgrund der erfolgreich gerührten Werbetrommel. Leopold Mozart berichtet in einem Brief mit großer Genugtuung vom königlichen Empfang, hebt die außerordentliche Freundlichkeit des Königs und der Königin hervor, nur mit dem königlichen Präsent für das Wunderkind war er nicht zufrieden. Der Hof blieb Mozart gegenüber weiterhin aufmerksam, am 19. Mai konnten die Geschwister Wolfgang und Nannerl erneut vor dem Königspaar auftreten. Der König testete Wolfgangs Fähigkeiten, indem er ihm Kompositionen Christian Bachs, Abels und Händels vorlegte, die das Wunderkind vom Blatt spielen sollte. Wolfgang begeisterte die Anwesenden daneben besonders durch sein Improvisationstalent und durfte sogar eine von Königin Sophie-Charlotte gesungene Arie begleiten. Ohne Christian, den Musikmeister der Königin, werden diese Auftritte wohl nicht stattgefunden haben. Wahrscheinlich war er es sogar, der sie aufgrund seines offiziellen Amtes organisiert hatte. In den 15 Monaten, die die Mozarts in London blieben, gaben die Geschwister zahlreiche öffentliche und private Konzerte und nahmen an musikalischen Ereignissen der Stadt lebhaft Anteil.

Das Können des Achtjährigen scheint Christian besonders fasziniert zu haben. Es gibt einen anrührenden Bericht, wie er mit Wolfgang auf dem Schoß am Cembalo sitzt und beide gemeinsam musizieren, indem jeder abwechselnd einen Takt einer Sonate spielt. Auch sollen sie sich eine Fuge vorgenommen haben, deren Thema von Christian stammte und die Mozart fortgeführt hat. Dass sich zwischen Musikmeister und Wunderkind eine enge Zuneigung entwickelt hatte, machen auch andere Zeugnisse deutlich. In seinen Briefen aus späteren Jahren lässt Mozart immer wieder seine Sympathie für Christian erkennen. Als sich beide im Jahr 1778 in Paris treffen, erwähnt Mozart seinem Vater gegenüber die gegenseitige Freude beim Wiedersehen.

Leopold Mozart und seine Kinder, Aquarell von Louis Carrogis de Carmontelle, um 1763–64, British Museum London – Leopold Mozart erkannte sehr genau, welch ungewöhnliches Genie sein Sohn Wolfgang war. Und dies sollte auch die gesamte europäische Musikwelt erkennen. Deshalb organisierte Leopold schon früh Konzertreisen, auf denen Wolfgang als Wunderkind vorgestellt wurde. Da auch Wolfgangs ältere Schwester Maria Anna großes musikalisches Talent zeigte, wurde sie zusammen mit ihrem Bruder der staunenden Öffentlichkeit präsentiert.

Der »mozartische« Bach

Der junge Mozart verließ London im August 1765 wieder, er hatte viele neue Erfahrungen gesammelt und einiges als Komponist dazugelernt. Der Londonaufenthalt war geradezu der Wendepunkt einer erkennbaren Verwandlung des Kindes in einen Meister. Diese rapide Entwicklung brachten manche Musikhistoriker nicht nur mit dem Einfluss Christians in Verbindung, sondern folgerten daraus sogar, dass er Mozarts Lehrer gewesen sei – eine verführerische Hypothese, aber wohl nicht mehr als das.

Mozart in Verona, Gemälde von Saverio dalla Rosa, 1770, Öl auf Leinwand – 1769 reiste die Familie Mozart nach Italien. Wie Christian nahm Mozart in Bologna Unterricht bei Padre Martini.

Dass Christian Bach den jungen Mozart beeinflusste, ist dagegen unumstritten. Ihre Musik ähnelt sich in vielem: das »singende Allegro«, der Reichtum der Melodien, das Empfinden für Zartheit und Eleganz, ja selbst stille Melancholie und der charakteristische italienische Tonfall. Ohne das Vorbild von Christians Sinfonien und Ouvertüren, von denen 1765 schon einige gedruckt vorlagen, sind Mozarts erste Schöpfungen auf diesem Gebiet, die alle in London entstanden, kaum denkbar. Es ist naheliegend, dass der Neunjährige diese Werke während seines Aufenthalts kennen gelernt hat.

Bezeichnend für den Eindruck, den die Musik des Londoner Bach auf Mozart machte, sind vor allem die drei Cembalokonzerte KV 107 nach den Sonaten Nr. 2, 3 und 4 aus Christians op. 5, die erst 1766 im Druck erschienen. Mozart hatte sie aber schon bei seinem Besuch in London kennen gelernt und nahm sie im Manuskript mit, als er London verließ. Seine Bearbeitungen, die er 1772 – sieben Jahre nach seiner Londonreise – vornahm, sind ohne Zweifel eine Hommage an Johann Christian Bach.

Mozart hat dessen Originalkompositionen praktisch unverändert übernommen; lediglich wegen der Verteilung des Materials auf Streicher und Tasteninstrument musste er die Vorlage ein wenig modifizieren. N 1

Hängt Mozarts Wandlung »vom Kind zum Meister«, die der Englandaufenthalt mit sich brachte, auch nicht direkt mit einem eventuellen Unterricht Christians zusammen, so wird Wolfgang genug Gelegenheit gehabt haben, sich an den klingenden Beispielen aus dessen Feder weiterzubilden.

Klavierkonzert Nr. 1 (KV 107) von Wolfgang Amadé Mozart nach Johann Christian Bach, 1. Notenseite, Berlin Staatsbibliothek zu Berlin, Preußischer Kulturbesitz – Wolfgang Amadé Mozart hatte nur von wenigen Kollegen eine gute Meinung. Christian Bach gehörte zu denen, die Mozart Zeit seines Lebens besonders schätzte. In der Bearbeitung von Klaviersonaten Christians zu Konzerten zeigt er seine Wertschätzung auch auf künstlerischem Gebiet.

N 1 W. A. Mozart, Klavierkonzert in Es-Dur nach der Sonate für Klavier op. 5/4 von J. C. Bach, 1. Satz, Allegro, Einsatz des Soloklaviers (KV 107)

Mode, Originalität und Tradition

Die Kompositionsstile Emanuels, Christians und Friedrichs

George III. Earl Cowper mit der Familie von Charles Gore, Gemälde von Johann Zoffany, ca. 1775, Öl auf Leinwand, Yale Center for British Art, Paul Mellon Collection, USA – Den Mittelpunkt der musikalischen Unterhaltung bildet die Frau am Tafelklavier. Wie die Malerei (das Gemälde an der Wand) und die Literatur (das Buch in der Hand der Frau rechts) hatte auch die Musik im kulturellen Leben der oberen Gesellschaftsschicht des 18. Jahrhunderts einen festen Platz.

Die Vielfalt der musikalischen Stile

Emanuel, der Vertreter der norddeutschen Empfindsamkeit, der mit seiner Musik die Gemüter der Zuhörer rühren wollte, schätzte die Werke seines Halbbruders Christian nicht sonderlich. Er hielt seine Musik für zu leichtgewichtig und bemängelte, dass sie nur mit billigen Mitteln zum Erfolg kommen wolle.

Dem Hamburger Bach dürfte dennoch nicht entgangen sein, dass Christian zunehmend Erfolge mit seinen Kompositionen verbuchen konnte, die hohe Druckauflagen und weite Verbreitung erreichten. Christian war in seinen Augen ein Modekomponist, womit sich der Erfolg zwar erklären ließ, aber nicht gerechtfertigt werden konnte. In einem hypothetischen Gespräch mit dem Dichter Matthias Claudius soll Emanuel die Frage gestellt haben, welche Komponisten in Kopenhagen gerade in Mode seien. Darauf antwortete Claudius: »Schobert [Johann Schobert, ca. 1735–67] und ihr Bruder [Christian] sind die Lieblingsautors«. Emanuel erwiderte: »Darin muß ich mich finden. Schobert ist auch hier bekannt, er ist ein Mann, der Kopf hat, aber hinter seiner und meines Bruders jetziger Composition ist nichts.« Claudius: »Sie fällt gleichwohl gut ins Ohr.« Emanuel: »Sie fällt hinein und füllt es, läßt aber das Herz leer ...«.

Hauskonzert bei der Familie Remy, Ölgemälde von Januarius Zick, 1776, Germanisches Nationalmuseum Nürnberg – Lessing, der Freund Emanuels, äußert in »Emilia Galotti« einen typischen Vorbehalt seiner Zeitgenossen der »Galanterie« gegenüber: »Nichts klingt in dieser Sprache wie alles, und alles ist in ihr so viel als nichts«.

Das Menuett, Gemälde von Giovanni Domenico Tiepolo, 1756, Öl auf Leinwand, Museo de Arte de Catalunya, Barcelona – Das Menuett verkörpert besonders den eleganten höfischen Stil. Von den barocken Tänzen wurde es als einziger in der klassischen Epoche weiterverwendet.

Auf den ersten Blick fügen sich die Werke Christians nahezu alle in die Kategorie eleganter, melodiöser Musik für »Liebhaber«, wie etwa seine Cembalokonzerte op. 1. Sie sollten ausdrücklich auch für technisch wenig geübte Spieler ausführbar sein, benötigen nur ein reduziertes Begleitensemble und ihr Tonfall ist amüsant und elegant. Melodie- und Bass-Stimme bilden das Gerüst von Christians Musik, die Zwischenstimmen dienen in erster Linie der harmonischen Füllung. Die Melodien aber atmen den modischen italienischen Tonfall, selbst die schnellen Sätze sind gesanglich gestaltet: Sie verkörpern das »singende Allegro«, das dem aufgewühlten Stil Emanuels eine heitere Ausgeglichenheit entgegensetzt. Insofern ist Christians Musik ein später Ableger des Galanten Stils, in dem sich die Eleganz der großen Welt mit bezaubernder Eingängigkeit paart.

In Norddeutschland hat sich dieser Stil erst spät durchsetzen können. Er galt im bürgerlichen Deutschland als Stil der Unwahrheit und des nichtssagenden Spiels, wie auch Emanuel die Musik Christians empfand. In London wurde das offenbar anders gesehen und Christian reagierte darauf. Das Erstaunliche dabei ist, dass seine Musik weder schematisch noch oberflächlich ist, wie es von einem bloßen Modekomponisten erwartet werden könnte. Er hatte in Italien außerdem bewiesen, dass er den strengen Stil der Kirchenmusik beherrschte und zeigte später in seiner g-Moll-Sinfonie op. 6 Nr. 6, seiner einzigen Mollsinfonie, dass er auch fähig war, dramatisch-aufrüttelnde Orchestermusik zu schreiben. Nur waren dies eher die Ausnahmen in seinem Schaffen. Der Mannheimer Musiker Georg Joseph Vogler, bekannt als »Abbé Vogler«, bemerkte daher mit einem leicht patriotischen Unterton: »... so muß man nur bedauern, daß Hr. Bach dem Geschmack des jezigen verdorbenen Zeitalters, und den gemächlichen Damen zu gefallen, so viel aufopfert, daß er sich manchesmal zu Claviersonaten in dem unbedeutendsten und geschmacklosen änglischen Stil herabläst.« So stand Christians Musik auch im Kreuzfeuer der Kritik und gerade aufgrund des Erfolgs seiner Kompositionen beim Publikum zweifelten manche »Kenner« an ihrem Wert.

Hamburger Sinfonien: Werke eines Originalgenies

Zwei Gruppen von Sinfonien schrieb Emanuel Anfang und Mitte der 1770er Jahre in Hamburg. Die erste Gruppe umfasst sechs Sinfonien für Streichorchester und Generalbass (Wq 182). Die zweite Gruppe besteht aus vier »Orchester-Sinfonien mit 12 obligaten Stimmen« (Wq 183), in denen auch Bläser zum Einsatz kommen. Diese Sinfonien, besonders die sechs für Streichorchester, gehören zu den experimentellsten Werken Emanuels. Sie tragen ein ganz unverwechselbares Profil, das sie von den zunehmend in Massen produzierten Sinfonien seiner Zeitgenossen abhebt. Inzwischen war die Sinfonie zu einer Modegattung geworden, die nur selten höchsten Ansprüchen genügte. Emanuel hingegen wandte sich mit seinen Streichersinfonien nicht an das Unterhaltungsbedürfnis der breiten Masse, sondern schrieb für einen kleinen Zirkel von Kennern. Er lieferte sie auf Bestellung des Barons Gottfried van Swieten, der von 1770 bis 1777 als Gesandter des Kaisers in Berlin weilte und ein begeisterter Musikkenner war. Swietens Palais war nach seiner Rückkehr nach Wien ein Mittelpunkt der Pflege »alter« Musik und gab den klassischen Komponisten damit wichtige Impulse. In einer Beschreibung des Musikers und Schriftstellers Johann Friedrich Reichardt ist zu lesen, dass dieser große Mäzen der Musik keine Durchschnittsware in Auftrag gab: »Bach componirte damals eben für den Baron van Swieten sechs grosse Orchester-Symphonien, in welchen er sich, nach Swietens Wunsch, ganz gehen ließ, ohne auf die Schwierigkeiten Rücksicht zu nehmen, die daraus für die Ausübung nothwendig entstehen mussten ...« Den besonderen Charakter dieser Sinfonien unterstreicht auch die Tatsache, dass sie im häuslichen Kreis erstmals erklangen, und zwar bei dem Mathematiker Professor Büsch, an dessen Abendgesellschaften auch Emanuel häufiger teilnahm. Hier ließ Emanuel die Werke unter Leitung Reichardts schon einmal aufführen, bevor er sie nach Berlin sandte. Die Tatsache, dass die sechs Sinfonien Wq 182 nicht für den Druck vorgesehen waren, ist Kennzeichen der Exklusivität dieser Werke.

Rhetorische und expressive Wucht, Kontrastreichtum, eine zerklüftete Oberfläche und bizarre Zerrissenheit zeichnen die sechs Sinfonien aus. Zwar gehorchen sie in ihrer Dreisätzigkeit jeweils dem geläufigen Schema, doch stehen sie diesem inhaltlich denkbar fern. Auch die Sonatensatzform spielt keine bestimmende Rolle. Vielmehr lässt Emanuels Erfindungskraft nur eine lockere Form zu, ähnlich den Berliner Sinfonien.

Geradezu programmatisch ist der Beginn des ersten Satzes der ersten Sinfonie in G-Dur (Wq 182/1), in dem auf wenigen Takten erhebliche dynamische und motivische Kontraste zusammengeballt werden. N 1

Bezeichnend ist auch das Allegro assai der C-Dur-Sinfonie (Wq 182/3), das mit einem aufstörend unregelmäßig gebauten, selbstbewussten Unisonolauf anhebt. N 2

Die einzelnen Sätze der Streicher-Sinfonien sind meistens ohne Unterbrechung miteinander verbunden, womit Emanuel die Geschlossenheit jedes einzelnen Werkes betont. Das Presto-Finale der Sinfonie h-Moll (Wq 182/5) etwa geht plötzlich und unerwartet aus dem vorangegangenen Larghetto hervor.

Über diese Gestaltung, die diese Sinfonien bereits zur Zeit ihrer Entstehung zu unzeitgemäßen

N 1 Sinfonie in G-Dur, 1. Satz, Allegro di molto, Satzbeginn (Wq 182/1, H 657)

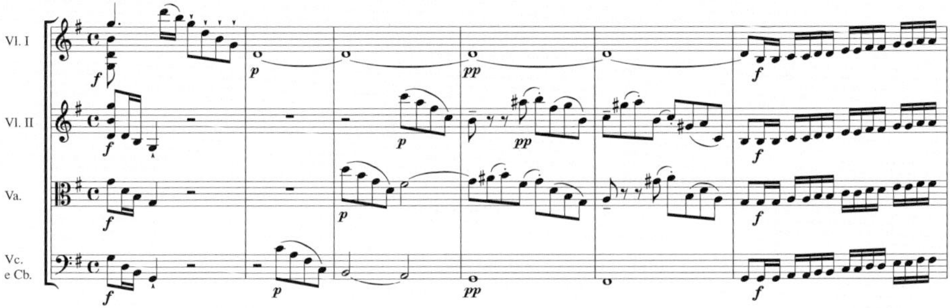

N 2 Sinfonie in C-Dur, 1. Satz, Allegro assai, Satzbeginn (Wq 182/3, H 659)

Ausnahmewerken machte, ging Emanuel auch in den vier »Orchester-Sinfonien mit 12 obligaten Stimmen« (Wq 183) nicht hinaus, die in den Jahren 1775/76 komponiert und vier Jahre darauf in Leipzig gedruckt wurden. Gewidmet wurden sie dem Prinzen Friedrich Wilhelm von Preußen, Neffe und späterer Nachfolger Friedrichs des Großen, der ein begeisterter Cellist war. Mozart widmete ihm seine letzten Streichquartette und Beethoven seine ersten Cellosonaten. Im Gegensatz zur zwei Jahre früher entstandenen Sechsergruppe führte Emanuel diese vier Sinfonien in einem seiner Abonnementskonzerte auf und sorgte für eine Druckveröffentlichung. Zusammen mit einer etwas eingängigeren Faktur deutet dies darauf hin, dass der Komponist seine neuen Sinfonien nicht mehr nur Eingeweihten vorbehielt. Emanuels Hamburger Sinfonien gelten bis heute als etwas Besonderes, sie brachten ihm schon bei seinen Zeitgenossen den Ruf eines »Originalgenies« ein.

Bückeburger Sinfonien: Ganz nach Maß

Im Laufe seines Lebens hat Friedrich 20 Sinfonien komponiert, von denen sich, bedingt durch Verluste im Zweiten Weltkrieg, nur acht erhalten haben. Sofern die spärlichen Informationen über die verschollenen Werke es erlauben, lassen sich die Sinfonien je nach Entstehungszeit in zwei gleich große Gruppen gliedern: Zehn Sinfonien schrieb Friedrich zu Beginn seiner Schaffenszeit, etwa zwischen 1765 und 1772 (HW I/1–10), und zehn weitere entstanden in einer auffallend kurzen Zeitspanne zwischen 1792 und 1794 (HW I/11–20). Aus der Gruppe der frühen Sinfonien sind nur drei Verluste zu beklagen, denn glücklicherweise konnten in den 1950er Jahren in den Vereinigten Staaten vier bis dahin verloren geglaubte Sinfonien Friedrichs in Abschriften entdeckt werden. Der Kopist, ein gewisser Johann Friedrich Peter, war 1770 nach Übersee gegangen und hatte im Gepäck unter anderem verschiedene Werke Friedrichs. Dass ein Auswanderer dessen Musik mit nach Amerika nahm, spricht für die Popularität der frühen Sinfonien. Aus der zweiten Gruppe sind dagegen alle Werke bis auf die letzte Sinfonie in B-Dur von 1794 verloren. Dieses Werk ist Friedrichs letzte Komposition überhaupt und von den erhaltenen Sinfonien gleichzeitig auch die bedeutendste.

Sämtliche Sinfonien aus der ersten Phase von 1765 bis 1772 sind dreisätzig und stehen dem Stil der italienischen Opernsinfonia nahe, haben also eher geringe Ausdehnung und verfügen über eine markante und plakative Musiksprache. Zudem besitzen sie durchweg noch eine bezifferte Bass-Stimme, also einen Generalbass. Von der 1770 komponierten Sinfonie in C-Dur (HW I/6) an macht sich jedoch zunehmend der Einfluss Emanuels in Friedrichs Sinfonien bemerkbar. Die Art und Weise der Motivbildung, die Emanzipation der Bläserstimmen und schließlich eine Vertiefung des Gehalts, wie etwa im seriösen Andante assai der Sinfonie HW I/10, lassen die Annäherung an die Norddeutsche Schule erkennen.

Dennoch erscheint Friedrich selten spritziger als in der d-Moll-Sinfonie (HW I/3) aus der Mitte der 1760er Jahre, die als einzige in Moll steht und nur Streicher und Basso continuo verwendet. Ihre drei kurzen Sätze besitzen ausgeprägte Charaktere: Der erste, ein Allegro, mit stürmischem Gestus, der an eine düstere Opernszene erinnert, macht sich

N 1 Sinfonie in d-Moll, 1. Satz, Allegro, Anfangsthema (HW I/3)

N 2 Sinfonie in d-Moll, 2. Satz, Andante amoroso, Anfangsthema (HW 1/3)

den Charakter der Tonart d-Moll zunutze, N 1. Der Satz endet auf einem Halbschluss und ist auf diese Weise unmittelbar mit dem zarten Andante amoroso, dem mit Dämpfern, »con sordini«, zu spielenden zweiten Satz verbunden, dessen Tonfall sich der Opera buffa nähert, N 2. Das Allegro assai, eine Bourrée, mit einer aus italienischen Concerti grossi abgeleiteten und daher altertümlich-barocken Faktur, beschließt das Werk.

Die zehn späten Sinfonien Friedrichs unterscheiden sich von den frühen schon äußerlich durch ihre Viersätzigkeit: Zwischen den langsamen Satz und das Finale tritt stets ein Menuett. Damit folgte Friedrich der Gestalt der klassischen Konzertsinfonie, die seit den beispielgebenden Werken Haydns zur Norm geworden war.

Haydns Sinfonien wurden in Bückeburg gespielt und Friedrich setzte sich mit diesem Vorbild in der B-Dur-Sinfonie von 1794 auseinander. Dieses Werk kommt ohne Generalbass aus und verwendet die klassische Besetzung mit Streichern, Hörnern, Flöte, Fagott und sogar zwei Klarinetten, die noch nicht zum Standard des Sinfonieorchesters zählten. Auf dem Titelblatt des Stimmenmaterials ist als Datum »1794 Sept.« angegeben. Doch nicht nur aus diesem späten Datum ist ablesbar, dass es sich um eine vollgültige klassische Sinfonie handelt. Die Thematik atmet, bei aller kräftigen Ausprägung der Einzelmotive, Weite und die motivische Arbeit wird geschickt auf die Instrumentengruppen aufgeteilt. N 3, N 4

Friedrich ist in diesem Spätwerk zur Komplexität der Wiener Klassiker vorgedrungen und damit weiter gekommen als seine Brüder. Offenbar war er sich seiner Leistung bewusst: In drei Jahren schrieb er gleich zehn Sinfonien. Möglicherweise bestand am Bückeburger Hof zu dieser Zeit eine erhöhte Nachfrage nach dieser Werkgattung. Die späte Blüte der Sinfonie im Œuvre Friedrichs bleibt jedenfalls ein Phänomen, das aufgrund des Verlustes von neun Werken kaum richtig gewürdigt werden kann.

N 3 Sinfonie in B-Dur, 1. Satz, Largo, Kopfthema (HW I/20)

N 4 Sinfonie in B-Dur, 1. Satz, Allegro, Kopfthema (HW I/20)

Christians Sinfonien: Entwicklung einer klassischen Gattung

Die Attribute der Musik, Gemälde (Supraporte) von Jean-Baptiste Siméon Chardin, 1765, Öl auf Leinwand, 91 x 145 cm, Musée du Louvre, Paris – In diesem Stilleben sind die Instrumente durchaus lebendig: Vom hohen Ton der Geige bis zum Klang des Horns und der Trompete ergibt sich eine sinfonische Klangskala, die durch die genau durchdachten Diagonalen im Bild zusätzlich an Dynamik gewinnt.

In der Entwicklungsgeschichte der Gattung bilden die Sinfonien Christians – insgesamt rund 40 Werke, die als authentisch anzusehen sind – einen bedeutenden Abschnitt. Mit ihnen erreicht die Gattung einen ersten Höhepunkt. Christian verhalf dem aus der italienischen Opernouvertüre hervorgegangenen Sinfonientyp zum Erfolg. Hier kam es auf die Darstellung orchestraler Brillanz und effektvoller Geradlinigkeit an, gepaart mit einer abgerundeten und klar proportionierten Form. Den Anspruch hoher Kunst und tiefer Gelehrsamkeit erwarteten Christians Zeitgenossen noch nicht von einer Sinfonie. Sie galt viel mehr als Unterhaltungsmusik, die in öffentlichen Konzerten für den passenden Einstieg oder Ausklang sorgte. Der experimentelle Charakter von Carl Philipp Emanuels Hamburger Sinfonien etwa stellt dagegen einen für seine Zeit eher untypischen Sonderweg dar. Christian hat durch seine Lehrjahre in Italien den Stil dieses Landes kennen gelernt und für seine Sinfonien nutzbar gemacht – damit schlug er einen Weg ein, der direkt zu den Wiener Klassikern führt. In dieser Hinsicht kommt seinen Sinfonien eine wesentlich größere Bedeutung zu als den Sinfonien seiner Brüder, in deren Schaffen diese Gattung keine so herausragende Position einnimmt.

Christians erste gedruckte Ausgabe von Sinfonien aus dem Jahr 1763 umfasste sechs Ouvertüren zu Opern und Pasticcios. Zwei Jahre darauf veröffentlichte er sechs weitere Sinfonien als sein op. 3 (C 1–6) im Selbstverlag. Diese Werke in der damaligen Standardbesetzung, also zwei Oboen, zwei Hörner und Streicher, sind jeweils dreisätzig und folgen damit dem Vorbild der Opernouvertüre. Auf einen bewegten Allegro-Satz, auch Allegro con spirito oder Allegro assai, folgen in der Regel ein kantables Andante in reduzierter Besetzung, meist nur Streicher, und ein rasches Kehraus-Finale im 3/8- oder 6/8-Takt. Es gibt aber auch Abweichungen von dieser Regel. So ist das Finale der zweiten Sinfonie (C-Dur) aus op. 3 ein Allegro-Rondo im 2/4-Takt, während die vierte Sinfonie (B-Dur) von einem Menuett abgeschlossen wird.

Obwohl Christian durch die unterschiedlichen Thementypen jede Sinfonie individuell gestaltet, bleibt er dem grundsätzlich unkomplizierten und beschwingten Charakter doch treu. Keines dieser genannten Werke steht in einer Molltonart und extrem langsame Vortragsbezeichnungen wie Adagio oder Grave werden vermieden. Christian brachte diese Werke zwischen Januar und März 1765 in seinen Mittwochs-Konzerten in Carlisle House am Soho Square zu Gehör, ein Zeichen dafür, dass die Gattung Sinfonie bereits einen festen Platz im öffentlichen Konzertleben hatte.

Spiel mit den Opuszahlen

Viele Verlagshäuser brachten Christians Werke, von denen sie sich hohen Umsatz versprechen konnten, in ihren eigenen Ausgaben heraus, ohne dass er die Möglichkeit einer Kontrolle gehabt hätte. Dabei verteilten sie die Opuszahlen zumeist willkürlich, wie es gerade in ihren Verlagskatalog hineinpasste. Mehrere Werke Christians tragen deshalb je nach Verleger unterschiedliche Opuszahlen. Dazu gehören auch Sinfoniendrucke, etwa op. 6, das beim Amsterdamer Verlag Hummel im Jahr 1770 erschien (C 7–12) – Christian selbst hatte aber schon drei Jahre zuvor unter dieser Opuszahl einige Canzonetten für zwei Soprane veröffentlicht.

Ein anderer Amsterdamer Verleger, S. Markordt, veröffentlichte ungefähr zur gleichen Zeit weitere sechs Sinfonien, diesmal als op. 8. Unter ihnen finden sich neben drei hier erstmals gedruckten Werken Christians (op. 8, Nr. 2–4; C 13–15) aber auch drei, die Hummel in seinem op. 6 angeboten hatte: Op. 8, Nr. 1, 5 und 6 entsprechen der Nr. 3–5 aus Hummels op. 6. Vier Sinfonien aus Hummels op. 6 erscheinen ferner in einer Sinfonien-Ausgabe des Pariser Verlegers Huberty wieder. Auch dort tragen sie die Opuszahl 6, um die Verwirrung perfekt zu machen. Heute wird allgemein die Hummel-Ausgabe als die maßgebliche angesehen, da Huberty eigenmächtig Änderungen vornahm: Er fügte Menuett-Sätze in die dreisätzigen Sinfonien ein, die keinesfalls aus Christians Feder stammen. Die Willkür der Verleger war eine allgemeine Erscheinung in der zweiten Hälfte des 18. Jahrhunderts, gegen die die Komponisten zu kämpfen hatten und die bis heute unter Musikhistorikern viel Verwirrung stiftet.

Die heitere Maske fällt …

Die letzte Sinfonie aus Christians op. 6 steht in g-Moll (C 12). Sie ist seine einzige Moll-Sinfonie und nimmt eine Sonderstellung ein, weil sie einen über weite Strecken dramatischen, ernsten Ton anschlägt, der ansonsten in Christians Orchestermusik fast gar nicht zu hören ist. Eine weitere Besonderheit ist, dass gleich alle drei Sätze dieser Sinfonie in Moll stehen – eine Seltenheit zu dieser Zeit. Das Herzstück der Sinfonie ist ihr langsamer Satz in c-Moll, der ebenfalls als einziger unter Christians Sinfonien ein langsameres Tempo als das übliche Andante verlangt, nämlich Andante più tosto Adagio. Mit einem aufsteigenden Dreiklangsmotiv im Unisono, ein sehr zeittypisches Motiv in einer Molltonart, setzt dieser Satz ein, N 1. Kurz darauf nehmen sich die tiefen Streicherstimmen dieses Motivs an, während die hohen die Begleitakkorde übernehmen.

Haydn verwendete im etwa zeitgleichen Streichquartett op. 20 Nr. 2 – auch dort im langsamen Satz, dem Capriccio Adagio – ein sehr ähnliches Motiv,

N 1 Sinfonie in g-Moll, 2. Satz, Andante più tosto adagio, Anfangsthema (op. 6/6)

das zudem nach demselben Muster durchgeführt wird, N 2. Christian wagt sich demnach mit seiner Sinfonie in Gefilde vor, die sogar in dem anspruchsvollen Genre des Streichquartetts üblich waren. Die innige, tiefempfundene Atmosphäre des Satzes entfaltet sich am schönsten in der Durchführung. Hier baut Christian schmerzlich-schöne Melodielinien auf, die eines Haydn oder Mozart würdig wären, zumindest aber mit dieser Aussagekraft in Christians Orchestermusik die Ausnahme sind. Die raschen Rahmensätze, Allegro und Allegro molto, setzen in ihrer ungestümen Schroffheit ganz andere Akzente, N 3, N 4. Auch sie bleiben in Christians Œuvre die Ausnahme. Die modische Leichtigkeit und mondäne Eloquenz, die in der Regel mit seinen Sinfonien verbunden wird, umgeht er mit diesem Werk.

Derartig ernste Sinfonien machten jedoch um 1770 nur einen geringen Teil der gesamten Sinfonienproduktion aus. Der Großteil folgte dem Muster, dem die übrigen Werke des op. 6 auch gehorchen. Eine neuartige Orchesterkultur, in der sich die einzelnen Klanggruppen profilieren konnten, in der besonders aber das perfekte Zusammenspiel demonstriert werden sollte, war um diese Zeit im Aufschwung begriffen. Die Sinfonie war die Gattung, in der diese neuen Errungenschaften gezeigt wurden. So spielt Christian in vielen Sätzen des op. 6 mit den vielseitigen klanglichen Möglichkeiten des Orchesters. Die g-Moll-Sinfonie ist die späteste Komposition aus dem op. 6 und entstand vermutlich erst 1769. Die übrigen schrieb er schon Mitte der 1760er Jahre.

N 2 J. Haydn: Streichquartett in C-Dur, 2. Satz, Capriccio Adagio, Anfangsthema, op. 20/2 (Hob. III: 32)

N 3 Sinfonie in g-Moll, 1. Satz, Allegro, Kopfthema (op. 6/6)

N 4 Sinfonie in g-Moll, 3. Satz, Allegro, Kopfthema der Violinen (op. 6/6)

Die Bach-Abel-Konzerte

Ende Januar 1765 leitete Christian das erste einer Folge von Subskriptionskonzerten (Abonnementskonzerten), die er in den nächsten zwei Monaten mit seinem Freund Abel zusammen bestreiten sollte. Das Konzert fand im mondänen Londoner Vorort Soho im Domizil der italienischen Sängerin Teresa Cornelys, Carlisle House, statt. Mrs. Cornelys hatte in ihrem Haus schon seit vier Jahren regelmäßig Veranstaltungen für die feine Gesellschaft abgehalten, wozu sie keine Kosten und Mühen scheute. Regelmäßige Konzerte kamen ab 1764 hinzu. Im Januar 1765 übertrug Mrs. Cornelys die musikalische Leitung ihrer Konzerte dem Komponisten Christian Bach und dem Gambisten Carl Friedrich Abel. Zunächst plante sie eine Reihe von sechs Konzerten, von denen zwei auch von Abel dirigiert wurden. Leider haben sich von diesen Konzerten keine Programme erhalten. Anzunehmen ist aber, dass Sinfonien und Konzerte der beiden Deutschen, garniert mit der einen oder anderen erfolgreichen Opernarie, die Hauptprogrammpunkte bildeten. Die Konzerte wurden mittwochs abgehalten und bürgerten sich in der Gesellschaft bald schon als feste Größe ein: Am Dienstag besuchte die feine Gesellschaft die Oper und am Mittwoch die Konzerte im Carlisle House. Im zweiten Jahr des Bestehens dieses Unternehmens war das Interesse bereits so groß, dass die Zahl der Konzerte auf 15 erhöht werden musste. Bei dieser Anzahl blieb es zehn Jahre. Nun hatte also auch London sein eigenes groß aufgezogenes Konzertunternehmen, das es mit dem Pariser »Concert Spirituel« aufnehmen konnte, jener Konzertserie, die bereits 1725 durch den Komponisten Anne Danican Philidor gegründet worden war.

Carl Friedrich Abel, Ölbild von Thomas Gainsborough, vor 1777, Huntington Library and Art Gallery, San Marino, California – Wie Christian wurde Abel von dem Maler Thomas Gainsborough porträtiert. Gainsborough, hervorragender Landschaftsmaler und in der Londoner Gesellschaft ein erfolgreicher und berühmter Porträtist, zählte zum engeren Freundeskreis Bachs und Abels in der englischen Metropole. Abel unterrichtete den Maler auf der Gambe und erhielt dafür zahlreiche Gemälde von ihm als Gegenleistung.

Die Saison für die 15 Konzerte Bachs und Abels, die bereits »Bach-Abel-Konzerte« genannt wurden, ging von Januar bis Mai, nur in der Karwoche fanden keine Veranstaltungen statt. Wegen des begrenzten Platzangebots von Carlisle House beschränkten Bach und Abel im Lauf der Zeit die Zahl der Subskribenten auf 400 Personen, genau aufgeteilt auf 200 Damen und 200 Herren. Diese geringe Anzahl rief jedoch großen Widerstand bei den Londoner Musikfreunden hervor. Wenn die Veranstalter nicht einen Teil ihrer Zuhörer verlieren wollten, mussten sie sich nach einem größeren Konzertsaal umsehen. Und tatsächlich kündigten sie die Konzerte des Jahres 1768 in »Mr. Almack's Great Room« in King Street, St. James' an.

Da Mrs. Cornelys auf diesen Schritt verärgert reagierte, übernahmen die musikalischen Leiter ab diesem Zeitpunkt auch das Management der Konzerte. Die »Bach-Abel-Konzerte« wurden bis 1774 in den neuen Räumen aufgeführt, kehrten dann für eine Saison wieder nach Soho zurück, um schließlich bis zu ihrem Ende in den Hanover Square Rooms abgehalten zu werden. Der Ortswechsel hat der Konzertreihe nicht geschadet, noch jahrelang konnten die beiden Deutschen das zahlende Publikum an sich binden.

Bekannte Sänger und Virtuosen, die mit Solostücken brillieren konnten, die Präsentation eines breiten sinfonischen Repertoires und nicht zuletzt die attraktiven Werke Christians selbst bildeten eine erfolgreiche Mischung. Das Ensemble, das aus freiberuflichen Musikern und solchen der Königlichen Kapelle bestand, muss ein sehr hohes Niveau gehabt haben. Christian legte mit dieser Reihe einen Grundstein, der bald schon aus London eine führende Stadt des Konzertwesens machte. Das Publikum wurde für einen bis dahin weit hinter der Oper zurückstehenden Bereich sensibilisiert. Während das Musiktheater an der Themse in Stagnation verfiel, eroberte sich das Konzert entscheidende Anteile des öffentlichen Interesses und nach Christians Tod im Jahr 1782 setzten Unternehmer wie Johann Peter Salomon aus Bonn, der in den 1790er Jahren Haydn nach London holen konnte, den Weg fort.

Abel, der Gambist

Carl Friedrich Abel, Radierung von William Nelson, 1787 – Abel war der letzte Virtuose der Viola da gamba. In der folgenden klassischen Epoche verlor dieses Instrument seine frühere Bedeutung.

Mit der Familie Bach stand Carl Friedrich Abel schon seit langem in enger Verbindung. Sein Vater war als Gambist am Köthener Hof tätig, als Johann Sebastian dort Kapellmeister war. Abel, der in Köthen geboren wurde, lernte das Gambenspiel von seinem Vater. Nach dessen Tod im Jahr 1737 studierte er in Leipzig, wo er als Musiker in Kantatenaufführungen Johann Sebastians hervortrat. Seine überdurchschnittlichen Fähigkeiten als Gambist verschafften Abel schon 1743 eine Stelle im berühmten Dresdner Hoforchester. Die Wirrnisse des Siebenjährigen Krieges veranlassten den Gambenvirtuosen jedoch, Dresden nach 14 Jahren Dienst zu verlassen. Über mehrere europäische Stationen gelangte er 1759 nach London und etablierte sich recht schnell als Virtuose auf allerlei Instrumenten, denn neben der Gambe spielte er auch Cembalo, Horn und ein apokryphes Instrument namens Pentachord. Abel erhielt wie Christian ein königliches Druckprivileg und wurde von der Königin zu ihrem Kammermusiker ernannt.

Die Gambe

Mit ihrem milden dunklen Klang war die Viola da gamba ein im 16. bis 18. Jahrhundert weit verbreitetes Instrument, das jedoch allmählich aus der Mode kam. In Italien war die Tenor-Gambe Mitte des 18. Jahrhunderts als tiefes Streichinstrument schon lange vom Violoncello verdrängt worden. In Frankreich behauptete die Gambe dagegen noch weiterhin ihre Position. Das Instrument war für die Franzosen ein Kennzeichen verfeinerter, aristokratischer Musikkultur, während das Cello als Emporkömmling galt. In der französischen Barockmusik gab es ein erlesenes Solorepertoire für die Gambe. Französische Gambenvirtuosen wie Marin Marais und Antoine Forqueray standen im Reich des Sonnenkönigs in so hohem Ansehen wie in Italien die Geiger. Doch der italienische Geschmack, der zu Lebzeiten der Bachsöhne ganz Europa eroberte, machte auch vor der Gambe in Frankreich nicht Halt. Der Bedeutungsverlust wirkte sich seit Mitte des Jahrhunderts bis nach Deutschland und England aus, wo es zuvor ebenfalls einige Meister der Gambe gab. Carl Friedrich Abel, der Freund des Londoner Bach, war einer der letzten großen Gambenvirtuosen der Musikgeschichte. Erst im 20. Jahrhundert wurde die Gambe im Zuge des neu erwachten Interesses

Madame Henriette spielt eine Gambe, Ölbild von Jean Marc Nattier (1685–1766), Musée de Versailles – Die Gambe war in Frankreich zur Barockzeit ein aristokratisches Instrument, ihr Spiel war der höfischen Sphäre zugeordnet.

Rechte Seite
(von links nach rechts):
Tenor-Viola da gamba von Ernst Busch, Nürnberg 1644, Musikinstrumenten-Museum der Universität Leipzig

Viola da gamba von Joachim Tielke, 1701, aus Rosenholz und Elfenbein, kolorierte Zeichnung

Baryton-Viola da fagotto, Zeichnung von Hillemacher, 18. Jahrhundert

für Alte Musik wieder zum Leben erweckt und mit ihr das Repertoire der Gambenmusik.

In der Familie der Gamben unterscheidet man Instrumententypen in verschiedenen Registern. Es gab gleich mehrere Typen von Bassgamben in variablen Größen, daneben existierten Gamben in Tenor-, Alt- und Sopranlage. Die Diskantgambe in Sopranlage wurde schon relativ früh durch die Violine ersetzt, während die Tenorgambe noch lange in Gebrauch war. Sie wird heute meist mit dem Begriff »Gambe« gleichgesetzt. Ein besonderer Typ der Gambe war das Baryton. Zusätzlich zu den gestrichenen Saiten hat das Baryton mehrere freischwingende Resonanzsaiten, die dem Instrument einen eigenartigen Klang verleihen. Diese Saiten konnten sogar mit dem Daumen der Greifhand gezupft werden. Das Baryton wurde wie die Tenor- und die Bassgambe in Kniehaltung gespielt. Die Viola d'amore, ebenfalls mit Resonanzsaiten versehen, war ein vergleichbares Instrument in Altlage.

Werke für Cello

Als einziger der Bachsöhne schenkte Johann Christoph Friedrich dem Violoncello größere Aufmerksamkeit. Seine Sonaten, in denen das Cello solistisch in Erscheinung tritt, sind wichtige Meilensteine der Sololiteratur für das Tenorinstrument der Streicher. Neben zwei Sonaten, die für Cello und Generalbass geschrieben sind, komponierte Friedrich eine für Cello und obligates Klavier.

Schon seit Beginn des 18. Jahrhunderts bedachten vor allem italienische Komponisten das Cello verstärkt mit solistischen Aufgaben. Unter ihnen befinden sich Antonio Vivaldi, Francesco Geminiani und Leonardo Leo, die Sonaten und Konzerte schufen, in denen der Klangcharakter des Cellos mustergültig ausgeschöpft wird. Luigi Boccherini, der hauptsächlich in Spanien wirkende italienische Cellist, führte diese Tradition schließlich in die frühklassische Phase. Seine Kammermusikwerke, in denen das Cello immer wieder eine herausgehobene Position einnimmt, und seine Konzerte zählen zu den wichtigsten Beiträgen im letzten Drittel des 18. Jahrhunderts. In all diesen Werken tritt das Cello, das Continuo-Instrument par excellence, aus dem Schatten der reinen Begleitfunktion heraus und beginnt, vergleichbar mit dem Cembalo, sich gleichberechtigt neben Violine, Oboe und Flöte zu behaupten.

Die Emanzipation des Cellos von der reinen Bassfunktion hin zu einem Soloinstrument vollzog sich über eine längere Zeit bis hin zur Herausbildung des klassischen Stils. So sind denn auch Cellosonaten, also Sonaten für Cello und Klavier, ausgesprochen dünn gesät. Ganz am Anfang dieser Gattung aber steht ein Werk Friedrichs, das zu seinen ausdrucksvollsten überhaupt gehört: die Sonate für »il Cembalo ô Piano-Forte et Violoncello obligato« von 1789 (HW X/4). Leider existiert diese Sonate nicht mehr im Original, sondern ist nur in einer nach D-Dur transponierten Bearbeitung aus dem Jahr 1905 erhalten. Die originale Tonart war jedoch vermutlich G-Dur. In dieser Sonate sind beide Instrumente völlig gleichberechtigte Partner. Im langsamen Mittelsatz, einem Larghetto, singt sich das Cello sogar in einer langen Kantilene aus, vom Klavier lediglich begleitend untermalt, geradezu wie in einem »Lied ohne Worte«. Friedrich hat für das Cello eine Melodie erfunden, die voller harmonischer und klanglicher Reize ist, ein Vorstoß beinahe in präromantische Gefilde.

Auch die Rahmensätze sind voller Esprit und Einfallsreichtum. Sie zeigen ein voll ausgebildetes klassisches Formverständnis und basieren auf dem Dialog von Cello und Klavier. Den ersten Satz, ein Allegro, eröffnet ein Thema voller Spielfreude, das Finale, ein Rondo allegretto, dagegen basiert auf einem witzigen Thema, das seinen Ursprung aus der Volksmusik nicht leugnen kann – ein Satz, der in seiner Verknüpfung von Rondoprinzip und Variationsform einem Joseph Haydn alle Ehre machen könnte. Diese Cellosonate ist Friedrichs letztes erhaltenes Kammermusikwerk, sie ist auch sein gelungenstes. Leider ist nicht bekannt, zu welchem Anlass und für welchen Solisten die Sonate geschrieben wurde. In diesem Werk stecken so viel Erfindungskraft und Eigenständigkeit, dass sie mit Recht als erster Markstein einer neuen Gattung bezeichnet werden kann: der klassisch-romantischen Cellosonate. Damit tritt Friedrichs Werk in Konkurrenz zu Beethoven, dessen zwei Cellosonaten op. 5 in F-Dur und g-Moll von 1796 üblicherweise an den Anfang dieser Gattung gesetzt werden.

Luigi Boccherini, Porträt von Pompeo Batoni, um 1764–67, Öl auf Leinwand, National Gallery of Victoria, Melbourne – Luigi Boccherinis Konzerte und Sonaten für Violoncello gehören zu den herausragenden Kompositionen für dieses Instrument. Boccherini war selbst ein erstklassiger Cellist, der auch in Streichquartette und -quintette anspruchsvolle Cellopartien einzubauen wusste.

Die Generalbass-Schule

Zur Zeit des Barock war es üblich, jegliche Musik auf der Grundlage des Basso continuo, des Generalbasses, zu komponieren. Dieser war eine variable Größe. Notiert wurde er ausschließlich als einzelne selbstständige Stimme, ausgeführt jedoch zumeist von zwei oder mehr Spielern. Die notierte Basslinie erforderte von den Ausführenden stets die so genannte »Aussetzung«: Zur Ergänzung der Harmonien war es erforderlich, Akkorde oder zusätzliche Stimmen passend zu improvisieren. Um in der Wahl der richtigen Akkorde sicher zu gehen, setzten die Komponisten in einer Art Kurzschrift Ziffern zu den Noten der Bass-Stimme, die dem Spieler die zu ergänzenden Töne angaben. Jede Ziffer bezeichnet ein Intervall zwischen dem Bass und der verlangten Note. Eine sieben bedeutet zum Beispiel, dass ein Septakkord zu spielen ist, wenn keine Ziffer angegeben ist, der normale Dreiklang. N 1

Die Art und Weise der Aussetzung war jedoch beliebig, solange die Regeln der Stimmführung eingehalten wurden. Häufig wurde der Generalbass von zwei Instrumenten ausgeführt. Ein Violoncello spielte die notierte Bass-Stimme und ein Cembalo ergänzte die fehlenden Harmonietöne. Daneben waren auch andere Besetzungen möglich. Orgel oder Laute bzw. Theorbe konnten die Funktion des Akkordinstruments übernehmen oder zum Cembalo hinzutreten, ein Kontrabass das Cello vertreten oder verstärken. In großbesetzten Musikstücken spielten manchmal sechs oder mehr Musiker den Generalbass. Anzahl der Ausführenden und Anzahl der notierten Stimmen waren also nicht identisch.

Im Gegensatz dazu gab es seit ca. 1730 auch die Möglichkeit, dem Basso-continuo-Instrument eine

Theorbe (Basslaute) von Johann Christian Hoffmann, Leipzig, 1720, Musikinstrumenten-Museum der Universität Leipzig – Ähnlich wie das Cembalo wurde auch die Theorbe in der Barockzeit als Basso-continuo-Instrument, aber auch für den solistischen Vortrag verwendet.

obligate Stimme zuzuweisen. Der Begriff »obligat« bedeutet in diesem Zusammenhang, dass die Stimmen des Tasteninstruments – Bass- und Oberstimme – in zwei Notensystemen ausgeschrieben sind, es also keine Möglichkeit zur Improvisation mehr gibt. Die Oberstimme des Tasteninstruments galt dabei jedoch als eigenständig: Sie war einer Violin- oder Flötenstimme prinzipiell gleichgesetzt. Dies ist der Fall in den Sonaten für Violine und Cembalo BWV 1014–1019 von Johann Sebastian Bach: Er gehörte zu den ersten Komponisten, die Sonaten mit obligatem Cembalo schrieben. Diese Sonaten sind nach den beteiligten Stimmen gerechnet »Triosonaten«, auch wenn nur zwei Spieler daran beteiligt sind. Die Oberstimme des Cembalos tritt gleichberechtigt neben die Violinstimme, vergleichbar dem zweiten Melodieinstrument in einer Triosonate alten Zuschnitts. Und da der Barockmusiker Johann Sebastian exakt in Stimmen dachte, ist eben auch eine Sonate für zwei Instrumente ein »Trio«, wenn man die ausgeschriebenen Stimmen zählt. N 2

Der Tisch des Musikers, Gemälde von Henri Roland de la Porte (1724–93), um 1760, Musée Municipal, Cambrai – Scheinbar achtlos liegen die Gegenstände auf und unter dem Tisch des Musikers. Doch ihre Platzierung basiert auf einer durchdachten Komposition: Schwer lehnt das Cello, das Generalbassinstrument, gegen den Tisch, begleitet von Violine, Viola und Flöte, die die hohen Tonlagen darstellen.

N 1 J. S. Bach: Sonate in e-Moll für Flöte und Generalbass, 1. Satz, Adagio ma non tanto, Satzbeginn (BWV 1034)

N 2 J. S. Bach: Sonate für Flöte und Cembalo, 1, Satz, Andante, Anfangsthema (BWV 1030)

Friedrichs Kammermusik

Neben kammermusikalischen Werken, die zu den Melodieinstrumenten lediglich den Generalbass (Basso continuo) verlangen, komponierte Friedrich auch Kammermusik mit obligatem Klaviersatz. Letztere repräsentiert ein moderneres Denken, während die an den Generalbass gebundene Kammermusik schon bald dem alten Stil angehörte. Von ihm löste sich Friedrich nach und nach.

Seine an den Generalbass gebundene Kammermusik stammt wahrscheinlich aus den 1760er Jahren. Es haben sich drei Triosonaten, zwei Solosonaten sowie sechs Quartette für Flöte, Violine, Viola und Bass erhalten, die jedoch stilistisch nicht dieselbe Stufe vertreten. Zur Nachblüte des Barock zählen die drei Triosonaten. Die erste von ihnen in A-Dur mit dem Titel »Sonata per il Flauto, Violino e Basso« (HW VII/1) stammt aus dem Jahr 1763 und ist damit die früheste erhaltene Komposition Friedrichs überhaupt. Dieser Sonate ähneln die beiden anderen Triosonaten aus den Jahren 1768/69, die jeweils für zwei Violinen und Bass geschrieben sind (A-Dur, HW VII/2; F-Dur, HW VII/3). In ihren gefälligen Kopfsätzen ist der anspruchsvolle Kontrapunkt der Barockzeit bereits überwunden. Ferner deuten die typischen Finalsätze im Tempo di Minuetto in ihrer Unkompliziertheit den Publikumsgeschmack der Jahrhundertmitte an. Nur in den Mittelsätzen, jeweils mit Andante überschrieben und in einer Molltonart stehend, haben sich Relikte barocken Pathos' erhalten.

A musical Party oder *The Mathias Family,* Gemälde von William Hogarth, um 1730, Öl auf Leinwand, 62,6 x 75,6 cm, Fitzwilliam Museum, University of Cambridge – Die Kammermusik der frühen Klassik orientierte sich vorwiegend an »Musikliebhabern«, deren technische Fähigkeiten auf den Instrumenten begrenzt waren.

Die zwei Sonaten für Soloviloncello und Bass (HW X/1,3) sind bereits vor 1770 entstanden. Da das Cembalo hier keine obligate Stimme erhält, sind diese Sonaten mit Friedrichs großartiger Klavier-Cello-Sonate von 1789 nicht zu vergleichen. Seine sechs Quartette für Flöte, Violine, Viola und Bass (HW VI), 1768 veröffentlicht, repräsentieren den Übergangsstil zur frühen Klassik. Die jeweils zweisätzigen Quartette verraten durch ihre Besetzung und Schreibart die Zugehörigkeit zum Divertimento-Stil.

Die zwei Sonaten für obligates Cembalo und Violine (HW IX/2, 3) sind wahrscheinlich in den 1760er Jahren komponiert worden, wurden aber erst im Jahr 1787 in der Sammlung mit dem Titel »Musikalische Nebenstunden« veröffentlicht. In ihnen findet noch kein echter Dialog zwischen Melodie- und Tasteninstrument statt. Das ändert sich erst in den aus den 1780er Jahren stammenden vier »Trios« für Klavier und zwei Melodieinstrumente

The Music Party, Gemälde von Philippe Mercier, um 1733, Öl auf Leinwand, 77,5 x 57,1 cm, Cliveden House, Buckinghamshire – Das Bild zeigt den Cello spielenden Frederick, den Prinzen von Wales, mit seinen drei älteren Schwestern: Anne am Cembalo, Caroline mit einer lautenförmigen Mandoline und Amelia mit einem Buch von Milton in der Hand. Im Hintergrund ist das Dutch House in Kew zu erkennen, wo Prinzessin Anne bis zu ihrer Heirat mit dem Prinzen William of Orange residierte.

(Violine/Viola, Flöte/Violine und Flöte/Cello; HW VII/4–7). Die Schreibart dieser Trios passt sich der nun mitgestaltenden Klavierstimme an. Der Kontrast zu den Triosonaten der 1760er Jahre ist sehr deutlich. Friedrich nähert sich nicht nur erfolgreich dem Tonfall der frühen Klassik, sondern dringt auch jenseits einer bloß gefälligen Oberfläche zu tieferen Empfindungen vor. Im Miteinander der Instrumente zeigt sich ein ausgeprägter Wille zum Dialog. Alle beteiligten Instrumente übernehmen abwechselnd führende Rollen. Da in diesen Trios die Klavierstimme obligat behandelt ist und zu ihr noch zwei Melodieinstrumente hinzutreten, müssten sie eigentlich als »Quartette« bezeichnet werden. Doch orientiert sich Friedrich in der Bezeichnung an der Anzahl der Mitspieler: Die barocke Terminologie ist damit überwunden.

Christians Kammermusik

Im Großen und Ganzen kann Christians Kammermusik unter dem etwas abwertend klingenden Begriff »Gebrauchsmusik« gefasst werden. Seine Adressaten waren vor allem die weniger virtuosen Musik-»Liebhaber« aus den gehobenen Gesellschaftsschichten. In der Mehrzahl handelt es sich um zweisätzige Werke, deren geselliger Ton kaum düstere Schatten zulässt. Es gibt mehr als 15 Druckveröffentlichungen, die von Christian selbst oder zeitgenössischen Verlegern auf den Markt gebracht wurden und Kammermusik von ihm enthalten: vom divertimentoartigen Sextett op. 3 (B 78) bis hin zur Sonate für Klavier und Melodieinstrument. Diese Zahl verdeutlicht, dass Christians Kammermusik großen Zuspruch fand.

Ein Cembalo und seine Leibwächter

Ihrem Titel gemäß sind Christians sechs Trios op. 2 (B 43–48) aus dem Jahr 1763 Sonaten für Cembalo mit Begleitung einer Violine oder Flöte und eines Cellos. Alle Sonaten sind zweisätzig, wobei ein kleiner Tempokontrast jedes Werk bestimmt: Entweder folgt einem schnellen ersten Satz ein Menuett oder einem gemäßigten ersten Satz ein rascher zweiter. Einer der beiden Sätze ist stets im Vierer- oder Zweiertakt, der andere im Dreiertakt geschrieben. Neben dieser äußerlichen Differenzierung gewinnt Christian durch thematische Kontraste für jede Sonate immer wieder neue Facetten innerhalb eines gleichbleibenden Schemas. Die dritte Sonate (D-Dur) wird durch ein markantes Motiv mit Dreiklangsbrechung, die vierte (C-Dur) dagegen von einer elegant-graziösen Wendung eingeleitet.

Violine und Cello werden im Übrigen nicht zu reinen Begleitinstrumenten degradiert, wenngleich das Cembalo der bestimmende Partner bleibt. Sind selbstständige Töne, die über die bloße Verdoppelung des Cembalobasses hinausgehen, beim Cello noch die Ausnahme, so erhält die Violine doch an verschiedenen Stellen die Gelegenheit, melodisch hervorzutreten.

In den 15 Jahre später veröffentlichten zwei Trios aus op. 15 (B 49–50), wiederum »Sonaten« genannt und für dieselbe Besetzung vorgesehen, hat sich dieses Verhältnis noch nicht merklich verändert. Mehr als einmal setzt das Tasteninstrument, nunmehr alternativ auch das Hammerklavier, zu Beginn eines Satzes allein ein, oder lässt, wie im Allegro des A-Dur-Trios (op. 15 Nr. 2), die Streicher kaum selbstständig zu Wort kommen. Anders ist die stärkere Profilierung der Motive und Themen und die ausgedehntere Anlage der Sätze. Gegenüber op. 2 wirken die Trios op. 15 gereifter, aber auch abgeklärter. Ein köstlicher Satz etwa ist das Tempo di Minuetto aus dem ersten Trio (C-Dur), dessen selbstbewusstes Thema Christian in jüngeren Jahren in dieser Form gewiss nicht eingefallen wäre. N 1

N 1 Trio in C-Dur, 2. Satz, Tempo di Menuetto, Thema, op. 15/1

Kammermusik für größere Besetzungen

Im Jahr 1783 wurde in Offenbach ein Sextett für Oboe, zwei Hörner, Violine, Violoncello und Tasteninstrument (op. 3; B 78) veröffentlicht, das eher als Konzertwerk denn als Hausmusik gedacht war. Das Sextett ist dreisätzig, Allegro – Larghetto – Rondo, wurde mit anderen zusammen nach Christians Tod in einer Bearbeitung für Cembalo und Violine in Umlauf gebracht und lange Zeit für ein Werk Johann Christoph Friedrichs gehalten. Darüber hinaus kamen 1772 und 1784, im zweiten Fall also postum, zwei Sammlungen mit Quartetten heraus, op. 8 und op. 19 (B 51–56/B 61–64), die Bläser, vor allem die Flöte sowie in einem Fall eine Oboe, mit einbeziehen. Ein reines Streichquartett in der klassischen Formation mit zwei Violinen, Viola und Cello hat Christian nicht hinterlassen. Stattdessen repräsentieren seine Quartette in einer Besetzung wie etwa Flöte, Violine, Viola und Cello oder zwei Flöten, Viola, Cello einen zu seiner Zeit recht populären Typus, der sich jedoch nach dem Siegeszug des klassischen Streichquartetts nicht mehr halten konnte. Mozart schrieb ebenfalls solche Flötenquartette, die jedoch kaum über die Klassifizierung »Modemusik« hinausgehen; genauso verhält es sich mit Christians Gattungsbeiträgen.

In einem Sammeldruck des Londoner Verlegers William Napier, der 1776 Quartette von Christian zusammen mit solchen Carl Friedrich Abels und Felice Giardinis herausgab, finden sich weitere drei Flötenquartette. Diese späteren Werke weisen gegenüber denen aus op. 8 – ähnlich wie die Trios – einen geschliffeneren Stil auf und haben jeweils drei Sätze.

Mit den Quintetten op. 11 (B 70–75) liegt Christians qualitätvollste Kammermusiksammlung vor. Diese sechs Werke sind für die ausgesprochen aparte und seltene Besetzung von Flöte, Oboe, Violine, Viola und Generalbass geschrieben. Allerdings verwundert es etwas, dass Christian in diesen Kompositionen der 1770er Jahre statt eines voll ausgeschriebenen Klavierparts noch den altertümlichen Basso continuo einsetzt. Andererseits sind die Stimmen der Melodieinstrumente so exquisit geschrieben, dass ein prominentes Tasteninstrument ihre Position entwerten würde. Christian nutzt nicht zuletzt die Klangwirkungen der Instrumente in den verschiedensten Kombinationen, in denen die strahlenden Stimmen der Flöte und Violine mit dem gedeckten Klang der Oboe und Viola kombiniert werden. Auch solistisch dürfen die Instrumente hervortreten, wie etwa in den konzertanten Einlagen der Menuett-Variationen aus dem ersten Quintett in C-Dur, N 2. Dieses Opus besticht durch funkelnde Eleganz und attraktive Ideen. Vielleicht widmete Christian die Quintette nicht von ungefähr einem der großen Förderer der Kunst: dem Kurfürsten von der Pfalz, Carl Theodor.

N 2 Quintett in C-Dur für Flöte, Violine, Viola, Cello und Generalbass, 3. Satz, Menuetto con Variazione, Thema in der Flötenstimme, op. 11, Nr. 1

Musikalischer Zeitvertreib in Londons Gärten

Neben der Leitung von regelmäßig stattfindenden Konzerten, wie den Bach-Abel-Konzerten, die im Wesentlichen die Wintermonate ausfüllten, beschäftigte sich Christian mit dem musikalischen Programm für die Londoner Sommermonate, wenn Oper und Konzert ihre wohlverdiente Pause hatten. In den Vergnügungsgärten vor den Stadttoren Londons, in Ranelagh und Vauxhall, verbrachten dann viele Einwohner, die es sich leisten konnten, ihre Tage und Abende mit Müßiggang und in geselliger Runde. Besonders die offene Anlage von Vauxhall, ein groß angelegter Park mit von Statuen geschmückten Alleen, Brunnen und Gebäuden war das Ziel sommerlicher Ausflüge.

Auch auf Leopold Mozart machte dieser Garten einen großen Eindruck, als er mit seinem Sohn Wolfgang Amadé London besuchte. Leopold beschreibt einen Pavillon als eine »Art von einem

Vauxhall Gardens, Aquarell von Thomas Rowlandson, 1784, Victoria and Albert Museum, London – Das Bild zeigt die Sängerin Mrs. Weichsell bei einem ihrer Auftritte in den Vauxhall Gardens. Der Bühnenpavillon hatte wegen der Architektur den klangvollen Namen »Moorish-Gothick Orchestra« und wurde 1758 erbaut.

Das Innere der Rotunde des Ranelagh House in London, Gemälde von Giovanni Antonio Canal, 1754, Öl auf Leinwand, 46 x 75,5 cm, National Gallery London – Die Ranelagh Gardens in Chelsea waren ein bekannter und beliebter Vergnügungspark, der mit seinen Veranstaltungen Vauxhall Konkurrenz machte. Mozart trat hier bei seiner Londonreise 1764 auf. Die gewaltige Rotunde, in deren Mitte die Nachbildung eines Altars stand, wurde von einem Logenkranz umgeben, wo die Besucher ihren Tee zu sich nehmen konnten.

hohen offenen Sommerhause, darin eine Orgel mit Musick ist«. Dort fanden Musikdarbietungen zur Unterhaltung des eleganten Publikums statt, während woanders Kunststücke zur Zerstreuung der Besucher geboten wurden.

Bereits in seinen ersten Londoner Jahren witterte Christian eine Chance, die Zeit zwischen den Opernsaisons mit Gewinn zu überstehen: Er schrieb für die Freiluftkonzerte von Vauxhall, bei denen ständig neuer Bedarf an unterhaltender Musik bestand, kurzerhand eine Serie von Liedern, die so genannten »Vauxhall Songs«. Die erste Folge mit vier Liedern erschien bereits 1766. Im Titel heißt es, diese Lieder, »Favourite Songs«, seien von Mrs. Weichsell gesungen worden, die in Vauxhall auftrat. Diese Sängerin war mit einem Deutschen verheiratet, der im Orchester des King's Theatre Oboe und Klarinette spielte, und war zudem Christians Schülerin. Die Songs waren jedenfalls beliebt genug, dass Christian ihnen weitere Ausgaben folgen ließ; in den Jahren 1767 und 1771 erschienen nochmals je vier Lieder, fast alle von ihnen Originalkompositionen, die die Qualitäten des Opernkomponisten erkennen lassen. In der ersten Sammlung lässt Christian noch volkstümliche Anklänge durchscheinen, besonders im dritten Lied mit dem Titel »Come Colin pride of rural swains«.

In den folgenden Sammlungen komponiert Christian anspruchsvollere Partien, die recht virtuose Gesangskünste voraussetzen. Im ersten Lied mit dem Titel »Midst silent shades« aus der dritten Sammlung setzt er die unterschiedlichen Affekte des Textes eindrucksvoll in Musik um: Ein wiegendes, pastorales Siciliano malt die idyllische Szene der ersten Strophe. Dann schlägt die Stimmung plötzlich in ein martialisches Allegro mit Pauken und Trompeten um, denn der Text schildert den »Thunder of War«.

Musikalische Nebenstunden

Häusliches Musizieren zum bloßen Vergnügen trat immer mehr als wichtiger Faktor neben die öffentliche, repräsentative oder konzertante Aufführung von Musik, eine Entwicklung, die zu Beginn des 19. Jahrhunderts ihre Blütezeit erleben sollte. Auch Friedrich liebäugelte mit dem breiten Publikum und gab in eigener Regie eine Publikationsreihe unter dem Titel »Musikalische Nebenstunden« heraus. Regelmäßig, in vierteljährlichem Rhythmus, sollten diese Hefte mit Musikstücken vorwiegend eigener Komposition erscheinen. Friedrichs Unternehmung brachte es auf insgesamt vier Lieferungen, die in den Jahren 1787 und 1788 im Verlag von Anton Henrich Bösendahl in Rinteln publiziert wurden. Anfangs hatte es eine lebhafte Nachfrage gegeben, schon vor der Veröffentlichung des ersten Heftes interessierten sich 400 Subskribenten für das Projekt. Nach Heft Nummer vier allerdings stellte Friedrich seinen Fortgang ein. Die »Nebenstunden« sind Zusammenstellungen von Stücken verschiedener Gattungen, die vor allem ein Ziel verfolgen: Sie möchten der seit der Jahrhundertmitte immer stärker in den Vordergrund rückenden Gruppe der musikalischen Dilettanten, der »Liebhaber«, geeignetes Material zum privaten Musizieren an die Hand geben. Im Vorwort zum ersten Heft der »Nebenstunden« drückt Friedrich es so aus: Es war sein »Zweck, dem Geübtern sowohl, als dem Anfänger etwas zur Unterhaltung zu geben«. Und so veröffentlicht er Klaviermusik, instrumentale Kammermusik, Lieder, Kantaten und sogar eine Sinfonie im Klavierauszug – stets in der Besetzung und in den technischen Anforderungen den beschränkten Voraussetzungen seiner Klientel angepasst. Friedrich reagierte mit den »Nebenstunden« aber auch auf die vergleichbaren Sammlungen seines Bruders Carl Philipp Emanuel, insbesondere auf dessen »Musikalisches Vielerley«, zu dem er selbst beigetragen hatte.

»Musikalische Nebenstunden« von Johann Christoph Friedrich Bach, Titelblatt der Erstausgabe 1787, Conservatoire Royal, Brüssel – Eine pädagogische Absicht können diese Hefte nicht ganz verbergen. Friedrich versieht das erste Heft mit einer Anweisung zur Ausführung von Verzierungen, den so genannten »Manieren«, aus der auch der Ungeübte den richtigen Vortrag ersehen kann.

Die Sharpe Familie, Gemälde von Johann Zoffany (1733–1810), Privatsammlung – Musik für ein breites Publikum boten Friedrichs »Nebenstunden« und machten damit ihren Verfasser in bescheidenem Maße auch überregional bekannt. Ansonsten veröffentlichte Friedrich kaum eigene Werke. Die Kantate »Die Amerikanerin«, 1776 mit Erfolg publiziert und als Klavierauszug im zweiten Heft der »Nebenstunden« erschienen, ist eine seltene Ausnahme.

»Taschenwerke«

Emanuel war nicht ausschließlich Schöpfer experimenteller und anspruchsvoller Musik für einen kleinen Kreis von Kennern, sondern auch ein Komponist, der gelegentlich den Geschmack der Musikliebhaber bediente. In seiner Autobiografie schreibt er, dass er bei dieser Art von Kompositionen darauf achte, »so viel möglich sangbar zu spielen und dafür zu setzen.« Er schreibt aber auch: »Es ist diese Sache nicht gar so leicht, wenn man das Ohr nicht zu leer lassen, und die edle Einfalt des Gesanges durch zu vieles Geräusch nicht verderben will.«

Zu diesem Bereich gehören die beiden Sammlungen »12 kleine und 2 und 3stimmige kurze Stücke

Taschengeigen: Pochette d'amour (französisch, 18. Jahrhundert), Pochette (italienisch, 18. Jahrhundert), Pochette (vermutlich deutsch oder flämisch, spätes 17. Jahrhundert), Miniaturvioline (französisch, 18. Jahrhundert), Hintergrund: blaue Seidenweste, französisch, 18. Jahrhundert – Taschengeigen werden mit dem Tanz in Verbindung gebracht. Mit ihnen konnte auch die Violinliteratur gespielt werden, wenn man reiste.

im Taschenformat« für Flöte oder Violine und Klavier (Wq 81/82). Die beiden gleich betitelten Werk-Sammlungen sind 1758 und 1770 gedruckt worden. Der Komponist gibt als Zweckbestimmung das Musizieren »auf der Reise, bei einem vorhabenden Besuche unserer Freunde, auch auf der Promenade« an. Unkomplizierte Bläsermusik dieser Art in der typischen »Freiluftbesetzung« mit Flöten, Klarinetten, Oboen, Hörnern und in Form von kleinen Tanzsätzen und Märschen liegt darüber hinaus in großer Anzahl vor. Aber auch manche Sonate für Klavier erfüllt die Bestimmung als Liebhabermusik, wie es die Titel schon ankündigen: »Sechs leichte Claviersonaten« (Wq 53), gedruckt im Jahr 1766 in Leipzig, »Kurze und leichte Clavierstücke mit ... beygefügter Fingersetzung für Anfänger« (Wq 113/114), in zwei Sammlungen gedruckt in den Jahren 1766 und 1768 in Berlin, und »Six Sonates pour le Clavecin à l'usage des Dames« (Wq 54), gedruckt zwei Jahre später in Amsterdam.

In der Sammlung »Musikalisches Vielerley«, die Emanuel 1770 in Hamburg herausgab, versammelte er neben eigenen Kompositionen auch solche seines Halbbruders Johann Christoph Friedrich oder Johann Gottlieb Grauns, Kirnbergers und anderer mit dem Ziel, Klaviermusik, Lieder und Kammermusik für die bürgerliche Hausmusik anzubieten. Kompositionen dieser Art zeigen die Vorlieben und Bedingungen eines Zeitalters oftmals besser als die großen Meisterwerke.

»12 kleine und 2 und 3stimmige kurze Stücke im Taschenformat« für Flöte (oder Violine) und Klavier (Wq 81/82), von Carl Philipp Emanuel Bach, Titelseite und 1. Notenseite der Erstausgabe, 1758/1770, Brüssel, Conservatoire Royal de la Musique – Musik zur bloßen Unterhaltung und zum Zeitvertreib der Liebhaber bildete für die Komponisten des 18. Jahrhunderts eine einträgliche Verdienstquelle und war deshalb ein wichtiger Zweig des Schaffens.

Tascheninstrumente, 18. Jahrhundert, Musikinstrumenten-Museum der Universität Leipzig – Taschengeigen waren in der Regel höher gestimmt als herkömmliche Geigen. Ein eigenes Repertoire gab es für sie allerdings nicht.

Das Konzert, Ölbild von Pietro Longhi, 1741, Öl auf Leinwand, 60 x 48 cm, Galleria dell' Academia Venedig – Hatten in Deutschland und Frankreich Tasteninstrumente als Soloinstrumente höchsten Rang, so war es in Italien die Geige. Sie konnte der Gesangskunst des Belcanto etwas Ebenbürtiges entgegensetzen.

Dem Publikum zum Gefallen, dem Kenner zum Vergnügen

Die zahlreichen Publikationen seiner Musik für Tasteninstrumente und nicht zuletzt seine Abhandlung »über die wahre Art das Clavier zu spielen« hatten Emanuel schon in seinen Dienstjahren am Berliner Hof zu einem der führenden Meister dieses Metiers in Europa gemacht. Manche Zeitgenossen hielten ihn sogar für den größten Klavierkomponisten und -virtuosen seiner Zeit. Im Jahr 1779 eröffnete er einen neuen Reigen von Veröffentlichungen, die er alle unter die Überschrift »für Kenner und Liebhaber« stellte und die ein selbst für ihn groß angelegtes Projekt dieser Art darstellten. Insgesamt sechs Folgen dieser Reihe erschienen bis 1787 und alle sind ausschließlich der Klaviermusik gewidmet. Die sechs Ausgaben erschienen auf Subskriptionsbasis und im Selbstverlag des Autors, der sich hier wiederum als tüchtiger Geschäftsmann erwies. Schon der erste Band – »Sechs Clavier-Sonaten für Kenner und Liebhaber« (Wq 55; Leipzig 1779) – erreichte eine ausgesprochen hohe Auflage: 1 050 Exemplare wurden gedruckt, 519 Pränummeranten konnten gewonnen werden – zweifellos ein kolossaler Erfolg beim Publikum. Selbstverständlich hatte Emanuel zuvor eifrig die Werbetrommel rühren und in der Presse ausgiebig auf sein Projekt hinweisen lassen. Solche Zahlen zeigen, in welch hohem Ansehen er stand. Zum Vergleich: Telemanns berühmte »Tafelmusik«, ein ähnliches, im Selbstverlag herausgegebenes Unternehmen, brachte es auf 206 Subskribenten. Allerdings konnte Emanuel den anfänglichen Standard nicht halten, die Zahlen an pränummerierten Exemplaren sanken mit den folgenden Ausgaben und erreichten mit der sechsten Folge ihren niedrigsten Stand: immerhin noch 288 Stück.

Die erste Folge beinhaltet sechs dreisätzige Sonaten, die Bach aus dem Fundus bislang unveröffentlichter Werke schöpfte. Ihre Entstehung reicht bis auf das Jahr 1758 (Sonate Nr. 2) zurück, das jüngste Werk (Sonate Nr. 3) datiert von 1774. In der nächsten, sechs Jahre später veröffentlichten Folge, die »Clavier-Sonaten nebst einigen Rondos« (Wq 56) enthält, ändert sich das Bild. Von den drei Sonaten dieser Sammlung wurden zwei ganz neu komponiert (Nr. 2 und Nr. 3). Als Anerkennung für die »Liebhaber« ließ Emanuel eine von ihm noch nicht erprobte, aber in der Publikumsgunst weit oben rangierende Gattung einfließen: das Rondo.

In seinen Sammlungen »für Kenner und Liebhaber« gibt es insgesamt 13 solcher Stücke. Einige der norddeutschen Theoretiker, unter ihnen Forkel, lehnten das Rondo ab, weil es zu »wenig wahren innern Werth« habe. Das breite Publikum hingegen liebte diese Stücke, vielleicht, weil es an der übersichtlichen Form mit dem wiederkehrenden Refrain oder der Sanglichkeit der meisten Rondothemen Gefallen fand. In seinen Rondos zeigt Emanuel, dass diese Stücke trotz ihrer Gefälligkeit geistreich und bisweilen mit großem Anspruch unterhalten können. Zwar kam er mit den Rondos dem Publikumsgeschmack entgegen, dennoch lehnte mancher Musikfreund Emanuels Stücke wegen ihrer Eigensinnigkeit und Schwierigkeit ab. So riet Emanuel einmal seinem Kollegen Johann Christoph Kühnau: »Bey Sachen, die zum Druck, also für jedermann, bestimmt sind, seien Sie weniger künstlich und geben mehr Zucker.« Das Zeitalter verlangte danach und selbst ein »Originalgenie« wie Emanuel konnte sich dem nicht verschließen.

Rondos und Sonaten für Kenner und Liebhaber

Die älteren Sonaten der ersten Sammlung »für Kenner und Liebhaber«, veröffentlicht 1779, zeigen Emanuels gewohnten Stil. So bietet die vierte Sonate (A-Dur, Wq 55/4) einen kraftvollen, virtuosen, geradezu konzertanten Kopfsatz, während die 1758 geschriebene F-Dur-Sonate (Wq 55/2) einen grazilen, an französische Cembalomusik erinnernden Satz an den Anfang stellt. N 1

Die Rondos reichert Emanuel mit für ihn typischen Stilmerkmalen an. Er variiert die Hauptgedanken, unterbricht motivische Entwicklungen, gestattet sich eine große harmonische Bandbreite und setzt auf eine reiche dynamische Palette. Es scheint, als näherten sich Sonate und Rondo in gewisser Weise einander an, als lösten sich unter Emanuels Händen die formalen und gattungstypischen Differenzen auf.

Ganz selbstbewusst, wie um seine Modernität zu unterstreichen, eröffnet er die zweite Sammlung der Veröffentlichung »für Kenner und Liebhaber« (Wq 56) mit einem C-Dur-Rondo im Tempo Allegretto (Wq 56/1). Mit ihm dürfte er dem Bedürfnis nach leicht fasslichen und spielbaren Stücken nur bedingt nachgekommen sein. Die übliche stetige Wiederkehr eines schlichten Rondothemas kommt dem rhetorischen Fluss, der für Emanuels Klavierstil typisch ist, nur wenig entgegen, der Komponist vermeidet das Gesangliche des modernen Unterhaltungsstils und fordert zudem vom Spieler überdurchschnittliche Fingerfertigkeit. N 2, N 3

Interessant ist, dass Elemente des Rondos – vor allem die Weichheit der Themen – in den zwei 1780 komponierten Sonaten verarbeitet sind. Während die F-Dur-Sonate (Wq 56/4) mit den Sätzen Andantino und Presto zweisätzig ist, kommt die A-Dur-Sonate (Wq 56/6)mit einem einzigen, zweigeteilten Allegretto-Satz aus. Dies ist eine Verknappung der Form, die ansonsten in Emanuels Sonaten selten vorkommt, aber ebenfalls mit Blick auf die Musikliebhaber zu sehen und zu verstehen ist.

In der dritten Sammlung (Wq 57), veröffentlicht 1781 in Leipzig, stellt Emanuel drei Sonaten drei Rondos gegenüber. Nur sind seine Sonaten diesmal wieder mit den Werken der Jahre 1763 bis 1774 der ersten Sammlung verwandt, die noch nicht vom Rondo-Charakter geprägt sind, wie bei den nach 1780 komponierten Sonaten der Fall. Insofern ist die alte Differenz zwischen den Genres wieder deutlich.

Reichardt bemerkte zur f-Moll-Sonate (Wq 57/6), die die Sammlung beschließt: »Mir ists noch immer, als sey sie selbst Bachs vortrefflichste Sonate: redender, singender, durch jede Anwendung des Genies und der Kunst hinreißender kann ich mir nichts denken.« In der Tat ist diese Sonate, komponiert im Jahr 1763, ein ausdrucksstarkes Werk: Der erste Satz, ein Allegro assai, ist bestimmt von den energischen Gesten einer Art musikalischen Sturm und Drangs. Die Tonart f-Moll, der meist der Charakter besonderen Ernstes zugesprochen wird, und die auffahrenden Akkordbrechungen im punktierten Rhythmus zeigen Emanuels Ausdruckswillen unmissverständlich an. N 4 (S. 300)

Ohne Reichardts Urteil schmälern zu wollen, könnte den heutigen Betrachter vielleicht die d-Moll-Sonate (Wq 57/4) noch mehr faszinieren. Auch sie entstammt den 1760er Jahren und ist ein Werk konzentrierter Kraft und inhaltlichen Gewichts. Darüber

N 1 Sonate in F-Dur, 1. Satz, Andante, Anfangsthema (Wq 55/2, H 130)

N 2 Rondo in C-Dur, Allegretto, Rondothema (Wq 56/1, H 260)

N 3 Rondo in C-Dur, Allegretto, Figuration (Wq 56/1, H 260)

hinaus trägt sie experimentelle Züge, die diesmal die Form betreffen und zukunftsweisend sind: Emanuel nähert sich dem Modell der Sonatensatzform im Kopfsatz schon recht stark an. Es gibt zwei thematisch und harmonisch gegensätzliche Komplexe, also erstes und zweites Thema. Im zweiten Satzteil unterzieht er das erste Thema ansatzweise einer Verarbeitung, einer »Durchführung«, um dann in einer regelrechten Reprise die modellhafte Dreiteiligkeit nach klassischem Muster zu vollenden. Herausragend ist auch der zweite Satz, ein Cantabile e mesto, der harmonisch überaus gewagt ist. Die Grundtonart g-Moll wird während des gesamten Verlaufs kaum berührt und findet sich eigentlich erst mit dem Schlussakkord ein. Schon der Satzbeginn lässt die Grundtonart nur indirekt ahnen. N 5 (S. 300)

N 4 Sonate in f-Moll, 1. Satz, Allegro assai, Anfangsthema (Wq 57/6, H 173)

N 5 Sonate in d-Moll, 2. Satz, Cantabile e mesto, Anfangsthema (Wq 57/4, H 208)

N 6 Rondo in E-Dur, Poco Andante, Rondothema (Wq 57/1, H 265)

N 7 Rondo in E-Dur, Poco Andante, F-Dur Variante des Rondothemas (Wq 57/1, H 265)

N 8 Rondo in E-Dur, Poco Andante, Fis-Dur Variante des Rondothemas (Wq 57/1, H 265)

Das erstaunlichste Werk dieser äußerst qualitätsvollen dritten Sammlung ist aber das Rondo, das am Beginn steht (Wq 57/1). Emanuel komponierte es im Jahr 1779. Dieses Rondo überzeugt nicht allein durch seinen Erfindungsreichtum und seine mitreißende und wagemutige Sprache, es ist auch ein gutes Beispiel dafür, wie Emanuel die »Modegattung« Rondo bis an ihre Grenzen führt. Sehr modern gibt er sich im Thema; doch geradezu unerschöpflich scheinen seine Einfälle zu sein, das Thema variativ zu verfremden. N6, N7, N8

Im Grunde führte er mit diesem Stück die Auffassung seiner Zeitgenossen ad absurdum, die in jedem Rondo Trivialität vermuteten und dieses Genre nur mit Herablassung betrachten konnten. Die dritte Sammlung widmete Emanuel dem Baron van Swieten, was zeigt, dass er diese Werke als Musik für Kenner, die die Qualität auch hinter der Maske der »Liebhabermusik« erkennen konnten, verstanden wissen wollte. Möglicherweise verleiteten aber gerade Emanuels »Bizarrerien« manchen dazu, das Abonnement der Reihe zu kündigen, zumindest solche Zeitgenossen, die bloß unterhaltsamen Zeitvertreib in der Musik suchten. Interessant ist, dass Emanuel darauf mit der Einbeziehung einer dritten, aber keineswegs unproblematischen Gattung reagierte. Ab der vierten Folge der Reihe fügt er zusätzlich zu Sonate und Rondo noch den Typ der freien Fantasie hinzu. Hiermit kam er den Wünschen einiger seiner Freunde nach, die nach der Aufsehen erregenden Fantasie aus den »18 Probestücken« (Wq 63/6) von 1753 auf eine Fortsetzung warteten. Nach einigen kleineren Fantasien im Rahmen der »Kurzen und leichten Clavierstücke« (Wq 113–114) kehrte Emanuel erst 1782 zu der anspruchsvollen Ausformung der Fantasie mit ihrem wie improvisiert wirkenden Gestus zurück. Zweifellos sind die sechs Fantasien der vierten bis sechsten Sammlung die spektakulärsten der dort versammelten Stücke, doch stehen die Sonaten deswegen nicht dahinter zurück. Mit Ausnahme eines Werks (Wq 58/4) stammen die Sonaten der drei letzten Sammlungen ebenfalls aus den 1780er Jahren. Bisweilen aber scheint der Geist der freien Fantasie in sie eingedrungen zu sein: so etwa in der Sonate e-Moll aus der fünften Sammlung (Wq 59/1). Die Sätze gehen ohne Zäsur ineinander über, der Adagio-Binnensatz ist kaum mehr als eine freie Skizze zur Überleitung in den Schluss-Satz. Dieser wiederum schließt ganz überraschend mit einer verhuschenden Figur im Pianissimo. Vergleichbar unorthodox ist der Tonartenplan der G-Dur-Sonate aus der vierten Folge (Wq 58/2), der nach G-Dur und g-Moll im Mittelsatz plötzlich ein Finale in E-Dur vorsieht. Diese Sonate ist auch ein Beispiel für Emanuels Bemühen um leichte Fasslichkeit. Das Stück stellt nur begrenzte technische Ansprüche und besitzt eine knappe, übersichtliche Form.

Eine vergleichbare Tendenz zur Straffung des Äußeren, zur Konzentration der Aussage, die das Wesentliche mit wenigen Worten auszudrücken weiß, kennzeichnet sämtliche späten Sonaten Emanuels. Ohne seine charakteristische Tonsprache, den Kontrastreichtum und die emotionale Spannung aufzugeben, gelingt es dem Komponisten, in der e-Moll-Sonate der sechsten Sammlung (Wq 61/5) in 33 Takten ein vielfältiges und tief bewegendes Panorama zu zeichnen – mustergültig in seiner Ökonomie. In den Sonaten macht sich ein größerer Fluss des Materials bemerkbar und weniger eine durch Brüche zerklüftete Oberfläche, die für viele frühere Sonaten Emanuels kennzeichnend war. Brüche als Gestaltungsmittel setzte Emanuel dann wieder in seinen Fantasien ein.

Fantasien

Im zweiten Teil seines »Versuchs über die wahre Art das Clavier zu spielen« widmet Emanuel der «freyen Fantasie« ein eigenes Kapitel. Darin gibt er eine genaue Erläuterung der Gattung: »Eine Fantasie nennet man frey, wenn sie keine abgemessene Tacteintheilung enthält, und in mehrere Tonarten ausweichet, als bey andern Stücken zu geschehen pfleget«, und weiter: »Eine freye Fantasie bestehet aus abwechselnden harmonischen Sätzen, welche in allerhand Figuren und Zergliederungen ausgeführet werden können.« Emanuel billigt dem Spieler einer Fantasie jede mögliche Freiheit in der Ausführung zu, die dazu dienen soll, die Leidenschaften des Publikums zu erregen oder zu stillen – auf jeden Fall also die Empfindungen des Hörers zu beeinflussen. In den »Probestücken«, die er zur Erläuterung des ersten Teils des »Versuchs« verfasste, findet sich eine Fantasie, auf die Emanuel in seinem Text verweist. Dieses c-Moll-Stück (Wq 63/6) stellt exemplarisch vor, was unter einer solchen Fantasie zu verstehen ist: ein Stück, das von seiner skizzenhaften Reihung unterschiedlichster Gedanken, der losen Form, der Affektvielfalt auf engstem Raum und extremen Gegensätzen lebt – als sei es nicht niedergeschrieben, sondern frei improvisiert. N 1

Es handelt sich um fingiertes Stegreifspiel, eine Art des Vortrags also, die ein Klavierspieler ebenso pflegte wie das Spiel komponierter Sonaten. Emanuel war ein anerkannter Meister der Improvisation, der stundenlang bis hin zur Extase »fantasieren« konnte. Es ist von daher nicht verwunderlich, dass er seinem Publikum auch eine niedergeschriebene Fantasie anbot. Interessant ist dabei, dass es sich um ein Stück mit didaktischer Absicht handelt, was auf alle »Probestücke« zutrifft. 30 Jahre später trat Emanuel mit derartigen Werken wieder an die Öffentlichkeit, nachdem Freunde wie der Dichter Gerstenberg und der Komponist Scheibe ihm dies nahe gelegt hatten. Emanuel teilte Forkel in einem Brief allerdings seine Bedenken mit: »Man will jetzt von mir 6 oder 7 Fantasien haben, wie das achtzehnte Probestück aus dem C-moll ist; ich läugne nicht, daß ich in diesem Fache gern etwas tun möchte ... allein, wie viele sind deren, die dergleichen lieben, verstehen und gut spielen?« Im selben Brief nennt er die berühmte c-Moll-Fantasie »finster«. Die erste Partiturseite dieses Werks zeigt das Fehlen der Taktstriche, was die improvisatorische Freiheit andeutet. Man sieht das virtuose Passagenwerk, die Aufgabe thematischer Bindung und die Mannigfaltigkeit der Ideen – sämtlich Charakteristika einer Fantasie von Emanuel. Nach der Hälfte des Stückes kehrt er wieder zu den Taktstrichen und einer etwas gebundeneren Schreibart zurück, auch dies ein wiederkehrendes Merkmal. Zum Schluss dominiert erneut die absolute Freiheit. Der Dichter Gerstenberg war von der Qualität dieser Fantasie so sehr angetan, dass er den Monolog Hamlets über Sein oder Nichtsein aus Shakespeares Theaterstück diesem Werk unterlegte.

Auch die entgegen der Bedenken Emanuels in die »Kenner und Liebhaber«-Serie eingefügten Fantasien folgen diesen Eigentümlichkeiten, vor allem die beiden Fantasien der vierten Sammlung (Wq 59/6–7). Doch mit der letzten Fantasie der fünften Sammlung kehren die Taktstriche wieder und dies setzt sich in den zwei Fantasien (Wq 61/3, 6) der sechsten Sammlung fort. Diese Stücke wirken »geordneter«, ihre Ideenfülle bei allem Reichtum rationaler organisiert. Dabei verzichtet die B-Dur-Fantasie (Wq 61/3) auf thematische Ausprägung und präsentiert allein effektvolle und virtuose Floskeln, was nicht negativ zu verstehen ist, sondern den fantastischen Charakter an sich repräsentiert. Die letzte Fantasie der sechsten Sammlung (Wq 61/6) basiert hingegen auf einem wiederkehrenden Kurzmotiv und rückt so merklich in die Nähe des Rondos. Die taktstrichlosen Abschnitte verschwinden vollkommen. N2

Diese dominieren jedoch wieder in Emanuels letzter Fantasie überhaupt, die gleichzeitig seine größte und persönlichste ist: die fis-Moll-Fantasie (Wq 67) von 1787, die in der Fassung mit Violine den Titel »C. P. E. Bachs Empfindungen« trägt. »Sehr traurig und ganz langsam« hebt die Fantasie mit einem schmerzlichen Motiv an, das später wiederkehrt. Hier sind noch einmal die gesamte Gefühlskraft der Empfindsamkeit, der Kontrastreichtum und die Virtuosität von Emanuels Stil in einem organisierten Ganzen zusammengefasst. Vielleicht ist dieses Werk tatsächlich das, was sein Titel andeutet, ein Bekenntniswerk des alternden Musikers, der sich darüber klar geworden ist, dass seine große Zeit vorüber und ein neues Zeitalter mittlerweile angebrochen ist. Emanuel arrangierte aus dieser Fantasie noch eine Fassung mit Violine (Wq 80), wobei das Streichinstrument dem Klavier jedoch völlig untergeordnet ist. Diese Fassung erschien im Druck, die ursprüngliche nicht. Die fis-Moll-Fantasie ist vermutlich eines der Werke, die Emanuel nur für sich selbst schrieb. N3

N 1 Fantasie in c-Moll, einleitender Teil, Allegro moderato (Wq 63/6, H 75)

N 2 Fantasie in C-Dur, Presto di molto, Anfangsthema (Wq 61/6, H 290)

N 3 Fantasie in fis-Moll für Klavier und Violine, Anfang (Wq 80, H 300)

Mannheim und Paris
Christian auf Tournee

Das Konzert, Gemälde von Johann Georg Platzer, 1740, Germanisches Nationalmuseum, Nürnberg – Mannheim und Paris waren Mitte des 18. Jahrhunderts Zentren der europäischen Musikwelt. In Mannheim ging das Musikleben vom Hof des kunstsinnigen Kurfürsten Carl Theodor aus. In Paris manifestierte es sich in öffentlichen Konzerten und Privataufführungen in adeligen Salons.

Reise nach Mannheim

Ansicht der Stadt Mannheim mit Rheinschanze, Mühlau und Neckargärten, Kupferstich von Matthias Seutter und August Vindel, 1740/41, Gesellschaft der Freunde Mannheims – Die Musik der »Mannheimer Schule« war eine wichtige Vorstufe der Wiener Klassik. Von ihr gingen vielfältige Impulse aus, die zukunftsweisend waren.

Vom pfälzischen Kurfürsten Carl Theodor hatte Christian den Auftrag erhalten, für die Feierlichkeiten des fürstlichen Namenstags im Herbst 1772 eine Oper zu komponieren. Carl Theodors Hof in Mannheim war zwischen 1750 und 1778 keine unbedeutende Adresse für Musiker und Komponisten. Die Zeitgenossen, unter ihnen Leopold Mozart und Charles Burney, zählten das kurfürstliche Orchester zu den besten ganz Europas. Die Qualität dieses Klangkörpers war legendär, ebenso die Namen der dort versammelten Instrumentalisten und Komponisten. Für Burney war es »eine Armee von Generälen«.

Einer von Carl Theodors Musik-»Generälen«, der Flötist Johann Baptist Wendling, hielt sich seit 1771 in London auf und überbrachte Christian wahrscheinlich bei dieser Gelegenheit Carl Theodors Einladung nach Mannheim und den Auftrag für die Komposition einer Oper. Im Spätsommer 1772 traten sie gemeinsam die Reise von London nach Mannheim an. Zweifellos war es ein äußerst ehrenvoller Auftrag, der Christians Ansehen schnell vergrößerte. Spätestens mit der für Mannheim komponierten Oper »Temistocle« (G 8), die ein großer Erfolg wurde, war Christian in den Olymp der europäischen Komponisten eingetreten und gewann eine Popularität, die keiner seiner Brüder je erreichen sollte. Für den Komponisten gehörten diese Tage sicher zu den wichtigsten und angenehmsten seines Lebens – möglicherweise auch, weil er sich in die 20 Jahre jüngere Tochter seines Gastgebers, Augusta Wendling, verliebte, die ihn jedoch nicht erhören wollte. Er musste also in dieser Hinsicht unverrichteter Dinge wieder nach London zurückkehren.

Christians Musik wurde in Mannheim weiter unter großem Beifall aufgeführt. So ist es nicht überraschend, dass alle Beteiligten den Erfolg von »Temistocle« mit einem neuen Werk wiederholen wollten. Diesmal kam Christian zur Feier des Namenstags der Kurfürstin am 20. November 1774

Kurfürst Carl Theodor beim Flötenspiel in seinem Kabinett, Ölgemälde von Johann Georg Ziesenis, 1757, Bayerisches Nationalmuseum München – Im Jahr 1743 übernahm Kurfürst Carl Theodor die Regierung. Selbst Flötist, war er den Wissenschaften und Künsten sehr zugetan. Zu Beginn seiner Herrschaft umfasste seine Hofkapelle 48 Instrumentalisten und Sänger, gegen Ende seiner Zeit in Mannheim (1778) waren es bereits 90. Unter der Führung von Johann Stamitz, seinem berühmten »Instrumental-Music-Direktor«, entwickelte das Orchester eine außerordentliche Disziplin und eine neue Technik des Zusammenspiels. Entsprechend traten in Mannheim neue Gattungen – vor allem die Sinfonie – in den Vordergrund. Stamitz schrieb rund 60 Sinfonien, deren Stil durch den italienischen Einfluss geprägt ist und in direkter Linie zu den Wiener Klassikern führt.

erneut an den kurpfälzischen Hof und hatte seine neue Oper »Lucio Silla« (G 9) anzubieten. Obwohl sie so luxuriös ausgestattet war wie »Temistocle«, fiel die neue Oper beim Publikum durch.

Zwischen den beiden Reisen nach Mannheim unternahm Christian im Sommer 1773 mit der Sopranistin Cecilia Grassi eine längere Konzertreise im Westen Englands. Wahrscheinlich heirateten sie gleich im Anschluss an diese Reise. Es scheint eine glückliche Ehe geworden zu sein, wenngleich ein Kindersegen ausblieb. Mit der Heirat war auch die Wohngemeinschaft mit seinem Kompagnon Abel beendet, nicht jedoch die Zusammenarbeit beider auf dem Gebiet des öffentlichen Konzerts.

Mannheimer Opern

Die Oper erfuhr Mitte des 18. Jahrhunderts einen folgenschweren Umbruch: Die traditionelle Opera seria wurde zunehmend durch knappere und individuellere Handlungsentwürfe ersetzt. Christian war einer der bekanntesten Opernkomponisten dieser Zeit, aber in seinen Bühnenwerken finden sich kaum Spuren dieses Umbruchs. Die beiden Mannheimer Opern, »Temistocle« und »Lucio Silla«, sind Beispiele hierfür. Beide basieren auf Sujets aus der Antike, in beiden steht ein Held im Mittelpunkt, der in einen konkreten historischen Zusammenhang passt. In beiden richten die Protagonisten ihr Handeln an abstrakten Idealen aus und nach einigen Verwirrungen enden die Werke mit dem unausweichlichen »Lieto fine«, dem glücklichen Ende. Christian reagierte auf diese Vorgaben mit den bewährten Folgen von Rezitativen und Arien, den Tummelplätzen der zeitgenössischen Gesangsstars. Doch in »Temistocle« ergänzt Christian seine melodiösen Arien durch einige Ensembles. In ihnen agieren nicht nur mehrere Figuren gemeinsam, auch der Fortgang der Handlung steht über der sängerischen Selbstdarstellung. Aber schon in »Lucio Silla« stellt sich die alte Vorherrschaft von Rezitativ und Arie wieder ein. In beiden Opern setzte Christian jedoch die reichhaltige Besetzung des Orchesters fort. Neben den Streichern sind jeweils Paare von Flöten, Oboen, Klarinetten, Hörnern, Trompeten und Fagotten vorgeschrieben, ergänzt sogar noch durch drei »Clarinetti d'amore«.

Palastinterieur mit Treppenhalle und Hof, Federzeichnung von Lorenzo Quaglio, 1769, Reiss-Museum, Mannheim – Der Architekt Lorenzo Quaglio entwarf das Bühnenbild für »Temistocle« und »Lucio Silla«. In beiden Opern gehört ein königlicher Palast zur Handlung.

»Temistocle« spielt im fünften Jahrhundert v. Chr. in Griechenland und Persien. Das Libretto stammt von Pietro Metastasio und wurde vorher bereits mehrfach vertont. Umrankt von verschiedenen amourösen Verzweigungen geht es um das Motiv der Vaterlandsliebe des Themistokles, der, vom Perserkönig Xerxes in seine Dienste genommen, sich weigert, in Xerxes' Auftrag gegen seine Heimat Athen zu marschieren. In einem komplexen Finale spitzt sich das Drama zu: Themistokles, der sich aus seinem Zwiespalt nur durch Selbstmord retten zu können glaubt, will im Angesicht des Königs den Giftbecher nehmen. Doch Xerxes ist vom

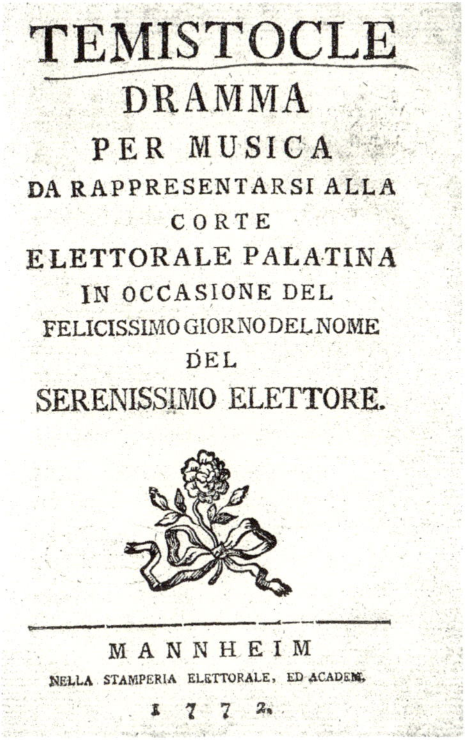
TEMISTOCLE
DRAMMA
PER MUSICA
DA RAPPRESENTARSI ALLA
CORTE
ELETTORALE PALATINA
IN OCCASIONE DEL
FELICISSIMO GIORNO DEL NOME
DEL
SERENISSIMO ELETTORE.

MANNHEIM
NELLA STAMPERIA ELETTORALE, ED ACADEM.
1772.

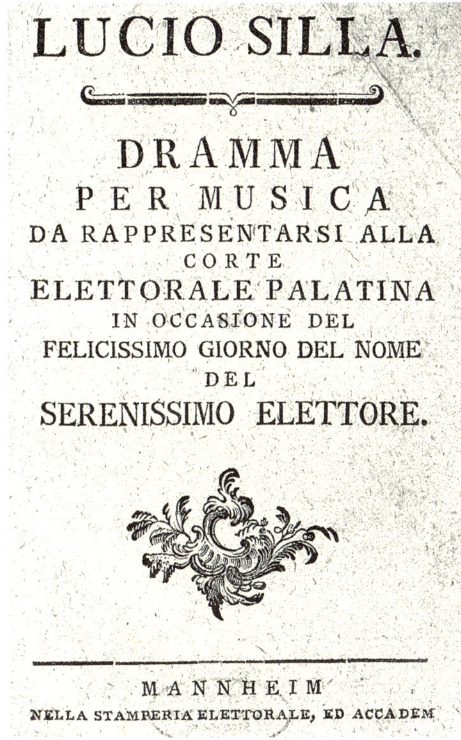
LUCIO SILLA.
DRAMMA
PER MUSICA
DA RAPPRESENTARSI ALLA
CORTE
ELETTORALE PALATINA
IN OCCASIONE DEL
FELICISSIMO GIORNO DEL NOME
DEL
SERENISSIMO ELETTORE.

MANNHEIM
NELLA STAMPERIA ELETTORALE, ED ACCADEM.

Titelblatt des Libretto der Oper »Temistocle« (1772; links) und *»Lucio Silla«* (1774; rechts) von Johann Christian Bach, Reiss-Museum, Mannheim – Für die Premiere von »Temistocle« am 5. November 1772 standen nicht nur erstklassige Sänger zur Verfügung, unter ihnen Anton Raaf in der Titelrolle, sondern auch aller Pomp, dessen Mannheim fähig war. Mit prunkvollem Zeremoniell wurde die gesamte Veranstaltung umgeben und eine Reihe illustrer adeliger Gäste verliehen ihr Glanz. Dies wiederholte sich zwei Jahre später auch bei »Lucio Silla«.

Heldenmut des Griechen so beeindruckt, dass er von seinem Krieg gegen Athen absieht. Der römische Diktator Lucius Sulla, der im Mittelpunkt der anderen Oper steht, macht gegen Ende der Handlung einen ähnlichen Gesinnungswandel durch. Er legt schließlich seine Herrschaft nieder und schließt Frieden mit seinen politischen Gegnern. Dass beide Opern in einem absolutistischen Umfeld gegeben wurden, können die Stoffe nicht verhehlen: Jeder für sich stellt die Gnade und Vernunft eines Herrschers gleichsam wie in einem Spiegel der aristokratischen Gesellschaft vor.

Opernauftrag aus Paris

Im Jahr 1778 erhielt Christian den Auftrag, für die Académie Royale de Musique in Paris die Oper »Amadis des Gaules« (G 39) zu schreiben. Dafür war weniger sein Ruf als Opernkomponist verantwortlich als vielmehr die weite Verbreitung seiner Instrumentalkompositionen in Paris. Ein Großteil seiner Sinfonien, Konzerte, Sonaten und Kammermusikwerke war in den letzten Jahren bei Pariser Verlegern erschienen und kursierte unter den Musikliebhabern. Auch Raubdrucke sorgten für eine Verbreitung von Christians Musik. In öffentlichen Konzerten, in privaten Zirkeln, überall spielten die Franzosen seine Werke. Zweifellos war Christian schon einige Jahre ein äußerst populärer Komponist an der Seine, als der Auftrag an ihn herangetragen wurde. Es ist daher gar nicht nötig, den Sänger Anton Raaf für die Vermittlung verantwortlich zu machen. Dieser hatte bereits in »Temistocle« und »Lucio Silla« für Christian Titelpartien übernommen, im Frühjahr sein Debut in Paris gegeben und dabei auch das berühmte »Non sò d'onde viene« vorgetragen. Die Pariser waren über alle Maßen begeistert und mit ihnen ein anderer Zeitgenosse, der Christians

Paris, Gesamtansicht, kolorierter Kupferstich von Johann Georg Ringlin nach Friedrich Bernhard Werner, um 1740 – Im 18. Jahrhundert wurden in Frankreich erbitterte Diskussionen über das Thema geführt, welcher Musik der Vorrang gebührte: der italienischen oder der französischen.

Ankunft erwartete: Mozart. Unglücklicherweise starb dessen Mutter in Paris rund anderthalb Monate, bevor Christian im August 1778 eintraf.

Vor der Abreise nach Paris wurde noch am 4. April 1778 Christians Oper »La Clemenza di Scipione« (G 10) im King's Theatre in London uraufgeführt. Dies war die letzte Premiere einer Oper Christians in London. Der junge bayerische Tenor Valentin Adamberger sang die Titelpartie. Er war gerade für zwei Spielzeiten an das King's Theatre verpflichtet worden. Für ihn schrieb Mozart ein paar Jahre später die anspruchsvolle Partie des Belmonte im Singspiel »Die Entführung aus dem Serail«.

Der Pariser Opernstreit

Die Académie Royale de Musique, für die Christian die Oper komponierte, war im Pariser Opernleben das älteste Unternehmen und sah ihre Aufgabe in der Fortführung der Traditionen Jean-Baptiste Lullys. Lully hatte im 17. Jahrhundert mit seinen »Tragédie en musique« genannten Opern die klassische französische Form etabliert. Mitte des 18. Jahrhunderts entwickelten sich dazu mehrere Gegenströmungen. Die italienische Oper auf der einen, neuere französische Typen auf der anderen Seite lösten in Paris leidenschaftliche Diskussionen beim Publikum und in Fachkreisen über die Ästhetik der Oper und ihre einzig wahre Form aus. Eine dieser Auseinandersetzungen, der Streit zwischen den »Gluckisten« und »Piccinisten«, erregte Paris in den Jahren vor Christians »Amadis«. Christoph Willibald Gluck als Reformator der französischen Oper und Niccolò Piccini als Vertreter der italienischen dienten den Kontrahenten als Exemplifikationen eines eher nationalen (Gluck) oder mehr international (Piccini) ausgerichteten Stils. Christian scheint sich nicht bewusst gewesen zu sein, dass er mit seinem neuen Werk zu dieser ästhetischen Kontroverse beitrug. Die Académie Royale, die die Opern Glucks auf die Bühne brachte, zog Christian durch den Auftrag, ein bereits von Lully 1684 verwendetes Libretto zu vertonen, in die Auseinandersetzung hinein. Seine Oper »Amadis des Gaules« wurde wahrscheinlich deshalb ein Misserfolg, weil sie sich nicht eindeutig zum italienischen oder französischen Stil bekannte, sondern einen Kompromiss zwischen beiden bot.

Orfeo ed Euridice, Frontispitz der Erstausgabe, von Christoph Willibald Gluck, Paris 1764 – In dieser Oper wendet sich Gluck erfolgreich von den überholten Mustern der Opera seria ab.

Der Marquis de Souches und seine Familie, Gemälde von François Hubert Drouais (1727–75), Museé National du Château, Versailles – Die Privatkonzerte der Pariser Aristokratie und des Bürgertums boten internationalen Musikern vielfältige attraktive Gelegenheiten aufzutreten.

Konzertwesen in Paris

Paris war Mitte des 18. Jahrhunderts eines der attraktivsten Zentren der europäischen Musik. Dies lag in erster Linie daran, dass das Bürgertum nach der Herrschaft Ludwigs XIV., des »Sonnenkönigs«, mehr Eigenständigkeit gewonnen hatte. Während der Hof Anfang des Jahrhunderts seine führende Stellung im Musikleben verlor, wurden die entstehenden Freiräume von öffentlichen Konzertreihen, privaten Veranstaltungen in den Pariser Salons und neu ins Leben gerufenen Operncompagnien ausgefüllt. Signalwirkung besaß die Gründung des »Concert spirituel« im Jahr 1725 durch Anne Danican Philidor. Dieses Musikunternehmen, das erste seiner Art in Europa, sollte anfangs lateinische Kirchenwerke in den Zeiten aufführen, in denen die Oper geschlossen war. Doch bald schon lockerte sich diese Einschränkung und in den Konzerten wurde dem Publikum neben allen Arten von Vokalwerken das ganze Spektrum der Instrumentalmusik vorgestellt. Das »Concert spirituel« verfügte über einen eigenen Chor und ein eigenes Orchester. Auf den Programmen standen die neuesten Werke der großen Komponisten – neben den Franzosen kamen zunehmend auch Deutsche und Italiener zum Zug – und anerkannte Solisten traten vor begeistertem Publikum auf. Christian wird sich für das »Concert spirituel«, wo nicht zuletzt auch seine Musik erklang, zugleich deshalb besonders interessiert haben, weil er in London ein vergleichbares Unternehmen betrieb: Die Bach-Abel-Konzerte waren für mehr als ein Jahrzehnt neben dem großen Pariser Vorbild die bemerkenswerteste Einrichtung dieser Art. In der Nachfolge des »Concert spirituel« entstanden in Paris weitere Konzertreihen: Namhaft unter ihnen war das »Concert des amateurs«, das 1769 ins Leben gerufen wurde. Seine Leitung hatte der aus den südlichen Niederlanden stammende François-Joseph Gossec, einer der größten französischen Sinfoniker seiner Zeit. Das »Concert des amateurs« wurde 1782 durch das »Concert de la Loge Olympique« abgelöst, dessen Name vor allem mit dem Auftrag an Haydn verbunden ist, sechs Sinfonien für diese Gesellschaft zu schreiben, die berühmten »Pariser Sinfonien« (Hob. I: 82–87).

Theater im Schloss Versailles, Innenansicht des Salle du Spectacle, Stich von Charles Nicolas Cochin, Paris 1741 – Dem bürgerlichen Konzertleben hatte der Hof Mitte des 18. Jahrhunderts nicht mehr viel entgegenzusetzen.

Christians letzte Oper

Den Winter 1778/79 hatte Christian in London verbracht und die von der Académie Royale de Musique in Auftrag gegebene Oper dort fertig gestellt. Im August 1779 reiste er nach Paris zurück, wo er von der Öffentlichkeit abermals neugierig erwartet wurde. Als schließlich am 14. Dezember 1779 »Amadis des Gaules« vor der Königin im Palais Royal der Opéra über die Bühne ging, war es ein Misserfolg, und die Oper geriet schnell in Vergessenheit. An Christians Musik, an der prächtigen Ausstattung und der hervorragenden Besetzung kann es schwerlich gelegen

»Amadis« von Johann Christian Bach, Szenenfoto der deutschen Erstaufführung, Inszenierung und Ausstattung: Marco Arturo Marelli, musikalische Leitung: Helmuth Rilling, Hamburgische Staatsoper 1983 – Über 200 Jahre blieb Christians Oper in Deutschland ungespielt: Erst 1983 wurde sie in Hamburg aufgeführt. Bei der französischen Premiere 1779 sang der Tenor Joseph Legros die Titelpartie, der die Leitung des »Concert spirituel« innehatte.

haben. Der Grund ist eher darin zu suchen, dass »Amadis« einen Kompromiss zwischen dem französischen und dem italienischen Stil einging, der keine der miteinander konkurrierenden Seiten zufrieden stellte. Der Streit zwischen den »Gluckisten« und »Piccinisten«, zwischen den Befürwortern einer reformierten französischen Oper und den Vertretern der italienischen, war sehr lebhaft und so wurde Christians letzter Oper, die keine der beiden Parteien zufriedenstellte, schlichtweg der Erfolg verweigert.

Wie für die französische Oper obligatorisch, enden alle drei Akte mit »Divertissements«, die mit der eigentlichen Handlung nur lose verknüpft sind und Balletteinlagen bieten. Alle Rezitative sind vom Orchester begleitet – auch dies entspricht dem Stil Glucks. Dagegen greift Christian auf die Arientypen der italienischen Oper zurück, auf deren Virtuosität und die ausgedehnte Da-Capo-Form, auf die in Frankreich zumeist verzichtet wurde.

Auch die Ouvertüre mit ihren drei ineinander übergehenden Sätzen repräsentiert den italienischen Typ (sie wurde teilweise als Konzertsinfonie wieder verwendet). Der Stoff, der einige märchenhafte Elemente bietet, ist im Gegensatz zu den meisten italienischen Libretti allerdings in der Welt des höfischen Ritterromans angesiedelt und geht auf eine spätmittelalterliche Vorlage zurück. Zauberer und Ritter, Dämonen und gute Feen sind die Hauptpersonen dieser Liebesgeschichte um den Ritter Amadis, der seine Liebe zu Oriane gegen zauberische Ränke verteidigen muss und am Ende siegreich bleibt. Christian wurde dadurch nicht allein zu einigen seiner besten musikalischen Einfälle im Bereich der Oper inspiriert, er griff auch auf Glucks Errungenschaften direkt zurück, etwa in der Komposition zusammenhängender Szenen aus Rezitativen, Arien und Chören oder im engen Zusammenspiel von Textgehalt und musikalischer Form. Insgesamt handelt es sich also um eine Oper, in der kaleidoskopartig Elemente der damals herrschenden Stile zum Vorschein kommen.

»Amadis« von Johann Christian Bach, Szenenfoto mit dem Opernchor und dem Extrachor des Theaters der Stadt Heidelberg, Inszenierung: Ralph Bridle, Bühnenbild und Kostüme: Dietlind Konold, musikalische Leitung: David Wroe, Theater der Stadt Heidelberg 1997 – Das erstmals 1684 von Lully vertonte Libretto zu »Amadis« stammte von Philippe Quinault und hatte fünf Akte. Für Christians Vertonung wurde es umgearbeitet und auf drei Akte reduziert.

Ungeachtet aller Auseinandersetzungen um die italienische oder französische Opernform machte nur ein knappes Jahrzehnt nach Christians »Amadis« die Französische Revolution solche ästhetischen Fragen zu Nebensächlichkeiten. Die neuen politischen Umstände ließen in Frankreich die »Schreckensoper« entstehen, die stets vom Kampf der unterdrückten Tugendhaften gegen die Tyrannen handelt. Ein Meister dieser Opernform sollte gleichwohl ein Italiener werden: Luigi Cherubini.

Eine französische Gattung: Symphonie concertante

Vor allem in Paris entstand um 1770 eine Gattung, die es bis dahin noch nicht gegeben hatte: die konzertante Sinfonie oder »Symphonie concertante«. In ihr vereinigten sich mehrere Formen, die Sinfonie, das Konzert und das Divertimento.

Konzertante Sinfonien sind Werke für Orchester. Sie besitzen die Mehrsätzigkeit der Sinfonie und einen ähnlichen strukturellen Aufbau. Dem Konzert wurde dagegen das Element des solistischen Konzertierens entlehnt, das stets mehrere Instrumente umfasste. Es gibt konzertante Sinfonien für zwei Violinen und solche für ein ganzes Solistenensemble von bis zu neun einzelnen Instrumenten. Von ihrem Charakter her ist die Symphonie concertante unterhaltsam und kurzweilig wie das Divertimento, ganz ohne gedankliche Schwere.

Das Pariser Konzertwesen, insbesondere das »Concert spirituel«, hat zur Ausbildung der neuen Gattung entscheidend beigetragen. Ein anderer Anstoß kam von Mannheimer Komponisten, die ihre Werke in Paris veröffentlichten. Einer der ersten, die »Symphonies concertantes« schrieben, war Christian Cannabich, der Mannheimer Orchesterdirektor.

Christian Bach war mit seinen 17 konzertanten Sinfonien (C 32–48) einer der fleißigsten Komponisten in diesem Bereich. Die Sologruppe fasste er recht variabel auf: Während einmal neun Instrumente, je zwei Oboen, Hörner, Violinen, Bratschen und ein Cello, dem Orchester gegenübertreten (Symphonie concertante Es-Dur, C 40, ca. 1770 entstanden), sind es ein andermal nur Oboe und Violoncello (Symphonie concertante F-Dur, C 38, 1765) oder zwei Klarinetten, zwei Hörner, Flöte und Fagott (Es-Dur, C 41, 1770). Eine der schönsten ist die 1773 beim Pariser Verlag Sieber veröffentlichte Es-Dur-Concertante für zwei Violinen, Oboe und Orchester (C 33a). Die Oboe tritt solistisch nur im Mittelsatz auf, einem ausgesprochen melodiösen Andante, in dem auch die beiden Soloviolinen nicht solistisch in Erscheinung treten. N 1

N 1 Symphonie concertante in Es-Dur, 2. Satz, Andante, Hauptthema (C 33a)

»Schwanengesang«? Christians letzte Sinfonien

Überraschenderweise erschien Christians letzte Sammlung von Sinfonien nicht in Paris oder Amsterdam, wie die meisten der früheren, sondern in seiner Wahlheimat London. Der Verleger William Forster brachte sechs Sinfonien unter der Opuszahl 18 zu Beginn der 1780er Jahre heraus – ob noch vor Christians Tod im Jahr 1782 oder erst danach, ist ungeklärt. Außer Zweifel ist, dass diese Sinfonien, die Forster dem Brauch der Zeit entsprechend »Six Grand Overtures« nannte, den krönenden Abschluss von Christians Orchesterwerk bilden – keine der anderen Sammlungen beinhaltet Sinfonien von solcher Pracht und Souveränität. Tatsächlich aber trägt op. 18 einen typischen Zug postumer Veröffentlichung: die Zusammenstellung aus älteren und populären Werken. In diesem Opus wurde Material aus Opern verwertet, die im Ausland aufgeführt worden waren und die das Londoner Publikum daher noch nicht kannte. Ob die Auswahl vom Verleger oder von Christian selbst getroffen wurde, sei dahingestellt – das Werk selbst jedenfalls bezeugt: Sie wurde mit Bedacht getroffen.

Gleich zwei Opernouvertüren werden in Forsters Druck im Wesentlichen unverändert in den Konzertsaal übertragen: Die Ouvertüre zur Oper »Lucio Silla«, komponiert 1774, als op. 18 Nr. 2 (G 9), und die Ouvertüre zur Serenata »Endimione«, die Christian schon 1772 als op. 18 Nr. 3 (G 15) im King's Theatre zur Aufführung brachte. Die letzte Sinfonie ist zudem aus Teilen der Ouvertüre zu »Amadis des Gaules« (G 39) und zwei Tanzsätzen, Gavotte und Gigue, aus derselben Oper zusammengesetzt. Als einzige von Christians Sinfonien überhaupt ist op. 18 Nr. 6 viersätzig. Der Verdacht besteht, dass nicht Christian selbst diese Bearbeitung vornahm. Zu guter Letzt ist der Mittelsatz der vierten Sinfonie eine Übernahme aus der Ouvertüre zu »Temistocle«. Originale Kompositionen sind lediglich die Sinfonien Nr. 1 und Nr. 5 (C 26 und C 28) sowie die Rahmensätze von Nr. 4 (C 27), die alle etwa 1779/80 entstanden sein dürften. Eine Besonderheit der Sinfonien Nr. 1, 3 und 5 ist ihre Besetzung mit Doppelorchester: Einem Orchester mit Streichern, Hörnern, Oboen und Fagott steht ein zweites mit Streichern und Flöten gegenüber.

Opernouvertüren als Konzertsinfonien weiterzuverwenden, war zu dieser Zeit allgemeiner Brauch. Die Ouvertüre zu »Lucio Silla« (op. 18 Nr. 2) jedenfalls rechtfertigt dieses Vorgehen beinahe schon alleine. Keine andere Sinfonie Christians besitzt eine so reichhaltige Bläserbesetzung mit je zwei Flöten, Oboen, Klarinetten, Fagotten und Hörnern, die zum vierstimmigen Streichorchester treten. Christian nutzte die zusätzlichen Klangfarben zu einem imposanten, schillernden Gesamtklang, gönnt den Bläsern aber ebenso solistische Auftritte. Der Charakter des Kopfsatzes, ein Allegro assai, wird von dem feierlichen punktierten Akkordmotiv zu Beginn bestimmt, das zugleich vorwärts drängend und optimistisch ist. Dieses Motiv steht in ähnlicher Form auch am Beginn der Sinfonien Nr. 1, 3 und 4. Ganz anders geht Christian im darauf folgenden Andante vor. Es wirkt ein wenig höfisch gestelzt, sehnsüchtig einer untergehenden Idylle nachblickend. Christian zeigt seine ganze Kunst der ausdrucksstarken Melodie und gibt wiederum den Bläsern genug Gelegenheit, ihren spezifischen Klang vorzuführen. Diesmal bevorzugt er die Oboe.

Finale

Lebensabende und Ende einer Epoche

Der Schwur der Deputierten des Dritten Standes (»Ballhausschwur«), Zeichnung von Jacques-Louis David, 1791, Musée National du Château, Versailles – Am 20. Juni 1789 schworen die Vertreter des Dritten Standes, sich niemals zu trennen, bis in Frankreich eine Verfassung eingerichtet sei. Dies war eine der Initialzündungen der Französischen Revolution, die innerhalb von zehn Jahren die gesamte europäische Geschichte grundlegend umwälzte. Von den Bachsöhnen erlebte nur Johann Christoph Friedrich den politischen Umsturz und das Ende einer Epoche mit.

Auf der Suche: Friedemann zwischen Halle und Berlin

Die letzten Jahre in Halle lebte Friedemann ohne feste Anstellung und betätigte sich als freier Künstler. Zwar fand er sein Auskommen als Lehrer und Komponist, was damals für Musiker eine Seltenheit war; doch ohne Sicherheit hatte er einen schlechten Stand. Von Halle führte schließlich der Weg Friedemanns und seiner Familie 1770 nach Braunschweig. Möglicherweise folgte er einer Einladung der Professoren Friedrich Wilhelm Zachariä und Johann Joachim Eschenburg, die beide am dortigen Carolineum unterrichteten. Eschenburg war ein Freund Carl Philipp Emanuels und wie Zachariä ein Bewunderer der Bach'schen Kunst und beide waren gewiss bereit, dem stellenlosen Friedemann weiterzuhelfen. Als im April 1771 im nahen Wolfenbüttel die Stelle des Organisten der Stadtkirche frei wurde, setzten die Professoren sich für ihn ein. Nur einen Monat später aber verstarb auch der Organist der Braunschweiger Ägidius- und Katharinenkirche. Friedemann zog sein Gesuch um den Wolfenbütteler Posten kurzerhand zurück und versuchte sein Glück in Braunschweig, wo er mittlerweile wohnte. Beim Probespiel wurde Friedemann die Überlegenheit über alle Mitbewerber bescheinigt. Damals galt er bereits als anerkannte Autorität auf dem Gebiet des Orgelspiels. Einer der Gutachter schreibt über Friedemann: »Von dem H[errn]. Bach mein Urtheil zu fällen, würde ich fast für überflüssig halten, da

Halle, Stadtansicht, um 1535/42, Kupferstich von Johann Mellinger – Nachdem Friedemann seine Stelle als Musikdirektor in Halle 1764 gekündigt hatte, lebte er dort weitere sechs Jahre ohne feste Anstellung – eine riskante Entscheidung, da ein Dasein als »freier Künstler« nicht das Überleben sichern konnte.

Die Musikstunde, Gemälde von Emanuel Handmann, 1769, Öl auf Leinwand, 47 x 36,5 cm, Öffentliche Kunstsammlung Basel – Eine verlässliche Einnahmequelle für Musiker war das Unterrichten wohlhabender Bürger oder Adeliger. Für Haydn und Mozart bildete dies ein finanzielles Rückgrat in ihrer »freischaffenden« Zeit in Wien. Auch Friedemann verdiente sich so einen Teil seines Lebensunterhalts.

der Ruhm und die Talente dieses Mannes in ganz Deutschland allen Kennern der Musik bekannt sind.« Aber trotz aller berechtigter Hoffnungen schlug seine Bewerbung fehl.

Friedemann reiste daraufhin nicht weiteren Stellenangeboten nach, sondern setzte in Braunschweig zunächst das Leben seiner letzten Hallischen Jahre fort: das eines freien Künstlers. Das kulturelle Leben der Stadt bot reichlich Möglichkeiten, sich als Musiker zu betätigen: Zwar sind nur zwei Auftritte als Organist im Spätsommer 1773 bekannt, doch lässt sich vermuten, dass Friedemann auch in den Jahren zuvor in Braunschweig und Wolfenbüttel vor Publikum gespielt hat. Die Versteigerung des Grundstücks in Halle, das seine Frau geerbt hatte, hatte sicherlich ein Mehrfaches des normalen Jahreseinkommens eingebracht. Hiervon konnten die Bachs bequem leben, zumal durch Konzerte und Unterricht zusätzliche Einnahmen gewährleistet waren. Allerdings scheint Friedemann sich seit seinem Weggang aus Halle mit dem Komponieren zurückgehalten zu haben: Werke, die direkt mit den Braunschweiger Jahren in Verbindung gebracht werden können, sind nicht nachweisbar.

Forkel, der erste Biograf Johann Sebastian Bachs

Eine Begegnung im Jahr 1773 sollte von besonderer Tragweite für die Musikgeschichtsschreibung der nachfolgenden Jahrhunderte werden: Friedemann traf mit Johann Nikolaus Forkel zusammen, der in Göttingen Universitätsorganist war und als Privatdozent Musiktheorie lehrte.

Als Schriftsteller und Theoretiker hat Forkel Grundlegendes geleistet. Unter anderem gab er zwischen 1788 und 1801 zwei Bände einer »Allgemeinen Geschichte der Musik« heraus, die der erste Versuch auf diesem Gebiet in deutscher Sprache sind. Doch stets stand die Person Johann Sebastian Bachs im Mittelpunkt seines Interesses. Als Forkel erfuhr, dass Friedemann in Braunschweig wohnte, lud er ihn 1773 zu sich nach Göttingen ein, um einen Sohn des verehrten Thomaskantors persönlich kennen zu lernen und aus erster Hand etwas über Johann Sebastian erfahren zu können. Friedemann folgte der Einladung. Er konzertierte an Forkels Arbeitsplatz, der Universitätskirchenorgel, und verursachte bei diesem einen »heiligen Schauder« durch sein Spiel. Zwar trat Forkel auch mit Carl Philipp Emanuel in Kontakt, doch dürfte sein Entschluss, die Lebensgeschichte des Thomaskantors aufzuzeichnen, aus den Gesprächen mit Friedemann hervorgegangen sein. In die spätere Bachbiografie mit dem Titel »Über Johann Sebastian Bachs Leben, Kunst und Kunstwerke«, die 1802 in Leipzig erschien, sind Friedemanns Informationen eingeflossen. Um zugleich mehr von Johann Sebastians Musik kennen zu lernen, entlieh Forkel einen vollständigen Jahrgang mit Kirchenkantaten von Friedemann für ein geringes Entgelt, obwohl dieser ihm den Jahrgang zum Kauf angeboten hatte.

Johann Nikolaus Forkel (1749–1818), Zeichnung, anonym, um 1785, Staatsbibliothek zu Berlin, Preußischer Kulturbesitz

Forkel hätte diesen Jahrgang mit Choralkantaten bestimmt gerne erworben, konnte jedoch eigenen Angaben zufolge den von Friedemann geforderten Preis nicht zahlen. Wie es scheint, sorgte Forkel, dessen Einkünfte selbst nicht hoch waren, für Friedemanns Auskommen in Göttingen. In seinen Schriften äußert sich eine Wertschätzung des ältesten Bachsohns, die auf eine enge Freundschaft beider schließen lässt.

Zu neuen Ufern

Bevor Friedemann im Jahr 1774 Braunschweig verließ und nach Berlin zog, übergab er Professor Eschenburg einen wertvollen Teil seines Besitzes, den dieser zur Versteigerung bringen sollte: Er überließ ihm neben anderen Musikalien den größten Teil der Notenhandschriften seines Vaters, die ihm nach dessen Tode zugefallen waren. Von zahlreichen Kommentatoren wurde ihm dies später vorgeworfen, da somit die wertvollen Manuskripte Johann Sebastians verstreut wurden und nicht wenige von ihnen verloren gingen. Veranlasst wurden diese Verkäufe in erster Linie durch finanzielle Nöte, die Friedemann mit der Zeit immer stärker plagten. Möglicherweise steckt aber ebenfalls eine praktische Erwägung dahinter: Ihm selbst nutzten die Handschriften des Vaters in beruflicher Hinsicht kaum noch, so dass die Veräußerung angesichts des bevorstehenden Umzugs auch eine Befreiung von Ballast bedeutete. Die Abreise aus Braunschweig ging anscheinend überstürzt vor sich. Warum Friedemann Berlin als Ziel wählte, ist jedoch nicht bekannt. Friedemann verbrachte dort die letzten zehn Jahre seines Lebens, wie zum Schluss in Halle und Braunschweig nur als Klavierlehrer und Virtuose, gelegentlich aber auch mit Kompositionen beschäftigt. In den ersten vier Jahren wechselte er drei Mal seine Wohnung, bis er zuletzt ab 1778 im Berliner Stadtteil Luisenstadt seine Bleibe fand.

Der Neue Markt mit der Marienkirche (Nord-Ost-Ecke des Neuen Marktes mit dem Turm der Marienkirche), Gemälde von Johann Heinrich Hintze (1800–62), Öl auf Leinwand, 64 x 47 cm, ehemals Stadtschloss Berlin – In der Berliner Marienkirche spielte Friedemann zwar Orgel, konnte jedoch die Stellung des Organisten nicht einnehmen.

Im Januar 1779 bewarb sich Friedemann auf die durch den Tod Johann Ringks frei gewordene Stelle als Organist an der Kirche St. Marien. Er war zu diesem Zeitpunkt bereits 68 Jahre alt. Der Ruf eines überragenden Orgelspielers eilte ihm auch hier voraus, weshalb der Magistrat zunächst beabsichtigte, ihm dieses Amt zu übertragen. Dann aber urteilten die Ratsherren, dass Friedemanns »bekandt gewordenes sonderbares Betragen«, sein »unanständiger Wandel« und sein »Eigensinn«, weswegen er ja schon seine vorigen Stellen verloren habe, seine Anstellung unmöglich machten.

Lebensausklang

In seinen ersten Berliner Jahren gab Friedemann mehrere Orgelkonzerte in den Kirchen der Stadt. In einem zeitgenössischen Konzertbericht heißt es über den »berühmten Orgelspieler« Wilhelm Friedemann Bach: »Seine unnachahmliche Manier [... riss] die Kenner und das Publicum hin, welches dem würdigen Sohne Sebastians ... den tiefsten stillschweigenden Beyfall ertheilte.« Er spielte in den musikliebenden Kreisen Berlins als »Sohn Sebastians« und Bewahrer des gelehrten, strengen Stils eine wichtige Rolle. Seine größte Bewunderin fand er in der Schwester Friedrichs des Großen, Prinzessin Anna Amalia. Johann Philipp Kirnberger, ein ehemaliger Schüler Johann Sebastians, stand im Dienst der Fürstin und bewog sie, Friedemann zu unterstützen. Er erhielt Zutritt zu ihren musikalischen Gesellschaften und widmete ihr 1778 eine Sammlung von acht Fugen, in der sich das fürstliche Interesse am strengen Stil spiegelt. Anscheinend komponierte Friedemann ansonsten nur noch ungern und gab vor allem nicht mehr gerne Unterricht. Seine einzig bekannte Schülerin war Sara Levi, eine Großtante Felix Mendelssohn Bartholdys. Über sie lernte Friedemann auch Carl Friedrich Zelter kennen, den späteren Leiter der Berliner Sing-Akademie, Freund Goethes und Lehrer Mendelssohns. Doch die Gunst der Musikliebhaber und besonders die Unterstützung durch Anna Amalia verspielte Friedemann schon bald: Er schien es auf die Position Kirnbergers abgesehen zu haben und begann bei der Prinzessin gegen diesen zu intrigieren. Doch Anna Amalia wies die unberechtigten Verleumdungsversuche Friedemanns zurück. Damit hatte er sich seiner einträglichsten Beziehungen

Wilhelm Friedemann Bach, Rötelzeichnung von P. Gülle, 1782, Staatsbibliothek zu Berlin, Preußischer Kulturbesitz

selbst beraubt. Kurz vor seinem Lebensende gab er aus finanzieller Not Kompositionen seines Vaters als seine eigenen aus. Auf dessen Orgelbearbeitung eines Violinkonzerts von Vivaldi setzte er nun seinen eigenen Namen. Dieses Konzert wurde im 19. Jahrhundert prompt zum bekanntesten Werk Friedemanns, ehe die wahren Umstände 1911 entdeckt wurden. Eigene Kompositionen versah Friedemann dagegen mit dem Namen seines Vaters, um sie in der anbrechenden Bachbegeisterung jener Tage attraktiver zu machen.

Am 1. Juli 1784 starb Wilhelm Friedemann Bach in Berlin, von den ihm einst gewogenen Musikfreunden der Stadt offenbar nahezu ganz vergessen. Das Totenbuch der Luisenstadtkirche nennt als Todesursache eine »Brustkrankheit«. In einem wenige Tage später veröffentlichten knappen Zeitungsnachruf heißt es: »Am ersten dieses Monats ist allhier Herr Wilhelm Friedemann Bach, ein Sohn des unsterblichen Sebastians, im 74. Jahre seines Alters an einer völligen Entkräftung gestorben. Deutschland hat an ihm seinen ersten Orgelspieler, und die musikalische Welt überhaupt einen Mann verloren, dessen Verlust unersetzlich ist.«

Kontrapunktischer Abschied

Unter Friedemanns letzten, in Berlin entstandenen Kompositionen bilden die acht dreistimmigen Fugen F 31 (C-Dur, c-Moll, D-Dur, d-Moll, Es-Dur, e-Moll, B-Dur, f-Moll) die einzige geschlossene Gruppe. Sie wurden am 24. Februar 1778 der Prinzessin Anna Amalia gewidmet und sind vermutlich kurz davor komponiert worden. In ihnen erweist sich Friedemann als Bewahrer der kontrapunktischen Schule seines Vaters, womit er auf das Interesse der musikliebenden Kreise in Berlin reagierte. In den Jahren der heraufdämmernden Klassik galt die Fuge wegen ihrer konstruktiven Strenge im Allgemeinen als veraltet und wurde von den Komponisten nur noch in Ausnahmefällen gepflegt. Andererseits wurde diese Form als Ausdruck musikalischer Gelehrsamkeit verstanden und als solche dem modernen Stil gegenübergestellt. Friedemann geht auf diesen Gegensatz in seinen Fugen ein. Er lässt immer wieder einen expressiven, empfindsamen Tonfall einfließen, so dass diese Werke eigentümlich zwischen den Stilen stehen. Die Themen sind stets individuell und markant geschnitten und bisweilen in ihrer Rhythmik und Harmonik sehr reizvoll. So wird die vierte Fuge in d-Moll durch die Einbeziehung der Triole und die Chromatik im Thema belebt. N 1

Auf chromatischen Schritten basiert ferner das Thema der achten Fuge in f-Moll, in dem Friedemann sich sehr stark einer Komposition seines Vaters annähert, der dreistimmigen Sinfonia BWV 795, ebenfalls in f-Moll. N 2

Immer wieder greift Friedemann auf die typisch barocke Technik der Sequenzierung zurück, stellt dem aber ebenso oft die moderne Führung der Oberstimmen in Terz- und Sextparallelen gegenüber. Seltener wendet er kontrapunktische Künste wie Engführung und Umkehrung des Themas an. Außer der ausgedehnten f-Moll-Fuge sind die Stücke durchweg eher als kurze kontrapunktische Skizzen zu bezeichnen.

N 1 Fuge in d-moll, Thema (F 31)

N 2 Fuge in f-Moll, Thema (F 31)

»Morgengesang« am Lebensabend

Carl Philipp Emanuel war gerade 70 Jahre alt, als seine Ode für Soli, Chor und Orchester auf einen Text Klopstocks 1784 in Leipzig als »Morgengesang am Schöpfungsfeste« veröffentlicht wurde (Wq 239). Der »Morgengesang« ist eines der letzten großbesetzten Vokalwerke Emanuels und sicherlich eines der besten überhaupt. Text und Musik gehen eine ideale Einheit ein, da der Komponist an einer angemessenen Auslegung der dichterischen Vorlage interessiert war. Seine Musik zeichnet mit suggestiver Kraft das Textgeschehen in kleinen rezitativischen, ariosen und chorischen Einheiten nach, ein durchkomponiertes, geschlossenes Ganzes. Die hymnische Textvorlage des befreundeten Dichters findet zudem in der empfindsamen Musik ihren adäquaten Ausdruck. Ergreifend und mystisch klingt etwa das nur von Streichern begleitete Arioso zu Beginn, das die Morgenstimmung vor Sonnenaufgang schildert – eine Ausdruckstiefe, die selbst im Wien der 1780er Jahre selten anzutreffen ist, N 1. Im Nachlass Ludwig van Beethovens fand sich eine Abschrift des »Morgengesangs«. Offenbar schätzte er diese Ode, vielleicht weil die Art der Textvertonung von der der Wiener Komponisten signifikant abweicht.

Carl Philipp Emanuel Bach, kolorierte Radierung von Franz Krüger, 1785 – In seinen Spätwerken erreicht Emanuel eine Vertiefung des Ausdrucks bei gleichzeitiger Perfektionierung der Form, die von seinen Zeitgenossen nur selten übertroffen wurde.

N 1 »Morgengesang am Schöpfungsfeste«, Orchestereinleitung zum Arioso (Wq 239, H 779)

Die Summe seiner kammermusikalischen Erfahrung zog Emanuel mit den »Drey Quartetten fürs Clavier, Flöte, Bratsche und Baß« (Wq 93–95) aus dem Jahr 1788. Das Klavier geht mit Flöte und Bratsche eine Synthese ein, in der kein Instrument über das andere dominiert und somit für einen ausgewogenen Ausgleich der Stimmen gesorgt ist. Selbst die ansonsten ausschließlich als Füllstimme verwendete Bratsche erhält in Emanuels Quartetten kurze solistische Passagen. Nur eine eigene Stimme für den Bass fehlt, so dass ein Cello den Klavierbass mitspielen müsste. Der Klaviersatz ist jedoch so frei geführt und teilweise so vollstimmig, dass dies gar nicht notwendig ist – auch hierin zeigt sich die Progressivität dieser Werke. Der Beginn des Finales aus dem a-Moll-Quartett (Wq 93) macht die selbstständige Führung der Instrumente deutlich: Das motivische Geschehen ist allen Beteiligten gleichermaßen übertragen: Sie tragen einander ergänzendes Motivmaterial vor oder beantworten die Phrasen des anderen Partners. Ein weiterer auffälliger Zug besteht in einem geradezu neuen Ton. Die Leidenschaftlichkeit und Erregung früherer Jahre scheint durch einen Schleier abgeklärter Weisheit, aber auch durch eine gewisse Melancholie gefiltert zu sein. Das Adagio des G-Dur-Quartetts (Wq 95) ist geprägt von einem schwärmerischen Ausdruck, der fast schon romantisch anmutet. N 2

Vor allem in der Ausführung mit Hammerklavier ergibt sich zusammen mit Flöte und Bratsche zudem ein »herbstlicher«, gedeckter Klang, den Emanuel in den Konstellationen der Instrumente im Satz auch ausnutzt. Seine Harmonik ist in diesen Werken noch etwas gefühlsstärker, seine Freude an schroffen Kontrasten hingegen etwas gedämpfter. Unvergesslich ist eine Passage wie das klagende Bratschensolo aus dem Mittelsatz des zweiten Quartetts (D-Dur, Wq 94), der eine deutsche Vortragsanweisung trägt: »Sehr langsam und ausgehalten«. Emanuel reduziert hier seine Mittel auf ein Minimum, eröffnet aber gerade dadurch neue Ausdruckswelten. N 3

Die drei Quartette zählen zu Emanuels großartigsten Kompositionen. Hier zieht er noch einmal alle Register seines Könnens, stößt aber auch die Tür zu einer neuen Epoche einen Spalt breit auf.

N 2 Quartett in G-Dur für Flöte, Bratsche, Violoncello und Klavier, 2. Satz, Adagio, Anfangsthema (Wq 95, H 539)

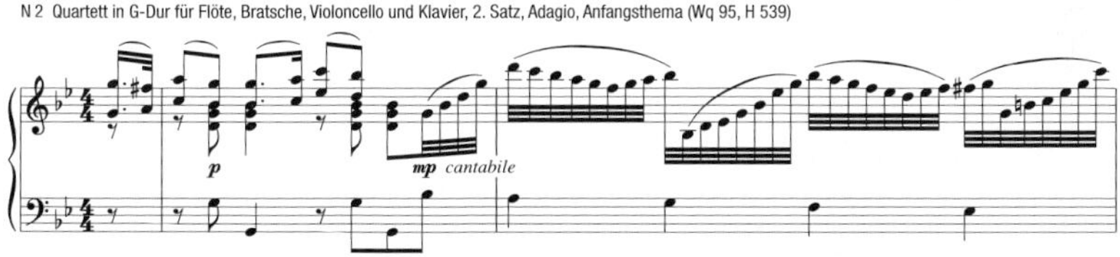

N 3 Quartett in D-Dur, 2. Satz, Sehr langsam und ausgehalten, Bratschenthema (Wq 94, H 538)

Abschied vom Clavier – Emanuels letzte Jahre

Die letzten Lebensjahre verbrachte Emanuel nicht allein mit Kompositionsarbeit. Neben dem Komponieren von Klaviermusik für die »Kenner und Liebhaber«-Reihe, neben geistlichen und weltlichen Liedern, von denen in den 1780er Jahren zahlreiche entstanden, hatte er sich weiterhin um die Kirchenmusik an den Hamburger Hauptkirchen und die Musik für offizielle Anlässe zu kümmern.

Das Improvisieren auf dem geliebten Clavichord wird daneben weiterhin eine große Bedeutung für ihn gehabt haben. Nicht umsonst trägt seine letzte niedergeschriebene freie Fantasie den originalen Titel »C. P. E. Bachs Empfindungen«. Sein Instrument, ein von Gottfried Silbermann gefertigtes Clavichord, auf dem er 35 Jahre lang gespielt hatte, verschenkte er allerdings im Jahr 1781 an Dietrich Ewald von Grotthuß, einen kurländischen Adeligen und Bewunderer seiner Musik. Aus diesem Anlass komponierte er ein e-Moll-Rondo mit dem programmatischen Titel »Abschied von meinem Silbermannischen Claviere« (Wq 66). Dennoch ist anzunehmen, dass Emanuel in den letzten Jahren bis zu seinem Tod nicht auf ein Clavichord verzichtet haben wird.

C. P. E. Bachs Empfindungen, von Carl Philipp Emanuel Bach, Autograf, 1787, Staatsbibliothek zu Berlin, Preußischer Kulturbesitz – Die große fis-Moll-Fantasie ist eines der expressivsten Klavierwerke Emanuels und gleichzeitig ein sehr persönliches Stück. Als er es 1787 komponierte, war es ein völlig unzeitgemäßes, außerhalb der Modeströmungen liegendes Werk.

Klavier von Gottfried Silbermann, im Musikzimmer in Schloss Sanssouci, Aufnahme 1961 – Gottfried Silbermann, vor allem wegen seiner Barockorgeln berühmt, stellte in seiner Werkstatt in Freiberg/Sachsen alle Arten von »Clavieren« her: Cembali, Clavichorde und Hammerflügel. Seine Instrumente waren an den Königshöfen ebenso gefragt wie bei den Komponisten.

Grabinschrift für Emanuel

Emanuel erkrankte im Jahr 1782 an einer Influenza und scheint sich von dieser Krankheit in den Folgejahren nicht mehr vollkommen erholt zu haben. Im September 1788 quälte ihn zusätzlich die Gicht, die ihn bereits als 30-Jährigen erstmals heimgesucht hatte. Mit 74 Jahren verstarb er schließlich am 14. Dezember 1788 an einer Brustkrankheit, wie es hieß. Beigesetzt wurde Emanuel in der Hamburger Michaelskirche. Er hinterließ seine Frau, die unverheiratete Tochter Anna Carolina Philippina und den ältesten Sohn Johann August jedoch nicht mittellos. Johann August starb zwar schon vier Monate nach seinem Vater, doch die beiden Frauen führten den Verkauf von Emanuels Werken weiter und kümmerten sich um die Versteigerung seiner Hinterlassenschaft. Hierzu veröffentlichte die Witwe das »Verzeichniss des musikalischen Nachlasses des verstorbenen Capellmeisters Carl Philipp Emanuel Bach«, in dem nicht nur seine Werke, sondern auch zahlreiche Bachiana seines Vaters und die umfangreiche Bildersammlung verzeichnet sind.

Emanuel starb als geachteter, weithin gefeierter Musiker, dem der Hamburger »Unpartheiische Correspondent« einen lobpreisenden Nachruf widmete. »Er war einer der grössten theoretischen und practischen Tonkünstler«, heißt es darin, »seine Compositionen sind Meisterstücke, und werden vortrefflich bleiben, wenn der Wust von modernem Klingklang längst vergessen seyn wird. Die Tonkunst verliert an ihm eine ihrer grössten Zierden, und der Name eines Carl Philipp Emanuel wird ihr auf immer heilig sein.« Der befreundete Dichter Klopstock verfasste zwei emphatische Grabinschriften, die jedoch keine Verwendung fanden. In einer heißt es: »Carl Philipp Emanuel Bach, / Der tiefsinnigste Harmonist, / ..., / War groß / In der vom Worte geleiteten, / Noch größer / In der kühnen sprachlosen Musik.«

St. Michaeliskirche in Hamburg, Feder-Tusche-Zeichnung von A. P. Schuldt, 1756, Museum für Hamburgische Geschichte – Am 19. Dezember 1788 fand Emanuel hier seine letzte Ruhe – als einziger der Bachsöhne starb er als weithin berühmter Musiker.

Konkurrenzkampf und Tod

Christian kehrte im Frühjahr 1780 aus Paris nach London zurück, nachdem er die mit wenig Beifall aufgenommene Oper »Amadis des Gaules« noch einer Bearbeitung unterzogen hatte, die ihr jedoch auch keine größere Zustimmung mehr einbrachte. Mittlerweile hatte sich das musikalische Klima an der Themse zu seinen Ungunsten verändert. Wo Christian noch bis vor kurzem eine unangefochtene Stellung innehatte, traten nun Konkurrenten auf und machten ihm den Platz streitig. Die mit Abel zusammen organisierten Konzerte wechselten zwar 1775 noch einmal die Lokalität und wurden seitdem in einem neuen Saal am Hanover Square veranstaltet, lockten aber immer weniger Besucher an. Das einst durch Bachs und Abels Kompositionen und die Mitwirkung anerkannter Künstler bedeutende Unternehmen hatte seit 1774 in den Pantheon-Konzerten in der Oxford Street die erste ernsthafte Konkurrenz bekommen. Im Gegensatz zu Christian Bach und Carl Friedrich Abel stellten die Veranstalter gezielt italienische und englische Musik vor und bedienten so gewisse »antideutsche« Ressentiments beim Publikum. Auch die zwei Jahre darauf einsetzenden »Concerts of Ancient Music« zogen diejenigen an, die früher die Bach-Abel-Konzerte aufsuchten. Nach mehr als zehn erfolgreichen Jahren zeichnete sich um die Mitte der 1770er Jahre der Niedergang der Konzertreihe ab. Nach Christians Tod konnte seine Witwe Cecilia sie mit Abel nur noch eine Saison weiterführen. London besaß nun genügend Konzertunternehmen, die das Erbe im Musikleben der Stadt bereits angetreten hatten.

Währenddessen machte der junge Pianist Johann Samuel Schröter als Virtuose in London auf sich aufmerksam und zog auch ehemalige Schüler Christians an. Christian hatte Schröter gefördert und bei Hofe eingeführt, so dass er dort später ohne Probleme sein Nachfolger als »Music master« der Königin werden konnte.

Am Hof fanden die früheren Quartettabende jetzt ohne Christian statt. Es war eine Entfremdung eingetreten, die er durch seine Engagements in Mannheim und Paris selbst verursacht haben könnte. Auch privat hatte er einige Probleme zu lösen: Seine Hauswirtschafterin hatte das monatliche Haushaltsgeld über einen längeren Zeitraum veruntreut und in den Geschäften Schulden in Höhe von über 1 000 £ aufkommen lassen. Als der Betrug entdeckt wurde, war sie spurlos verschwunden. Dadurch kam die finanzielle Misere ans Licht, in der sich Christian nicht erst seit dieser Tat befand. Er hatte sein Konto seit einiger Zeit in hohem Maß überzogen und konnte es auch bis zu seinem Tod nicht mehr ausgleichen. Auf die Annehmlichkeiten des gesellschaftlichen Lebens wollten er und Cecilia nicht verzichten, aber seine Konzerte und Opern brachten offenbar nicht mehr genug ein. Ein Gerücht besagt, dass Christian schon seit Jahren dem Alkohol mehr als förderlich zugesprochen habe. Auffällig ist jedoch, dass sich seine Gesundheit 1781 rapide verschlechterte. Im November war sein Zustand bereits so ernst, dass er sein Testament aufsetzte. Zum Glück verließen ihn seine engsten Freunde, darunter die Familie des Malers Zoffany und Abel, in den letzten Wochen seines Lebens nicht. Am Neujahrstag 1782 schließlich verstarb der jüngste Sohn Johann Sebastians im Alter von 46 Jahren.

Die tatsächliche Todesursache ist nicht geklärt, doch werden die ungünstigen Umstände, die den erfolgsverwöhnten Musiker seit ein paar Jahren nicht losgelassen hatten, daran mitgewirkt haben.

Johann Zoffany mit seiner Tochter, Maria Theresa (?) und eventuell Giacobbe und James Cervetto, Gemälde von Johann Zoffany, ca. 1779, Öl auf Leinwand, Yale Center for British Art – Der Maler Johann Zoffany stammte aus Frankfurt am Main. Ab 1760 war er in London tätig, wo er vorwiegend Porträts und Genreszenen malte und von König Georg III. besonders geschätzt wurde. Zoffany gehörte zum Londoner Freundeskreis Christian Bachs und verließ den Komponisten auch in den letzten Monaten seines Lebens nicht, als der Erfolg schon ausblieb.

Seiner Frau, die er als Alleinerbin eingesetzt hatte, hinterließ er nichts weiter als einen Schuldenberg in der astronomischen Höhe von 4 000 £. Die Königin persönlich sprang ein, damit Cecilia wenigstens das Begräbnis bezahlen konnte. Auch die Heimreise nach Italien finanzierte sie ihr. Christians Beerdigung fand am 6. Januar 1782 auf dem St. Pancras-Friedhof statt, ohne seine engsten Freunde, formlos und fast ohne öffentliche Reaktionen. Eine Ausnahme sind Mozarts Worte, als er vom Tod Christians hörte. Am 10. April 1782 schrieb er an seinen Vater aus Wien: »– sie werden wohl schon wissen daß der Engländer Bach gestorben ist? – schade für die Musikalische Welt!«.

Königin Marie Antoinette spielt die Harfe in ihrem Zimmer in Versailles, Gemälde von Jean-Baptiste-André Gautier-Dagoty, Museé National du Château, Versailles – Mit der Enthauptung der Königin Marie Antoinette am 16. Oktober 1793 in Paris wurde auch die grazile aristokratische Kunst, die Vielfalt der Stile und Geschmacksrichtungen beendet.

Friedrichs Lebensabend und das Ende einer Epoche

Das entscheidende politische Ereignis in Johann Christoph Friedrichs letzten Lebensjahren war die Französische Revolution. Er war der einzige Sohn Johann Sebastians, der diesen Wendepunkt der europäischen Geschichte und damit auch den Anbruch einer neuen Epoche miterlebte. Zwar beeinflusste die Revolution das Leben am Bückeburger Hof nicht direkt, doch auf Dauer konnten sich auch die deutschen Kleinstaaten den Auswirkungen nicht entziehen. Die Verbürgerlichung des Musiklebens, das Aufleben eines von adeliger Patronage freien Konzertwesens und damit der Stand des »freien Künstlers« erhielt durch die Ereignisse der Revolution auch außerhalb Frankreichs einen entscheidenden Schub.

In seinen beiden letzten Lebensjahren erhielt Friedrich, der seit mehr als 30 Jahren anscheinend unangefochten das musikalische Leben Bückeburgs gelenkt hatte, ernsthafte Konkurrenz. Ein junger böhmischer Musiker, Franz Christoph Neubauer (1760 – 95), kam an den Schaumburg-Lippischen Hof. Er hatte zuvor in den Diensten des Fürsten zu Weilburg gestanden, dessen Kapelle in Folge der Unruhen der Koalitionskriege (1792–97) jedoch aufgelöst wurde. Seine Ankunft in Bückeburg muss 1793 erfolgt sein. Das selbstbewusste, genialische Auftreten des jungen Mannes begeisterte vor allem Gräfin Juliane, die seit dem Tod ihres Gatten Graf Philipp Ernst sechs Jahre zuvor die Regentschaft für ihren minderjährigen Sohn übernommen hatte. Neubauer, eine Generation jünger als Friedrich, verkörperte bereits einen neuen Musikertyp. Er war in Wien ausgebildet worden, hatte dort die Bekanntschaft Haydns, Mozarts und anderer bekannter Komponisten machen können und verstand sein Amt als Musiker nicht mehr als Dienstleistung eines untergeordneten Angestellten. Zwar verdrängte der Böhme Friedrich nicht aus seinem Amt, aber er erhielt die Erlaubnis, eigene Werke mit der Hofkapelle aufführen zu dürfen und nutzte dies mit großem Erfolg. Die Konkurrenz zwischen beiden Musikern wurde erst durch den Tod Friedrichs beendet, der am 26. Januar 1795 an einem »hitzigen Brustfieber« starb. Neubauer folgte ihm als Leiter der Hofkapelle nach. Aber auch er verstarb schon einige Monate darauf: Wie es hieß, hatte er dem Alkohol zu stark zugesprochen.

Die Erstürmung der Bastille am 14. Juli 1789, Stich nach Charles Thievenin, Musée Carnavalet Paris – Das Pariser Volk erstürmte mit der Bastille nicht nur ein staatliches Gefängnis. Mit diesem Symbol des Despotismus stürzte auch die französische Monarchie.

Nachklang, Stille und Widerhall

Die Bachsöhne und die Nachwelt

Berliner Philharmoniker, aufgenommen im Schauspielhaus in Berlin, 1994 – Das Repertoire der großen Sinfonieorchester umfasst von der Sinfonik der drei Wiener Klassiker Haydn, Mozart und Beethoven an hauptsächlich die Musik der Romantik und des frühen 20. Jahrhunderts. Die von den Bachsöhnen vertretene Epoche spielt dagegen keine Rolle in den Konzertprogrammen. Der »Mainstream« des heutigen Musiklebens verdrängt Kompositionen wie die der Bachsöhne – und überlässt solcherart »Randrepertoire« allzu oft den Spezialisten.

Rezeption von Leben und Wirken

Biografen des 19. Jahrhunderts bemühten sich recht wenig um Wahrhaftigkeit, was Friedemanns Leben und Persönlichkeit betrifft. Schon seine Zeitgenossen beurteilten ihn vorwiegend nach seinen letzten Berliner Jahren und bezeichneten ihn als einen erfolglosen und verbitterten Künstler. Sie suchten die Begründung für sein Scheitern in einem angeblich unsoliden Leben: Es wurde das Bild eines launischen Trinkers und verkommenen Genies gezeichnet. So steht in einem musikalischen Lexikon von 1835 über Friedemann: »Man wird sich über sein Schicksal nicht mehr wundern, wenn man seine Gemüthsart kennen gelernt hat. Alle diese Noth brachte ihm sein roher Sinn, sein starrer Künstlerstolz, seine ungeheure Zerstreutheit und sein mürrisches, zanksüchtiges Wesen, das im Trunke, dem er ergeben war, alle Rechte jeder Bürgerlichkeit und Ordnung verletzte.« Auch der Schriftsteller Emil Brachvogel schildert in seinem populären Roman »Friedemann Bach« von 1858 den Künstler auf diese Weise. Seriösere, »wissenschaftliche« Autoren stimmten in diesen Chor ein.

Vor allem im Verhältnis zu seinem Vater galt Friedemann als »aus der Art geschlagen«, geradezu als Verräter des väterlichen Erbes. Besonders den Verkauf von Manuskripten seines Vaters machte man ihm zum Vorwurf. Erst mit Beginn des 20. Jahrhunderts, besonders durch die Monografie Martin Falcks von 1913, ist es gelungen, das Bild Friedemanns von zahllosen Legenden zu befreien. Durch neueste Forschungen seit den 1980er Jahren haben sich auch viele der Vorwürfe gegen ihn relativieren lassen, so dass heute die künstlerische Persönlichkeit Friedemanns nahezu wertfrei beurteilt werden kann.

Gustav Gründgens als Friedemann, Filmfoto aus dem Film »Friedemann Bach«, Regie Traugott Müller, Frankfurt 1941 – Die Legenden des 19. Jahrhunderts vom »verkommenen Genie« und trunksüchtigen Verschleuderer des väterlichen Erbes nahm der Film Mitte des 20. Jahrhunderts noch auf, während sich in der Musikgeschichte das Bild Friedemanns zu wandeln begann.

Friedemanns Kompositionen rechtfertigen es, von ihm als dem begabtesten Sohn Johann Sebastians zu sprechen, ein Urteil, das auch sein Bruder Carl Philipp Emanuel teilte.

Für die Musikgeschichte des 18. Jahrhunderts ist Friedemann eine der wichtigsten Gelenkstellen zwischen der alten und der neuen Zeit. Er bewahrte die hohe kontrapunktische Schule und die Orgelkunst seines Vaters wie kein Zweiter und öffnete auch die Tore zur Bachpflege des 19. Jahrhunderts. Mit der gegenwärtigen zaghaften Renaissance der Epoche zwischen Barock und Klassik wird heute auch der Musik Friedemanns wieder mehr Aufmerksamkeit geschenkt.

Als Schöpfer der »kühnen sprachlosen«, also instrumentalen Musik, stand Emanuel bei seinen Zeitgenossen in höchstem Ansehen. Sie feierten ihn als glänzenden Klavierspieler und profunden Theoretiker. Da im ausgehenden 18. Jahrhundert der Bekanntheitsgrad seines Vaters noch gering war, galt Emanuel im nördlichen und mittleren Deutschland als der »Bach« schlechthin. Zu Beginn des 19. Jahrhunderts nahmen die Wiener Klassiker, allen voran Mozart, die Musikwelt Europas in Besitz und Bach, der Vater, kehrte triumphal ins Bewusstsein der Musikliebhaber zurück. Im selben Maße, wie alles aus der Perspektive eines Haydn oder Mozart gesehen wurde, erschien Emanuels Stil, so prägend er zu seinen Lebzeiten noch gewesen war, Mitte des 19. Jahrhunderts als »unvollkommen« oder »eigenwillig«. Seine Musik interessierte im 19. Jahrhundert kaum noch jemanden. Eine Klaviersonate Emanuels sah man allenfalls als Vorbereitung für die Klassiker im Unterricht an, sofern überhaupt Stücke von ihm bekannt und verfügbar waren. Mittlerweile jedoch wird Emanuel zu den bedeutendsten Musikern des 18. Jahrhunderts gerechnet. Über keinen anderen der Bachsöhne wurde bis heute wissenschaftlich so viel geforscht. Dies hat zu seiner Rehabilitierung entscheidend beigetragen, was sich seit einigen Jahren auch in der konstanten Pflege der »Alten Musik« widerspiegelt.

Das Leipziger Gewandhausorchester nach dem Eröffnungskonzert, 1992 – Das Leipziger Gewandhausorchester kann auf eine lange Tradition zurückblicken. Seit 1781 wurden im Gewandhaus Konzerte veranstaltet. Doch die Musik des 18. Jahrhunderts steht heute nur selten auf dem Programm.

Der Musikkritiker Carl Friedrich Cramer schrieb im Jahr 1793 über Johann Sebastian Bachs Söhne: »Er [Johann Sebastian] hatte deren drey: Christian Bach, Carl Philipp Emanuel Bach, und Friedemann Bach; (den vierten in Bückeburg rechne ich nicht mit dazu; weil der nicht eigentlich zu den ... Bachen gehört).« Dieses harte zeitgenössische Urteil hat sich bis heute gehalten. Auch die Nachwelt hat den Bückeburger Bach zumeist mit Desinteresse betrachtet, weil er weniger Originalität zu repräsentieren scheint, als für die nachhaltige Erinnerung an einen Komponisten nötig ist. Der Name »Bach« verlangt unweigerlich Genialität – ein Zug, der Friedrich bis heute nur ungern zugesprochen wird. Weder der Einsatz Georg Schünemanns, der 1914 erstmals eine ausführliche Biografie veröffentlichte, noch Hannsdieter Wohlfarths, dessen 1971 erschienene Dissertation ein vollständiges Werkverzeichnis enthält, konnten zur Rehabilitation Friedrichs entscheidend beitragen.

Hätte Friedrich nicht den Namen seines hochverehrten Vaters getragen, wäre er vermutlich heute als einer der vielen Hofmusiker des 18. Jahrhunderts bereits völlig vergessen. Es mag sein, dass der lebenslange Aufenthalt an einem provinziellen Hof Friedrichs Ruf geschadet hat. Möglicherweise hatte er auch nicht den ehrgeizigen Drang, stets Neues und Originelles zu schaffen. Auch eine Ortsveränderung hat er – ausgenommen von der Bewerbung nach Hamburg – nie ernstlich ins Auge gefasst. Nur selten gelangen heute in den großen Konzertsälen seine Werke zur Aufführung. Seine Vokalkompositionen jedoch sind bereits von einigen Ensembles wiederentdeckt worden.

Pianistenhände (York Bowen), um 1925 – Johann Christoph Friedrich war von den vier Bachsöhnen der beste Klavierspieler. Doch heute pflegen nicht die Pianisten an modernen Flügeln deren Kompositionen. Ihre Musik hat bei den Spezialisten der »Alten Musik« ihre Heimat gefunden.

Ganz anders als Emanuel, auf dessen Tod die Zeitgenossen hymnische Nachrufe dichteten, starb Christian relativ unbeachtet, zumindest verglichen mit dem Ruhm, den er so lange genoss. Er hatte die höchsten Höhen im Musikolymp seiner Zeit erklommen, als er in Italien, Mannheim und Paris ein gefragter Opernkomponist und in London für mehr als ein Jahrzehnt die zentrale Figur des Musiklebens war. Der weit gereiste Europäer, Katholik und Mann von Welt ist so untypisch für ein Mitglied der Familie Bach, dass er ohne den Familiennamen kaum mit ihr in Verbindung gebracht würde. Christian entwickelte den auf den Barock folgenden Stil bis zur Hochklassik, konnte aber dessen Vollendung nicht mehr mitgestalten. Folglich konnten ihn die Wiener Klassiker in der Wertschätzung schnell überholen. Der kaum beachtete Tod Christians scheint dafür bereits das erste Symptom gewesen zu sein. Da sein klassischer Stil große Ähnlichkeit mit dem Mozarts besitzt, wurde seine Musik in der Folgezeit gleichsam »überflüssig«. Hinzu kam, dass Christian nur selten ernste und aufgewühlte Töne anschlug, was das 19. Jahrhundert einem Komponisten generell übel nahm. Also blieb für ihn nur die Nische eines »Vorbereiters« und so teilte auch er das Schicksal einer ganzen Epoche. Als die Musik seines Vaters zu Beginn des 19. Jahrhunderts wieder entdeckt wurde, sank Christians Stellenwert weiter, denn gemessen an der dichten Kontrapunktik von Sebastians Werken wirkt der klare Stil Christians weitaus anspruchsloser. Und wie von der einen Seite Haydn und Mozart den Blick auf Christian versperren, so überdeckt ihn von der anderen Seite der Schatten des Vaters im Gedächtnis der Nachwelt. Selbst heute, da sein Bruder Carl Philipp Emanuel wegen seiner Originalität längst zu den Großen seiner Zeit gerechnet wird, hat es der Londoner Bach immer noch schwer. Dies schlägt sich auch in der Forschung nieder, die sich relativ desinteressiert an diesem wichtigen Komponisten gezeigt hat – möglicherweise, weil er so untypisch für einen Bach ist. Seine Opern sind heute Überraschungen auf den Spielplänen mancher Opernhäuser, seine Instrumentalmusik aber muss sich erst noch ein größeres Publikum erobern. Die Zeichen dafür stehen gut.

Szenenfoto der Oper »Amadis des Gaules« von Johann Christian Bach, Inszenierung: Marco Arturo Marelli, musikalische Leitung: Helmuth Rilling, Hamburgische Staatsoper 1983 – Die Opern Christian Bachs werden heute nur ausnahmsweise in die Spielpläne aufgenommen. Im Zuge eines insgesamt gewachsenen Interesses an der Opera seria des 18. Jahrhunderts scheint sich das aber langsam zu ändern.

ACTE DE

Anhang

Musikalische Grundbegriffe
Werkverzeichnis
Diskografie
Bibliografie
Zeittafel: Das 18. Jahrhundert
Noten-, Namen-, Orts- und Sachregister

Stilleben mit Violine, Gemälde von Jean-Baptiste Oudry (1686–1755), Staatliche Ermitage St. Petersburg

Seite 363:
Bildnis des Hofmusikus' Felix Reiner mit Fagott, Gemälde von Peter Jakob Horemans (1700–1776), Öl auf Leinwand, 89,5 – 76 cm, Bayerische Gemäldesammlung München

Musikalische Grundbegriffe

A capella (ital.) Seit Anfang des 17. Jahrhunderts Bezeichnung für die polyphone Musik nach Art der Sängerkapellen, bei der die Stimmen unbegleitet erklangen oder auch durch Instrumente gestützt werden konnten. Palestrinas A-capella-Kompositionen gelten als Höhepunkt der Gattung. Der A-capella-Stil wurde im Gegensatz zu neu aufkommenden Stilen wie der Mehrchörigkeit als besonders ehrwürdig empfunden.

Accompagnato (ital. = begleitet, von »recitativo accompagnato« = begleitetes Rezitativ) Ein vom Orchester begleitetes →Rezitativ. Bietet gegenüber dem Secco-Rezitativ (recitativo secco), das allein durch den →Basso continuo begleitet wurde, mehr Ausdrucksmöglichkeiten.

Adagio (ital. = langsam, gemächlich) Vortragsbezeichnung: gemächlich, behutsam und eher langsam zu spielen. Ein Adagio (d. h. ein mit »adagio« überschriebenes Stück) ist jedoch in einem schnelleren Tempo vorzutragen als das gewichtigere →Largo.

Affekt (von lat. »affectus« = Gemütsbewegung, Gemütsregung, Empfindung) Leidenschafts- und Gemütsbewegung, die in Musik übertragen wird. In der →Affektenlehre wurde versucht, Gesetzmäßigkeiten für eine solche Übertragung zu entwickeln.

Affektenlehre Lehre vom Ausdruck menschlicher Empfindungen durch die Musik. Affekten wie Wut, Trauer oder Freude wurden musikalische Mittel wie Tonart, Tempo, bestimmte Intervalle usw. zugeordnet. Diese musikalischen Mittel sollten dann den jeweiligen Affekt auch im Zuhörer erzeugen. In der Musiktheorie des →Barock erhielt die Affektenlehre eine zentrale Bedeutung. Eine einheitliche Affektenlehre, wie es der Name suggeriert, entwickelte sich jedoch nicht.

Akkord (von spät-lat. »accordare« = übereinstimmen) Ein aus mindestens drei verschiedenen, gleichzeitig erklingenden Tönen bestehender Klang.

Alberti-Bass (nach Domenico Alberti, um 1710–1740) Sich fortlaufend wiederholende Akkordbrechungen zur Begleitung der Melodielinie. Die Töne des →Akkords ertönen einzeln hintereinander, meist in der Abfolge Grundton – Quinte – Terz – Quinte (→Intervall).

Alla breve (ital., von lat. »brevis« = kurz) 2/2- oder 4/2-Takt, in dem die halbe Note als Zählzeit dient.

Allegretto (Verkleinerungsform von ital. »allegro« = heiter, ausgelassen) Vortragsbezeichnung: leicht und anmutig zu spielen. Ein Allegretto ist in einem bewegten Tempo, jedoch langsamer als ein →Allegro gehalten.

Allegro (ital. = heiter, ausgelassen) Vortragsbezeichnung: in schnellem Tempo und fröhlich beschwingt zu spielen. Als Allegro kann auch ein Musikstück oder ein Satz mit der Vortragsbezeichnung »allegro« bezeichnet werden. Meist ist der erste Satz der klassischen →Sinfonie oder →Sonate ein Allegro.

Allemande (frz. = deutsch, für »deutscher Tanz«) Geradtaktiger Tanz in gemäßigtem Tempo, innerhalb einer Tanzfolge meist von einem schnellen Tanz gefolgt. In stilisierter Form ist die Allemande häufig Bestandteil der →Suite.

Alt (von lat. »altus« = hoch) Tiefste Frauen- oder Knabenstimmlage. Die Bezeichnung leitet sich vom Contratenor altus (kurz: Altus) her, der höchsten Männerstimmlage im Vokalensemble, die über dem Tenor und dem Contratenor bassus lag.

Andante (ital. = gehend) Vortragsbezeichnung, schreibt ein mäßig bewegtes Tempo vor.

Arie (von ital. »aria« = Luft, Atmosphäre, Erscheinung, frz. »air«) Sologesang mit Orchesterbegleitung. Die Arie ist ein Bestandteil von Opern und geistlichen Werken oder besteht eigenständig als Konzertarie. Ursprünglich in Form eines Strophenliedes gehalten, entwickelte sich die Arie in der Glanzzeit der Barockoper (etwa 1670–1750) zum anspruchsvollen, teilweise sehr virtuosen Gesangsstück. Die beliebteste Strophenform der Barock-Arie war dreiteilig (A–B–A) und wurde wegen des am Ende wiederholten ersten Teils Da-capo-Arie genannt.

Arioso (ital. = arienhaft) Kurzer Sologesang in einer Mischform aus →Rezitativ und →Arie.

Autograf (von griech. »autos« = selbst und »graphein« = schreiben) Vom Komponisten gefertigte Handschrift eines seiner Werke.

Barock (von portug. »barroco« = unregelmäßig, schief) Musikalische Epoche von etwa 1600 bis 1750. Die von nachfolgenden Generationen als schwülstig, überladen und verworren empfundene Musik führte zu der ursprünglich abwertenden Bezeichnung. Das Barock ist durch die Entwicklung des konzertanten Prinzips gekennzeichnet, in dem die Einzelstimme individuelle Züge erhält. Im Barockzeitalter entwickelten sich wichtige musikalische Gattungsarten wie die →Oper, das →Oratorium, das →Konzert.

Bass (von. lat. »bassus« = niedrig) Tiefste Männerstimmlage.

Basso continuo (ital. = durchgehender Bass) Grundlegendes Stilelement der →Barockmusik seit Anfang des 17. Jahrhunderts: Die fortlaufende Bass-Stimme, auch Generalbass genannt, dient der Begleitung von Sängern und Instrumentalisten. Die Akkordfolge nach festgelegten harmonischen Regeln wird durch Zahlen über der Bass-Stimme bestimmt (bezifferter Bass). Der Generalbass wurde meist einem Akkordinstrument, wie dem Cembalo oder der Orgel, und Streich- oder Blasinstrumenten zur Verstärkung der Basslinie anvertraut.

Belcanto (ital. = schöner Gesang) Gesangskunst, die auf Klangschönheit, Beweglichkeit und Ausgewogenheit der Stimme abzielt. Wichtige Bestandteile des Belcanto waren bis ins 18. Jahrhundert Improvisationen durch die Sänger, insbesondere bei Verzierungen und Wiederholungen. Der Begriff Belcanto entstand im 19. Jahrhundert zur Kennzeichnung einer vergehenden Gesangskunst, die mit dem Aufkommen der Oper um 1600 begründet wurde und die italienische Oper bis in die Mitte des 19. Jahrhunderts prägte.

Bourrée (frz.) Altfranzösischer, meist geradtaktiger Tanz, der auch als Gesellschafts- und Ballett-Tanz am französischen Hof gepflegt wurde. In stilisierter, instrumentaler Form fand die Bourrée Eingang in die →Suite.

Buffonistenstreit Streit zwischen den Anhängern der italienischen →Opera buffa und der traditionellen französischen, von Lully und Rameau geprägten Oper, der sich in der Mitte des 18. Jahrhunderts an Pergolesis Intermezzo »La serva padrona« entzündete.

BWV (Abkürzung für das Bach-Werke-Verzeichnis nach Schmieder) Grundlegendes Verzeichnis der Werke Johann Sebastian Bachs; von Wolfgang Schmieder erstmals 1950 als »Thematisch-systematisches Verzeichnis der musikalischen Werke von Johann Sebastian Bach« in Leipzig veröffentlicht.

Cembalo (ital., Kurzform vom »Clavicembalo«, von mittel-lat. »clavis« = Taste und griech.-lat. »cymbalum« = Zimbel) Tasteninstrument in Flügelform, mit meist zwei Klaviaturen, bei dem der Ton durch Anreißen (Zupfen) der Saiten produziert wird. Der Ton ist so durch den Anschlag nicht zu beeinflussen. Durch den Wechsel der Klaviaturen und der Register ist eine – allerdings nur stufenweise – Änderung von Lautstärke und Klangcharakter möglich. Gegen Ende des 18. Jahrhunderts wurde es durch das Hammerklavier (→Klavier) verdrängt, das dem neuen Klangideal eher entsprach, da es unter anderem auch dynamische Schattierungen erlaubte.

Chaconne (franz., ital. »Ciaconna«) Gemäßigter Tanz spanischen Ursprungs im 3/4-Takt, ausschließlich in Dur und ungeradem Takt komponiert. Die Chaconne entwickelte sich im 17. Jahrhundert zur Instrumentalmusikform. Im 18. Jahrhundert wuchs sie mit der sich auf ein wiederholendes Bassmotiv aufbauenden →Passacaglia zusammen.

Charakterstück Kurzes Instrumentalstück, in dem eine momentane Situation oder ein Stimmungsbild, meist durch das Klavier, wiedergegeben wird. Erste Charakterstücke entstanden bereits im Barock. Das Genre kam auch den Vorstellungen des empfindsamen Stils entgegen.

Choral (von mittel-lat. »cantus choralis« = Chorgesang) Gemeindelied in der protestantischen Kirchenmusik. Die Bezeichnung Choral, die vom einstimmigen liturgischen Gesang der katholischen Kirche (→Gregorianischer Choral) herrührt, bezeichnet innerhalb der protestantischen Kirchenmusik das volkssprachliche Strophenlied der Gemeinde. Ausgedehnt wurde die Bedeutung auf mehrstimmige Kirchenliedsätze und instrumentale Choralbearbeitungen.

Chromatik (von griech. »chroma« = Farbe) Umfärbung einer Tonstufe um einen halben Ton tiefer oder höher. Im Unterschied zu der siebenstufigen diatonischen Tonleiter (→Diatonik), ergeben die zwölf aufeinander folgenden Halbtöne eine chromatische Tonleiter.

Ciaconna →Chaconne

Clavichord (von mittel-lat. »clavis« = Taste und »chorda« = Saite) Tasteninstrument, bei dem die Saite durch einen Metallstift angeschlagen und unterteilt wird. Der Teil der Saite, der nicht erklingen soll, wird abgedämpft. Im Gegensatz zum →Cembalo ist eine dynamische Differenzierung des Klangs möglich. Die Tongebung des Clavichords ist zart und weich. Die für das Instrument charakteristische Bebung, eine Art Vibrato, kam den Vorlieben des empfindsamen Stils entgegen, der das Ideal von Natürlichkeit, Einfachheit und Gefühlsausdruck vertrat.

Clavier (von mittel-lat. »clavis« = Taste) Im Barockzeitalter Bezeichnung für jede Art von Tasteninstrument wie die Orgel, das →Cembalo oder das →Clavichord (→Klavier).

Coda (ital. = Schwanz) Abschließender Satzteil einer Komposition, der sich an obligatorische Satzteile anschließt und die Schlusswirkung steigert. Sie kann ein Bestandteil der →Fuge und →Sonatensatzform sein.

Concertino (ital. = kleines Konzert) Gruppe von (meist drei) Soloinstrumenten, die im →Concerto grosso oder in der →Symphonie concertante dem →Tutti des Orchesters gegenübersteht.

Glossar

Concerto grosso (ital. = großes Konzert) Konzertform, die auf dem Wechsel zwischen Soloinstrumenten (→Concertino) und vollem Orchester (→Tutti oder Concerto grosso) basiert. Das Concerto grosso war die beliebteste Orchestergattung des →Barock. Die ersten bedeutenden Concerti grossi komponierte Arcangelo Corelli.

Courante (von frz. »courir« = laufen) Alter französischer Tanz. Der ursprünglich schnelle Sprungtanz wurde im Laufe der zweiten Hälfte des 17. Jahrhunderts zu einem Schreittanz in eher gemäßigtem Tempo. Wechsel zwischen 3/2- und 6/4-Takt und Akzentverschiebungen sind charakteristisch für die Courante. In stilisierter Form fand der Tanz Eingang in die Instrumentalmusik und wurde zum Bestandteil der →Suite.

Da Capo (ital. = vom Anfang) Anweisung, einen bestimmten Abschnitt eines Musikstücks zu wiederholen. In der Notenschrift wird die Anweisung mit d.c. abgekürzt. Der bezeichnete Abschnitt soll bis zum Ende (»al fine«), bis zu einem bestimmten Zeichen (»al segno«) oder bis zur Fermate wiederholt werden.

Diatonik (von griech. »diátonos« = durch ganze Töne erstreckend) Tonsystem, in dem die Oktave in eine festgelegte Abfolge von fünf Ganz- und zwei Halbtönen unterteilt ist. Die sich daraus ergebenden Tonreihen (Skalen), wie die →Dur- und →Molltonarten sowie die so genannten →Kirchentonarten, bilden die Grundlage des Ton- und Harmoniesystems der europäischen Musik.

Diskant (von lat. »discantus« = Auseinandersetzung) Höchste Stimmlage innerhalb eines mehrstimmigen Vokalsatzes. Die Bezeichnung Diskant war vor allem im 15. bis 17. Jahrhundert in Gebrauch, wurde dann aber durch die Bezeichnung →Sopran ersetzt.

Dissonanz (von lat. »dissonantia« = Auseinanderklingen) Zwei oder mehr zusammenklingende Töne, die innerhalb von tonaler Musik in gewissem Maße unharmonisch klingen und ein Gefühl der Spannung auslösen, das nach harmonischer Auflösung strebt. Der Gegensatz ist die Konsonanz (Ruheklang). Dissonanzen haben unterschiedliche Grade der Schärfe. Das Dissonanz-Empfinden ist hier abhängig vom persönlichen und kulturellen Erfahrungshintergrund des Hörers.

Dur (von lat. »durum« = hart) Tongeschlecht innerhalb der tonalen Musik (→Diatonik). Die Durtonleiter ist charakterisiert durch den Halbtonabstand zwischen der dritten und vierten und der siebten und achten Stufe der Tonleiter; die übrigen Töne stehen im Ganztonabstand.

Durchführung Abschnitt innerhalb einer Komposition, in der das →Thema weiterentwickelt und verarbeitet wird. Innerhalb der →Fuge ist die Durchführung ein Abschnitt, in dem das Thema in Grundgestalt (»dux«) und Bearbeitung (»comes«) alle Stimmen durchlaufen hat. Innerhalb der →Sonatensatzform wird in der Durchführung das in der →Exposition vorgestellte Themenmaterial verarbeitet und moduliert, indem seine motivischen Bestandteile neu kombiniert werden.

Ensemble (frz. = zusammen) Gruppe von Instrumentalisten oder Sängern, die gemeinsam musizieren. Der Begriff wird angewandt auf Musiker, die gemeinsam →Kammermusik ausüben, und auf die Gesamtheit der Sänger, die an einer Opernbühne engagiert sind.

Epistelsonate Instrumentalstück, das innerhalb der katholischen Messliturgie zwischen den Lesungen gespielt wird. Die Epistelsonate tritt hierbei an die Stelle des →Graduale.

Exposition (von lat. »expositio« = Aufstellung) Einleitender Abschnitt einer Komposition, in dem das Thema oder die Themen vorgestellt werden. In der →Sonatensatzform besteht die Exposition aus dem Hauptsatz, in dem das erste Thema präsentiert wird, der Überleitung, dem Seitensatz, in dem das zweite Thema vorgeführt wird, und dem abschließenden Epilog. Im Anschluß an die Exposition werden die vorgestellten Themen in der →Durchführung weiter bearbeitet.

Falck (F) Verzeichnis der Werke von Wilhelm Friedemann Bach; von Martin Falck in Leipzig 1913 als »Thematisches Verzeichnis der Kompositionen Wilhelm Friedemann Bachs« herausgegeben. Das Verzeichnis erschien innerhalb der von Falck verfassten Biographie »Wilhelm Friedemann Bach. Sein Leben und seine Werke«.

Fantasie Instrumentalstück, das durch seinen freien Umgang mit Kompositionsregeln den Eindruck von Spontaneität erhält und wie improvisiert wirkt.

Finale (ital. = Schluss) Schluss-Stück eines größeren musikalischen Werkes.

Forte, fortissimo (ital. = stark, sehr stark) Lautstärke der Musik.

Fuge (von lat. »fuga« = Flucht) Mehrstimmiges Musikstück, in dem ein →Thema nach strengen kompositorischen Regeln (→Kontrapunkt) alle Stimmen durchläuft. Durch den aufeinanderfolgenden Einsatz aller Stimmen ähnelt die Fuge dem Kanon, unterscheidet sich jedoch von diesem durch eine freiere Behandlung der Melodielinien. Das Thema durchläuft die (meist drei oder vier) Stimmen zuerst in seiner Grundgestalt (»dux«) und dann in der Beantwortung auf einer anderen Tonstufe (»comes«). Sonderformen der Fuge sind die Doppel-, Tripel- und Quadrupelfuge, in der zwei, drei oder vier Themen verarbeitet werden.

Furioso (ital. = wütend, wild) Vortragsbezeichnung: mit wildem, erregtem, wütendem Ausdruck zu spielen.

Galanter Stil Kompositionsstil, der sich im 2. Drittel des 18. Jahrhunderts in bewusster Absetzung von der →Barockmusik um eine klarere und gefälligere musikalische Sprache bemühte. Kennzeichen sind eine kantable Melodieführung mit grazilen Verzierungen, eine einfache und durchsichtige Begleitung und eine eher kurze und übersichtliche Form. Der galante Stil bildete mit dem gefühlsbetonteren empfindsamen Stil das musikalische Rokoko und bereitete die Stilepoche der →Klassik vor.

Gavotte (wahrscheinlich von altprovenzalisch »gavot« = Lümmel) Französischer Reigentanz im 2/2-Takt mit zweiteiligem Auftakt in mäßig bewegtem Tempo. Im 17. Jahrhundert wurde die Gavotte am französischen Hofe eingeführt und fand Eingang in das Ballett und die Oper. Sie wurde ein Bestandteil der →Suite und der Kammersonate.

Generalbass →Basso continuo

Gigue (von altfrz. »giguer« = tanzen, springen) Ein aus der britischen Jig hervorgegangener lebhafter Tanz im 6/8- oder 12/8-Takt. Die gewöhnlich ungeradtaktige Gigue wurde meist als abschließender Satz ein Bestandteil der →Suite.

Graduale (von lat. »gradus« = Stufen) Zweiter Gesang innerhalb des Proprium missae (dem veränderlichen Teil der römisch-katholischen Messe). Das Graduale wird zwischen den Lesungen gesungen.

Gregorianischer Choral (nach Papst Gregor I., dem Großen, um 540–604) Einstimmiger, unbegleiteter Kirchengesang in lateinischer Sprache. Der Gregorianische Choral wird je nach der liturgischen Funktion solistisch, responsorisch (im Wechsel von Solo und Chor) und antiphonisch (im Wechsel zweier Chöre) vorgetragen.

Halbschluss Schluss einer →Kadenz auf einem anderen →Akkord als dem über der Tonika (dem Grundton des Stückes). Ein Halbschluss endet meist auf der Dominante (der →Quinte über dem Grundton, z. B. G bei C-Dur). Dadurch wirkt ein Stück nicht vollkommen beendet.

Hammerklavier →Klavier

Harmonie (von griech. »harmonía« = Fügung, Ordnung, Einklang) Zusammenklang verschieden hoher Töne. Der Begriff, der sich seit der Antike auf die Abfolge von Tönen (Melodie) bezog, erhielt mit dem Aufkommen der mehrstimmigen Musik die Bedeutung von →Akkord. Umgangssprachlich wird der Begriff Harmonie jedoch meist im Sinne von Konsonanz (wohlklingend empfundene Harmonie) gebraucht.

Harmonielehre Lehre von der Gesetzmäßigkeit von →Akkorden und deren Abfolge innerhalb des Dur- und Moll-Bereichs der →Tonalität. Der Dreiklang aus drei übereinander geschichteten Tönen im Terzabstand (→Terz) bildet die Grundlage der Theorie. Die Harmonielehre entwickelte sich aus der Theorie des →Basso continuo. Grundlegend für ihre Entwicklung waren die Veröffentlichungen Rameaus ab dem Jahre 1722.

Hauptthema Erstes, in der Grundtonart stehendes →Thema innerhalb der →Sonatensatzform. Das Hauptthema wird in der Exposition der Sonate vorgestellt, in der Durchführung weiter bearbeitet und in der Reprise (und gegebenenfalls in der Coda) wieder aufgenommen.

Historismus (von griech. »historia« = Geschichte) Rückbesinnung auf frühere Epochen. Die Musik des 19. Jahrhunderts bezog viele Anregungen durch die Musik der Renaissance und des Barock.

Hoboken (Hob.) Maßgebliches Verzeichnis der Werke Joseph Haydns (abgekürzt: Hob.); von Anthony van Hoboken unter dem Titel »Joseph Haydn. Thematisch-bibliographisches Werkverzeichnis« zwischen 1957 und 1978 in drei Bänden herausgegeben.

Homophonie (von griech. »homophonía« = Gleichklang, Gleichstimmigkeit) Musikalische Satzweise, in der die Melodiestimme von den anderen Stimmen durch →Akkorde begleitet wird. Auch Werke, in denen die Stimmen im gleichen Rhythmus akkordisch geführt werden, werden als homophon bezeichnet. Der großen Bedeutung der Vertikalen in der Homophonie steht die betont horizontale Ausrichtung der →Polyphonie gegenüber.

Impresario (von ital. »impresa« = Unternehmen) Leiter eines privaten Opernhauses oder einer Opernkompagnie oder Vermittler von Konzertveranstaltungen. Die kaufmännische und künstlerische Direktion von Opernbetrieben entwickelte sich ab der Mitte des 18. Jahrhunderts zur hauptberuflichen Tätigkeit.

Intervall (von lat. »intervallum« = Zwischenraum) Tonhöhenunterschied zweier Töne, die zur gleichen Zeit oder nacheinander erklingen. Die kleinsten Intervalle der →Diatonik sind der Halbton (kleine →Sekunde, z. B. c–cis) und der Ganzton (große Sekunde, z. B. c–d). Die

→Terz ist ein in der klassischen und romantischen Musik häufig vorkommendes Intervall. Als kleine Terz besteht sie aus drei Halbtönen, als große Terz aus zwei Ganztönen. Weitere Intervalle innerhalb einer Oktave sind →Quarte, →Quinte, →Sexte, →Septime und →Oktave.

Invention (von lat. »inventio« = Erfindung, Einfall) Komposition, die einen besonderen musikalischen Einfall enthält. Die Invention ist im 16. Jahrhundert entstanden. Im →Barock erweitert sich die Bedeutung: Invention bezeichnete nun ein formal frei gestaltetes Musikstück, in dem der musikalische Einfall durch verschiedene kompositorische Techniken weiterentwickelt wird.

Kadenz (von lat. »cadere« = fallen) Feste Akkordfolge, die als Schlussformel fungiert. Die vollständige Kadenz (im Gegensatz z. B. zum →Halbschluss) ist die Abfolge der →Akkorde über der ersten (Tonika oder Grundton), vierten (Subdominante), fünften (Dominante) und wiederum der ersten Stufe der diatonischen Tonleiter (→Diatonik). Der Begriff Kadenz bezeichnet auch den abschließenden virtuosen Teil eines Solokonzertes oder einer Arie (→Solokadenz).

Kammermusik (ital. »musica da camera«, frz. »musique de chambre«, eng. »chamber music«) Instrumental- oder Vokalmusik in kleiner Besetzung mit solistisch geführten Stimmen. Werke für Vokal- oder Instrumentalsolisten mit Klavierbegleitung, Streich- oder Klaviertrios und Streichquartette zählen zu den gebräuchlichsten Formen der Kammermusik. Abhängig von der Anzahl der Musiker werden kammermusikalische Werke als Duett, Trio, Quartett, Quintett, Sextett, Septett, Oktett oder Nonett bezeichnet. Entstanden ist der Begriff Kammermusik als »musica da camera« im 16. Jahrhundert in Anlehnung an den Ort der Aufführung, die höfische Kammer, ohne Bezug auf die Ensemblegröße.

Kantate (von ital. »cantare« = singen) Mehrteilige Vokalkomposition mit instrumentaler Begleitung. Um 1600 für die Solostimme konzipiert, wurde sie später auch für kleinere Sängerensembles oder Chöre komponiert. Kantaten entstanden nach weltlichen und geistlichen Texten (Kirchenkantaten). Im 17. und 18. Jahrhundert war die Kantate eine der wichtigsten Musikgattungen. Vor allem für die protestantische Kirchenmusik war die Kantate von Bedeutung. So entstanden große Kantatenzyklen für alle Sonn- und Feiertage des Jahres.

Kantor (von lat. »cantor« = Sänger) Leiter des Chores an einer Kirche. Der Begriff wurde bereits in der Antike zur Bezeichnung der Sänger liturgischer Werke genutzt; bald bezeichnete er auch den Leiter kirchenmusikalischer Ensembles. In der protestantischen Kirche war der Kantor der Leiter des Chors, der meist auch für städtische Musikveranstaltungen zuständig war und schulische Lehrverpflichtungen hatte.

Kastrat (von lat. »castrare« = verschneiden) Sänger, der bereits als Kind kastriert wurde, um den Stimmbruch zu verhindern. Die Kastrationspraxis wurde in Spanien und Italien begründet, um in der Kirchenmusik die Frauenstimmen durch männliche Stimmen ersetzen zu können. Mit dem Aufschwung der Gattung Oper begann die eigentliche Glanzzeit der Kastraten, deren berühmtester Vertreter Farinelli war.

Kirchentonarten (lat. »modi« = Arten) Tonarten des Mittelalters und der frühen Neuzeit. Die Kirchentonarten (auch Kirchentöne genannt) haben ihre geschichtlichen Wurzeln in der byzantinischen bzw. griechischen Musik. Die modalen Tonarten basieren auf Tonskalen ohne erhöhte oder erniedrigte Stufen, ausgehend von verschiedenen Tönen der C-Dur-Tonleiter (z. B. ionisch (c–c'), dorisch (d–d'), phrygisch (e–e'), lydisch (f–f'), mixolydisch (g–g'), äolisch (a–a')). Das System der Kirchentonarten wurde ab dem 17. Jahrhundert durch das Dur-Moll-System (→Dur, →Moll) abgelöst.

Klassik (von lat. »classicus« = erstrangig, mustergültig) Musikalische Epoche von etwa 1750 bis 1820. Die Aufklärung prägte die Ideale der Klarheit, Einfachheit, Durchsichtigkeit, Allgemeinverständlichkeit, die der klassischen Musik zugrunde liegen. Die Klassik ist aus dem Bestreben entstanden, Überladenheit und Pomp der Musik des →Barock durch leicht fassliche, in klaren Formen gehaltene Kompositionen mit gefühlsstarkem Ausdruck zu ersetzen. Die beherrschende Kompositionsform dieser Zeit war die →Sonatensatzform.

Klavier (von lat. »clavis« = Taste) Seit etwa 1800 Bezeichnung für das Hammerklavier, das bereits Anfang des 18. Jahrhunderts durch die Entwicklung der Hammermechanik zum Anschlag der Saiten entwickelt worden ist. Diese ermöglichte eine bis dahin unbekannte Klangstärkendifferenzierung, weshalb das Hammerklavier die Namen Fortepiano (ital. = laut-leise), Pianoforte (ital. = leise-laut) oder kurz Piano erhielt. Der Name Klavier bezieht sich heute auf das moderne Klavier (Pianino) oder den Flügel, die auf der Technik des Hammerklaviers basieren.

Köchel-Verzeichnis (KV) Maßgebliches Verzeichnis der Werke Mozarts (Abkürzung: KV); von Ludwig Ritter von Köchel 1862 in Leipzig mit dem Titel »Chronologisch-thematisches Verzeichnis sämtlicher Tonwerke Wolfgang Amadé Mozarts« veröffentlicht.

Koloratur (von lat. »colorare« = färben) Virtuose Passage von Gesangsstücken mit schnellen Läufen, Sprüngen und Trillern. Die Bravourarien der Barockoper enthielten hierfür eine improvisatorische →Solokadenz. Ab dem 19. Jahrhundert finden sich Koloraturen hauptsächlich in Sopranarien.

Kontrapunkt (von lat. »punctus contra punctum« = Note gegen Note) Kompositionstechnik, nach der der Zusammenklang eigenständig geführter Melodielinien Konsonanzen ergibt. Die →Fuge gilt als klassisches Beispiel für die kontrapunktische Komposititonsweise. Bereits im ausgehenden →Barock galt der Kontrapunkt als Inbegriff des alten, strengen Stils. Als Kontrapunkt wird zudem die Stimme bezeichnet, die einer vorhandenen Stimme in kontrapunktischer Kompositionstechnik als Gegenstimme beigefügt wird.

Konzert (von ital. »concertare« = zusammenwirken) Musikgattung, in der verschiedene Klanggruppen einander gegenüberstehen. Bis in die →Barockzeit war das Konzert sowohl eine Vokal-, als auch Instrumentalgattung. Die Kennzeichnung des Barock als »Zeitalter des konzertierenden Stils« zeigt die Bedeutung des Konzerts für diese Epoche, deren wichtigste das →Concerto grosso und das Solokonzert waren.

Konzertmeister Erster Geiger eines Orchesters. Im 17. bis 19. Jahrhundert fungierte der Konzertmeister auch als Orchesterleiter.

Konzertwesen Setzt eine Veranstaltungsform voraus, in der das musikalische Ereignis im Mittelpunkt steht und die allgemein zugänglich ist. Nicht nur das →Konzert im eigentlichen Sinne wird hierbei einbezogen, sondern auch die →Sinfonie, das →Oratorium oder kammermusikalische Formen. Ein wirkliches Konzertwesen setzte im 18. Jahrhundert ein, nachdem sich die Musik aus funktionalen Bezügen emanzipiert hatte.

Lamento (ital. = Klage) Musik klagenden Charakters. Charakteristisch für das langsam gehaltene Lamento ist ein durchgehender, in Halbtonschritten fallender Bass. Die häufige Nutzung von →Dissonanzen unterstreicht den Ausdruck des Leidens. Seit dem 18. Jahrhundert wurde die dem Vokalstück vorbehaltene Bezeichnung Lamento auch auf instrumentale Vor- oder Zwischenspiele ausgedehnt.

Largo (ital. = breit) Vortragsbezeichnung: sehr langsam und gewichtig zu spielen. Der Begriff bezeichnet zudem ein Musikstück mit der Vortragsbezeichnung »largo«. Ein Largo hat meist einen erhabenen musikalischen Charakter.

Legato (ital. = gebunden) Vortragsbezeichnung, nach der die Töne übergebunden (das heißt, in einander übergehend) vorzutragen sind. In der Notation ist ein Legato durch einen Bogen über den entsprechenden Passagen gekennzeichnet.

Lento (ital. = langsam) Vortragsbezeichnung: langsam zu spielen. Ein Stück mit der Anweisung »lento« soll langsamer als ein →Adagio genommen werden, jedoch weniger gewichtig als ein →Largo.

Libretto (ital. = Büchlein) Textbuch zu szenischen Musikwerken. Im 18. Jahrhundert war das Libretto oft bekannter als die Oper selbst; die Librettisten wurden häufig noch vor den Komponisten genannt. Trotz des teilweise sehr hohen literarischen Wertes ist ein Libretto jedoch immer ein »offenes« Werk, da es erst durch die Musik komplettiert wird.

Madrigal (wahrscheinlich von lat. »cantus matricalis« = Gesang in der Muttersprache) Mehrstimmige weltliche Vokalgattung in Strophenform. Seit den 14. Jahrhundert in Italien belegt, war sie zwischen 1520 und 1650 die wohl beliebteste Liedform. Sowohl die dichterische als auch die musikalische Form war weitgehend frei und unregelmäßig. Wegen der prägnanten Textschilderung und der Entfaltung der Poesie in der Musik zählt das Madrigal zu den wichtigsten Quellen der →Monodie und somit auch der Oper.

Melismatik (von griech. »mélisma« = Gesang) Eine Folge von Tönen, die auf einer einzigen Textsilbe gesungen werden. Melismatik bezeichnet auch allgemein die melodische Verzierung von Gesangsstücken. Melismatische Passagen sind sowohl in der Gregorianik (→gregorianischer Choral), als auch in der Volksmusik (besonders der orientalischen) und in der Oper (→Koloratur) zu finden. Auch verzierte Melodien in der Instrumentalmusik können als melismatisch charakterisiert werden.

Menuett (von frz. »menu pas« = kleiner Schritt) Höfischer französischer Tanz in einem gemäßigten Dreiertakt, der unter der Regierung Ludwigs XIV. populär wurde und ein Jahrhundert lang der beliebteste Tanz an höfischen Residenzen war. Das Menuett war ein wichtiger Bestandteil der barocken →Suite, des Divertimentos und klassischer Instrumentalformen wie der →Sinfonie, des Streichquartetts und der →Sonate.

Messe (von lat. »missa«, von »Ita, missa est« = Geht, ihr seid entlassen) Wichtigste Form des christlichen Gottesdienstes. Die liturgischen Texte lassen sich unterteilen in Ordinarium missae und Proprium missae. Die Teile des Ordinarium missae sind gleichbleibend: Kyrie, Gloria, Credo, Sanctus und Agnus Dei. Die Texte des Proprium missae wechseln zyklisch mit dem Kirchenjahr: Introitus, Graduale, Alleluia, Offertorium und Communio. Vertonungen der Messtexte sind bereits im Mittelalter belegt.

Modulation (von lat. »modulatio« = Grundmaß, Takt, Rhythmus) Übergang von einer Tonart in eine andere durch die Umdeutung von einzelnen Akkordtönen oder →Akkorden, die beiden Tonarten gemeinsam sind. Ein Akkord der Ursprungstonart wird als Akkord der Zieltonart interpretiert, um von ihm aus in diese Tonart übergehen zu können.

Moll (von lat. »mollis« = weich) Tongeschlecht innerhalb der tonalen Musik (→Tonalität). Die Molltonleiter ist charakterisiert durch einen

Halbtonschritt zwischen der zweiten und dritten Stufe der Tonleiter. Im natürlichen Moll liegt ein zweiter Halbtonschritt zwischen der fünften und sechsten Stufe. Das harmonische Moll wird aus dem natürlichen Moll durch die Erhöhung des siebten Tons gebildet, so dass zwischen sechstem und siebtem Ton ein Intervall von eineinhalb Ganztonschritten liegt. Im melodischen Moll werden der sechste und der siebte Ton um einen Halbton erhöht, wobei in der Abwärtsbewegung die harmonische Molltonleiter angewandt wird.

Monodie (von griech. »monōdía« = Einzelgesang) Mit Generalbass (→Basso continuo) begleiteter deklamatorischer Sologesang um 1600. Durch die Monodie glaubten Theoretiker und Musiker, die Aufführungspraxis des antiken griechischen Dramas wiederbeleben zu können. Die an das →Rezitativ erinnernde monodische Singweise sollte den Seelenzustand der Protagonisten und den poetischen Inhalt des Textes illustrieren. Die ersten Opern sind monodisch komponiert.

Motette Mehrstimmige Vokalmusik auf einen geistlichen Text. Die Motette entstand im 13. Jahrhundert und war im Laufe der Geschichte zahlreichen Wandlungen unterworfen. Motetten des 15. und 16. Jahrhunderts waren häufig mit einem Cantus firmus (einer vorgegebenen Stimme) unterlegt. Im 16. Jahrhundert entwickelte sich eine durch imitatorische Elemente geprägte Form der Motette. Im 17. Jahrhundert existierte die solistisch besetzte →Basso-continuo-Motette neben der polyphonen Chormotette.

Motiv (von lat. »motivus« = beweglich) Kleinster thematisch sinnvoller Bestandteil eines musikalischen Stückes. Mehrere Motive bilden ein →Thema.

Oboe d'amore (von frz. »hautbois« = hohes Holz und ital. = der Liebe) Oboe in der Altlage von zartem, leicht nasalem Klang mit einem birnenförmigen Schallbecher (dem so genannten Liebesfuß). Die Oboe d'amore wurde in der Barockmusik häufig verwendet. Das um 1720 entwickelte Instrument kam jedoch bereits gegen Mitte des 18. Jahrhunderts aus der Mode. Erst gegen Ende des 19. Jahrhunderts wurde es wieder entdeckt.

Oktave (von lat. »octavus« = achter) Abstand zwischen zwei Tönen, der acht Stufen auf der diatonischen Tonleiter beträgt (z. B. das →Intervall c–c'). Das Schwingungsverhältnis der Töne ist 2:1, das heißt, die Verkürzung einer Saite um die Hälfte erzeugt eine Oktave.

Oper (von ital. »opera« = Werk) Musikalisches Bühnenwerk für Orchester, Gesangssolisten und (meist auch) Chor, in dem der Handlungsverlauf im Wesentlichen durch die Musik getragen wird. Zwischen 1600 und 1900 war die Oper unumstritten führend unter allen Musikgattungen, was der Gattungsbegriff Opera (= das Werk), der Ende des 17. Jahrhundert in Italien entstand, unterstreicht. Die Oper entstand als eine höchst stilisierte und verfeinerte Ausdrucksform der aristokratischen Hofkultur sowie des gehobenen Bürgertums.

Opera buffa (ital. = heitere Oper, frz. »opéra bouffe«) Italienische Operngattung des 18. und 19. Jahrhunderts mit einem heiteren oder komischen Charakter. Im Gegensatz zur →Opera seria liegt der Akzent in der Opera buffa auf den Ensembleszenen. Die Wurzeln der Opera buffa liegen in der Stegreifkomödie (Commedia dell'arte). Sie entstand als kurzes, komisches Intermezzo, das zu Beginn des 18. Jahrhunderts in der Pause einer →Opera seria gespielt wurde.

Opera seria (ital. = ernste Oper, frz. »opéra serieux«) Italienische Operngattung, die sich aus verschiedenen Stilelementen gegen Ende des 17. Jahrhunderts zu einem Bühnenwerk von erhabenem Charakter formte. Die Opera seria ist geprägt durch den Wechsel zwischen →Rezitativen und Arien, meist Da-capo-Arien (→Arien). Ihr Sujet wurde der griechisch-römischen Mythologie bzw. der Geschichte entnommen. Bis ungefähr 1770 wurde die Opera seria als die anspruchsvollste und wichtigste Operngattung angesehen. Die Reformopern Christoph Willibald Glucks leiteten das Ende der Opera seria ein.

Opus (lat. = Arbeit, Werk) Gedrucktes Werk eines Komponisten. Zum einen werden einzelne Kompositionen, meist mit einer beigefügten Ordnungszahl, Opus genannt (Abkürzung: op.). Zum anderen wird das gesamte Schaffen eines Komponisten als sein Opus bezeichnet.

Ornament →Verzierung

Ostinato (ital., von lat. »obstinatus« = hartnäckig, beharrlich) Kurzes, ständig wiederholtes Motiv. Das Ostinato liegt meist in der Bass-Stimme (Basso ostinato), über der sich die anderen Stimmen dann frei entfalten können. Besondere Bedeutung hat das Ostinato im →Basso continuo.

Ouvertüre (von frz. »ouverture« = Eröffnung) Instrumentales Einleitungsstück eines größeren Werkes. Eine Ouvertüre kann einem Bühnenwerk, einer mehrteiligen Vokalkomposition oder einer →Suite vorangestellt werden. In der zweiten Hälfte des 17. Jahrhunderts entwickelte sich mit der Französischen Ouvertüre einer der wichtigsten Ouvertürentypen des →Barock. Die dreiteilige Form enthält einen feierlichen, langsam gehaltenen ersten Teil in geradem Takt mit punktiertem Rhythmus. Der zweite Teil ist in einem bewegteren Tempo, häufig im Dreiertakt und nach Art einer →Fuge angelegt. Der dritte Teil nimmt das Tempo und oft auch das thematische Material des ersten Teils wieder auf. Die neapolitanische Opernsinfonia ist demgegenüber durch zwei schnelle Sätze charakterisiert, die einen langsamen Mittelsatz umrahmen.

Palestrina-Stil (nach Giovanni Pierluigi da Palestrina, 1525 oder 1526 – 94, ital. »stile alla Palestrina«) A-capella-Stil, der durch strenge Beachtung des →Kontrapunktes und das Streben nach einer ausgeglichenen und wortverständlichen Komposition gekennzeichnet ist. Bereits Anfang des 17. Jahrhunderts wurde der Palestrina-Stil als eigenständiger Stil identifiziert und galt den nachfolgenden Generationen als Vollendung des polyphonen Vokalstils. Der von Palestrina geprägte Stil wurde vom 16. bis 18. Jahrhundert angewandt. Jedoch wurde er bereits im →Barock als »stile antico« (ital. = alter Stil) empfunden, dem der »stile moderno« (ital. = moderner Stil) gegenübergestellt wurde.

Partitur (von lat. »partite« = eingeteilt) Schriftliche Fixierung aller Stimmen einer Komposition. In der Partitur, die um 1600 entstand, werden die gleichzeitig erklingenden Stimmen untereinander wiedergegeben. So gibt sie einen genauen Eindruck vom Ablauf des Werkes.

Passacaglia (ital., von span. »pasar« = gehen und »calle« = Straße) Variationsform über einer regelmäßig wiederkehrenden, vier- oder achttaktigen Bassfigur im langsamen 3/4-Takt. Ursprünglich ein spanischer Tanz, der bereits im späten Mittelalter nachgewiesen ist, entwickelte sich die Passacaglia im 17. Jahrhundert zu einer eigenständigen musikalischen Form. Im Gegensatz zur verwandten →Chaconne ist die Passacaglia meist in Moll gehalten.

Pasticcio (ital. = Pastete) Oper, die aus Arien, Ensembles und Instrumentalstücken verschiedener, bereits existierender Opern (oder anderen Vokalkompositionen) eines oder auch mehrerer Komponisten zusammengestellt wird. Als eine typische Opernform des 18. Jahrhunderts erklärt sich ihr Aufkommen mit dem großen Interesse an der italienischen Oper (vor allem der →Opera seria). Da es ein historisch gewachsenes Repertoire im heutigen Sinn nicht gab, konnten dem Publikum so in kurzer Zeit neue Stücke auf ein neues Libretto mit bewährten und beliebten Arien und Ensembles geboten werden.

Pastorale (ital., von. lat. »pastor« = Hirte) Musikalisches Schäferspiel oder Hirtenstück heiter-idyllischen Charakters. Anknüpfend an das Schäferspiel des Sprechtheaters entwickelte sich die Pastorale bereits mit dem Beginn der Oper um 1600 zu einer eigenständigen musikalischen Form. Besonders beliebt waren Pastoralszenen in der Barockoper; sie entwickelten sich zu einer eigenen Operngattung, der italienischen Pastoraloper. Auch in der französischen Oper des 17. und 18. Jahrhunderts diente die Pastorale als Pastorale héroïque der Naturschilderung und der Darstellung einer mythologischen Schäferidylle.

Piano, pianissimo (ital. = leise, äußerst leise) Vortragsbezeichnung: leise bzw. sehr leise zu spielen; in der Notation p bzw. pp abgekürzt.

Polyphonie (von griech. »polyphōnia« = Vielstimmigkeit) Musikalische Mehrstimmigkeit, in der die einzelnen Stimmen rhythmisch und melodisch selbstständig geführt werden. Polyphone Musik gibt es in Europa seit dem 10. Jahrhundert. Ihren Höhepunkt erreichte die Polyphonie (und somit auch der →Kontrapunkt) im 16. Jahrhundert.

Präludium (von lat. »praeludere« = davor spielen) Instrumentalstück, das als Einleitung auf nachfolgende Instrumental- oder Vokalkompositionen vorbereitet. Das meist auf Klavier, Orgel oder Laute vorgetragene Stück wurde häufig improvisiert und bewahrte auch als auskomponiertes Stück eine eher freie Form. Das Präludium entstand im 15. Jahrhundert als eine der frühesten Instrumentalgattungen und war bis zum Ausklang des →Barock sehr beliebt. Im 19. Jahrhundert wurde es von der romantischen Musik wieder belebt.

Presto, prestissimo (ital. = schnell, äußerst schnell) Vortragsbezeichnung: schnell oder sehr schnell zu spielen. Seit dem 18. Jahrhundert wird ein Presto (das heißt, ein Stück mit der Vortragsbezeichnung presto) schneller als ein →Allegro genommen.

Prim (von lat. »primus« = erster) Abstand zwischen zwei Tönen auf der ersten Stufe der diatonischen Tonleiter (z. B. c–c) (→Diatonik). Die reine Prim ist als →Intervall zweier Töne der gleichen Stufe eigentlich eine Tonwiederholung. Die übermäßige Prim besteht aus einem Halbtonschritt.

Primadonna (ital. »prima donna« = erste Dame) Weibliche Hauptrolle in der Oper des 17. bis 19. Jahrhunderts. Der Primadonna wurde die schwerste, aber auch wirkungsvollste Partie zugedacht. Die Rolle war fast ausschließlich Sopranistinnen vorbehalten; wenn ein Mezzosopran die Hauptpartie übernahm, sprach man von der Primadonna mezzosoprano.

Psalm (von griech. »psalmós« = vom Saitenspiel begleiteter Gesang) Geistliches Lied, Hymnus aus dem Alten Testament. Die Vertonungen alttestamentarischer Psalmen sind ein Hauptbestandteil der katholischen Liturgie. Psalmen wurden ursprünglich in einem aus dem jüdischen Gottesdienst übernommenen Sprechgesang (Psalmodie) vorgetragen. Daneben entstanden seit dem 15. Jahrhundert auch mehrstimmige Vertonungen. Parallel zur musikgeschichtlichen Entwicklung wurden Psalme im homophonen, polyphonen und konzertierenden Stil vertont (→Homophonie, →Polyphonie, →Konzert).

Quarte (von lat. »quartus« = vierter) Abstand zwischen dem Grundton und der vierten Stufe der diatonischen Tonleiter (→Diatonik). Die reine

Quarte entspricht z. B. dem →Intervall c–f . Daneben gibt es die verminderte (c–fes) und die übermäßige Quarte (c–fis), den so genannten Tritonus, der als extreme →Dissonanz meist gemieden wird.

Quinte (von lat. »quintus« = fünfter) Abstand zwischen dem Grundton und der fünften Stufe der diatonischen Tonleiter (→Diatonik). Die Quinte existiert als reines (z. B. c–g), vermindertes (c–ges) und übermäßiges →Intervall (c–gis).

Reprise (frz. = Wiederaufnahme) Wiederholung eines vorangegangenen Teils innerhalb einer Komposition, eventuell in leicht abgewandelter Form. Innerhalb der →Sonatensatzform werden in der Reprise die in der Exposition vorgestellten Themen nach ihrer Verarbeitung in der Durchführung wieder in der ursprünglichen Form aufgenommen.

Rezitativ (von lat. »recitare« = vortragen, vorlesen, ital. »recitativo«) Solistischer Sprechgesang, meist instrumental begleitet. In der zweiten Hälfte des 17. Jahrhunderts sonderte es sich allmählich als Gesangsform von der →Arie ab. In der italienischen Oper des 18. Jahrhunderts (→Opera seria) verlief die Handlung in Rezitativen, während die Arien Träger des Affektgehalts waren. Das Rezitativ kommt als Recitativo secco vor (ital. = trockenes Rezitativ), mit akkordischer Begleitung durch den →Basso continuo, oder in dramatisch wichtigen Momenten als Recitativo accompagnato (ital. = begleitetes Rezitativ) mit Orchesterbegleitung.

Ricercare (ital. = wieder suchen) Fantasieartiges Instrumentalstück, das durch die abschnittweise Imitation von Themen und Motiven gekennzeichnet ist. Das Ricercare war ursprünglich ein Improvisationsstück für die Laute und erfreute sich zur Zeit der Renaissance und des →Barock besonderer Beliebtheit.

Ripieno (ital. = voll, gefüllt) Mehrfach besetzte Stimmen innerhalb eines Chors oder Orchesters. Insbesondere im →Concerto grosso bezeichnet Ripieno das volle Orchester (auch →Tutti oder Concerto grosso genannt) im Gegensatz zur Solistengruppe (→Concertino).

Ritornell (von ital. »ritorno« = Wiederkehr) Meist mehrfach wiederkehrender Teil innerhalb eines Musikstücks. Im 13. bis 15. Jahrhundert entsprach das Ritornell dem Liedrefrain. Im 17. und 18. Jahrhundert wurden instrumentale Vor-, Zwischen- und Nachspiele in Gesangsstücken Ritornell genannt. Diese Bezeichnung übertrug sich im 18. Jahrhundert auch auf die vom vollen Orchester (→Tutti) gespielten Passagen im →Concerto grosso und in anderen Konzertformen.

Ritornellform (von ital. »ritorno« = Wiederkehr) In der Ritornellform wiederholt das Orchester (→Tutti) beständig ein Thema oder Thementeile, unterbrochen von solistischen Passagen, in denen das Themenmaterial frei bearbeitet wird.

Romantik Musikalische Epoche von etwa 1810/1820 bis 1910. Das romantische Empfinden, die Neigung zum Fantastischen, Märchenhaften und Mystischen, das wachsende historische Interesse und die besondere Gewichtung des individuellen Fühlens, bildete die Grundlage der romantischen Musik. Die Entwicklung nationaler musikalischer Schulen war eines der wichtigsten Ergebnisse der Romantik (vor allem in Mittel- und Osteuropa). Der strenge Formenkanon der →Klassik löste sich in der Romantik auf.

Rondo (ital. = Rundplatz) Musikstück, in dem das Thema wie ein Refrain regelmäßig wiederkehrt. Im Gegensatz zu dem im spätmittelalterlichen Frankreich entstandenen vokalen Rondeau (von frz. »ronde« = rund) etablierte sich das Rondo zur Zeit der →Klassik als zunächst instrumentales Stück in Form eines musikalischen Satzes oder eigenständiges Musikstück. Doch wurden die Formprinzipien des Rondos bald auf den vokalen Bereich übertragen.

Sarabande (frz., span. »zarabanda«) Schreittanz (wahrscheinlich) spanischen Ursprungs. Die Sarabande ist im Dreiertakt ohne Auftakt gehalten. Durch ihr sehr langsames Tempo wirkt sie feierlich und würdevoll. Nachgewiesen ist die Sarabande im 16. Jahrhundert als lebhafter Paartanz. Erst nach der Mitte des 17. Jahrhunderts verlangsamte sich das Tempo des Tanzes. Beide Arten der Sarabande existierten auch nebeneinander. In der Instrumentalmusik wurde jedoch die langsame Form bevorzugt, in der sie auch ein fester Bestandteil der →Suite wurde.

Satz Musikalisch in sich geschlossener Abschnitt eines größeren Werkes, zum Beispiel einer →Sinfonie, →Sonate oder →Suite. Zudem bezeichnet der Satz – im Sinne von Tonsatz – die mehrstimmige Komposition und zugleich deren Ergebnis, das Musikstück.

Scherzo (ital. = Scherz) Musikstück mit einem beschwingten Charakter. Seit ca. 1600 bezog sich die Bezeichnung auf heitere weltliche Gesänge oder Instrumentalstücke. Seit Ende des 18. Jahrhunderts wurde ein lebhafter Satz mit Trio im 3/4-Takt Scherzo genannt. Seit Beethoven ist das Scherzo an die Stelle des Menuetts in der klassischen →Sonate/Sinfonie getreten.

Schlussgruppe Bestandteil der →Sonatensatzform. Die Schlussgruppe (oder auch: der Epilog) beendet die →Exposition und enthält meist neue musikalische Motive.

Seitenthema Zweites Thema innerhalb der →Sonatensatzform, auch Seitensatz genannt.

Sekunde (von lat. »secundus« = zweiter) Abstand zwischen dem Grundton und der zweiten Stufe der diatonischen Tonleiter (→Diatonik). Die kleine Sekunde entspricht einem Halbtonschritt, die große einem Ganztonschritt. Die Sekunde gilt innerhalb der tonalen Musik als →Dissonanz, die zu einer Auflösung (in der →Terz) strebt.

Septime (von lat. »septimus« = siebter) Abstand zwischen dem Grundton und der siebten Stufe der diatonischen Tonleiter (→Diatonik), z. B. das →Intervall c–h. Die Septime gilt in der tonalen Musik als →Dissonanz, die aufgelöst (also in eine Konsonanz überführt) werden muss.

Sextakkord (von lat. »sextus« = sechster und spät-lat. »accordare« = übereinstimmen) Umgestellter Dreiklang. Aus dem ursprünglichen →Akkord von drei Tönen im Abstand von →Terzen wird ein Sextakkord, indem der tiefste Ton (der Grundton) um eine →Oktave erhöht wird (z. B. e–g–c' als C-Dur-Sextakkord).

Sexte (von lat. »sextus« = sechster) Abstand zwischen dem Grundton und der sechsten Stufe der diatonischen Tonleiter (→Diatonik), z. B. das →Intervall c–a als große und c–as als kleine Sexte.

Siciliano (ital. = sizilianisch) Vokal- und Instrumentalstück im 12/8- oder 6/8-Takt in punktiertem Rhythmus. Das Siciliano war im 17. Jahrhundert als Vokalgattung in einem schnelleren Tempo gebräuchlich. Im 18. Jahrhundert wurde es auch von der Klavier-, Kammer- und Orchestermusik übernommen und erhielt hier sein eher getragenes Tempo.

Sinfonia concertante →Symphonie concertante

Sinfonie (von griech. »symphonía« = Übereinstimmung, Harmonie) Mehrsätziges Werk für Orchester. Ein Vorläufer der Sinfonie war die neapolitanische Opernsinfonia (→Ouvertüre), die ab der zweiten Hälfte des 18. Jahrhunderts auch losgelöst von der Oper aufgeführt wurde. In ihr findet sich bereits die für die frühe Sinfonie typische dreiteilige Satzaufteilung mit zwei schnellen Sätzen und einem langsamen Mittelsatz. In der →Klassik erhielt sie ihre viersätzige Form. Auf dem ersten Satz, der in →Sonatensatzform gehalten war, lag ein besonderer Akzent. Beethovens Sinfonien, die als Höhepunkt der Gattung gelten, hatten einen großen Einfluss auf späteres Sinfonienschaffen.

Singspiel Musikalische Komödie in deutscher Sprache mit gesprochenen Dialogen. Das deutsche Singspiel entwickelte sich im 18. Jahrhundert (ähnlich wie die französische Opéra-comique) als Gegenentwurf zur →Opera seria und fand ihren Höhepunkt in Mozarts Singspielen »Die Entführung aus dem Serail« und »Die Zauberflöte«. Das Singspiel prägte die Entwicklung der deutschen romantischen Nationaloper.

Solo (ital. = alleine) Musikstück oder musikalische Passage, die ein Musiker alleine oder begleitet vorträgt.

Solokadenz (von ital. »solo« = alleine und lat. »cadere« = fallen) Abschließender virtuoser Teil der Sätze eines Solokonzertes oder einer Arie (→Koloratur), in dem der Solist sein technisches und künstlerisches Können ohne Orchesterbegleitung vorführen kann. Die Solokadenz wird auch als →Kadenz bezeichnet.

Sonate (von ital. »sonare« = klingen) Instrumentales Musikstück für meist kleinere oder solistische Besetzung. Die Sonate ist fast ausnahmslos mehrsätzig und zyklisch konzipiert. Sie entstand gegen Ende des 16. Jahrhunderts in Unterscheidung zur Vokalmusik. Die Solosonate für ein Melodie- oder die Triosonate für zwei Melodieinstrumente (jeweils mit →Basso-continuo-Begleitung) entwickelten sich zu prägenden kammermusikalischen Formen. Die drei- und später viersätzige Sonate war die führende Instrumentalgattung in der Zeit der →Klassik und der →Romantik. Der erste Satz war meist in der →Sonatensatzform gehalten.

Sonatensatzform (von lat. »sonare« = klingen) Kompositionsform, die in der Zeit der Wiener →Klassik vorherrschend war. Die Sonatensatzform legt die formalen Grundzüge der Komposition fest: →Exposition, →Durchführung, →Reprise und eventuell eine →Coda. In der Exposition werden →Hauptthema (in der Grundtonart), →Seitenthema (meist in der Dominante) und manchmal auch Schlussthema vorgestellt. In der Durchführung werden die Themen in verschiedenen Tonarten variiert. In der Reprise erscheinen die Themen wieder in der Grundtonart. In der Coda besteht die Möglichkeit zur erneuten Verarbeitung des musikalischen Materials.

Sonatine (ital. = kleine Sonate) Kleineres Musikstück. Nach Entwicklung der →Sonatensatzform wurden kleinere →Sonaten mit einer meist kurzen →Durchführung als Sonatine bezeichnet.

Sopran (von lat. »suprema vox« = höchste Stimme) Höchste Frauen- oder Knabenstimmlage.

Staccato (ital. = gelöst, getrennt) Vortragsbezeichnung: die Töne sind deutlich voneinander getrennt zu spielen. In der Notation ist ein Staccato durch einen Punkt oder Strich (Keil) über der Note festgehalten.

Stile antico (ital. = alter Stil) Polyphoner Vokalstil des 16. Jahrhunderts. Die Bezeichnung entstand nach 1600 zur Kennzeichnung des alten und ehrwürdigen Stils, den Palestrina repräsentierte (→Palestrina-Stil). Dieser Stil, der auch im →Barock weiter gepflegt wurde, wurde dem neu entstandenen monodischen Stil (Stile moderno) gegenüberstellt.

Suite (frz. = Folge) Instrumentale Folge von Tänzen und Sätzen nichttänzerischer Herkunft, die nur in loser Form (z. B. durch die selbe Tonart) miteinander verbunden sind. Im 16. Jahrhundert entstand die Suite aus der beliebten Kombination eines langsamen Schreittanzes, dem ein schneller Sprungtanz folgte. Die im 17. Jahrhundert entstandene Orchestersuite für Oper und Ballett wahrte noch die Verbindung zum Tanz, doch lösten sich neue Formen der Suite bald von diesem Ursprung. Dem festen Kanon der stilisierten Tänze →Allemande, →Courante, →Sarabande und →Gigue wurden auch tanzfremde Sätze zugefügt, wie das →Präludium, die →Fantasie oder die Air. Durch die Vorschaltung einer →Ouvertüre entstand die Ouvertürensuite (auch nur Ouvertüre genannt). Die Suite existiert als kammermusikalische Form (Klavier-, Cello- oder Lautensuite) und als Orchestergattung (Orchestersuite, Variationssuite, Ouvertürensuite).

Symbolik (von griech. »symbolon« = Merkmal, Zeichen) Prinzip der Musikdeutung, nach der musikalische Elemente außermusikalische Phänomene repräsentieren. Musikalische Symbolik war in der Renaissance-Zeit schon von Bedeutung; in der →Barockmusik wurde verstärkt auf symbolische Formen zurückgegriffen. Weit verbreitet war die Zahlensymbolik, nach der zum Beispiel die Drei für die Dreifaltigkeit oder die Zwölf für die Kirche stand. Auch im Notenbild wurden symbolische Formen angewendet: das Kreuz als Vorzeichen (#) oder sich kreuzende Noten (die, durch gedachte Linien verbunden, ein Kreuz ergeben) können für den Tod am Kreuz stehen.

Symphonie concertante (frz. = konzertante Sinfonie, ital. »sinfonia concertante«) Musikstück für mehrere Soloinstrumente und Orchester. Die Symphonie concertante entstand in der zweiten Hälfte des 18. Jahrhunderts. Die meist dreisätzige Komposition erinnert in der Art der Besetzung an das →Concerto grosso, geht aber in satztechnischer Hinsicht über sie hinaus. Die Symphonie concertante entsprach in der kompositorischen Anlage eher dem Solokonzert (→Konzert), so vor allem durch den in →Sonatensatzform angelegten Kopfsatz und die größere Ungebundenheit und Virtuosität der Solisten.

Takt (von lat. »tactus« = Berührung, Schlag) Gleichmäßige Einteilung der Noten eines Musikstückes nach einem festen Schema. Diese Einteilung bedingt eine unterschiedliche Gewichtung der Noten (v. a. Betonung der erste Note eines Taktes). Ein Bruchwert zu Beginn des Stückes gibt die Art der Takteinteilung an. Der Nenner des Bruchs gibt die Zählzeiten an (ein Stück im 3/4-Takt wird in Vierteln geschlagen), der Zähler die Anzahl der Einheiten pro Takt (im 3/4-Takt stehen drei Viertel in einem Takt; der ersten betonten folgen zwei unbetonte Zählzeiten).

Tenor (von ital. »tenere« = halten) Hohe Männerstimmlage. Mit der Bezeichnung Tenor wurde in der mehrstimmigen Musik des 13. bis 16. Jahrhunderts die Stimme bezeichnet, die als gleichförmig gestalteter Cantus firmus die Struktur des mehrstimmigen Satzes trägt bzw. hält.

Terz (von lat. »terzius« = dritter) Abstand zwischen dem Grundton und der dritten diatonischen Stufe (→Diatonik). Bis ins 16. Jahrhundert galt die Terz als unvollkommene Konsonanz und somit als auflösungsbedürftig. Doch sie entwickelte sich zu einem der wichtigsten →Intervalle innerhalb der abendländischen Musik. Dur- und Moll-Dreiklang entstehen durch die Übereinanderschichtung zweier Terzen.

Thema (von griech. »thitemi« = setzen) Prägnante Abfolge von Tönen, die als einheitlicher musikalischer Gedanke ein Musikstück prägt und auch in abgewandelter Form (→thematische Arbeit) als charakteristisch wiedererkannt wird.

Thematische Arbeit Kompositionstechnik, in der ein Thema in einzelne →Motive zerlegt wird, die neu kombiniert und weiterverarbeitet werden. Beispielhaft für die thematische Arbeit ist die →Durchführung innerhalb der →Sonatensatzform.

Theorbe (ital. »tiorba«) Zupfinstrument aus der Lauten-Familie. Die Theorbe gehört zu den Bass- (oder Erz-)Lauten und wurde vor allem im →Basso-continuo-Spiel eingesetzt. Charakteristisch sind ihre Bordunsaiten, die nicht gegriffen werden und in gleichbleibend tiefen Tönen mitklingen. Sie war vom 16. bis zum 18. Jahrhundert in Gebrauch.

Toccata (von ital. »toccare« = berühren, schlagen) Formal frei gestaltetes, oft virtuoses Instrumentalstück, meist für Tasteninstrumente komponiert. Im 15. bis 16. Jahrhundert wurde auch eine festliche Fanfarenmusik für Blechbläser und Pauken als Toccata bezeichnet.

Tonalität Bezugssystem von Tönen zu einem zentralen Ton, durch das jedem Ton eine Funktion und ein Platz in der Tonhierarchie zugeordnet wird. In der Musik des 17. bis 19. Jahrhunderts ist dieser zentrale Ton der Grundton der Dur- oder Molltonleiter. Die Dreiklänge über der ersten (Tonika), vierten (Subdominante) und fünften (Dominante) Stufe der Tonleiter bilden die →Kadenz. →Intervalle und →Akkorde werden hinsichtlich des Grades ihrer Konsonanz oder →Dissonanz unterschieden.

In der Musik des 20. Jahrhunderts wurde der Rahmen der Tonalität erweitert oder aufgehoben. In der so genannten atonalen Musik werden Töne, Intervalle und Akkorde als gleichrangig betrachtet.

Tonart Bestimmung des Grundtons und des Aufbaus der Tonleiter, die einem Musikstück zugrunde liegt. Bis zum 17. Jahrhundert waren die →Kirchentonarten die vorherrschenden Tonarten in der Musik. In der tonalen Musik (→Tonalität) legen Tongeschlecht (Dur oder Moll) und Grundton die Tonart fest (zum Beispiel A-Dur: a als Grundton, über diesem Ton wird eine Dur-Tonleiter gebildet). Dur- und Molltonleiter unterscheiden sich durch die unterschiedliche Anordnung von Ganz- und Halbtonschritten. Vielfach wird verschiedenen Tonarten eine eigene Charakteristik nachgesagt: Dur-Tonarten gelten zum Beispiel als klar und strahlend, Moll-Tonarten als weich und melancholisch.

Tremolo (von ital. »tremolare« = zittern) Schnelle und gleichmäßige Wiederholung von Tönen auf der gleichen Tonhöhe oder im Oktavabstand (→Oktave). Das Tremolo verleiht dem Ton einen stürmischen, unruhigen Charakter. Im Gesang bezeichnet Tremolo Intensitätsschwankungen beim Vortrag eines Tons.

Triller Musikalische →Verzierung eines Tons: schneller Wechsel zwischen einem Grundton und dem darüberliegenden Ton (im Halb- oder Ganztonabstand). Seit ca. 1750 schließt der Triller mit einem Nachschlag (einem einmaligen Wechsel zum unter dem Hauptton liegenden Halb- oder Ganzton). Der Triller endet stets auf dem Grundton.

Tripelfuge (von lat. »fuga triplex« = dreifache Fuge) Komposition in →Fugenform, in der drei →Themen hintereinander eingeführt werden. Die Themen werden erst getrennt und dann – zur Steigerung der Schlusswirkung – parallel verarbeitet.

Tutti (ital. = alle) Gesamtheit eines größeren Ensembles, in Unterscheidung zum →Solo oder zu kleineren →Ensembles. Zudem wird ein musikalischer Abschnitt, in dem alle zur gleichen Zeit musizieren, Tutti genannt. Innerhalb des →Concerto grosso bezeichnet Tutti (oder auch →Ripieno) die Gruppe des großen Orchesters, die der Solistengruppe (→Concertino) gegenübersteht.

Unisono (ital. = übereinstimmend) Einstimmiges Spiel mehrerer Stimmen. Seit dem 18. Jahrhundert wird auch das Spiel im Oktavabstand (→Oktave) als Unisono bezeichnet.

Variation (von lat. »variatio« = Verschiedenheit, Veränderung) Abwandlung eines musikalischen Abschnitts. In dieser allgemeinen Bedeutung ist die Variation ein grundlegendes Kompositionsprinzip. Die Variation musikalischer Parameter (wie Rhythmus, Melodie oder Harmonie) wird häufig eingesetzt, um Wiederholungen interessanter zu gestalten. Als Kompositionsform hatte die freie Variation (Thema mit Variationen) besonders große Bedeutung: In freier Form wird ein Thema (das oft von einem anderen Komponisten stammt) vorgestellt und auf verschiedene Arten variiert.

Verzierung Ausschmückung einer Melodie. Ursprünglich wurden Verzierungen (oder Ornamente) vom vortragenden Musiker oder Sänger improvisiert. Erst ab dem 18. Jahrhundert wurden sie in der Notation festgehalten. Verzierungen (wie z. B. →Triller oder →Vorschlag) werden durch kleine Noten vor oder hinter der zu verzierenden Note oder durch ein Zeichen über dem Notensystem notiert.

Viola d'amore (ital. = Liebesviola) Streichinstrument in der Altlage. Die Viola d'amore entspricht in der Größe der modernen Bratsche. Sie verfügt über fünf bis sieben Griffsaiten in variabler Stimmung und sieben bis vierzehn Resonanzsaiten, die unterhalb des Griffbretts verlaufen.

Vivace (ital. = lebhaft, munter) Vortragsbezeichnung, die ein lebhaftes und schnelles Spiel vorschreibt. Ein Vivace (d. h. ein mit »vivace« überschriebenes Stück) wird meist schneller als ein →Allegro, aber langsamer als ein →Presto genommen.

Vorhalt Verzögerte Auflösung: Spiel eines dissonanten Tons (→Dissonanz) im Halb- oder Ganztonabstand statt des akkordeigenen in einem mehrstimmigen Satz. Ein Vorhalt soll den Eintritt der erwarteten Harmonie verzögern und so die Spannung steigern.

Vorschlag Verzierung, bei der einer Note eine andere Note im Halb- oder Ganztonabstand vorangestellt wird.

Wiener Klassik →Klassik

Wohlfahrt (HW) »Verzeichnis der Werke Johann Christoph Friedrich Bachs«, 1971 herausgegeben von Hanns Dieter Wohlfahrt. Abkürzung: HW.

Wotquenne (Wq) Verzeichnis der Werke Carl Philipp Emanuel Bachs; von Alfred Wotquenne als »Thematisches Verzeichnis der Werke von Carl Philipp Emanuel Bach« 1905 in Leipzig herausgegeben. Abkürzung: Wq.

Verzeichnis der Werke

Das Verzeichnis enthält alle im Text genannten Werke der Komponistenbrüder Bach. Die Werke werden entsprechend der Nummerierung im jeweiligen Werkverzeichnis aufgeführt. Kursiv gesetzte Seitenzahlen verweisen auf ein Notenbeispiel auf der entsprechenden Seite.

Wilhelm Friedemann Bach

(F = Nummerierung im Werkverzeichnis von Martin Falck)

Klavier- und Orgelmusik:

Konzerte:

Kammermusik:

Sinfonien:

Vokalmusik:

Carl Philipp Emanuel Bach

(Wq = Nummer im Werkverzeichnis von Alfred Wotquenne;
H = Nummer im Werkverzeichnis von Eugene Helm)

Jugendwerke

Sinfonien:

Konzerte:

Christoph Friedrich Bach

(HW = Gruppierung im Werkverzeichnis von Hannsdieter Wohlfahrt)

Vokalmusik:

Kammermusik:

Sinfonien:

Konzerte:

Johann Christian Bach

(A = Klaviermusik; B = Kammermusik; C = Sinfonien, Symphonies concertantes, Konzerte; E = Geistliche Vokalwerke (Messen, Magnificats, Psalmen etc.); F = Geistliche Kantaten; G = Opern, weltliche Kantaten; H = Lieder; nach der Gruppierung im Werkverzeichnis von Ernest Warburton)

Geistliche Werke:

Opern und andere Vokalmusik

Sinfonien und Ouvertüren:

6 Sinfonien op. 3 C-Dur, D-Dur, Es-Dur, B-Dur, F-Dur, G-Dur 1765 (C 1–6) 275

6 Sinfonien op. 6 G-Dur, D-Dur, Es-Dur, B-Dur, Es-Dur, g-Moll 1770 (C 7–12) 269, 275, *276*, *277*

6 Sinfonien op. 18 »Six Grand Overtures« Es-Dur, B-Dur, D-Dur, D-Dur, E-Dur, D-Dur 1781/82 (C 26–28) (die 3 übrigen sind Ouvertüren aus Opern) 261, 317

17 Symphonies concertantes für verschiedene Besetzungen mit Orchester (C 32–48) *316*

Konzerte:

5 Cembalokonzerte B-Dur, f-Moll, d-Moll, E-Dur, G-Dur »Berliner Cembalokonzerte« vor 1754 (C 68–72) 147

6 Cembalokonzerte op. 1 B-Dur, A-Dur, F-Dur, G-Dur, C-Dur, D-Dur 1763 (C 49–54) 256, 269

6 Klavierkonzerte op. 7 C-Dur, F-Dur, D-Dur, B-Dur, Es-Dur, G-Dur 1770 (C 55–60) *256*, 257

6 Klavierkonzerte op. 13 C-Dur, D-Dur, F-Dur, B-Dur, G-Dur, Es-Dur 1777 (C 62–67) 257

Cembalokonzert »nach Tartinis Manier« ca. 1755 (verschollen) (C 74) 147

Cellokonzert ca. 1755 (verschollen) (C 77) 147

Kammer- und Klaviermusik:

Sextett op. 3 für Oboe, 2 Hörner, Violine, Violoncello u. Clavier (auch als Werk Johann Christoph Friedrich Bachs bekannt; nach neuesten Erkenntnissen aber von Johann Christian komponiert) (B 78) 289

6 Quintette op. 11 C-Dur, G-Dur, F-Dur, Es-Dur, A-Dur, D-Dur (B 70–75) *289*

6 Quartette op. 8 C-Dur, D-Dur, Es-Dur, F-Dur, G-Dur, B-Dur (B 51–56) 289

2 Trios ca. 1755 (verschollen) (B 28–29) 147

6 Trios op. 2 B-Dur, A-Dur, Es-Dur, G-Dur, D-Dur, C-Dur (B 43–48) 288

2 Trios für Klavier, Violine und Violoncello C-Dur, A-Dur op. 15 Nr. 1/2 (B49–50) 288

6 Klaviersonaten op. 5 B-Dur, D-Dur, G-Dur, Es-Dur, E-Dur, c-Moll (A 1–6) *260*, *261*

6 Klaviersonaten op. 17 G-Dur, c-Moll, Es-Dur, G-Dur, A-Dur, B-Dur (A 7–12) 260, 261

2 Duette op. 15 für 2 Klaviere bzw. Klavier zu 4 Händen (A 18/21) 261, 288

Einspielungen

Musik der Bach-Söhne: W. F. Bach: Sinfonien F. 64 und 65 / C. P. E. Bach: Cembalokonzert Wq 6 / J. C. F. Bach: Sinfonien 3 und 10 / J. C. Bach: Sinfonie op. 6 Nr. 6
Gerald Hambitzer (Cembalo) Concerto Köln; Delta Capriccio 1989

Wilhelm Friedemann Bach

Sinfonien F. 64, 65, 67, Cembalokonzert F. 41 Charlotte Nediger (Cembalo), Tafelmusik, Ltg. Jeanne Lamon; Sony Vivarte 1997
Cembalokonzerte F. 41, 44, 45 Richard Egarr (Cembalo), London Baroque; Harmonia Mundi France 1995
Kammermusik: Triosonaten, Duette Ricercar Consort; Ricercar 1992
Cembalowerke Christophe Rousset (Cembalo); Harmonia Mundi France 1992
Polonaisen und Fantasien Harald Hoeren (Hammerklavier); cpo 1997
Kantaten Vol. 1 & 2 Rheinische Kantorei, Das Kleine Konzert, Ltg. Hermann Max; Delta Capriccio 1993

Carl Philipp Emanuel Bach

Sinfonien Wq 173–175, 178, 180 Les Amis de Philippe, Ltg. Ludger Rémy; cpo 1996
Hamburger Sinfonien Wq 182 The Academy of Ancient Music, Ltg. Christopher Hogwood; L'Oiseau Lyre 1979/1994
Sämtliche Cembalokonzerte Miklós Spányi (Cembalo, Hammerklavier), Concerto Armonico Budapest, Ltg. Péter Szüts; BIS 1994–1999
Cembalokonzerte Wq 30, 37, 38 Ludger Rémy (Cembalo), Les Amis de Philippe; cpo 1995
Hamburger Cembalokonzerte Wq 43 Bob van Asperen (Cembalo), Melante Amsterdam; Virgin Classics 1984/1994
Sämtliche Werke für Cembalo, Clavichord und Hammerklavier, Miklós Spányi (Tasteninstrumente); BIS 1997–1999
Sonaten und Fantasien Andreas Staier (Cembalo, Hammerklavier); Deutsche Harmonia Mundi 1989
Sechs Sammlungen für Kenner und Liebhaber Wq 55–60 Gabor Antalffy (Cembalo, Hammerklavier); cpo 1993
Sämtliche Sonaten für Flöte und Cembalo Barthold Kuijken (Traversflöte), Bob van Asperen (Cembalo); Sony Vivarte 1993
5 Trios für Klavier, Violine und Cello aus Wq 89–91 Trio 1790; cpo 1994
Quartette Wq 93–95, Flötensonate Wq 133 Les Adieux; Deutsche Harmonia Mundi 1988/1997
»Die Auferstehung und Himmelfahrt Jesu« Wq 240, Kantate »Gott hat den Herrn auferweckt« Wq 244 Barbara Schlick (Sopran), Christoph Prégardien (Tenor), Stephen Varcoe (Bass), Rheinische Kantorei, Das Kleine Konzert, Ltg. Hermann Max; Delta Capriccio 1988
»Die Israeliten in der Wüste« Wq 238 Barbara Schlick (Sopran), Lena Lootens (Sopran), Hein Meens (Tenor), Stephen Varcoe (Bass), Corona et Cappella Coloniensis, Ltg. William Christie; Harmonia mundi France 1990/1993
Vokalwerke I und II (Kantaten und geistl. Chorwerke) Rheinische Kantorei, Das Kleine Konzert, Ltg. Hermann Max; Delta Capriccio 1988

Johann Christoph Friedrich Bach

Triosonaten London Baroque; Harmonia Mundi France 1996
»Pygmalion«, »Ino«, »Die Amerikanerin« Barbara Schlick (Sopran), Harry van der Kamp (Bass), Das Kleine Konzert, Ltg. Hermann Max; Delta Capriccio 1990
Die Kindheit Jesu, Wachet auf, Fünf Geistliche Lieder Rheinische Kantorei, Das Kleine Konzert, Ltg. Hermann Max; Delta Capriccio 1989

Johann Christian Bach

»Endimione« Vasiljka Jezovsek, Ann Monoyios, Jörg Waschinski, Jörg Hering, Cappella Coloniensis, Dir. Bruno Weil; Deutsche Harmonia Mundi 1999
Sinfonien op. 6 The Hanover Band, Ltg. Anthony Halstead; cpo 1995
Sinfonien op. 8 The Hanover Band, Ltg. Anthony Halstead; cpo 1997
Ouvertüren Vol. 1 The Hanover Band, Ltg. Anthony Halstead; cpo 1995
Berliner Cembalokonzerte Vol. 1 The Hanover Band, Ltg. Anthony Halstead (Cembalo); cpo 1997
Klavierkonzerte op. 7 The Hanover Band, Ltg. Anthony Halstead (Hammerklavier); cpo 1999
Klavierkonzerte op. 13 Nr. 1–3 The Hanover Band, Ltg. Anthony Halstead (Hammerklavier); cpo 1999
Bläserkonzerte Vol. 1 Anthony Robson (Oboe), Rachel Brown (Flöte), Jeremy Ward (Fagott), The Hanover Band, Ltg. Anthony Halstead; cpo 1996
Symphonies concertantes Vol. 1 Graham Cracknell, Anna McDonald (Violine), Angela East (Violoncello), Anthony Robson (Oboe), The Hanover Band, Ltg. Anthony Halstead; cpo 1996
Quintette op. 11 Camerata des 18. Jahrhunderts; MDG 1995
Klaviertrios op. 2 und op. 15 Trio 1790; cpo 1994
Klaviersonaten op. 5 Harald Hoeren (Hammerklavier); cpo 1997
Vauxhall Songs Complete Mária Zádori (Sopran), Capella Savaria, Ltg. Pál Nemeth; Hungaroton Classic 1998

Eine Auswahl

Carl Philipp Emanuel Bach: Versuch über die wahre Art das Clavier zu spielen (1753). Reprint, Kassel 1994

Charles Burney: Carl Burney's der Musik Doctors Tagebuch seiner Musikalischen Reisen. Deutsch von C. D. Ebeling, Hamburg 1773 (darin Carl Philipp Emanuel Bachs Autobiografie)

Leopold Mozart: Versuch einer gründlichen Violinschule (1756). Reprint, Kassel 1994

Johann Joachim Quantz: Versuch einer Anweisung, die Flöte traversière zu spielen. Reprint der Ausgabe Berlin 1752, Leipzig 1983

Ilse S. Baierle (verh. Staral): Die Klavierwerke von Johann Christian Bach, Wien 1974 (Dissertationen der Universität Graz 24)

C. H. Bitter: Carl Philipp Emanuel und Wilhelm Friedemann Bach und deren Brüder. Zwei Bände, Berlin 1868

Stephen L. Clark: C. P. E. Bach Studies, Oxford 1988

Martin Falck: Wilhelm Friedemann Bach. Sein Leben und seine Werke mit thematischem Verzeichnis seiner Kompositionen und zwei Bildern, Leipzig 1913. Neuauflage, Lindau/B. 1956

Heinz Gärtner: Johann Christian Bach. Mozarts Freund und Lehrmeister, München 1989

Karl Geiringer: Die Musikerfamilie Bach. Leben und Wirken in drei Jahrhunderten, unter Mitarbeit von Irene Geiringer, München 1958

Walter Haacke: Die Söhne Bachs. Vier Musikerschicksale in der Zeit des Übergangs vom Barock zur Klassik, Freiburg im Breisgau 1962

Christoph Henzel: Zu Wilhelm Friedemann Bachs Berliner Jahren, Leipzig 1992, in: Bach-Jahrbuch 78, 1992, S. 107–112

Stefan Kunze: Die Sinfonie im 18. Jahrhundert. Von der Opernsinfonie zur Konzertsinfonie, Laaber 1993

Ulrich Leisinger: Die geistlichen Vokalwerke von Johann Christoph Friedrich Bach – Aspekte der Entstehungs- und Überlieferungsgeschichte, in: Bach-Jahrbuch 81, 1995

Ulrich Leisinger und Peter Wollny: »Altes Zeug von mir«. Carl Philipp Emanuel Bachs kompositorisches Schaffen vor 1740, Leipzig 1993, in: Bach-Jahrbuch 79, 1993, S. 127–204

Hans Joachim Marx (Hrsg.): Carl Philipp Emanuel Bach und die europäische Musikkultur des mittleren 18. Jahrhunderts. Bericht über das Internationale Symposium der Joachim Jongius Gesellschaft der Wissenschaften Hamburg, 29. 9. – 2. 10. 1988, Göttingen 1990

Hans-Günther Ottenberg: Carl Philipp Emanuel Bach, Leipzig 1982

Hugo Riemann: Die Söhne Bachs. In: Präludien und Studien. Gesammelte Aufsätze zur Aesthetik, Theorie und Geschichte der Musik, hrsg. von Hugo Riemann, III. Band, Leipzig o. J., S. 173–184

Charles Rosen: Der klassische Stil. Haydn, Mozart, Beethoven, dt. Übersetzung, Kassel 1983

Peter Rummenhöller: Die musikalische Vorklassik. Kulturhistorische und musikgeschichtliche Grundrisse zur Musik im 18. Jahrhundert zwischen Barock und Klassik, Kassel 1983

Ernst F. Schmid: Carl Philipp Emanuel Bach und seine Kammermusik, Kassel 1931

David Schulenberg: The Instrumental Music of Carl Philipp Emanuel Bach. Ann Arbor, Michigan 1984

Max Schwarz: Johann Christian Bach (1735–82). Sein Leben und seine Werke, mit besonderer Berücksichtigung seiner Symphonien und Kammermusik, Leipzig 1901

Charles S. Terry: John Christian Bach, London 1929

Marc Vignal: Die Bach-Söhne, Laaber 1999

Marie Ann Heiberg Vos: The liturgical choral works of Johann Christian Bach, Diss., Washington University 1969

Günther Wagner: Die Sinfonien Carl Philipp Emanuel Bachs. Werdende Gattung und Originalgenie, Stuttgart 1994

Ernest Warburton: J. C. Bach's Operas. In: Proceedings 92, 1966, S. 95–106

Hannsdieter Wohlfarth: Johann Christoph Friedrich Bach. Ein Komponist im Vorfeld der Klassik, Bern 1971

Peter Wollny: Studies in the music of Wilhelm Friedemann Bach. Sources and style, Dissertation Harvard University 1993

Percy M. Young: Johann Christian, der Englische Bach, Leipzig 1969, in: MUSA – MENS – MUSICI. Im Gedenken an Walther Vetter, hrsg. vom Institut für Musikwissenschaft der Humboldt-Universität zu Berlin, S. 189–196

Percy M. Young: The Bachs. 1500–1850, London 1970

	1710	1720	1730
Politik Geschichte	**1701–14** Der Spanische Erbfolgekrieg zwischen Frankreich, Österreich, Großbritannien, Holland, dem Deutschen Reich, Preußen, Hannover, Savoyen und Portugal führt zu einem Machtverlust Frankreichs und dem Aufstieg von Österreich und England. **1715** Ludwig XIV. von Frankreich stirbt.		**1730** Der preußische König Friedrich Wilhelm I. lässt seinen Sohn Friedrich II. nach der Entdeckung seiner Fluchtpläne vor ein Kriegsgericht stellen und inhaftieren (bis 1732). **1733** Ausbruch des Polnischen Erbfolgekrieges.
Musik	**1711** Georg Friedrich Händels (1685–1759) Oper »Rinaldo« wird in London uraufgeführt. Der englische Trompeter und Lautenspieler John Shore (um 1662–1752) entwickelt seine Stimmgabel. **1712** Antonio Vivaldis (um 1678–1741) Konzertsammlung »L'estro armonico«, op. 3, erscheint in Amsterdam. Johann Christoph Graupner (1683–1760), gefeiert vor allem als Cembalist und Opernkomponist, wird Hofkapellmeister in Darmstadt. **1713** Arcangelo Corelli (1653–1713), der Meister des Concerto grosso, stirbt in Rom. François Couperin »Le Grand« (1668–1733) beginnt mit seiner Komposition der »Pièces de clavecin« (4 Bücher). **1714** Die zwölf Concerti grossi, op. 6, von Corelli erscheinen posthum in Rom. **1717** Georg Friedrich Händel komponiert drei Orchestersuiten für die Wasserfahrten Georgs I. (»Wassermusik«). Johann Sebastian Bach (1685–1750) komponiert als Hofkapellmeister in Köthen einen großen Teil seiner Orchester- bzw. Solostreichermusik (bis 1723).	**1722** Johann Sebastian Bach komponiert in Köthen den ersten Teil des »Wohltemperierten Claviers« (der zweite Teil entsteht 1738–42 in Leipzig) Jean-Philippe Rameau (1683–1764) veröffentlicht seine Schrift »Traité de l'harmonie reduite à ses principes naturels«, ein Schlüsselwerk zum musiktheoretischen Denken des 18. Jahrhunderts. **1724** Die Johannespassion Johann Sebastian Bachs, seit 1723 Thomaskantor, wird in Leipzig uraufgeführt. **1725** Alessandro Scarlatti (1660–1725), der Meister der neapolitanischen Art der Opera seria, stirbt in Neapel. In Paris wird das »Concert spirituel« als erste öffentliche Konzertveranstaltung gegründet. Antonio Vivaldi veröffentlicht zwölf Violinkonzerte (»Il cimento dell'armonia e dell'inventione«, op.8), darunter »Le quattro stagioni« (»Die vier Jahreszeiten«). **1727** Johann Sebastian Bach komponiert die Matthäuspassion **1728** Johann Christoph Pepusch (1667–1752) und John Gay (1685–1732) schreiben das ironisch-sozialkritische englische Singspiel »The Beggar's Opera«, dessen Erfolg Händels Londoner Opernruhm ruiniert.	**1731** Johann Adolf Hasses (1699–1783) Oper »Cleofide« wird in Dresden uraufgeführt. **1732** Johann Gottfried Walther (1684–1748) veröffentlicht sein »Musicalisches Lexikon«, das erste bedeutende Musiklexikon in deutscher Sprache. Joseph Haydn (gest. 1809) wird in Rohrau (Österreich) geboren. **1733** Johann Sebastian Bach komponiert Kyrie und Gloria der späteren »h-Moll Messe«. Mit der Überarbeitung der »Esther« beginnt Händel regelmäßig Oratorien auf englische Texte zu komponieren. **1736** Gottfried Silbermann (1683–1753) vollendet die Orgel für die Frauenkirche in Dresden. **1737** Johann Adolf Scheibe (1708–76) gibt seine Musikzeitschrift »Der critische Musicus« in Hamburg heraus (die Zeitschrift existiert bis 1740, bzw. 1745). **1739/40** Johann Mattheson (1681–1764) veröffentlicht seine wichtigsten Schriften zur Musikgeschichte und -theorie: »Der vollkommene Capellmeister« und »Grundlage einer Ehren-Pforte«.
Architektur Philosophie Kunst Literatur	**1704** John Locke (geb. 1632), englischer Aufklärungsphilosoph, stirbt. **1717** Die erste Großloge der modernen humanitären Freimaurer entsteht in London.	**1722** Matthäus Daniel Pöppelmann (1662–1736) vollendet den Dresdner Zwinger, einen der bekanntesten Barockbauten in Deutschland. **1726** Georg Bähr (1666–1738) baut die protestantische Frauenkirche in Dresden im Stil der italienischen Kirchenbauten des Barock.	

1770

1774
Ludwig XVI. wird König von Frankreich.

1775
Der Unabhängigkeitskrieg der englischen Kolonien in Nordamerika beginnt

1770
Ludwig van Beethoven (gest. 1827) wird in Bonn geboren.

1770/72
Mozarts erste Opere serie (»Mitridate, rè di Ponto« und »Lucio Silla«) werden mit stürmischem Beifall in Mailand uraufgeführt.

1773
Mit dem Titel »Carl Burney's des Musik Doctors Tagebuch seiner Musikalischen Reisen« erscheint in Hamburg die deutsche Übersetzung von Charles Burneys (1726–1814) Schriften »The Present State of Music in France and Italy« (1771) und »The Present State of Music in Germany« (1773). Die Ausgabe ist ein unschätzbares Dokument des europäischen Musiklebens in der zweiten Hälfte des 18. Jahrhunderts, in der auch die Autobiografie Carl Philipp Emanuel Bachs abgedruckt ist.

1774
Die Uraufführung der »Iphigenie in Aulis« von Christoph Willibald Gluck löst in der Pariser Opernszene einen verbitterten Kampf aus. Ein Teil des Publikums feiert Niccolò Piccini (1728–1800), der denselben mythologischen Stoff vertonte, so dass sich »Gluckisten« und »Piccinisten« in den folgenden Jahren feindlich gegenüber stehen.

1772
Johann Gottfried Herder (1742–1803) veröffentlicht seine »Abhandlung über den Ursprung der Sprache«.

1776
Das Schauspiel »Sturm und Drang« wird von Friedrich Maximilian Klinger (1752–1831) uraufgeführt.

1780

1786
Friedrich der Große stirbt.

1789
Die Französische Revolution beginnt und erreicht mit dem Sturm auf die Bastille ihren ersten Höhepunkt.

1781
Mozarts Oper »Idomeneo« wird in München uraufgeführt; Joseph Haydn veröffentlicht die »Russischen« Streichquartette, op. 33, in denen zum ersten Mal das Scherzo als Satztyp in der klassischen Musik erscheint.
Mozart wird vom Salzburger Dienst entlassen und bleibt endgültig in Wien. Er komponiert für das Wiener Nationaltheater das Singspiel »Entführung aus dem Serail« (uraufgeführt 1782).

1783
Johann Adolf Hasse (geb. 1699), der bedeutendste deutsche Komponist italienischer Opern vor Mozart, stirbt in Venedig.

1785
Mozart veröffentlicht die Joseph Haydn gewidmeten 6 Streichquartette.

1785–86
Joseph Haydn komponiert die 6 »Pariser« Sinfonien für das »Concert de la Loge Olympique« in Paris.

1786
Mozarts erste Oper »Le Nozze di Figaro« nach einem Libretto von Lorenzo da Ponte wird in Wien mit mäßigem Erfolg uraufgeführt.

1787
Mozarts »Don Giovanni« nach einem Text von Lorenzo da Ponte wird in Prag unter stürmischem Beifall uraufgeführt.

1784
Immanuel Kant (1724–1804) veröffentlicht seine Schrift »Was ist Aufklärung«.
Jacques Louis David (1748–1825) malt das Bild »Der Schwur der Horatier«, welches als erstes klassizistisches Gemälde gilt.

1790

1790
Die Oper »Cosi fan tutte« von Mozart auf den Text von Lorenzo da Ponte wird kurz vor dem Tod Josephs II. in Wien uraufgeführt.
Der 20-jährige Beethoven siedelt von Bonn nach Wien über.

1791
Wolfgang Amadé Mozart komponiert »Die Zauberflöte« und das unvollendet gebliebene »Requiem«. Mozart stirbt.
Der 59-jährige Joseph Haydn kommt nach London und bringt im Auftrag des deutschen Geigers Johann Peter Salomon (1745–1815) eine Konzertserie mit neuen Sinfonien zu Gehör. Während Haydns zwei London-Aufenthalten (1791–92, 1794–95) wird Haydn vom Londoner Publikum gefeiert.

1792
Gioacchino Rossini (1792–1868) wird in Pesaro geboren.

1795
Beethoven veröffentlicht in Wien sein Opus 1, die drei Klaviertrios.

1797
Haydn komponiert die österreichische Kaiserhymne »Gott erhalte«.

1798
Haydns Oratorium »Die Schöpfung« wird in Wien uraufgeführt.

1740

1740
Friedrich II. wird nach dem Tod seines Vaters König von Preußen.

1740–48
Der Österreichische Erbfolgekrieg zwischen Österreich und Preußen endet durch Russlands militärische Unterstützung mit dem Aachener Frieden zugunsten Maria Theresias.

1741–42
Mit den »Goldberg-Variationen« schließt Johann Sebastian Bach die vierteilige »Clavierübung«, eine Enzyklopädie der barocken Tastenmusik, ab.

1742
Händels Oratorium »Der Messias« wird in Dublin uraufgeführt.

1743
Kurfürst Carl Theodor gründet in Mannheim ein Orchester mit den besten Instrumentalisten der damaligen Zeit, das in kurzer Zeit europaweit die höchste Bewunderung genießt. Der bedeutendste Vertreter der so genannten »Mannheimer Schule« wird Johann Wenzel Anton Stamitz (1717–57).

1747
Johann Sebastian Bach besucht König Friedrich II. von Preußen, improvisiert nach einem vom König vorgegebenen Thema und komponiert das »Musicalische Opfer«.

1749–50
Der deutsche Musiktheoretiker und Komponist Friedrich Wilhelm Marpurg (1718–95) gründet in Berlin die Musikzeitschrift »Der Critische Musicus an der Spree«, der weitere Zeitschriften folgen (»Historisch-Kritische Beyträge zur Aufnahme der Musik«, 1754–62, 1778; »Kritische Briefe über die Tonkunst«, 1759–63).

1745
Georg Wenzeslaus von Knobelsdorff (1699–1753) beginnt den Bau des Schlosses Sanssouci in Potsdam (bis 1747) als eines der bedeutendsten Schlösser des deutschen Rokoko.

1750

1756
Beginn des Siebenjährigen Krieges Preußens mit Österreich, Russland, Frankreich und Kursachsen um Schlesien

1759
Friedrich II. wird von Österreichern und Russen bei Kunersdorf besiegt, wodurch der preußische Staat in eine schwere Krise gerät

1750
Johann Sebastian Bach komponiert sein letztes großes Werk, »Die Kunst der Fuge«, die unvollendet bleibt, da er noch im selben Jahr stirbt.

1752
Johann Joachim Quantz (1697–1773) veröffentlicht in Berlin sein theoretisches und praktisches Werk »Versuch einer Anweisung die Flöte traversière zu spielen«.
Die Opera buffa »La Serva padrona« von Giovanni Battista Pergolesi (1710–36) wird in Paris aufgeführt. Damit kulminiert der jahrelange Opernstreit (»Buffonistenstreit«) zwischen den Anhängern der höfischen Tragédie lyrique und der volkstümlichen Opera buffa bzw. Opéra comique.

1753
Carl Philipp Emanuel Bach veröffentlicht den ersten Band seines Handbuchs »Versuch über die wahre Art das Clavier zu spielen«, 2. Band: 1762.
Niccolò Jomelli (1714–74), der berühmteste Opernkomponist dieser Jahre, wird Hofkapellmeister in Stuttgart (bis 1769).

1756
Leopold Mozart (1719–87) veröffentlicht sein Buch »Versuch einer gründlichen Violinschule«, eine wichtige Quelle der Aufführungspraxis der Musik im 18. Jahrhundert.

1759
Georg Friedrich Händel stirbt als gefeierter Nationalkomponist in London.

1750
Voltaire (1694–1778) ist bis 1752 in Sanssouci und nimmt einen bedeutenden Einfluss auf das Denken Friedrichs des Großen.

1751
Der erste Band der »Encyclopédie française«, herausgeben von Denis Diderot (1713–84) und Jean Le Rond d'Alembert (1717–83), erscheint in Paris.

1760

1762
Katharina II. wird Zarin von Russland.

1763
Der Friede zu Hubertusburg zwischen Österreich, Sachsen und Preußen beendet den Siebenjährigen Krieg. Preußen behält Schlesien und wächst zur fünften Großmacht heran.

Versuch
über die wahre Art
das Clavier zu spielen
mit Exempeln
und achtzehn Probe-Stücken in sechs Sonaten
erläutert
von
Carl Philipp Emanuel Bach,
Königl. Preuß. Cammer-Musikus.

Berlin, in Verlegung des Auctoris.

Gedruckt bey dem Königl. Hof-Buchdrucker Christian Friedrich Henning.
1753.

1761
Joseph Haydn wird Kapellmeister beim Fürsten Esterházy (bis 1790).

1762
Die erste Reformoper von Christoph Willibald Gluck (1714–1787), »Orfeo ed Euridice«, wird im Wiener Kaiserhof uraufgeführt. Darin nimmt er das Ideal des griechischen Dramas wieder auf.

1763–66
Wolfgang Amadé Mozart (1756–91) und seine Schwester reisen mit dem Vater durch Westeuropa und werden dem vornehmen Publikum der bedeutendsten Musikzentren vorgestellt (u.a. in Paris und in London, wo Mozart Johann Christian Bach kennenlernt).

1764
Johann Joachim Winckelmann (1717–68) veröffentlicht seine »Geschichte der Kunst des Alterthums«. Seine Auffassung vom Wesen der griechischen Kunst als »edle Einfalt und stille Größe« bestimmt die Kunstauffassung der deutschen Klassik.
Voltaire veröffentlicht seine »Dictionnaire philosophique«.

Notenbeispiele

Das Verzeichnis der Notenbeispiele führt alle im Buch gezeigten Noten in der Reihenfolge der Kapitel auf.

200 Die Kindheit Jesu, Arie der Maria (HW XIV/2)
201 Die Kindheit Jesu, Simeons Choral-Solo (HW XIV/2)

Hamburgs weltoffene Musikszene Emanuels musikalische Autorität
Carl Philipp Emanuel Bach:
227 »Die Israeliten in der Wüste«, Arie des Moses; Eingangschor (Wq 238)
228 »Heilig«, Chor der Engel, Satzbeginn (Wq 217)
232 Konzert für Cembalo in D-Dur, 1. Satz, Andante-Episode (Wq 43/2)
233 Doppelkonzert für Cembalo, Hammerklavier und Orchester in Es-Dur, 1. Satz, Allegro di molto, gemeinsames, zweiteiliges Thema der Soloinstrumente (Wq 47)

Ein Bach in Italien Christian, der Opernkomponist
240 Wolfgang Amadé Mozart: »Exsultate jubilate«, Motette für Sonate, Alleluja-Arie
243 Johann Christian Bach: Arie des Alessandro aus der Oper »Alessandro nell'Indie« (Text: Metastasio)

Musik für London Christians Karriere auf dem Höhepunkt
Johann Christian Bach:
256 Konzert für Cembalo in Es-Dur, 1. Satz, Allegro di molto, Hauptthema (op. 7/5); Konzert für Cembalo in Es-Dur, 2. Satz, Soloeinsatz (op. 7/5)
260 Sonate c-Moll, 2. Satz, Allegro moderato, Beginn der Fuge (op. 5)
261 Sonate D-Dur, 1. Satz, Allegro di molto, Kopfthema; Seitenthema (op 5/2)
265 Wolfgang Amadé Mozart: Klavierkonzert in Es-Dur nach der Sonate für Klavier op. 5/4 von Johann Christian Bach: 1. Satz, Allegro, Einsatz des Soloklaviers (K 107)

Mode, Originalität und Tradition Die Kompositionsstile Emanuels, Christians und Friedrichs
271 Carl Philipp Emanuel Bach: Sinfonie in G-Dur, 1. Satz, Allegro di molto, Satzbeginn (Wq 182/1); Sinfonie C-Dur, 1. Satz, Allegro assai, Satzbeginn (Wq 182/3)
272 Johann Christoph Friedrich Bach: Sinfonie in d-Moll, 1. Satz, Allegro, Anfangsthema; 2. Satz, Andante amoroso, Anfangsthema (HW1/3)
273 Johann Christoph Friedrich Bach: Sinfonie in B-Dur, 1. Satz, Largo, Kopfthema; 1. Satz, Allegro, Kopfthema (HW 1/20)
276 Johann Christian Bach: Sinfonie in g-Moll, 2. Satz, Andante più tosto adagio, Anfangsthema (op.6/6)
277 Joseph Haydn: Streichquartett in C-Dur, 2. Satz, Capriccio Adagio, Anfangsthema, op. 20/2 (Hob. 111:32)
277 Johann Christian Bach: Sinfonie in g-Moll, 1. Satz, Allegro, Kopfthema; 3. Satz, Allegro, Kopfthema der Violinen (op. 6/6)
285 Johann Sebastian Bach: Sonate in e-Moll für Flöte und Generalbass, 1. Satz, adagio ma non tanto, Satzbeginn (BWV 1034); Sonate für Flöte und Cembalo, 1. Satz, Andante, Anfangsthema (BWV 1030)
Johann Christian Bach:
288 Trio in C-Dur, 2. Satz, Tempo di Menuetto, Menuett-Thema (op. 15/1)
289 Quintett in C-Dur für Flöte, Violine, Viola, Cello und Generalbass, 3. Satz, Menuetto con Variazione, Thema in der Flötenstimme (op.11)
299 Carl Philipp Emanuel Bach: Sonate in F-Dur, 1. Satz, Andante, Anfangsthema (Wq 55/2); Rondo in C-Dur, Allegretto, Rondothema; Allegretto Figuration (Wq 56/1)
300 Sonate in f-Moll, 1. Satz, Allegro assai, Anfangsthema (Wq 57/6); Sonate in d-Moll, 2. Satz, Cantabile e mesto, Anfangsthema (Wq 57/4); Rondo in E-Dur, Poco Andante, Rondothema; F-Dur Variante des Rondothemas; Fis-Dur Variante des Rondothemas (Wq 57/1)
303 Fantasie in c-Moll, einleitender Teil, Allegro moderato (Wq 63/6); Fantasie in C-Dur, Presto di molto, Anfangsthema (Wq 61/6); Fantasie in fis-Moll für Klavier und Violine, Anfang (Wq 80)

Mannheim und Paris Christian auf Tournee
316 Johann Christian Bach: Symphonie concertante in Es-dur, 2. Satz, Andante, Hauptthema (C33a)

Finale Lebensabende und Ende einer Epoche
325 Wilhelm Friedemann Bach: Fuge in d-Moll, Thema; Fuge in f-Moll, Thema (F 31
326 Carl Philipp Emanuel Bach: »Morgengesang am Schöpfungsfeste«, Orchestereinleitung zum Arioso, (Wq 239)
327 Quartett in G-Dur für Flöte, Bratsche, Violoncello und Klavier, 2. Satz, Adagio, Anfangsthema (Wq 95); Quartett in D-Dur, 2. Satz, sehr langsam und ausgehalten, Bratschenthema (Wq 94)

Namenregister

Das Namenregister führt alle im Text erwähnten Namen auf. Kursive Seitenzahlen verweisen auf eine Abbildung.

Orts- und Sachregister

Das Orts- und Sachregister führt alle im Text erwähnten Orte sowie im Text erläuterte Sachbegriffe auf. Kursive Seitenzahlen verweisen auf eine Abbildung, fett gesetzte Seitenzahlen auf eine ausführliche Erklärung des Sachbegriffs im Glossar.

Bildnachweis

Der Verlag hat sich bis Redaktionsschluss intensiv bemüht, alle Inhaber von Abbildungsrechten ausfindig zu machen. Personen und Institutionen, die möglicherweise nicht erreicht wurden und Rechte an verwendeten Abbildungen beanspruchen, werden gebeten, sich nachträglich mit dem Verlag in Verbindung zu setzen.

(o. = oben; u. = unten; l. = links; r. = rechts; M. = Mitte)

2: Musikinstrumenten-Museum der Universität Leipzig/Foto: Karin Kranich
10/11: AKG, Berlin
13: Carus, Stuttgart
14: Bibliothèque Nationale de France, Paris
15 l.: AKG, Berlin
15 r.: Carus, Stuttgart
16: AKG, Berlin
17 o.: AKG, Berlin
17 u.: AKG, Berlin
18 o.: AKG, Berlin
18 u.: Museum für Hamburgische Geschichte, Hamburg
19: Carus, Stuttgart
20: Staatliche Kunstsammlungen Dresden, Gemäldegalerie Alte Meister/Foto: Hans Peter Klut
21: Staatliche Galerie Moritzburg, Halle
22: Staatsbibliothek zu Berlin/ Preußischer Kulturbesitz - Musikabteilung mit Mendelssohn-Archiv
23 o.: Stiftung Preußischer Schlösser und Gärten Berlin-Brandenburg, Potsdam
23 u.: AKG, Berlin
24 o.: Könemann Verlagsgesellschaft, Köln/Foto: Achim Bednorz
24 u.: Fürstliche Hofkammer Bückeburg
25: Carus, Stuttgart
26: The Bridgeman Art Library, London/Foto: Roger Viollet, Paris
27: The Royal Collection, © Her Majesty Queen Elisabeth II, Windsor
28/29: AKG, Berlin
30: The Lebrecht Collection, London
31 o.: AKG, Berlin
31 u.: AKG, Berlin
32 u., o.: Jürgens Ost- und Europaphoto, Berlin
33: Jürgens Ost- und Europaphoto, Berlin
34: AKG, Berlin
35: Jürgens Ost- und Europaphoto, Berlin
36: Bachhaus, Eisenach
37: Bachhaus, Eisenach
38: The Lebrecht Collection, London
39 l.: Dpa, Frankfurt
39 r.: AKG, Berlin
40: Abdruck mit freundlicher Genehmigung des Bärenreiter Verlages, Kassel
41: Abdruck mit freundlicher Genehmigung des Bärenreiter Verlages, Kassel
42: Jürgens Ost- und Europaphoto, Berlin
43: Stadtgeschichtliches Museum, Leipzig
44: Stadtgeschichtliches Museum, Leipzig
45: Carus, Stuttgart
46 u.: Musikinstrumenten-Museum der Universität Leipzig/ Foto: Herre
46 o.: Scala, Florenz
47: Institut Royal du Patrimoine Artistique, Brüssel
48: Civico Museo Bibliographico Musicale, Bologna
49: Sächsische Landesbibliothek – Staats- und Universitätsbibliothek Dresden – Abt. Deutsche Fotothek/Foto: R. Richter
50: Carus, Stuttgart
51: Cinetext, Frankfurt
54: Staatsbibliothek zu Berlin – Preußischer Kulturbesitz, Musikabteilung mit Mendelssohn-Archiv
55: Jürgens Ost- und Europaphoto, Berlin
57: Museum für Kunst und Gewerbe Hamburg
58 o.: AKG Berlin / Erich Lessing
58 M.: AKG Berlin / Erich Lessing
58 u.: AKG, Berlin
59 o.: AKG, Berlin
59 M.: AKG, Berlin
59 u.: AKG, Berlin
60: Jürgens Ost- und Europaphoto, Berlin
61 o.: Collection Ton Koopman (Unipers-Archiv), Abcoude
61 u.: Staatsbibliothek zu Berlin, Preußischer Kulturbesitz – Musikabteilung mit Mendelssohn-Archiv
62/63: Staatliche Kunstsammlungen Dresden, Gemäldegalerie Alte Meister/Foto: Hans Peter Klut
64: Sächsische Landesbibliothek – Staats- und Universitätsbibliothek Dresden - Abt. Deutsche Fotothek/Foto: R. Richter
65: Sächsische Landesbiblitothek – Staats- und Universitätsbibliothek Dresden - Abt. Deutsche Fotothek/Foto: M. Würker
66: Sächsische Landesbibliothek – Staats- und Universitätsbibliothek Dresden - Abt. Deutsche Fotothek/Foto: Godenschweg
67: The Lebrecht Collection, London
68: BPK, Berlin
69 o., u.: Sächsische Landesbibliothek – Staats- und Universitätsbi-

bliothek Dresden - Abt. Deutsche Fotothek/Foto: R. Richter
70: Bachhaus, Eisenach
71: Jürgens Ost- und Europaphoto, Berlin
73: AKG, Berlin / Erich Lessing
74, l. o.: Musikinstrumenten-Museum der Universität Leipzig/ Foto: Janos Stekovics
74 l. M.: Musikinstrumenten-Museum der Universität Leipzig/ Foto: Janos Stekovics
74 l. u: Musikinstrumenten-Museum der Universität Leipzig/ Foto: Janos Stekovics
74 r.: Musikinstrumenten-Museum der Universität Leipzig/ Foto: Janos Stekovics
75: Musikinstrumenten-Museum der Universität Leipzig/ Foto: Janos Stekovics
76: Sächsische Landesbibliothek – Staats- und Universitätsbibliothek Dresden - Abt. Deutsche Fotothek/Foto: W. Möbius
77 o.: Sächsische Landesbibliothek – Staats- und Universitätsbibliothek Dresden – Abt. Deutsche Fotothek/Foto: W. Hahn
77 u.: Sächsische Landesbibliothek – Staats- und Universitätsbibliothek Dresden – Abt. Deutsche Fotothek/Foto: A. Rous
84: Zentralbibliothek, Zürich
85: Jürgens Ost- und Europaphoto, Berlin
86/87: BPK, Berlin
88: Staatsbibliothek zu Berlin - Preußischer Kulturbesitz
89: Ullstein Bilderdienst, Berlin
90: AKG, Berlin
91: AKG, Berlin
92: Archiv Éditions du Seuil, Paris
93: BPK, Berlin/Foto: Jörg P. Anders
94: Bach-Archiv Leipzig
95 o.: The Bridgeman Art Library, London
95 u.: BPK, Berlin
97: Staatsbibliothek zu Berlin - Preußischer Kulturbesitz
99: Rheinische Friedrich-Wilhelms-Universität, Bonn/Musikwissenschaftliches Seminar
100: Artothek, Peissenberg/Foto: Claus Hansmann
102/103: AKG, Berlin
104: Sächsische Landesbibliothek – Staats- und Universitätsbibliothek Dresden – Abt. Deutsche Fotothek/Foto: Heselbarth
105: AKG, Berlin
106: The Bridgeman Art Library, London
107: Helga Lade Fotoagentur, Frankfurt
108: Kupferstichkabinett, Staatliche Museen zu Berlin – Preußischer Kulturbesitz/Foto: Jörg P. Anders
109 o.: Musikinstrumenten-Museum der Universität Leipzig/ Foto: Janos Stekovics
109 u.: Musikinstrumenten-Museum der Universität Leipzig/ Foto: Janos Stekovics
110: Germanisches Nationalmuseum Nürnberg
114: Carus, Stuttgart/Foto: Constantin Beyer, Weimar
115: Abdruck mit freundlicher Genehmigung des Rensch Orgelbauverlags; Ulrike Schneider, Lauffen/N.
116: AKG, Berlin
117: Cameraphoto-Arte, Venedig
120/121: artur, Köln/Foto: Klaus Frahm
122: Helga Lade Fotoagentur, Frankfurt
123 l.: Stadtgeschichtliches Museum, Leipzig
123 r.: Helga Lade Fotoagentur, Frankfurt
124: DEFA/Foto: Andreas Post, Münster
125: AKG, Berlin
126: AKG, Berlin
127: Helga Lade Fotoagentur, Frankfurt
128: BPK, Berlin
129 o.: Carus, Stuttgart
129 u.: AKG, Berlin
130 o.: The Lebrecht Collection, London
130 u.: DEFA/Foto: Andreas Post, Münster
131 o.: AKG, Berlin
131 u. l.: Carus, Stuttgart
131 u. r.: Stadt Bückeburg
132 o.: Staatliche Galerie Moritzburg, Halle
132 M.: Staatsbibliothek zu Berlin/ Preußischer Kulturbesitz – Musikabteilung mit Mendelssohn-Archiv
132 u. : The Bridgeman Art Library, London/Foto: Roger Viollet, Paris
133: AKG, Berlin
134 l.: AKG, Berlin
134 r.: 2000 by Kunsthaus Zürich - alle Rechte vorbehalten
135: © Elke Walford/Fotowerkstatt Hamburger Kunsthalle
136/137: AKG, Berlin
138 o.: Carus, Stuttgart
138 u.: Carus, Stuttgart
139: BPK, Berlin
140: Staatsbibliothek zu Berlin - Preußischer Kulturbesitz
141: Musikinstrumenten-Museum der Universität Leipzig/Foto: Janos Stekovics
142 : Stadt Bückeburg
143: Stadt Bückeburg
144: Carus, Stuttgart
145 o.: Musikinstrumenten-Museum der Universität Leipzig/ Foto: Janos Stekovics
145 u.: Musikinstrumenten-Museum der Universität Leipzig/ Foto: Janos Stekovics

Bildnachweis

146: BPK, Berlin
147: Staatsbibliothek zu Berlin/Preußischer Kulturbesitz – Musikabteilung mit Mendelssohn-Archiv
148: artur, Köln/Foto: Klaus Frahm
149 o.: BPK, Berlin
149 u.: Staatsbibliothek zu Berlin – Preußischer Kulturbesitz
150: BPK, Berlin
151: Graphische Sammlung Albertina, Wien
153: Musikinstrumenten-Museum der Universität Leipzig/ Foto: Janos Stekovics
154: Hessisches Landesmuseum, Darmstadt
155: AKG, Berlin
156/157: artur, Köln/Foto: Klaus Frahm
158: BPK, Berlin
159 o. l.: BPK, Berlin
159 o. r.: BPK, Berlin
159. u. l.: AKG, Berlin
159 u. r.: BPK, Berlin
160: Staatsbibliothek zu Berlin - Preußischer Kulturbesitz – Musikabteilung mit Mendelssohn-Archiv
161 l: Abdruck mit freundlicher Genehmigung des Bärenreiter Verlages, Kassel
161 r.: Abdruck mit freundlicher Genehmigung des Bärenreiter Verlages, Kassel
165: Hulton Getty Picture Library, London
166: AKG, Berlin
167: Gesellschaft der Musikfreunde, Wien
168: artur, Köln/Foto: Klaus Frahm
173: Staatsbibliothek zu Berlin – Preußischer Kulturbesitz – Musikabteilung mit Mendolssohn-Archiv
175: BPK, Berlin
176/ 177: Stadt Bückeburg
178: Landesmuseum Bückeburg
179: Artothek, Peissenberg/Foto: Joachim Blauel
180/ 181: 1979 Marowsky Buchhandlung, Minden
181: 1979 Marowsky Buchhandlung, Minden
182/ 183: BPK, Berlin
184/ 185: Verlag Foto Wagner, Vlotho
186/ 187: The National Museum of Fine Art, Stockholm
189: AKG, Berlin
190: Musée d'art et d'histoire, Neuchâtel
193: Staatsbibliothek zu Berlin/Preußischer Kulturbesitz – Musikabteilung mit Mendelssohn-Archiv
194: Gleimhaus, Halberstadt
196: Staatsbibliothek zu Berlin/Preußischer Kulturbesitz –Musikabteilung mit Mendelssohn-Archiv
197: Artothek, Peissenberg/Foto: Stile-Werdermann
198: Oronoz, Madrid
201: Artothek, Peissenberg
202: RMN, Paris - G. Blot/C. Jean
205: The Bridgeman Art Library, London
206: Landesmuseum Bückeburg
207: 1979 Marowsky Buchhandlung, Minden
208: Museum für Hamburgische Geschichte, Hamburg
209: Victoria and Albert Museum, London
211: BPK, Berlin
212/213: AKG, Berlin
215: BPK, Berlin
216: The Lebrecht Collection, London
217: The Lebrecht Collection, London
218: Kupferstich-Kabinett, Staatliche Kunstsammlungen, Dresden
220: Museum für Hamburgische Geschichte, Hamburg
221.o: Museum für Hamburgische Geschichte, Hamburg
221 u.: Museum für Hamburgische Geschichte, Hamburg
222: Direktion der Museen der Stadt Wien
223: Kupferstich-Kabinett, Staatliche Kunstsammlungen, Dresden
225: © Elke Walford/Fotowerkstatt Hamburger Kunsthalle
226: Klosterbibliothek Einsiedeln, Musikbibliothek
229: The British Museum, London
230 l.: Österreichische Nationalbibliothek/Bildarchiv, Wien
230 r.: Staats- und Universitätsbibliothek Carl von Ossietzky, Hamburg
231: Österreichische Nationalbibliothek/Bildarchiv, Wien
234/ 235: AKG, Berlin
236: Musei Civici di Torino, Turin
237: Fotoflash, Venedig
238: © Elke Walford/Fotowerkstatt Hamburger Kunsthalle
241: Klosterbibliothek Einsiedeln, Musikbibliothek
242: Theaterwissenschaftliche Sammlung der Universität zu Köln
243: Theaterwissenschaftliche Sammlung der Universität zu Köln
244/245: The Bridgeman Art Library, London
246 l.: Hulton Getty Picture Library, London
246 r.: The British Library, London
247: Museo Teatrale alla Scala, Biblioteca Livia Simoni, Mailand
248: AKG, Berlin
249 o.: The Lebrecht Collection, London
249 u.: The Lebrecht Collection, London
250: AKG, Berlin
251 o.: The Bridgeman Art Library, London
251 u.: The Bridgeman Art Library, London
253: Hulton Getty Picture Library, London
254: The Royal Collection/© HM Queen Elizabeth II
255: The Bridgeman Art Library, London

258 l.: AKG, Berlin
258 r.: AKG, Berlin
259: Musikinstrumenten-Museum der Universität Leipzig/ Foto: Janos Stekovics
261: Conservatoire Royal de Bruxelles, Brüssel
262/263: The British Museum, London
264: Reclam Verlag, Leipzig
265: Staatsbibliothek zu Berlin – Preußischer Kulturbesitz – Musikabteilung mit Mendelssohn-Archiv
266/267: The Bridgeman Art Library, London
268: Germanisches Nationalmuseum, Nürnberg
269: Scala, Florenz
274: The Bridgeman Art Library, London
278: Courtesy of the Huntington Library, Art Collections, and Botanical Gardens, San Marino, California
279: AKG, Berlin
280: RMN, Paris - Daniel Arnaudet
281 l.: Musikinstrumenten-Museum der Universität Leipzig/ Foto: Janos Stekovics
281 M.: The Lebrecht Collection, London
281 r.: The Lebrecht Collection, London
283: National Gallery of Victoria, Melbourne
284: Musikinstrumenten-Museum der Universität Leipzig/ Foto: Janos Stekovics
285: The Bridgeman Art Library, London
286: The Fitzwilliam Museum, University of Cambridge
287: The Bridgeman Art Library, London
290: Victoria and Albert Museum, London
291: The National Gallery Picture Library, London
292: Conservatoire Royal de Bruxelles, Brüssel
293: The Bridgeman Art Library, London
295 o., l.: Conservatoire Royal de Bruxelles, Brüssel/ Foto: Luc Schrobiltgen
295 o., r.: Conservatoire Royal de Bruxelles, Brüssel/ Foto: Luc Schrobiltgen
295 u.: Musikinstrumenten-Museum der Universität Leipzig/ Foto: Janos Stekovics
296: AKG, Berlin
304/305: Germanisches Nationalmuseum, Nürnberg
306: Reiss-Museum, Mannheim
307: Artothek, Peissenberg/Foto: Joachim Blauel
308: Reiss-Museum, Mannheim
309 l.: Reiss-Museum, Mannheim
309 r.: Reiss-Museum, Mannheim
310: AKG, Berlin
311: The British Library, London
312: RMN, Paris – Hervé Lewandowski
313: Theaterwissenschaftliche Sammlung der Universität zu Köln
314: Bildarchiv Hamburgische Staatsoper/ Foto: Joachim Thode, Mönkeberg
315: Bianconero/Franz Schlechter, Heidelberg
318/319: RMN, Paris
320: AKG, Berlin
321: Öffentliche Kunstsammlung Basel/Foto: Martin Bühler
322: Staatsbibliothek zu Berlin – Preußischer Kulturbesitz – Musikabteilung mit Mendelssohn-Archiv
323: AKG, Berlin
324: Staatsbibliothek zu Berlin – Preußischer Kulturbesitz – Musikabteilung mit Mendelssohn-Archiv
326: AKG, Berlin
328 l.: Sächsische Landesbibliothek – Staats- und Universitätsbibliothek Dresden – Abt. Deutsche Fotothek/Foto: Handrick
328 r.: Staatsbibliothek zu Berlin – Preußischer Kulturbesitz – Musikabteilung mit Mendelssohn-Archiv
329: Museum für Hamburgische Geschichte, Hamburg
331: The Bridgeman Art Library, London
332: RMN, Paris - P. Bernard
333: Photothèque des Musées de la Ville de Paris
334/335: dpa, Frankfurt
336: Cinetext, Frankfurt
337: dpa, Frankfurt
338: Hulton Getty Picture Library, London
339: Bildarchiv Hamburgische Staatsoper/ Foto: Joachim Thode, Mönkeberg
340/341: AKG, Berlin
360 o.: AKG, Berlin
360 u.: artur, Köln/Foto: Klaus Frahm
361: Staatsbibliothek zu Berlin – Preußischer Kulturbesitz – Musikabteilung mit Mendelssohn-Archiv
362 o.: Photothèque des Musées de la Ville de Paris
362 u.: RMN, Paris – G. Blot/C. Jean
363: Artothek, Peissenberg/Joachim Blauel

Danksagung

Für ihre große Geduld und Hilfe bei der Arbeit an diesem Buch dankt der Autor seiner Frau Irmgard Friesenhagen.

Der Verlag dankt stellvertretend für die Unterstützung bei Bildrecherche und -beschaffung Frau Dr. Eszter Fontana, Direktorin des Musikinstrumenten-Museums der Universität Leipzig, und Frau Heidrun Klein, Bildarchiv Preußischer Kulturbesitz, Berlin. Darüber hinaus danken wir allen, die mit ihrer tatkräftigen Unterstützung zur Realisierung des Bandes beigetragen haben: Ama Boateng (Notenrecherche), Gösta von Hammerstein, Silke Wagner (Textkorrekturen).

II. Magnificat a 4 Voci, 2 Corni, 2 Trav., 2 Hautb., 2 Violini, Viola e Contin.
3 Trombe e Timpana
Allegro
Corno 1
Corno 2
Trav. 1
Trav. 2
Hautb. 1
Hautb. 2
Violino 1
Violino 2
Viola
Canto
Alto
Tenore
Basso
Contin.